Miriam Schleipen

**Adaptivität und semantische Interoperabilität
von Manufacturing Execution Systemen (MES)**

Karlsruher Schriften zur Anthropomatik
Band 12
Herausgeber: Prof. Dr.-Ing. Jürgen Beyerer

Eine Übersicht über alle bisher in dieser Schriftenreihe erschienenen Bände
finden Sie am Ende des Buchs.

Vorwort

Die vorliegende Arbeit entstand während meiner Tätigkeit als wissenschaftliche Mitarbeiterin am Lehrstuhl für Interaktive Echtzeitsysteme des Instituts für Anthropomatik am KIT und als Leiterin der Gruppe Engineering & Interoperabilität der Abteilung Leitsysteme am Fraunhofer IOSB.

Herrn Prof. Dr.-Ing. Jürgen Beyerer danke ich besonders für die wissenschaftliche Förderung, die stets vorhandene Diskussionsbereitschaft und für die Übernahme des Hauptreferates. Vielen Dank für die zahlreichen Anregungen zu den Inhalten der Arbeit, zur theoretischen Herangehensweise, zum wissenschaftlichen Denken und der zugehörigen Vorgehensweise. Für die freundliche Übernahme des Korreferates, sowie die zahlreichen konstruktiven Hinweise und Anregungen für die vorliegende Arbeit, gebührt mein ganz besonderer Dank Prof. Dr.-Ing. Alexander Fay der Helmut-Schmidt-Universität (Universität der Bundeswehr Hamburg). Dem Vorsitzenden des Prüfungsausschusses Herrn Prof. Dr.-Ing. Heinz Wörn, sowie den beiden Prüfern Prof. Dr. Rudi Studer und Prof. Dr.-Ing. Björn Hein gilt ebenfalls mein Dank für die kritische Durchsicht des Manuskriptes.

An dieser Stelle möchte ich mich aber auch bei den Kollegen der Abteilung Leitsysteme, sowie der Abteilung Informationsmanagement und Leittechnik am Fraunhofer IOSB für die Zusammenarbeit, die tatkräftige Unterstützung und den freundlichen Umgang miteinander bedanken. Ich konnte viel von der mir vermittelten Erfahrung und dem Wissensschatz aus dem Anwendungsumfeld profitieren. Herrn Dr.-Ing. Olaf Sauer danke ich für die Förderung, die vielen Diskussionen, die zahlreichen Hinweise und Impulse, sowie die Fähigkeit auf Grund des Erfahrungsschatzes immer einen Überblick zu behalten und mir diesen auch zu vermitteln. Herrn Dr. Michael Okon danke ich für sein immer offenes Ohr, die Beurteilung und Anregung aus mathematischer Sicht und die Vermittlung eines „Grundverständnisses" für Mathematik und vor allem für Symmetrie, die zum Gelingen dieser Arbeit beitrugen.

Den Kollegen des Lehrstuhls für Interaktive Echtzeitsysteme möchte ich für viele anregende Gespräche und Diskussionen in den Freitagsrunden, aber auch bei den Sommerseminaren, danken. Trotz der thematischen Entfernung haben mir diese theoretischen Impulse aus völlig anderen Bereichen häufig wieder auf den „rechten" Weg zurück geholfen.

Mein allerherzlichster Dank geht an meinen Mann Alexander für die schier endlose Geduld, die zahlreichen Entbehrungen, sowie das Verständnis in dieser Zeit. Die konstruktive Kritik, Korrektur und die vielen Anregungen haben mir immer weiter geholfen. Ohne ihn hätte ich das nicht geschafft. Auch mein kleiner Sohn Luke hat zum Ende seinen Teil mit seinem sonnigen Gemüt und viel „gewährtem" Schlaf beigetragen.

Meinen Eltern danke ich von tiefstem Herzen für die fortwährende Ermutigung, die Korrektur der Arbeit, sowie die ständige Unterstützung während dieser Zeit. Vielen Dank für die kritische Durchsicht der Arbeit an meine Freundin Tanja und deren offenes Ohr. Meinen Schwiegereltern möchte ich für die fachfremde und neutrale Beurteilung und die zugehörigen Hinweise danken.

An alle meine Diplom-, Studien-, Bachelorarbeiter, sowie Hiwis geht ebenso ein Dank für die Unterstützung und die Impulse durch deren frische Denkweise. Durch die Erläuterung mancher Sachverhalte für die Studenten, sind mir selbst häufig auch einige Dinge klarer geworden.

Darüber hinaus möchte ich allen danken, die ich hier nicht namentlich erwähnt habe, die aber dennoch ihren Teil zum Gelingen dieser Arbeit beigetragen haben.

Karlsruhe,   Miriam Schleipen

im Dezember 2012   Karlsruher Institut für Technologie (KIT)

Kurzfassung

Informationstechnik ist die Schlüsseltechnologie der Zukunft. Sie bestimmt unser tägliches Leben und zunehmend auch die produzierende Industrie. Für die Fabrik der Zukunft ist sie eine wichtige ‚enabling technology‘, da sie die grundlegenden Geschäftsprozesse produzierender Unternehmen unterstützt. Die Basis der Vision einer durchgängig rechnerunterstützten Produktion legten weitsichtige Wissenschaftler bereits in den 1980er Jahren unter dem Schlagwort Computer Integrated Manufacturing (CIM) [Beyerer & Sauer, 2011]. „Heute etabliert sich mit Manufacturing Execution Systemen (MES) eine neue Generation produktionsnaher IT-Systeme, die die Vorstellung der computerintegrierten Fertigung Realität werden lassen" [Beyerer, 2009]. In der Architektur der industriellen Produktion liegen MES zwischen der Automatisierungsebene mit den Feldgeräten und Steuerungen von Produktionsanlagen und der Unternehmensleitebene, auf der hauptsächlich verdichtete Daten zur Unternehmenssteuerung genutzt werden. In dieser Position bilden sie Schlüsselelemente einer wettbewerbsfähigen und transparenten Produktion. Inzwischen setzen Produktionsunternehmen MES-Funktionen verbreitet ein – oftmals als Insellösungen oder verbunden über eigens dafür implementierte Schnittstellen.

Der Lebenszyklus von Produktionsanlagen ist unterteilt in verschiedene Planungsphasen, die Inbetriebnahme-Phase, Anlauf, Betrieb und Rückbau. Das Engineering von Leitsystemen erfolgt größtenteils kurz vor oder während der Anlagen-Inbetriebnahme. Es beinhaltet folgende Aufgaben: Anlagenkonfiguration, Anbindung der Ein-/Ausgabevariablen und Visualisierungserstellung. Heutzutage werden diese Aufgaben hauptsächlich manuell durchgeführt, sie sind deshalb zeit- und kostenintensiv und überaus fehleranfällig. „Die adaptive Produktion ist wissens- und intelligenzbasiert und agiert mit zeitgemäßen Produktions- und IuK-Technologien und sozio-technischen Systemen" [Westkämper, 2009] MES sind als Fertigungsmanagementsysteme von den dauernden Änderungen in der Produktion betroffen. Darum ist ihre Adaptivität im Lebenszyklus der Produktionsanlagen erfolgskritisch.

Zusätzlich agieren MES als Daten- und Informationsdrehscheibe (vergleiche [Beyerer, 2009]) innerhalb der Architektur der industriellen Automatisierung. Die IT, die während der Planung und im Betrieb der Produktion eingesetzt wird, ist geprägt durch eine heterogene Software-Landschaft. Planungs- und Betriebsphase sind ebenso voneinander getrennt wie die einzelnen Software-Tools innerhalb der Phasen und ihre zugehörigen Disziplinen wie Mechanik und Elektrik. Zwischen den Tools existieren heute nur wenige (proprietäre) Schnittstellen zum Informationsaustausch. „Die Vernetzung der Werkzeuge über offene Schnittstellen offeriert die Möglichkeit eines durchgängigen Engineerings entlang des Engineering-Workflows, gewerke- und unternehmensübergreifend" [Fay, 2005] Um Möglichkeiten der heutigen Informationstechnik wie beispielsweise die Weiterverwendung bestehender Informationen nutzen zu können, müssen MES Teil einer durchgängigen Engineering-Toolkette von der Planung bis in den Betrieb sein. MES besitzen eine Vielzahl an Schnittstellen zu verschiedenen anderen Systemen in der Produktion. Daher müssen sie möglichst gut und nahtlos mit diesen Systemen zusammenarbeiten: MES müssen interoperabel werden. „Interoperabilität zwischen Engineering-Werkzeugen beschreibt deren Fähigkeit zur Zusammenarbeit über Werkzeuggrenzen und Planungsphasen hinweg. Sie gilt als Schlüssel zur Effizienz, ist in der Praxis jedoch nur unzureichend anzutreffen" [Drath et al., 2011]. Da nicht allein der Datenaustausch zum Erfolg führt, muss die semantische Interoperabilität von MES erreicht werden, damit MES die ihnen zur Verfügung gestellten Informationen verstehen und optimal nutzen können. Durch diese beiden Faktoren (Adaptivität und semantische Interoperabilität) werden MES der Zukunft geprägt. Die vorliegende Arbeit beschreibt technische Möglichkeiten, Lösungsansätze und Umsetzungen für die Adaptivität und semantische Interoperabilität von MES. Sie berücksichtigt dabei den Faktor Mensch in Form von Assistenzmechanismen und fokussiert bei der Strategie zum durchgängigen Datenaustausch nicht alleine das Format bzw. die Modellierung, sondern dessen Anwendung, Verwendung und geeignete Mechanismen zur Sicherstellung der Modellierungsqualität.

Adaptivität und semantische Interoperabilität von MES, die in dieser Arbeit entwickelt und anhand von Beispielen verdeutlicht werden, sind aber nicht mit einer einzigen Methode realisier- bzw. erreichbar. Neben einer Einführung und dem Stand der Technik und Forschung ordnet die vorliegende Arbeit diese Themen in den Kontext der Architektur der industriellen Automatisierung sowie in den Lebenszyklus von Produktionsanlagen ein. Das komplexe Problem der Adaptivität und semantischen Interoperabilität von MES muss in verschiedene Teilprobleme und Dimensionen zerlegt und auf verschiedenen Ebenen bearbeitet werden. Hierfür wird im Hauptteil ein entsprechendes umfassendes Gesamtkonzept präsentiert. Zur Lösung der einzelnen Teilprobleme werden verschiedene Ansätze, teilweise aus anderen Bereichen als MES, vorgeschlagen, übertragen und angewendet. Die Validierung erfolgt an Hand von Beispielen aus der Praxis. Diese reichen von einfachen Fördertechnikanlagen, über das WISARA-Lab als entwickelte und umgesetzte einfache Beispielanlage aus der Verfahrenstechnik, bis hin zu Ausschnitten aus komplexen Industrieanlagen aus der Fertigungstechnik. Dabei wird zum einen betrachtet, welche benötigten und zu kommunizierenden Inhalte für MES wichtig sind (Was?). Zum anderen muss aber ebenso beachtet werden, auf welche Art und Weise und über welchen Kommunikationskanal diese Inhalte übermittelt werden (Wie?). Zusätzlich ist es elementar, den Menschen in diesem Umfeld als wichtigen Faktor mit einzubeziehen und entsprechende Schnittstellen zu gestalten. Darüber hinaus – und dies ist nicht nur für MES wichtig – spielen, da es sich um auszutauschende Daten handelt, das Datenformat, dessen Anwendung und Verwendung, die Qualität des Modells und der Modellierung, sowie dynamische Aspekte der Veränderung eine gewichtige Rolle.

Inhaltsverzeichnis

Abkürzungsverzeichnis

AmI	Ambient Intelligence
API	Application programming interface
AutomationML	Automation Markup Language
B2MML	Business-to-Manufacturing Markup Language
BMBF	Bundesministerium für Bildung und Forschung
CAD	Computer Aided Design
CAEX	Computer Aided Engineering Exchange
CIM	Computer Integrated Manufacturing
CIRP	College International pour la Recherche en Productique
COLLADA	Collaborative Design Activity
COM	Component Object Model
CSV	Comma-Separated Values
DCOM	Microsoft Distributed Component Object Model
DIN	Deutsches Institut für Normung
DKE	Deutsche Kommission Elektrotechnik Elektronik Informationstechnik im DIN und VDE
DMU	Digital Mock-Up
DTD	Document Type Definition
DTM	Device Type Manager
EDDL	Enhanced Electronic Device Description Language
ERP	Enterprise Resource Planning
FDCML	Field Device Configuration Markup Language
FDT	Field Device Tool
HMI	Human Machine Interface
HTTP	Hypertext Transfer Protocol
GSDML	Generic Station Description Markup Language
GUI	Graphical User Interface

IEC	International Electrotechnical Commission
IKT	Informations- und Kommunikationstechnik
IP	Internetprotokoll
ISA	International Society of Automation
IT	Informationstechnik
IUS	Intelligente Unterstation
IuK	Information und Kommunikation
JAXB	Java Architecture for XML Binding API
KPI	Key Performance Indicator
MES	Manufacturing Execution System
MESA	Manufacturing Enterprise Solutions Association
MIMOSA	Machinery Information Management Open System Alliance
MMS	Manufacturing Message Specification
Namur	Normenarbeitsgemeinschaft für Meß- und Regeltechnik in der chemischen Industrie
NA	Namur Arbeitsblatt
NE	Namur Empfehlung
OCL	Object Constraint Language
OLE	Object Linking and Embedding
OMAC	Organization for Machine Automation and Control
OMG	Object Management Group
OPC	OLE for Process Control
OPC DA	OPC Data Access
OPC-UA	OPC Unified Architecture
OWL	Web Ontology Language
PC	Personal Computer
PPS	Produktionsplanung und -steuerung
PROFIBUS	Process Field Bus
Profinet	Process Field Network
R&I-Fließbild	Rohrleitungs- und Instrumentierungsfließbild

SCADA	Supervisory Control and Data Acquisition
SDK	Software Development Kit
SEMI	Semiconductor Equipment and Materials International
SPS	Speicherprogrammierbare Steuerung
STEP	STandard for the Exchange of Product model data
TCP	Transmission Control Protocol
TCP/IP	Transmission Control Protocol/Internet Protocol
UML	Unified Modeling Language
VDI	Verein deutscher Ingenieure
VDMA	Verband deutscher Maschinen- und Anlagenbau e.V.
WSDL	Web Service Description Language
WYSIWYG	What you see is what you get
XML	Extensible Markup Language
XSD	XML Schema Definition
XSLT	Extensible Stylesheet Language Transformation
ZVEI	Zentralverband Elektrotechnik und Elektronikindustrie

1. Einleitung

1.1 Ausgangssituation und Problemstellung

Die Automatisierungstechnik hat sich seit ihrer Entstehung im 19. Jahrhundert stark verändert und weiterentwickelt. Nach dem Taylorschen Prinzip der Arbeitsteilung (siehe [Taylor, 2004]) und dem Ersatz der menschlichen Arbeitskraft durch Mechanisierung, beschränkt sich der Mensch in der industriellen Automatisierungstechnik immer häufiger auf das Einrichten und Überwachen von Maschinen (siehe [Heinrich et al., 2005]).

Ständige Veränderung und Weiterentwicklung spiegelt sich ebenso wie im täglichen Leben auch in der diskreten Produktion wider. Ein prominentes Beispiel einer diskreten Produktion ist die Automobilproduktion mit diversen Bearbeitungsstationen und Produktionsanlagen von Einzelteilen und Rohmaterial bis hin zum fertigen Automobil. „Häufig gewünschte Ziele sind eine schnellere Auftragsabwicklung, geringere Kosten, höhere Qualität und größere Flexibilität" [Schertl et al., 2008]. Die Flexibilität ist abhängig von der Zeit, die bei Veränderungen benötigt wird. Durch die Automatisierung werden angestrebt: Erhöhung der Produktivität und Qualität, Senkung der Kosten, Verkürzung von Arbeitszeiten und Erleichterung der menschlichen Arbeit.

Der Zeitraum, in dem ein Produkt gefertigt wird, ist im Vergleich zur Lebensdauer der Produktionsanlage, auf der es gefertigt wird, relativ kurz. Ebenso führen steigende Variantenvielfalt, Kostendruck und Komplexität, eine heterogene Toollandschaft, sowie veränderte Markt- und Kundenbedürfnisse und Technologiewechsel zu einer notwendigen Effizienzsteigerung im Anlagen-Engineering (siehe dazu auch [Kinkel, 2006]). Gerade bestehende Produktionsanlagen müssen möglichst dynamisch umkonfiguriert und neue Anlagen- und Anlagenkomponenten effizient in bestehende Produktionssysteme integriert werden. Jede Veränderung muss geplant, zugehörige IT-Systeme und Hardware-Komponenten neu konfiguriert und projektiert werden (siehe [Schleipen, 2010a]).

In einer modernen und automatisierten Produktion sind Hardware und Software untrennbar miteinander verbunden. Daher spielt neben der Hardware-Modularisierung auch die Anpassung der Software – ihre Adaptivität – eine immer größere Rolle. Sie repräsentiert einen der Wandlungsbefähiger, die für wandlungsfähige Produktionssysteme unumgänglich sind. Alle beteiligten Systeme müssen so nahtlos wie möglich zusammenarbeiten und Informationen auf effiziente Art und Weise austauschen können, also möglichst interoperabel sein. Die eingesetzten IT-Systeme und Technologien müssen der Forderung nach Interoperabilität und Adaptivität ebenso Rechnung tragen und diese unterstützen. Kern und Basis der IT-Systeme in der Produktion sind die von ihnen verarbeiteten Daten. Daher spielt ein durchgängiger Datenaustausch eine zentrale Rolle in den Bemühungen um Adaptivität und semantische Interoperabilität. Die Begriffe der Adaptivität und semantischen Interoperabilität werden in Abschnitt 2 eingeführt.

Die IT in der Betriebsphase der Produktion und während der Planung der Produktionsanlagen ist geprägt durch eine heterogene Software-Landschaft. Fabrikplanung und -betrieb sind ebenso voneinander getrennt wie die einzelnen Software-Tools innerhalb der Planungsphasen und die zugehörigen Disziplinen, wie Mechanik und Elektrik. Zwischen den Tools existieren heute nur wenige proprietäre Schnittstellen, die zudem meist nur unzureichend Informationen übermitteln. Normalerweise werden die Ergebnisse der einzelnen Planungsphasen als ausformulierte oder tabellarische Beschreibungen in Papierform oder als äquivalentes digitales Dokument übergeben. Zwischenformate wie Excel-Tabellen, CSV- oder XML-Dateien sind zur Übertragung relevanter Informationen ebenfalls üblich. Das bedeutet, dass die Ergebnisse meist manuell an jeder Schnittstelle der Fachbereiche in das jeweilige Zielsystem übertragen werden müssen. Struktur und Semantik der jeweiligen Fachbereiche sind oft sehr unterschiedlich, so dass die Ergebnisse erst durch einen Experten interpretiert werden können. Interpretationen führen oft zu Missverständnissen oder Fehlern (siehe [Bär et al., 2008]). Um Möglichkeiten der heutigen Informationstechnik, wie beispielsweise die Weiterverwendung bestehender Informationen, nutzen zu können, müssen MES Teil einer durchgängigen Engineering-Toolkette vom mechanischen Engineering bis in den Betrieb sein.

1.2 Motivation

CIRP, die weltweite Organisation produktionstechnischer Wissenschaftler, bezeichnet 2007 die Fähigkeit zur permanenten, dynamischen Anpassung als wichtige Eigenschaft von Produktionssystemen (siehe [Wiendahl et al., 2007]).

Gleichzeitig wird der Begriff des Plug-and-work[1] immer häufiger im Zusammenhang mit der Produktion genannt. Plug-and-work kann in diesem Zusammenhang ähnlich zur USB-Schnittstelle bei PCs gesehen werden. Auch ManuFuture (siehe [Jovane et al., 2009]), eine Initiative zur Formulierung der deutschen strategischen Forschungsagenda für Produktionstechniker, bezeichnet die adaptive Produktion als Top-Thema für die Produktion (siehe [Schreiber, 2007]). Ein mögliches und in Deutschland sehr prominentes Beispiel ist die Automobilproduktion. Dort ist der Rohbau das am meisten automatisierte Gewerk. Betrachtet man nun beispielhaft die Kostenstruktur der Automatisierungs- und Steuerungstechnik in der Automobilindustrie am Beispiel Rohbau (siehe Abbildung 1), wird ersichtlich, dass die Kosten für Planung, Programmierung und Inbetriebnahme von hochautomatisierten Anlagen einen Anteil von ca. 15% der Gesamtkosten verursachen. Diese Arbeiten werden häufig manuell durchgeführt und sind damit zeit- und kostenintensiv sowie fehleranfällig. In den einzelnen Gewerken und Bereichen kommen viele unterschiedliche Werkzeuge zum Einsatz, Anwendungen und Beschreibungsmittel variieren stark abhängig vom Anwendungsfall, der Planungsphase und den beteiligten Personen. Datendurchgängigkeit und die Wiederverwendung der Daten sind noch nicht flächendeckend verbreitet, obwohl die technischen Möglichkeiten gegeben sind. Gerade hier lässt sich also mit (teil-)automatisierten Lösungen zum Datenaustausch der anfallende Arbeitsaufwand reduzieren und die Qualität der Arbeitsergebnisse verbessern.

MES ermöglichen die Überwachung und Steuerung der Produktion in Echtzeit. Die Norm DIN 44300 [DIN 44300] definiert Echtzeit als „Ein Betrieb eines Rechensystems, bei dem Programme zur Verarbeitung anfallender Daten ständig betriebsbereit sind, derart, dass die Verarbeitungsergebnisse innerhalb einer vorgegebenen Zeitspanne verfügbar sind. Die Daten können je nach Anwendungsfall nach einer zeitlich zufälligen Verteilung oder zu vorherbestimmten Zeitpunkten anfallen". Dabei ist es für MES wichtig, dass Echtzeit nicht nur eine funktionale Korrektheit der Ergebnisse fordert, sondern auch die Rechtzeitigkeit, Gleichzeitigkeit, sowie die zeitgerechte Reaktion auf spontane Ereignisse (siehe [Wörn & Brinkschulte, 2005]). Wichtig für MES ist es, dass es auch bei hohem Datenaufkommen in keinem Fall zum Verlust der Daten kommt,

---

[1] Darunter wird die „automatische Erkennung von Anlagen im übergeordneten IT-System" (siehe [Sauer & Ebel, 2007a]) verstanden.

sondern diese gepuffert und zeitnah (mit einer Reaktionszeit von wenigen Sekunden) zum Benutzer bzw. zur Produktion kommuniziert werden.

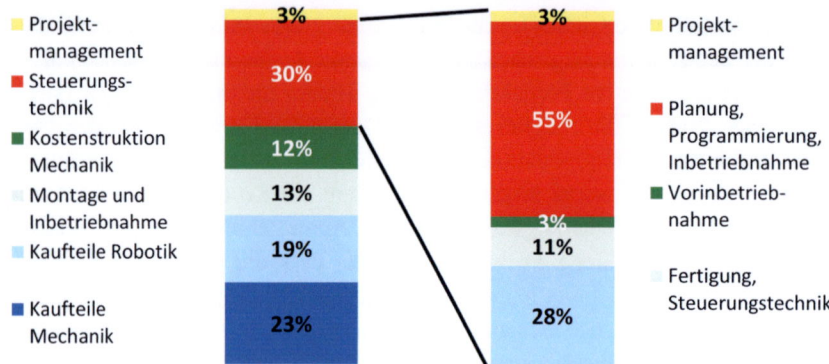

Abbildung 1: Investitionskostenstruktur Automatisierungs- und Steuerungstechnik in der Automobilindustrie am Beispiel Rohbau [Hirzle, 2007]

Ein prominenter Vertreter aus dem Bereich der MES sind Leit- und Wartensysteme. Auch bei MES besteht wie bei anderen IT-Systemen in der Produktion
eine der Hauptaufgaben darin, diese Systeme zu konfigurieren – sie also arbeits-
fähig zu machen. Dieser Prozess wird als MES-Projektierung oder -Engineering
bezeichnet. Die Eingabe von Informationen und deren Form hängt dabei entscheidend von der Person des jeweiligen Projektierers, dessen Fähigkeiten,
Vorlieben und Kenntnisstand ab. In der diskreten Fertigungsindustrie existieren
bis heute keine beziehungsweise nur wenige und/oder unzureichende Standards.
In manchen Unternehmen finden sich firmenspezifische Standards, wie beispielsweise ‚Integra' bei der Daimler AG. Dieser umfasst Komponenten wie
SPSen (siehe [SPS-Wiki, 2011]), Antriebe, Vorgaben für SPS-
Funktionsbausteine, Namenskonventionen für SPS-Variablen, ebenso wie ein
Anlagen-Diagnosekonzept und ein Trainingskonzept für Mitarbeiter (siehe
[Sauer & Ebel, 2007a]). Auf Grund der Kopplung von MES mit der Steue-
rungsebene ist der Integra-Standard mit seinen Namenskonventionen relevant.

Gerade Standards von großen Unternehmen stellen aber kleine und mittel-
ständische Unternehmen als Zulieferer vor die Herausforderung, sich an zahl-

reiche dieser Firmenstandards anpassen zu müssen. Für diese Firmen ist die Adaptivität für MES von zentraler Bedeutung.

Hinzu kommt, dass die Inbetriebnahme von MES meist am Ende des Anlagenplanungsprozesses, häufig während der Inbetriebnahmephase der Anlage erfolgt, und damit unter hohem Zeitdruck gearbeitet wird. Dadurch ist sie fehleranfällig, arbeits-, zeit- und kostenintensiv. Eine weitere Herausforderung ergibt sich durch die Vielzahl an notwendigen Datenquellen. MES benötigen als übergeordnete Systeme zu den Anlagen und ihren Steuerungen Informationen und Daten aus unterschiedlichen Disziplinen und vorangegangenen Anlagenplanungsphasen. Beispiele hierfür sind Eingangsinformationen wie

- Anlagentopologie, und -topographie,
- Materialfluss,
- Arbeitszeitmodell, sowie
- steuerungsrelevante Informationen wie Prozesssignale.

Damit werden nicht nur MES konfiguriert, sondern auch eine zugehörige Visualisierung erstellt, die als Mensch-Maschine-Schnittstelle dient. Ein Verständnis dieser Daten und die damit einhergehende semantische Interoperabilität ist dabei unumgänglich zur Schaffung entsprechender Schnittstellen und Möglichkeiten des Datenaustauschs, denn „semantische Interoperabilität bedeutet immer auch die Realisierung eines ‚integrierten' Verständnisses der übertragenen Daten" [Oemig & Reiher, 2007]. Dies gilt nicht nur in der Automatisierungstechnik, sondern findet auch bei der Operationsführung, in der Lagebearbeitung beziehungsweise -auswertung beim Krisenmanagement und Objektschutz, sowie in der militärischen Forschung großes Interesse (siehe dazu auch [Wunder & Grosche, 2009]).

1.3 Zielsetzung

Ziel der vorliegenden Arbeit ist die Entwicklung eines mehrdimensionalen Konzepts der MES-Interoperabilität, sowie dessen Umsetzung zur Adaptivität. Dies beeinflusst die Gestaltung von MES der Zukunft unter den Hauptaspekten des Engineerings und Datenaustauschs. Als spezieller Vertreter von IT-Systemen aus der Betriebsphase ermöglichen sie als Teil einer durchgängigen Engineeringkette eine frühe Kopplung von Planung und Betrieb. Als Bindeglied zwischen Automatisierungs- und Managementebene wird die nachfolgende

Betriebsphase entscheidend verbessert. Hierfür werden verschiedene Aspekte behandelt und Herausforderungen methodisch begegnet. Dies sind:

- Vertikale und horizontale Interoperabilität von MES,
- MES-Interoperabilität während des gesamten Lebenszyklus von Produktionsanlagen,
- Mensch-Maschine-Schnittstellen für die MES-Interoperabilität,
- Datenmodelle und Wissensrepräsentationen, die die MES-Interoperabilität geeignet unterstützen, und Mechanismen, die die Anwendbarkeit dieser Datenmodelle erleichtern.

Mit der Steigerung der Effizienz, also einem qualitativ hochwertigeren Engineering von MES durch die Übernahme und Weiterverwendung bestehender Informationen wird auch die Effektivität, also der Grad der Zielerreichung gesteigert, indem Planungsfehler reduziert und Abläufe vereinheitlicht und verbessert werden. Durch eine vorgeschlagene neutrale Datenhaltung ergibt sich ein Investitionsschutz gegenüber Herstellerabhängigkeiten. Mit neuen Möglichkeiten zum (teil-)automatisierten Engineering von MES lässt sich ein großer Teil des manuellen Aufwands einsparen und damit eine Qualitätssteigerung, sowie die Entlastung von Mitarbeitern bei Routineaufgaben, erreichen. Im Rahmen dieser Arbeit werden verschiedene Konzepte, Beschreibungsmittel und Vorgehensweisen hierfür vorgeschlagen.

2. Methoden und Werkzeuge für die Adaptivität und semantische Interoperabilität

Der vorliegende Abschnitt erläutert Methoden und Werkzeuge für die Adaptivität und semantische Interoperabilität, die in den Abschnitten 6 bis 11 beschrieben werden. Dafür werden zunächst die Begriffe der Adaptivität und der semantischen Interoperabilität erläutert.

Die Adaptierbarkeit eines Systems beschreibt die Möglichkeit, das System an Veränderungen anpassen zu können. Diese soll möglichst einfach, also mit geringem Aufwand realisierbar sein (siehe [Schmidtner, 2011]).

Die Adaptivität eines Systems beschreibt die Fähigkeit des Systems, sich selbstständig/autonom an Veränderungen anzupassen (siehe [Schmidtner, 2011]). Ziel dabei ist es, die Anpassung schneller, kostengünstiger und mit höherer Qualität zu vollziehen. Ist ein System adaptiv, ist es gleichzeitig auch adaptierbar, da der Aufwand zur Anpassung durch einen Menschen damit sinkt. Im Produktionsumfeld wird ein System, das sich leicht an geplante beziehungsweise im Voraus bekannte Veränderungen anpassen lässt oder anpasst, als flexibel bezeichnet (siehe [Nyhuis et al., 2008]). Kann das System darüber hinaus auch auf unbekannte oder ungeplante Ereignisse reagieren, wird es als wandlungsfähig bezeichnet. Dies beschreiben [Abele, et al., 2008] und [Nyhuis et al., 2008]. Diese Eigenschaft muss für MES, ebenso wie für andere Elemente im Produktionssystem angestrebt werden.

Im Kontext der Wissensrepräsentation und Modellierung, die für eine Abbildung der Produktion in rechnerverarbeitbarer Form notwendig sind, spielt die Semiotik eine wichtige Rolle. Der Begriff wurde erstmals im 17. Jahrhundert gebraucht und kann auf das griechische Wort ‚semeiotikos' zurückgeführt werden – die Theorie der Zeichen. [Morris, 1938] beschreibt ähnlich wie später [Richards & Ogden, 1974] das semiotische Dreieck und dessen Bestandteile. Erläuterungen dazu finden sich in Abschnitt 2.1. Wichtig hierbei ist die Trennung von Beschreibung und Bezeichnung, ebenso wie die Unterscheidung zwischen der Extension – der Bedeutung in der Welt und der Bezeichnung, also der Relation zwischen Zeichen und Welt – und der Intension – dem Sinn, der innerhalb der verwendeten Sprache vorherrscht. Durch die Ecken des Dreiecks sind die drei zusammenspielenden Ebenen getrennt. Die Syntax beschreibt die Zeichen, Symbole oder Begriffe. Sie beschreiben die Basis, kurz: das Format. Die

Semantik definiert die Bedeutung oder den Sinn der Zeichen oder Begriffe bezogen auf den Kontext beziehungsweise die Umwelt. Und schließlich die Pragmatik, also die verwendete Sprache oder Beziehung, in der Informatik häufig die Handlungsempfehlung genannt. Betrachtet man nun das Umfeld Produktion, fehlt eine zusätzliche vierte Ebene: die Technik. Sie behandelt die technische Realisierung oder Kopplung der Systemkomponenten.

Im Zusammenspiel zwischen verschiedenen (IT-)Systemen spielen Integration, Kompatibilität und Interoperabilität eine große Rolle. Werden verschiedene (IT-)Systeme in einem größeren Gesamtsystem vereint, spricht man von Integration. Dabei wird keine Aussage darüber getroffen, wie die Kopplung der Systeme im Gesamtsystem realisiert ist. Sind sie zueinander kompatibel, können sie miteinander auf Basis einer Anzahl beschränkter Funktionen und Eigenschaften interagieren. Darauf aufbauend bezeichnet man als Interoperabilität die „Fähigkeit zur Zusammenarbeit von verschiedenen Systemen, Techniken oder Organisationen" [Oxford, 1995].

[IEEE IOP, 2011] definiert Interoperabilität als die Fähigkeit von zwei oder mehr Systemen oder Komponenten, Informationen auszutauschen und die ausgetauschte Information nutzen zu können. Interoperabilität ist also die Fähigkeit unabhängiger, heterogener Systeme, möglichst nahtlos zusammen zu arbeiten, um Informationen auf effiziente und verwertbare Art und Weise auszutauschen beziehungsweise dem Benutzer zur Verfügung zu stellen, ohne dass dazu gesonderte Absprachen zwischen den Systemen notwendig sind. In der IT betrifft die Interoperabilität Datenaustausch- oder Dateiformate und Protokolle, die von allen Systemen verstanden und genutzt werden können. Im Umfeld der Produktion spricht man von Interoperabilität der Produktionskomponenten und übergeordneten IT-Systeme, wenn diese in der Lage sind, zusammen zu arbeiten und Informationen effizient auszutauschen und nutzen zu können.

Auch im militärischen Umfeld spielt die Interoperabilität eine große Rolle. [Leuchter & Schönbein, 2006] bestätigen, dass die Interoperabilität als Schlüsselkomponente erkannt wurde, um effektive und effiziente Operationen zu erreichen. Dies wird durch die NATO System-Interoperabilitäts-Richtlinie (NATO C3 System Interoperability Directive: NID) [NID, 2003] untermauert, die verschiedene Ebenen der Interoperabiliät definiert. Stufe O (Isolated Interoperability in a manual environment) geht von menschlichen Eingriffen zur Erlangung von Systeminteroperabilität aus. In Stufe 1 (Connected Interoperability in a Peer-to-Peer-Environment) ist bereits der physikalische Datenaustausch möglich. In Stufe 2 (Functional Interoperability in a Distributed Environment) werden die ausgetauschten Daten zu sinnvollen Informationen in einer verteilten Umgebung. Hier könnte man auch von syntaktischer Interoperabilität sprechen. Ein analoges Beispiel hierfür im IT-Bereich ist ein XML-Schema oder eine Ontologie, auf das sich alle Systeme verständigt haben. In Stufe 3 (Domain Interoperability in an Integrated Environment) entsteht Domain-spezifisches Wissen, das gemeinsam genutzt werden kann. Dies kann auch als semantische Interoperabilität oder die nahtlose semantische Integration bezeichnet werden. Dabei wissen alle beteiligten Partner auch ohne vorherige Absprachen, wie die ausgetauschten Informationen zu interpretieren sind, beziehungsweise besitzen ein gemeinsames Verständnis. Stufe 4 (Enterprise Interoperability in a Universal Environment) als letzte Stufe der Interoperabilität zwischen Systemen, steht für Systeme, die nahtlos über Domänengrenzen hinweg in einer universellen Zugriffsumgebung zusammenarbeiten und Wissen austauschen. Dies schließt einen ‚on-the-fly'-Austausch und damit den tatsächlichen Prozess des Datenaustauschs ein. Zu diesem Zeitpunkt ist die pragmatische Interoperabilität erreicht. MES sollten wenigstens Stufe 2 oder Stufe 3 der Interoperabiltität erreichen. Für eine wie in der vorliegenden Arbeit geforderte semantische Interoperabilität ist Stufe 3 erforderlich.

2.1 Wissen

Im Ablauf der Konstruktion, Entwicklung, Planung und Inbetriebnahme von Produktionsanlagen entsteht Wissen. Wissen ist die „gesicherte, begründete oder begründbare Erkenntnis einer Zeit, die primär oder sekundär gewonnen werden kann" [Brockhaus, 2000].

Unter primärem Wissenserwerb versteht man dabei die zufällige Beobachtung, systematische Erforschung oder Erkenntnisse, die aus bereits erlangtem Wissen gewonnen werden. Sekundärer Wissenserwerb bezeichnet das aktive Lernen von Wissen. Wissen beinhaltet sowohl die Form, also die Syntax und Daten, als auch den Inhalt – Semantik und Information – und ist verknüpft mit einem Zweck und/oder auf ein Ziel ausgerichtet (pragmatischer Aspekt) (siehe [Schönbein, 2006]). Wissen kann also als „Summe menschlicher Erfahrungen, Kenntnisse und Fähigkeiten" [Schefe, 1991] beschrieben werden.

[Richards & Ogden, 1974] entwickelten 1923 die Theorie über die Bedeutung der Bedeutung, welche das semiotische Dreieck beschreibt. Dieses (dargestellt in Abbildung 2) beschreibt die Beziehung zwischen Gedanke/Bezug, Symbol und Referent. Während das Symbol den Namen der Sache/des realen Objekts darstellt, existiert beim Menschen, der das Symbol verwendet ein Gedanke/Bezug zum realen Objekt, der nicht unbedingt mit dem realen Objekt übereinstimmen muss. Die Begriffe nach [Richards & Ogden, 1974] sind in der Abbildung schwarz gekennzeichnet, Alternativbegriffe stehen grün in Klammern und das Beispiel ‚Stern' an Hand von Symbolen und einer schwarzen Box mit weißer Schrift dargestellt.

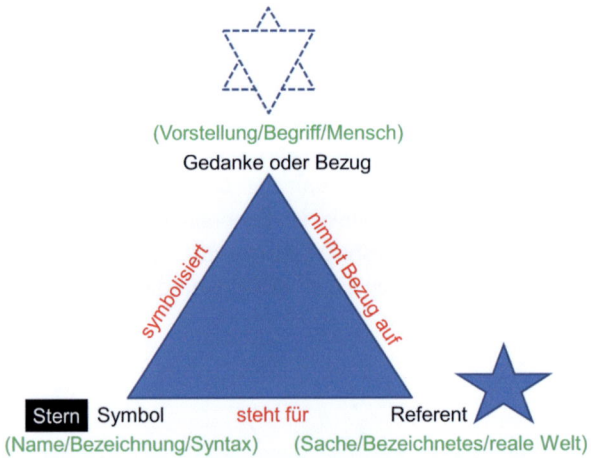

Abbildung 2: Semiotisches Dreieck nach [Richards & Ogden, 1974] am Beispiel ‚Stern'

[Hube, 2005] beschreibt Wissen mit Hilfe der Begriffe Daten und Information (siehe Abbildung 3). Daten sind numerische und symbolische Repräsentanten von Sachverhalten auf der syntaktischen Ebene. Die syntaktische Ebene beschreibt die Regeln zur korrekten Formulierung von Worten in einer Sprache. Informationen interpretieren Daten innerhalb eines Zusammenhangs und weisen ihnen damit eine Bedeutung zu (semantische Ebene). Werden Informationen sinnvoll verknüpft, entsteht Wissen, welches eine Unterstützung und damit Handlungsempfehlung sein kann (pragmatische Ebene) (siehe [Hube, 2005]).

Eine ähnliche Einteilung nimmt auch [Cooper, 1995] mit der kognitiven Hierarchie vor: Korrelierte Daten werden zu Information. Aus Information, die in einen Kontext eingeordnet wird, entsteht Wissen. Verwendetes Wissen, um Konsequenzen von Aktionen zu prädizieren, wird als Verständnis bezeichnet.

Ein weiterer wichtiger Aspekt ist die Art und Weise, in welcher Wissen zur Verfügung steht. Dies umfasst einerseits explizit verfügbares und andererseits implizites Wissen. Explizites Wissen liegt vor, wenn es an Andere kommunizierbar ist. Das bedeutet, dass man dieses Wissen in Gesprächen mitteilen oder es aufschreiben kann. Implizites Wissen hingegen kann nicht direkt kommuniziert werden. Es muss zuvor formalisiert werden. Wir können uns als Menschen beispielsweise fortbewegen oder unser Gleichgewicht halten. Diese Vorgänge kann man in einer komplexen, parametrischen und regelungstechnischen Modellierung nachbilden, ein ‚normaler Mensch' wird dies aber weder formulieren noch modellieren können. Dennoch ist er fähig, zu laufen oder sein Gleichgewicht zu halten.

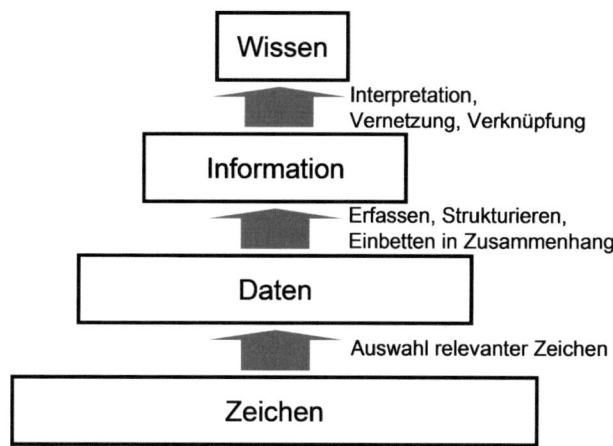

Abbildung 3: Zusammenhang zwischen Zeichen, Daten, Information und Wissen (nach [Hube, 2005])

Wissensrepräsentation bezeichnet die explizite Abbildung des Wissens in maschinen-verarbeitbare Form (siehe [Schönbein, 2006].

Dabei kritisieren [Barr & Feigenbaum, 1980], dass in der Künstlichen Intelligenz die Wissensrepräsentation eine Kombination aus Datenstrukturen und interpretierenden Prozeduren ist, die nur bei Verwendung in ‚richtiger Art und

Weise' zu wissensreichem Verhalten führen kann. Weiterhin erläutern sie die Repräsentation von Wissen als „symbolische Rekonstruktion von Wissen in einer formalisierten, algorithmischen Sprache" [Barr & Feigenbaum, 1980].

Wissen bezieht sich immer auf Gegenstände aus der Welt, daher wird die Modellbildung auch als Wissenserwerb bezeichnet. Die Modellierung dient also zur Darstellung von Wissen (siehe [Görz, 2000]).

Bei Modellen gibt es nach [Barr & Feigenbaum, 1980] zwei grundsätzliche Unterscheidungen: Analogische und symbolische Modelle. Analogische Modelle stellen direkte und ähnliche Repräsentationen von beispielsweise Gesichtern dar. Symbolische Modelle beschreiben einen modellierten Weltausschnitt sprachlich. Diese symbolischen Strukturen werden in der Künstlichen Intelligenz implementiert.

Die Modellierung kann dabei immer nur einen relevanten Weltausschnitt (Domäne) beschreiben und ist abhängig von den Aufgaben, die das Modell erfüllen soll, sowie von den Interessen des Modellierers. Ein geeignetes Modell sollte sowohl eindeutig für den Anwenderkreis sein, aber auch ausdrucksstark genug, um für die gestellte Aufgabe einsetzbar zu sein. Die Operationalisierbarkeit sollte dabei nicht außer Acht gelassen werden, da nur einsetzbare Modelle zur Anwendung kommen. Abbildung 4 zeigt verschiedene Repräsentationsmodelle für Wissen, die von links nach rechts durch die zunehmende Ausdrucksstärke und abnehmende Traktabilität (Handhabbarkeit, Verarbeitbarkeit) der einzelnen Modelltypen gekennzeichnet sind. Daraus ist sichtbar, dass die Traktabilität gegenläufig im Verhältnis zur Ausdrucksstärke steht. Besitzen Modelltypen also eine größere Vielfalt an Beschreibungsinhalt und -genauigkeit, werden sie gleichzeitig schwerer handhab- und verarbeitbar. Wissensrepräsentationen können weiterhin durch den Ausführungsaspekt (deklarativ oder prozedural) und den Zugriffsaspekt (propositions- oder objektzentriert) unterschieden werden. Ein Wissensrepräsentationssystem muss neben logischen Einschränkungen dabei auch die Gesetzmäßigkeiten der betrachteten Welt einbeziehen.

„In der Welt zu leben, ohne sich ihrer Bedeutung bewusst zu werden, ist wie in einer Bibliothek herumzuirren, ohne die Bücher zu lesen" [Brown, 2009]. Durch Informationstechnologie im Allgemeinen und das Internet im Speziellen steigt die verfügbare Menge an Informationen und damit auch Wissen in unserer heutigen Zeit exponentiell an. Daher gibt es immer mehr Bemühungen, Wissen effizient zu organisieren, zu speichern und zu verwerten – kurz: Bemühungen rund um das Wissensmanagement. Ein prominentes Beispiel ist Wikipedia [Wikipedia, 2011].

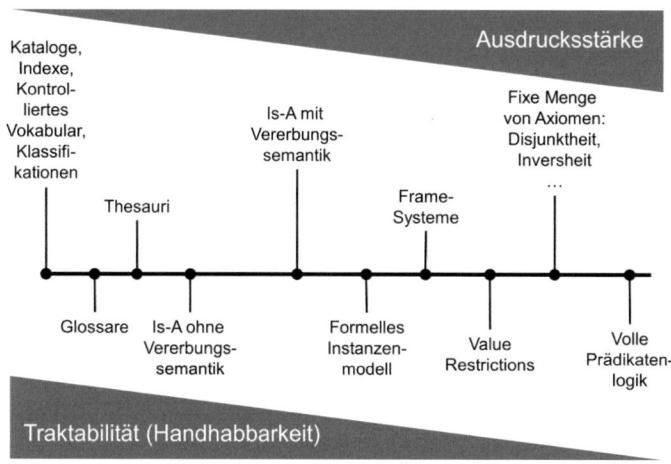

Abbildung 4: Wissensrepräsentationsmodelle [Volz, 2001]

Das Wissensmanagement kümmert sich also um den Umgang mit Wissen. Ein Kernthema dabei ist die Organisation des Wissens. Auch die VDI-Richtlinie 5610 [VDI 5610 – Blatt 1] beschäftigt sich mit dem Wissensmanagement und dessen Einführung in Unternehmen. Die Tätigkeiten des Wissensmanagements umfassen dabei alle Prozesse, in denen Informationen, Erkenntnisse und Erfahrungen identifiziert, erzeugt, gespeichert, verteilt und angewandt werden. „Konsistenz, Unmissverständlichkeit, Unsicherheit, Verlässlichkeit, Interpretierbarkeit, Erweiterbarkeit, Wiederverwendbarkeit und effiziente Nutzbarkeit" (siehe [Beyerer, 2006]) sind dabei wichtige Aspekte im Umgang mit Wissen. Die Trennung von deklarativem Wissen – Domänenwissen – und prozeduralem Wissen – Problemlösungswissen – ist dabei essentiell für ein großes Maß an Wiederverwendbarkeit (siehe [Beyerer, 2006]).

[Wiendahl, 2010] benennt die Interessensgruppen (stakeholder) in der Produktion wie folgt: Die Forschung beschäftigt sich mit der Wissenserzeugung, Anwender und Designer wenden dieses Wissen an und die Bildung verbreitet dieses Wissen.

In der Anlagenplanung muss das entstandene beziehungsweise erzeugte Wissen strukturiert und gespeichert werden. [Runde et al., 2011] beschreiben als Herausforderung daher die „Definition einer Wissensbeschreibung im Kontext des wissensbasierten Systems für das Engineering (automatisierungs-)technischer Systeme, welche es erlaubt, bestehende Technologien der Informatik auch zur Wissensverarbeitung zu verwenden".

2.2 Ontologien

Ein Instrument zur Repräsentation von Wissen sind Ontologien. Sie werden unter Anderem im Semantic Web eingesetzt. Das Ziel von Ontologien ist eine Darstellung und formale Spezifikation von Wissen, um als Vermittler in ungleichen Systemlandschaften agieren zu können. Wissen umfasst dabei sowohl die Syntax (Form), als auch die Semantik (Inhalt, Bedeutung). Ontologien beschreiben Konzepte (Begriffe) und deren Beziehungen (Relationen) untereinander innerhalb eines bestimmten Anwendungsbereiches (Domäne). Sie dienen also der Interoperabilität, sichern ein einheitliches Verständnis und vermeiden terminologische Verwechslung [Schönbein, 2006].

Meist werden Ontologien entwickelt, um bestimmte Sachverhalte und deren Bedeutung neutral und maschinenlesbar zu beschreiben oder Wissen zwischen verschiedenen Personen und Systemen austauschen zu können. Sie ermöglichen eine „Beschreibung von Wissen auf semantischem Niveau" [Beyerer, 2006].

Weit verbreitet ist die Definition von [Gruber, 1993], der eine Ontologie als ‚formal explicit specification of a shared conceptualization of a domain of interest' bezeichnet. Dies charakterisiert Ontologien in ihren Grundeigenschaften: formal, explizit, verteilt, konzeptionell, domänenspezifisch. Ontologien definieren nicht nur gemeinsame Symbole und Begriffe, also die Syntax, sondern auch die Bedeutung der Begriffe – die Semantik. Sie klassifizieren diese (Taxonomie), setzen Begriffe in Beziehung zueinander (Thesaurus) und definieren Regeln und Wissen darüber, welche Verbindungen zwischen Elementen sinnvoll sind. Dabei steigt mit der Ausdrucksstärke auch die Handhabbarkeit. Ontologien werden stets in einem und für einen bestimmten Kontext modelliert und beschreiben daher immer einen abgeschlossenen Ausschnitt der ‚Welt' (closed world). Fehlende Informationen werden daher immer im positiven Sinne ausgelegt, da davon ausgegangen wird, dass diese nicht bekannt, eventuell aber vorhanden sind.

Eine Ontologie besteht unter anderem aus einer Hierarchie so genannter Konzepte. Diese sind vergleichbar mit Typen in der objektorientierten Programmierung. Außerdem modelliert eine Ontologie eine Hierarchie von Eigenschaften, die ein semantisches Netz aufspannen, indem sie Beziehungen zwischen den Konzepten festlegen. Diese Relationen werden explizit als Elemente modelliert. Attribute beziehungsweise Eigenschaften der Konzepte stellen dabei unäre Relationen dar. Darüber hinaus können Konzepte als Individuen instanziiert werden. Sie sind über die zuvor definierten Eigenschaften mit anderen Individuen verknüpft (siehe [Schleipen et al., 2010b]).

Konzepte und Klassen stellen das terminologische Wissen dar, wohingegen Instanzen und Fakten das assertionale Wissen beschreiben.

Zur strukturierten Abbildung von Ontologien existieren verschiedene Modellierungssprachen. Eine dieser Sprachen ist der XML-Standard Web Ontology Language (OWL) [Antoniou & Harmelen, 2004].

„Der Wert einer Ontologie steht und fällt mit dem Umfang der Anerkennung und Zustimmung (‚ontological commitment‘), die diese in der betreffenden Fachwelt erfährt. Im Allgemeinen ist diese Zustimmung umso leichter zu erreichen, je mehr Entscheidungsträger und Betroffene am Entwurfsprozess beteiligt sind. Andererseits steigt der Aufwand in der Regel mit der Zahl der am Entwurf beteiligten Personen" [GI-Ontologie, 2011].

Die Vorgehensweise zur Entwicklung einer Ontologie, die an Hand von Erfahrung als ‚best-practice‘ entstanden ist, gliedert sich in verschiedene Phasen: Zu Beginn steht die Analyse-Phase, in der die Anforderungen an die Ontologie, deren Einsatzgebiet, Anwenderkreis und Anwendungsfälle definiert werden. Diese wird gefolgt von der Entwurfsphase, die zur Sammlung und Strukturierung von Konzepten, Attributen und möglichen Relationen und ersten Inhalten dient. Daran schließt sich die Implementierungsphase an, in der die formale Repräsentation der Ontologie in Code und entsprechenden Schnittstellen umgesetzt wird. Und schließlich erfolgt in der Evaluierungsphase der Test und Abgleich der Ontologie, sowie entsprechende Optimierungen (siehe [Leuchter, 2006]).

Ein Abgleich (Matching) zwischen zwei Ontologien kann durch die Rückführung der Instanzen auf Konzepte realisiert werden, wenn zwei Ontologien auf denselben Konzepten basieren. Häufig muss aber ein explizites Ontologiemapping erstellt werden, das die Konzepte einer Ontologie auf die einer anderen Ontologie abbildet (siehe [Shvaiko & Euzenat, 2005]).

Ontologien werden also als Instrument „zur Beschreibung und zum Austausch von Wissen für das Engineering (automatisierungs-)technischer Systeme" [Runde et al., 2011] eingesetzt. Gerade für domänenspezifische Begriffsraumdefinitionen sind sie ideal geeignet.

2.3 Formale Logik

Um mit formalisiertem Wissen arbeiten zu können und Sachverhalte aus der realen Umgebung formal korrekt abzubilden, wird die formale Logik benötigt. Unter formaler Logik als Vertreter der symbolischen Logik versteht man die „Lehre des vernünftigen (Schluss-)Folgerns", die die „Gültigkeit von Argumenten untersucht" [Logik-Wiki, 2011]. Teilgebiete der formalen Logik sind nach [Schöning, 2000] die Formale Semantik und die Modelltheorie. Die Formale Semantik befasst sich damit, Semantik syntaktisch auszudrücken, also semantische Sachverhalte – die exakte Bedeutung von Sprachen – korrekt zu beschreiben. Die Modelltheorie versucht eine Beziehung zwischen Syntax und Semantik herzustellen, also die syntaktischen Formulierungen mit Hilfe eines axiomatischen Systems zu interpretieren. Die Modelltheorie versucht also einen abgegrenzten Teil der Welt in kleinen Modellen mit handhabbaren Ausdehnungen in Raum und Zeit abzubilden (siehe [Tarski, 1954]).

Wird etwas formalisiert, so wird versucht, dem Sachverhalt eine vorgegebene Form aufzuprägen. Durch eine Formalisierung können komplexe Sachverhalte kürzer und klarer umschrieben werden. Der Adressat kann diese Sachverhalte dadurch schneller erfassen und es entstehen weniger Missverständnisse und Mehrdeutigkeiten bei der Interpretation. [Hummel, 2009] zeigt beispielsweise, dass „ein um formallogische Schlussfolgerungsfähigkeiten erweitertes System" die Lösung komplexerer Problemstellungen beispielsweise in der Szeneninterpretation ermöglicht.

Die klassische formale Logik oder auch zweiwertige Logik (siehe [Kleene, 2002]) geht in ihren Ursprüngen als ‚Wissenschaft vom richtigen Schließen' auf Aristoteles zurück. Sie basiert auf den Prinzipien der Zweiwertigkeit – auch Bivalenzprinzip genannt – und der Extensionalität. Das Bivalenzprinzip besagt, dass jede Aussage entweder wahr oder falsch ist. Dies beinhaltet den Satz vom ausgeschlossenen Dritten (tertium non datur), der besagt, dass genau einer von zwei Werten (wahr oder falsch) der gültige Wahrheitswert einer Aussage ist. Ebenso gilt der Satz vom zu vermeidenden Widerspruch, dass eine Aussage nicht gleichzeitig wahr und falsch sein kann. Das Extensionaliätsprinzip beschreibt, dass der Wahrheitswert einer zusammengesetzten Aussage durch die Verknüpfung der Teilaussagen auf einen der beiden Wahrheitswerte (wahr oder falsch) zurückgeführt werden kann, nicht aber vom inhaltlichen Sinn (Intension) abhängt. Die Verknüpfungen der Teilaussagen und deren Interpretation sind also unabhängig von diesen (siehe [Schöning, 2000]).

Mehrwertige Logiken hingegen besitzen einen Interpretationsbereich mit mehr als zwei Wahrheitswerten. Bei dreiwertigen formalen Logiken kann der dritte Wahrheitswert beispielsweise den Sachverhalt einer unbestimmten, undefinierten oder sinnlosen Aussage repräsentieren. Die Interpretationsvorschriften verändern sich dadurch gravierend, da hier die Grundprinzipien (Bivalenz und Extensionalität) nicht oder nur eingeschränkt gelten. Ein Beispiel für eine konservative Erweiterung der Wahrheitswertfunktionen für eine dreiwertige formale Logik wäre die Interpretation des dritten Wahrheitswertes als Mittel (0,5) zwischen wahr (1) und falsch (0). Die Auswahl des Maximums bei der Anwendung einer ODER-Verknüpung und Minimums bei der UND-Verknüpfung bleibt in diesem Fall bestehen. Wichtig ist in diesem Fall die Unterscheidung zwischen starker Negation (Negation von 1 ist gleich 0) und schwacher Negation (Negation von 1 ist gleich 0 oder 0,5), die Auswirkungen auf die Implikation hat. Zwei Beispiele dieser mehrwertigen Erweiterungen formaler Logik finden sich bei Kleene (siehe [Kleene, 2002]) und Lukasiewicz (siehe [Gottwald, 1989]). Während bei Kleene die starke Negation zur Anwendung kommt, verwendet Lukasiewicz die schwache Negation und Implikation.

Formale Logik dient also der Arbeit mit den Modellen, beispielsweise um Schlussfolgerungen aus bestimmten Konstellationen oder Sachverhalten zu ziehen. Praktisch eingesetzt werden kann hierfür zum Beispiel OCL als ein Vertreter einer formalen Sprache.

2.4 Object Constraint Language (OCL)

Die Object Constraint Language (OCL) (siehe [Warmer & Kleppe, 2004]) wird durch die Object Management Group (OMG) spezifiziert und ist Bestandteil der Unified Modelling Language (UML) (siehe [OCL, 2011]). UML ist eine Modellierungssprache zur Analyse, zum Entwurf und als Implementierungshilfe für software-basierte Systeme.

OCL ist eine textuelle, strikt getypte, formale Sprache und wurde initiiert, um Ausdrücke (Invarianten, Zusicherungen, Einschränkungen) auf UML-Modellen zu formulieren, die mit dem herkömmlichen UML nicht ausgedrückt werden konnten. Sie kommt also ursprünglich aus der objektorientierten Software-Entwicklung und findet gemeinsam mit UML große Verbreitung und Anwendung in der Industrie. OCL ist ebenso wie UML eine reine Beschreibungssprache, das bedeutet insbesondere, dass sie seiteneffektfrei ist. Im Gegensatz zu Programmiersprachen verändert sie also die beschriebenen Sachverhalte und deren Werte nicht. Sie kann genutzt werden, um Invarianten für Klassen und Typen im Klassenmodell eines UML-Modells zu spezifizieren. Invarianten bezeichnen dabei boolesche Ausdrücke, die für alle Instanzen einer bezeichneten Klasse wahr sein müssen. Vor- und Nachbedingungen von Operationen und Methoden oder Zustandsübergangsbedingungen können mit Hilfe von OCL ebenso beschrieben werden, wie Einschränkungen auf Operationen und Zielmengen für Nachrichten und Aktionen. OCL wird als „Sprache für die Formulierung von Einschränkungen mit der formalen Strenge der mathematischen Notation, aber auch der Leichtigkeit der natürlichen Sprache" [Brügge, 2001] bezeichnet.

OCL basiert auf dem Prinzip der Hoare-Logik (siehe [Hoare, 1969]), durch die sich unter anderem die Korrektheit von Algorithmen beweisen lässt. Dieses beschreibt, wie sich der Programmzustand, der vor der Ausführung des Programms gilt (Vorbedingung), verändert, wenn das Programm angewendet wird und wie der Programmzustand nach der Anwendung aussieht (Nachbedingung). Dabei werden Vor- und Nachbedingungen (Zusicherungen) in der Prädikatenlogik formuliert.

OCL beschreibt eine dreiwertige formale Logik, die aufbauend auf der klassischen Logik – der Prädikatenlogik – konservativ erweitert wird. Das bedeutet, dass die Wahrheitswerte true und false und deren Interpretation in der klassischen Logik sich durch die Erweiterung nicht verändern. Der dritte Wahrheitswert neben wahr und falsch wird als oclUndefined (ähnlich 0,5 bei Kleene) bezeichnet. OCL beinhaltet die Navigation in Objektmodellen der UML, boolesche Algebra und Mengenoperationen und kann (durch die mögliche Rückführung auf Prädikatenlogik (siehe " [Brügge, 2001])) herangezogen werden, um formale Beweise unter Verwendung geeigneter Werkzeuge auszuführen.

OCL-Constraints können auf ein UML-Modellelement oder auf mehrere gemeinsam angewendet werden. Sie werden immer auf einen bestimmten Kontext des Modells angewendet und sind damit kontextabhängig. Der Kontext legt also den Bezug fest.

Mit Hilfe definierter Constraints können beispielsweise erstellte Modellierungen auf die Korrektheit bestimmter Sachverhalte hin geprüft werden. Mit Hilfe bestehender Werkzeuge aus der Informatik können diese direkt ein- und umgesetzt werden.

2.5 Extensible Markup Language (XML)

XML ist der Standard zur Modellierung strukturierter Informationen und Daten. XML [W3C-XML, 2011] wurde 1998 erstmals veröffentlicht und wird vom W3C (World Wide Web Consortium) (weiter-)entwickelt. Als lizenzfreie, plattformunabhängige Auszeichnungssprache ist der Erfolg von XML seither beispiellos. XML dient zur Beschreibung hierarchisch strukturierter Daten, die in beliebiger Schachtelungstiefe vorkommen können. Eines der Hauptanwendungsfelder von XML ist der Datenaustausch zwischen IT-Systemen. Der eingängige, einfache und für Menschen lesbare Aufbau von XML begünstigt dessen Verbreitung. Die Strukturelemente werden als Tags bezeichnet und kennzeichnen jeweils Beginn und Ende eines Elements. Zusätzlich können Attribute zu den Elementen existieren. Hauptvorgaben für die Wohlgeformtheit eines XML-Dokuments sind die Kennzeichnung der Inhalte durch jeweils ein öffnendes und ein schließendes Tag, sowie ein eindeutiger Wurzelknoten im Dokument. Einschränkungen und Regeln für XML-Dokumente, deren Elemente, Anzahl Vorkommen, sowie verwendete Datentypen, werden mit Hilfe von DTD- (Document Type Definition) oder XSD-Dateien (XML Schema Definition) formuliert. Sie beschreiben also die Grammatik eines XML-Dokuments. Ist ein XML-Dokument wohlgeformt und entspricht es den in der Grammatik definierten Regeln, bezeichnet man es als gültig oder valide (siehe [XML-Wiki, 2011]).

Elemente und Attribute in XML-Dokumenten können mit Hilfe von XPath adressiert werden. Mit Hilfe von entsprechenden Pfad-Ausdrücken können einzelne Knoten oder Gruppen von Knoten in einem XML-Dokument ausgewählt bzw. zu diesen navigiert werden. Zur Syntax von XPath gehören unter anderem verschiedene Funktionen, die zur Definition der Ausdrücke verwendet werden können. XPath kann beispielsweise bei der XML-Programmierung genutzt werden, um Pfad-Ausdrücke allgemein, also unabhängig von der ver-

19

wendeten Programmiersprache, zu definieren. Ebenso können XPath-Ausdrücke in XSL Transformationen (XSLT, siehe [XSLT-Wiki, 2011]) ange-wendet werden. XSLT wird genutzt, um XML-Dokumenten in andere XML-Dokumente zu transformieren.

XML wird in verschiedenen Anwendungsfällen für die strukturell definierte Modellierung von Daten eingesetzt. Ein Beispiel eines XML-basierten Daten-austauschformats ist AutomationML.

2.6 AutomationML[2]

AutomationML [AutomationML, 2011] als toolunabhängiges Datenaustausch-format für die Produktionsanlagenplanung wird vom AutomationML e.V. defi-niert und (weiter-)entwickelt. Beteiligt und Mitglied im AutomationML e.V. sind unter anderem Firmen wie Daimler, ABB, Kuka, Phoenix Contact und Siemens sowie Forschungseinrichtungen wie die Otto-von-Guericke-Universität Magdeburg, das Karlsruher Institut für Technologie und das Fraunhofer IOSB.

„Hauptmotivation von AutomationML ist die Senkung von Kosten für die Planung von (fertigungs- und prozesstechnischen) Anlagen" [Drath, 2010]. Es soll einen durchgängigen Informationsfluss zwischen Anlagenplanungswerk-zeugen unterstützen und gewährleisten. Eines der Hauptanliegen dabei ist die Offenheit. AutomationML soll offen für die Verwendung sein, also bei den Anwendern keine Kosten verursachen. Ebenso soll das Format aber auch die Offenheit für neue Abläufe und Entwicklungsprozesse schaffen (siehe [Alonso Garcia & Drath, 2011]).

AutomationML ist dabei aber kein von Grund auf neu entwickeltes und defi-niertes Datenformat, sondern stellt eine Kombination bereits bestehender For-mate dar. AutomationML legt die Verwendung der bestehenden Formate fest, passt diese – wenn nötig – an und beschreibt, wie sie zu kombinieren sind.

2.6.1 Gesamtarchitektur

AutomationML zielt darauf ab, die Interoperabilität zwischen den während des Anlagenengineerings eingesetzten Software-Werkzeugen zu erhöhen. Bereits

---

[2] ProVis.Agent®, ProVis.Visu® und ProVis.Paula®, sowie AutomationML® sind eigentragene Marken. Auf Grund der Lesbarkeit wird das Symbol der Registered Trade Mark ® nicht bei den einzelnen Vorkommen aufgeführt.

die Gesamtarchitektur von AutomationML ist darauf ausgelegt, unterschiedliche Aspekte und Betrachtungsweisen komplexer Anlagenkomponenten beschreiben und verbinden zu können. Beispiele für berücksichtigte Aspekte sind die Anlagentopologie, Geometrie, Kinematik, Ablaufplanung und Verhalten (siehe [Drath & Schleipen, 2010]).

Der Begriff Topologie steht für eine mathematische Disziplin, die Lagebeziehungen zwischen Objekten beschreibt und analysiert. Es ist die Lehre von räumlichen Beziehungen zwischen Objekten. Die Topographie hingegen ist ein geographischer Begriff und steht für die Geometrie und Lage der Objekte im geographischen Gelände. Im Produktionsumfeld beschreibt die Topologie logische Beziehungen zwischen Objekten und die Topographie deren Lage im Weltkoordinatensystem. Aus der Topographie lässt sich die räumliche Nähe ableiten.

In Abbildung 5 ist die Gesamt-Architektur von AutomationML im Überblick verdeutlicht. Die Topologie der Anlagenkomponenten, ihre Attribute, Schnittstellen und Beziehungen zwischen den Objekten wird dabei mittels CAEX (Computer Aided Engineering Exchange) abgebildet (siehe [Fedai et al, 2003]). Dies ist gleichzeitig auch das integrierende Format, unter dessen Verwendung weitere Formate eingebunden werden können.

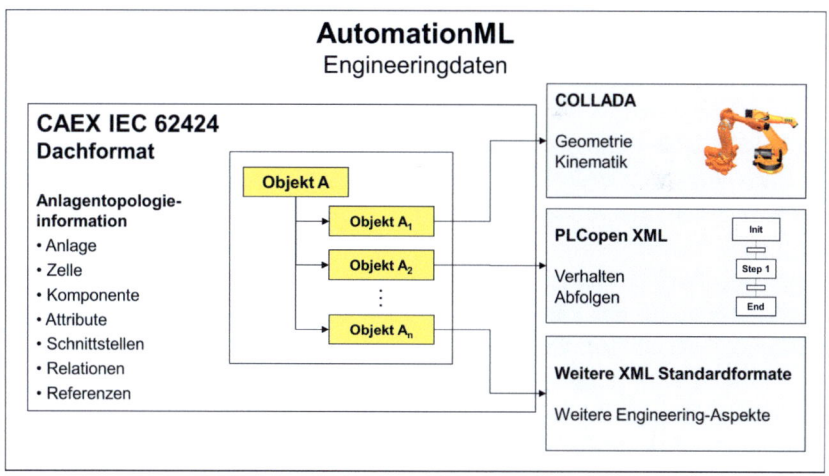

Abbildung 5: AutomationML Gesamt-Architektur [AutomationML, 2011]

Zur Beschreibung von Geometrien und Kinematiken schreibt AutomationML das 3D-Datenaustauschformat COLLADA (COLLAborative Design Activity) [COLLADA, 2011] vor. Auch dieses Format ist XML-basiert. Logik und Verhalten werden mittels PLCOpenXML [PLCOpenXML, 2011] eingebunden. Die Kombination der Formate und ihre Integration durch CAEX eröffnen auch in der Anwendung neue Möglichkeiten, wie zum Beispiel eine integrierte Prozessbeschreibung. Darüber hinaus ist AutomationML ebenso offen für die Integration weiterer relevanter Inhalte mittels XML-basierter Datenaustauschformate.

Die Autorin hat bei der Weiterentwicklung von CAEX und AutomationML zur Interoperabilität maßgeblich mitgewirkt. In der vorliegenden Arbeit wird PLCOpenXML als Teilformat von AutomationML nicht benötigt und daher nachfolgend auch nicht detailliert erläutert. Eingesetzt wurden CAEX und COLLADA.

2.6.2 Computer Aided Engineering Exchange (CAEX)

CAEX [Fedai & Drath, 2005] als neutrale Beschreibungssprache, basierend auf XML, stellt den Kern von AutomationML dar und wird auch für MES benötigt, um die Produktionsanlagen zu modellieren. Durch CAEX wird der Datenaustausch unabhängig von Herstellern und Plattformen verbessert. CAEX ist in der Norm IEC 62424 [IEC62424] definiert. Es wurde in Kooperation zwischen dem Lehrstuhl für Prozessleittechnik der RWTH Aachen und dem ABB Forschungszentrum Ladenburg entwickelt (siehe [Drath & Fedai, 2004a] und [Drath & Fedai, 2004b]) und ist eine semi-formale Beschreibungssprache zur Beschreibung des Aufbaus und der Struktur von Anlagendaten. CAEX beschreibt also an Hand eines Metamodells, wie eine XML-Beschreibung aufgebaut sein muss, um CAEX-konform zu sein. Damit legt es nicht nur die Syntax fest, sondern stellt auch Möglichkeiten zur Definition entsprechender Semantik zur Verfügung. Ursprünglich stammt CAEX aus dem Umfeld der Verfahrenstechnik und wurde verwendet, um R&I-Fließbilder (Rohrleitungs- und Instrumentierungs-Fließbilder) abzubilden. Wie in [Schleipen et al., 2008a] jedoch beschrieben ist, lässt es sich auch einsetzen, um fertigungstechnische Produktionsanlagen zu beschreiben. Innerhalb von CAEX werden die Anlagenelemente und ihre Topologie beschrieben, sowie die Beziehungen zwischen Produkten, Prozessen und Ressourcen, sowie Relationen innerhalb der einzelnen Kategorien (Produkte, Prozesse, Ressourcen).

Basis für CAEX sind objektorientierte Konzepte, wie beispielsweise Typen, Instanzen, Vererbung und Hierarchien. Es unterstützt sowohl einen ‚Top-Down'- als auch einen ‚Bottom-Up'-Entwurf der Produktionsanlagen und ermöglicht durch die Verwendung von verschiedenen Bibliotheken die Integration hersteller-, anwendungs- und projektspezifischer Daten und Strukturen.

Abbildung 6 zeigt die CAEX Basisstrukturen in stark vereinfachter Form. Die drei Bibliotheksarten verstehen sich als Objekt-Kataloge und ermöglichen die Modellierung wiederverwendbarer Klassen. Mit Hilfe von Relationen innerhalb der Bibliotheken können sie weiter detailliert und verfeinert werden (siehe [Drath & Schleipen, 2010]). CAEX basiert auf dem SIC-Prinzip (System Interface Connection). Das System beinhaltet Systemelemente mit Parametern, die wiederum Schnittstellen (Interfaces) besitzen. Diese Schnittstellen werden mit Hilfe von Verbindungen (Connections) miteinander verknüpft. Dies steht im Gegensatz zum Entity-Relationship-Modell, das Entities (Systemeinheiten) und Relationships (Verbindungen) enthält.

CAEX besteht (wie bereits erwähnt) aus drei Bibliothekstypen: InterfaceClassLibrary, RoleClassLibrary und SystemUnitClassLibrary. Dabei können mehrere Bibliotheken eines Typs existieren. Zusätzlich existiert eine Instance-Hierarchy, in der die konkrete Produktionsanlage modelliert ist. Betrachtet man eine gesamte CAEX-Datei, ergibt sich die Darstellung in Abbildung 7. Sie soll den Zusammenhang zwischen den einzelnen Basiskomponenten verdeutlichen und dient als Hilfe für nachfolgende Erläuterungen.

Innerhalb von Bibliotheken vom Typ InterfaceClassLibrary können Schnittstellenklassen (InterfaceClasses) definiert werden. Sie stellen mögliche Verknüpfungspunkte dar, die dazu dienen, Topologie- oder Kommunikationsverbindungen zu modellieren. Die InterfaceClasses selbst beinhalten keine Verbindung, sie sind vielmehr ‚Connection Points', die die Relationsart und die Semantik der Verbindung zweier Objekte bestimmen. So ist zum Beispiel ein mögliches Attribut einer Anlagentopologieschnittstelle die Richtung der Verbindung. Die Schnittstellen können Attribute enthalten. Ein Beispiel ist ein Attribut einer Anlagentopologieschnittstelle, das die Richtung definiert und unidirektional ist (siehe [Schleipen, 2010a]).

Bibliotheken vom Typ RoleClassLibrary beinhalten die Definition von Rollen. Rollen (RoleClasses) beschreiben die Bedeutung der Elemente und entkoppeln die Spezifikation von der Implementierung.

23

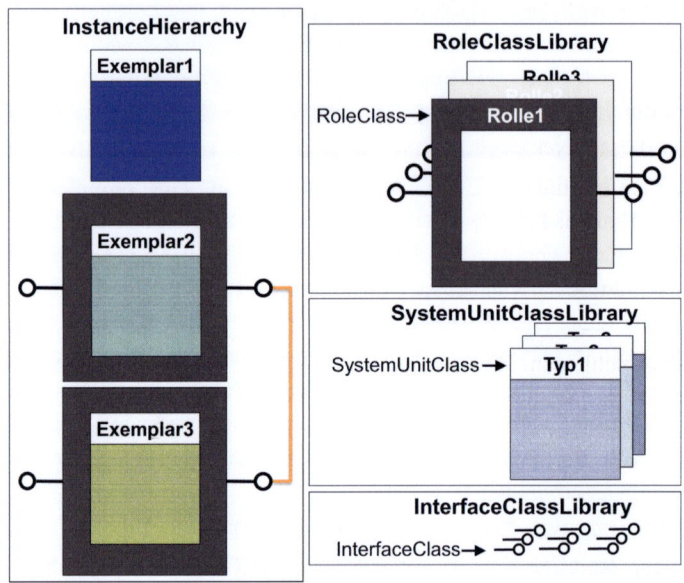

Abbildung 6: CAEX-Basiskomponenten und deren Zusammenhänge
[Schleipen, 2010a]

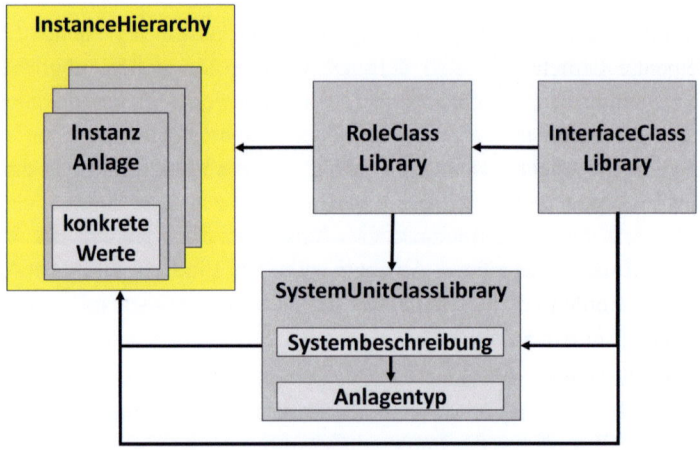

Abbildung 7: Verknüpfung der Grundelemente

Beispiele für einfache Rollen in der Fertigungsindustrie sind Transportband, Drehtisch, Roboter oder Schweisszelle. Rollen beinhalten keine Informationen über interne Strukturen und den inneren Aufbau der Elemente. Sie definieren lediglich die Bedeutung sowie allgemeine Attribute und Schnittstellen (Interfaces) für diese Objekte (siehe [Schleipen, 2010a]).

So können ein uni- und ein bidirektionales Transportband die Rolle ‚Transportband' erhalten. Die Rollen setzen also eine ‚ich bin ein(e) ...'-Beziehung um. Mit Hilfe der Abstraktion durch die Rolle ist es möglich, einer Anlage beispielsweise den symbolischen Platzhalter eines Transportbands zuzuweisen und somit das grafische Objekt für ein Transportband zuzuordnen.

[Drath & Schleipen, 2010] erläutern das den Rollen zu Grunde liegende Konzept anhand der Komposition eines umfangreichen Musikwerkes, da dies von der Komplexität her mit der Planung einer Produktionsanlage vergleichbar ist. Der Komponist legt in seiner Oper zu Beginn die Rolle einer Prinzessin fest. Für diese definiert er Rollenanforderungen, die beispielsweise vorsehen, dass diese Rolle von einem Sopran gesungen werden sollte. Bei einer konkreten Realisierung der Oper muss eine reale Kandidatin die Rolle der Prinzessin implementieren. Diese muss den Anforderungen der Rolle gerecht werden.

In Bibliotheken vom Typ SystemUnitClassLibrary werden komplexe Anlagenkomponenten oder spezifische Typbeschreibungen (SystemUnitClasses) modelliert. Sie beinhalten - im Gegensatz zu Rollen - Informationen über die Funktionalität und Struktur der Elemente. Ihre Semantik erhalten sie durch Verknüpfung mit entsprechenden Rollen. Durch die Rollenzuordnung bekommt das Element eventuell weitere rollenspezifische Attribute und Schnittstellen, die seine Interaktionsmöglichkeiten mit anderen Elementen bestimmen. Vergleichbar sind SystemUnitClasses mit Klassen in der objektorientierten Programmierung. Sie besitzen ebenfalls klassenspezifische Eigenschaften, ihnen fehlen jedoch die klassenspezifischen Methoden. Jede Struktur kann hierarchisch aufgebaut werden und weitere, bereits vordefinierte Strukturen, als Teileelemente beinhalten. In der SystemUnitClassLibrary wird nur die Struktur der Elemente definiert, es werden dort keine Attributwerte belegt. Die einzigen möglichen Wertvorgaben in der Strukturdefinition sind die Bestimmungen der Standardwerte (DefaultValues) für die Attribute. Dies sind aber nur Initialisierungswerte. Sie gehören somit zur Definition und werden in der Beschreibung der konkreten Anlage eventuell überschrieben (siehe [Schleipen, 2010a]).

Instanzen (InternalElements) sorgen für die Modellierung realer Anlagenobjekte in der InstanceHierarchy. Ist in der SystemUnitLibrary eine SystemUnit definiert, so kann nun in der InstanceHierarchy eine konkrete Instanz dieser SystemUnit eingebunden werden. Dadurch kann die reale Anlage als Struktur bestehend aus Instanzen von SystemUnits betrachtet werden. Es können aber auch Instanzen ohne zu Grunde liegende SystemUnits modelliert werden. Die InstanceHierarchy bildet also die tatsächliche Anlagenzusammensetzung mit konkreten Instanzen (der in den Bibliotheken vordefinierten Strukturen) ab und weist ihnen aktuelle Parameterwerte mit Hilfe der Attribute zu.

Die beschriebenen Hauptkomponenten von CAEX bilden die Basis einer CAEX-Datei. Desweiteren gibt es Elemente zur Detailspezifikation oder Verbindungen (InternalLinks) zwischen Elementen (siehe Abbildung 8). Mit ihrer Hilfe können beispielsweise die Anlagentopologie, konkrete Prozess-Reihenfolgen (Prozessablauf) oder Produkt-Fügefolgen (Anleitung zum Zusammenbau eines Produkts) abgebildet werden. Beispielsweise können Elementen aus der Rollenbibliothek Interfaces zugeordnet werden, um die Möglichkeit für Links zu schaffen. Elemente aus der InstanceHierarchy erhalten durch zugeordnete SystemUnits einen inneren Aufbau und durch die Zuordnung von Rollen eine funktionale Bedeutung. Eine mögliche Verbindung dieser Art wäre die Verknüpfung eines Anlagenelements mit seinem Nachfolger oder mit bestimmten, darauf gefertigten Produkten (siehe [Schleipen, 2010a]).

Die beschriebenen Metastrukturen (Modellstrukturen und Klassenbibliotheken) in CAEX verdeutlichen einen der Vorteile des Formats. Bei der Verwendung von CAEX besteht für alle Kommunikationspartner die Möglichkeit, einerseits eigene Strukturen abzubilden, andererseits aber diese auch in allgemeine für alle Partner verständliche Strukturen zu integrieren. Die nötigen Bibliotheken können gemeinsam mit der konkreten Beschreibung beim Datenaustausch übermittelt werden. Sie können als beschreibende Elemente betrachtet werden. Man könnte CAEX also auch als Format zur Definition eines kleinsten gemeinsamen Nenners bezeichnen.

Durch eine einheitliche und toolunabhängige Beschreibung der Produktionsanlagen wird eine rechnergestützte Auswertung und Verarbeitung der Daten vereinfacht. Eine Veränderung des proprietären Tool-Datenformats zieht keine Änderung des Austauschformats nach sich. Gleichzeitig wird die Wiederverwendung möglich. Somit profitieren Ingenieure von den Erfahrungen vergangener Projekte. Dies ist auf Grund des wachsenden Zeit- und Kostendrucks ein signifikanter Vorteil gegenüber einer Neuentwicklung (siehe [Schleipen, 2010a]).

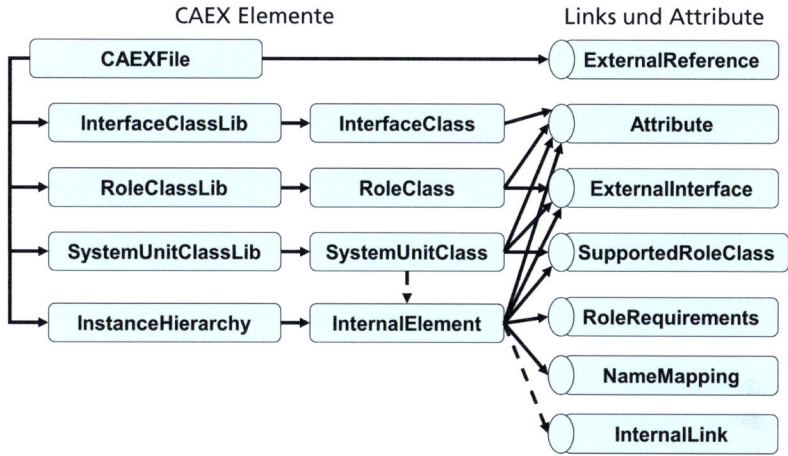

Abbildung 8: CAEX Elemente und Relationen [Schleipen & Okon, 2010]

2.6.3 Collaborative Design Activity (COLLADA)

COLLADA [Arnaud & Barnes, 2006] ist eine Datenaustauschmöglichkeit für interaktive dreidimensionale Inhalte. Ursprünglich initiiert wurde es von Sony, mittlerweile wird es durch die Khronos Group gepflegt und (weiter-)entwickelt. Getrieben durch die mächtige und personenstarke Videospieleindustrie mit 3D-Modellierung wurde es schnell bekannt und verbreitet. Aber auch in der Fertigungsindustrie entwickelt es sich zunehmend zu einem anerkannten Standard.

Es beschreibt die präzise Geometrie eines Objekts in 3D, also dessen grafische Repräsentation, stellt gleichzeitig aber auch detaillierte Informationen über Material und Struktur zur Verfügung. Kinematische Informationen im COLLADA-Format beschreiben mögliche Bewegungen der physikalischen Verbindungen eines 3D-Modells. COLLADA basiert wie CAEX auf XML und wird durch ein XML-Schema [COLLADA, 2011] beschrieben. Aktuell ist die Version 1.5.0 veröffentlicht, in die durch die AutomationML Community bereits Veränderungen eingebracht wurden. COLLADA ist ein offenes Austauschformat für Daten zwischen verschiedenen 3D-Programmen. Die Informationen in einer COLLADA-Datei sind für Mensch und Maschine gleichermaßen leicht lesbar. Prominenter Vertreter bei der Verwendung von COLLADA ist beispielsweise Google Sketchup [Google Sketchup, 2011].

Daten sind in COLLADA bibliotheks-basiert organisiert (siehe Abbildung 9). Materialien und Oberflächen finden sich in der library_materials, Effekte in der library_effects. Form und Aussehen von Objekten werden in der library_geometries modelliert. Weitere Elemente, wie die library_cameras, definieren eine oder mehrere virtuelle Kamera(s) im Raum, die zum Rendern[3] einer in COLLADA beschriebenen Szene benötigt werden. In der library_visual_scenes werden Geometrien mit Materialien und Effekten gemeinsam in einer visuellen Szene verbunden. Diese wird im Element scene instanziiert. Mit Hilfe des in der COLLADA-Definition vorhandenen extra-Tags schreibt AutomationML die Referenzierung von COLLADA-Objekten aus CAEX-Strukturen heraus vor.

COLLADA kann bei MES speziell für die Akquisition von Daten zur Erzeugung der Prozessführungsbilder, also für die Schnittstelle zwischen Mensch und System, genutzt werden.

```
<?xml version="1.0" encoding="utf-8" ?>
<COLLADA xmlns="http://www.collada.org/2005/11/COLLADASchema" version="1.4.1">
  <asset>
    <created>2011-08-17T06:26:30</created>
    <modified>2011-08-18T08:26:30</modified>
    <unit name="millimeter" meter="0.001" />
    <up_axis>Z_UP</up_axis>
  </asset>
  <library_materials/>
  <library_effects/>
  <library_geometries/>
  <library_visual_scenes/>
  <scene/>
  <extra id="extra"/>
</COLLADA>
```

Abbildung 9: Aufbau einer COLLADA-Datei

2.7 OPC und OPC-UA

Da nicht alleine die Daten und Informationen wichtig sind, sondern auch, wie diese übermittelt und verwaltet werden, muss ein entsprechender Kommunikationsstandard inklusive definiertem Kommunikationskanal mit dem Datenaus-

---

[3] Rendern einer Szene = visuelle Wiedergabe der Szene für den Betrachter

tauschformat kombiniert werden. OLE for Process Control [OPC-Wiki, 2011], wie es ursprünglich hieß, oder OPC, wie es heute ohne zugehörige Langfassung verwendet wird, ist momentan der Kommunikationsstandard in der Automatisierungstechnik. 1996 von der OPCFoundation [OPCFoundation, 2011] veröffentlicht, sollte OPC die Kommunikation zwischen Anwendungen unterschiedlicher Hersteller vereinigen und die Alternative zu proprietären Automatisierungsbussen darstellen. OPC besteht aber nicht nur aus einer Kommunikationsfunktionalität, sondern aus vielen verschiedenen Teilfunktionalitäten, wie beispielsweise OPC Data Access (DA) zur Übertragung von Echtzeitdaten zwischen Steuerung und Darstellungsgerät. Weitere Beispiele sind Alarm&Events, Batch, Historical Data Access oder XML Data Access. Bei OPC handelt es sich um eine textuelle Spezifikation, die mit Hilfe von Software umgesetzt wird. OPC setzt auf der Technologie DCOM (Microsoft Distributed Component Object Model) auf, die zum damaligen Zeitpunkt aktuell war. Der OPC-Architektur liegt das Client-Server-Prinzip zu Grunde: Der Server stellt Daten zur Verfügung, der Client greift auf diese Daten zu.

Das ‚ursprüngliche‘ OPC hat sich in der Praxis bewährt und wurde sukzessive erweitert. Die Weiterentwicklung der technologischen Möglichkeiten führte 2006 zur Vorstellung des Nachfolgers des klassischen OPC (siehe [Burke, 2006a]) – die OPC Unified Architecture (OPC-UA). OPC-UA ist ein Standard, der die Prozesskommunikation in strukturierter Art und Weise mit einem unterlagerten Informationsmodell unterstützt (siehe [Mahnke et al., 2009])

Dabei handelt es sich um eine neue Generation von OPC-Servern. Zum einen sollten die verschiedenen Spezifikationen zusammengeführt und vereinheitlicht werden, so dass nicht mehr nur ein spezieller Server pro Teilfunktionalität benötigt würde. Zum anderen war OPC durch COM/DCOM-Nachteile abhängig vom Windows-Betriebssystem, was in der Praxis häufig zu Konfigurationsproblemen auf Grund von DCOM führte. Durch COM/DCOM hatten die Entwickler keinen Zugang zum Quellcode und damit keine ‚echte‘ Kontrolle über die Vorgänge und Fehler.

OPC-UA vereinigt alle bisherigen OPC-basierten Techniken unter einem ‚plattformunabhängigen Dach‘ (engl. platform-independant umbrella). Definiert ist die OPC-UA in den Basisspezifikationen [OPC-UA-1, 2009], [OPC-UA-2, 2009], [OPC-UA-3, 2009], [OPC-UA-4, 2009], [OPC-UA-5, 2009], [OPC-UA-6, 2009], [OPC-UA-7, 2010], [OPC-UA-8, 2009], [OPC-UA-9, 2010], [OPC-UA-10, 2010] und [OPC-UA-11, 2010].

Sie bietet Mechanismen zur standardisierten, synchronen oder asynchronen, verteilten Kommunikation. OPC-UA ermöglicht den Zugriff auf Daten unterschiedlichster Art in vertikaler als auch horizontaler Richtung. Dies ermöglicht ein breiteres Einsatzspektrum nicht nur auf Feldebene, sondern bis zu MES oder ERP-Systemen.

Die ,Service-Oriented Architecture' (SOA) der OPC-UA ist in mehrere logische Ebenen unterteilt (siehe Abbildung 10). In der Grafik grün dargestellt sind die ,Base Services', die protokollunabhängigen, abstrakten Methodenbeschreibungen als Basis für alle OPC-UA-Funktionalitäten. Die Transportschicht setzt diese Methoden in ein Protokoll (TCP oder Web-Service) um.

Eine der großen Neuerungen von OPC-UA ist das Informationsmodell, das beschreibt, wie weit Daten und Informationen im Adressraum des Servers verwaltet werden. Dieses Informationsmodell kann invididuell strukturiert werden. Als Struktur liegt keine einfache Baumstruktur, sondern ein ,full-mesh-network' aus Knoten (Nodes) zu Grunde, bei dem jeder Knoten mit jedem vernetzt sein kann. Das Informationsmodell ermöglicht eine Datenrepräsentation von Produktionsanlagen unter Zuhilfenahme objektorientierter Modellierungsparadigmen. Ein Typmodell, das ebenfalls im Informationsmodell enthalten ist, beschreibt mögliche Datentypen. Die einzelnen Knoten repräsentieren Objekte, an die die OPC-Funktionalitäten (Data Access, Historical Data Access, Alarms&Events, Commands) gekoppelt sind. Diese sind in Abbildung 10 orange dargestellt. Jeder Anwender hat die Möglickeit zur Definition eigener Informationsmodelle und herstellerspezifischer Informationen (gelber Kasten in Abbildung 10) (siehe [OPCUA-Wiki, 2011]).

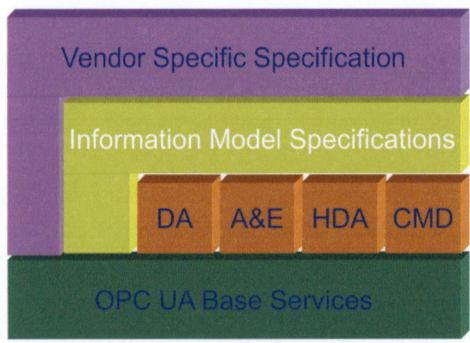

Abbildung 10: Service-oriented Architecture der OPC-UA [Burke, 2006b]

Um eine möglichst breite Akzeptanz zu erreichen, kooperiert die OPCFoundation mit anderen Organisationen, wie zum Beispiel ISA, MIMOSA oder OMAC. Diesen wird durch das Informationsmodell ermöglicht, eine Harmonisierung mit dem eigenen Standard durchzuführen. Dadurch entstehen die in der Abbildung 10 lila hinterlegten Informationsmodelle. Ein Beispiel hierfür ist das CAEX-Metamodell, das mit Hilfe einer solchen Harmonisierung auf Basis eines eigenen Informationsmodells (lila Kasten in Abbildung 10) operativ zum Einsatz kommen könnte (siehe [Schleipen, 2008a]).

Anwendungsmöglichkeiten in verschiedenen Industrien und Bereichen sind gegeben, eine internationale Standardisierung der OPC-UA in der IEC-Normenreihe IEC 62541 [IEC62541] soll die Akzeptanz erhöhen.

OPC-UA basiert auf Standards wie TCP/IP, HTTP, SOAP und XML und stellt den Übergang von DCOM zu einer service-orientierten Client-Server-Architektur dar, indem WSDL (Web Service Description Language) verwendet wird, die in verschiedene Webservice-Protokolle umgesetzt werden kann. Dadurch wird OPC-UA betriebssystem-, plattformunabhängig und internetfähig. Der robuste Datentransfer ist zudem unabhängig von Kommunikationsprotokollen. Zusätzlich existieren einfache Konzepte für Client- und Server-Redundanz. Durch ein dreigeteiltes Sicherheits-Modell – ,User Level' (Benutzerauthentifizierung), ,Application Level' (Austausch digital signierter Zertifikate) und ,Transport Level' (optionale Verschlüsselung der Nachrichten) – wird die Sicherheit enorm gesteigert. Mittels ,Keep-alive'-Nachrichten wird es Clients im Gegensatz zu OPC ermöglicht, zu erkennen, ob der Server oder der Kommunikationskanal abgetrennt wurde. In der OPC-UA wird dies als Heartbeat bezeichnet, da die Verbindung in beiden Richtungen überwacht wird. Für jeden der verschiedenen Services lassen sich Timeouts konfigurieren und nicht erhaltene Nachrichten können durch Sequenznummern leicht noch einmal angefordert werden. Verbindungsunterbrechungen führen also nicht mehr zu Datenverlust (siehe [Schleipen, 2008a]).

Anwendungen für die OPC-UA werden mit Hilfe von APIs (Application Programming Interfaces) entwickelt, die von der OPCFoundation oder Unternehmen zur Verfügung gestellt werden. APIs existieren für C/C++, .NET und JAVA, die alle dieselbe Funktionalität, basierend auf der Spezifikation, abbilden sollen. Das .NET SDK (Software Development Kit) beispielsweise wird direkt von der OPCFoundation an alle ,Corporate member' der Foundation zur Verfügung gestellt. OPC hat sich in der Automatisierungsbranche in den letzten

Jahren als ein Industrie-Standard etabliert und reagiert mit OPC-UA auf Anforderungen und Bedürfnisse nach Interoperabilität des Marktes.

Durch Eigenschaften wie Sicherheits- und Redundanzkonzepte, Informationsmodelle und die Fokussierung auf die Interoperabilität stellt OPC-UA den idealen Standard für die Anwendung bei MES und damit in der vorliegenden Arbeit dar.

3. Manufacturing Execution Systeme in der industriellen Produktion

3.1 Einordnung

Der vorliegende Abschnitt erläutert, was man unter einem MES versteht und wie dieses im Kontext der industriellen Produktion eingeordnet werden kann. Aus der Beschreibung, mit welchen Systemen ein MES interagiert, werden die Anforderungen an MES hinsichtlich Interoperabilität abgeleitet. Die Änderungen, denen ein MES über den Lebenszyklus der Anlage ausgesetzt ist, führen zu Anforderungen hinsichtlich der Adaptivität.

In der Produktion unterscheidet man zwischen diskreten Prozessen – der Fertigungstechnik –und kontinuierlichen, Prozessen – der Verfahrenstechnik. Diskrete Prozesse werden zur Herstellung von Stückgütern, wie beispielsweise Autos, verwendet. Kontinuierliche Prozesse kommen in der chemischen Industrie zum Einsatz, die keine diskreten Güter herstellt, sondern zum Beispiel Farben. Verfahrenstechnische Prozesse sind häufig mit einem hohen Automatisierungsgrad ausgestattet (siehe [Heinrich et al., 2005]).

Der Begriff der Produktion bezeichnet im fertigungstechnischen Bereich nach [Heinrich et al., 2005] die Fertigung mit samt allen zur Produkterstellung notwendigen Tätigkeiten. Dies bezieht also auch betriebswirtschaftliche oder organisatorische Vorgänge wie den Einkauf, aber auch die Konstruktion (als technische Maßnahme) mit ein (siehe [Meinberg & Topolewski, 1995]). Bei den in der Fertigung vorhandenen Produktionsanlagen muss weiterhin zwischen Einzelmaschinen und verketteten Anlagen unterschieden werden (siehe Abbildung 11) [VDI4499 – Blatt 2].

Die Einzelmaschine besitzt eine teilebezogene Sicht. Das Hauptinteresse gilt dort dem Bauteil, das erstellt wird. Während der Produktion des Bauteils, werden die einzelnen Teile als Produktionsobjekte bearbeitet. Dies ist beispielsweise in der Zerspanung der Fall.

Komplexe verkettete Anlagen herrschen beispielsweise in der Automobilindustrie vor. Diese konzentrieren sich auf die Produktionsanlagen und besitzen daher eine anlagenbezogene Sicht. Das betrachtete Objekt ist dabei nicht nur das zu fertigende Produkt, sondern auch die zugehörigen Produktionsressourcen (im Gegensatz zur Einzelmaschine sind es hier mehrere) und die auf den Ressourcen ausgeführten Produktionsprozess.

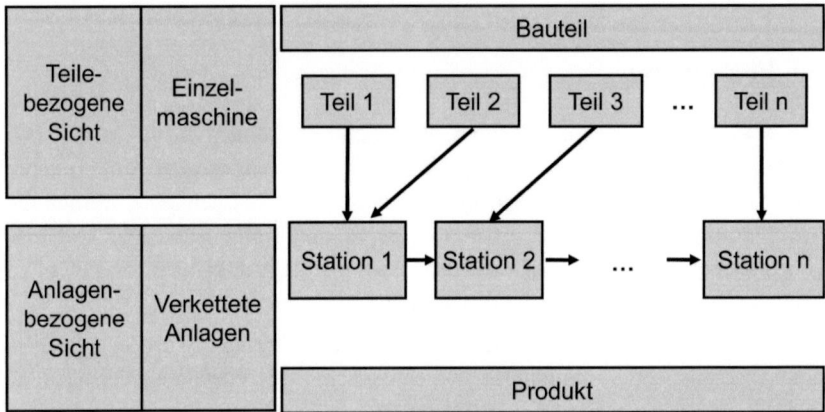

Abbildung 11: Teilebezogene Sicht vs. anlagenbezogene Sicht [VDI4499 – Blatt 2]

Die Automatisierungstechnik umfasst nach [Freyberger, 2002] „Methoden, Verfahren und Maßnahmen sowie die Werkzeuge und Komponenten, die benötigt werden, um einem System ein zielorientiertes, sicheres und selbsttätig ablaufendes Verhalten aufzuprägen". Von Einzellösungen spricht man in diesem Bereich bei Stückzahlen von eins bis zu 1000. Massenprodukte werden in mittleren bis großen Stückzahlen produziert (1000-10 000) und einfache Massenprodukte sogar in großen Stückzahlen (>1 000 000) (siehe [Freyberger, 2002]).

Zwischen Idee und der Serienproduktion steht die Planung der Produktionsanlagen. Diese wird auch als Engineering oder Projektierung bezeichnet. „Das Engineering ist die systematische Anwendung von Kenntnissen über physikalische Gesetzmäßigkeiten zur Konzeption, Erschaffung und Verbesserung von Anlagen" [VDI/VDE 3695 – Blatt 1]. [Drath, 2008] charakterisiert das Engineering als komplexen, kreativen und planungsvollen Prozess, der in interdisziplinärer Zusammenarbeit der Disziplinen schrittweise ausgeführt wird. Mittelpunkt dabei ist eine individuelle, aber nicht außergewöhnliche Aufgabe, zu deren Lösung viele Ideen und Hilfsmittel von allen Beteiligten benötigt werden.

Die Beteiligten bringen dabei viel implizites Wissen und Erfahrung in die Planungsergebnisse mit ein. Der gesamte Prozess birgt durch die Komplexität und die vielen ‚Parteien' eine Unmenge an Fehlerquellen und ist daher zeit- und kostenintensiv. Im Falle eines MES bezieht sich das Engineering auf die Konfiguration und Parametrisierung der Anlagenkomponenten im MES, zum Beispiel einem übergeordneten Leitsystem.

[Wiendahl, 2010] unterstrich mit der Aussage "We are dealing with real problems, not with invented ones." den Anspruch der Produktionswissenschaften Methoden und Werkzeuge zu erforschen, die sich letztlich in der betrieblichen Praxis bewähren. Daher werden im Folgenden MES in das Umfeld der industriellen Automatisierung eingeordnet und daraus der bestehende Bedarf und die Anforderungen aus der Praxis abgeleitet, die es zu lösen gilt.

Die Automatisierungspyramide (siehe Abbildung 12) gliedert die industrielle Fertigung in verschiedene Ebenen.

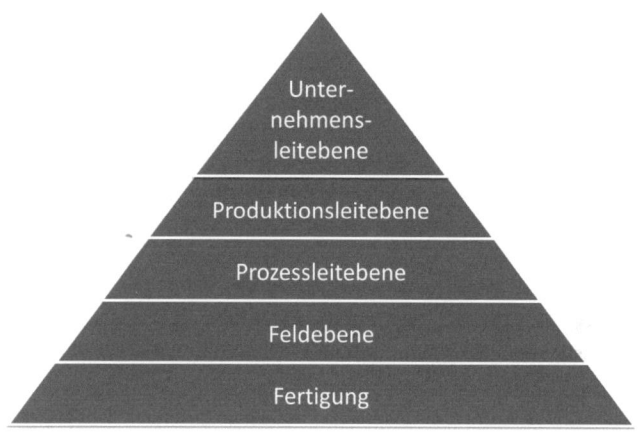

Abbildung 12: Automatisierungspyramide nach [Polke, 1994]

In [Heinrich et al., 2005] werden diese ähnlich der [IEC62264-1] wie folgt eingeteilt und charakterisiert: Die Basis bildet die Fertigung, also die Produktionsanlage mit ihren Sensoren und Aktoren als physikalische Geräte. Darüber folgt die Feldebene, die Mess- und Stellsignale verarbeitet und überträgt, sowie diese vor Ort anzeigt und verändert. Auf Prozessleitebene werden komplexe Regelungen ausgeführt und die Produktion geregelt, gesteuert, überwacht, abgesichert und ausgewertet. Hier kommen Steuerungen wie beispielsweise SPSen zum Einsatz. In der Produktionsleitebene wird die Fabrik oder das Produktionssystem betrachtet und geführt. Dabei werden auch komplexere Informationen wie Aufträge verarbeitet, Termine überwacht, sowie Kostenanalysen, Qualitätskontrolle, Wartung und Personaleinsatz für die Produktion betrachtet. MES sind hauptsächlich auf der Produktionsleitebene angesiedelt, können aber auch Funktionalitäten der Prozessleitebene abdecken. Die Unternehmensleitebene als oberste Ebene der Automatisierungspyramide kann auch als Managementebene gesehen werden, die sich mit der Führung des Unternehmens befasst.

[Kegel, 2010] und [Vogel-Heuser et al., 2009] beschreiben die Veränderung der Automatisierungspyramide hin zu einer globalen Informationsarchitektur für die industrielle Automatisierung. Diese wird nachfolgend zu Grunde gelegt und unterstreicht die Bedeutung von Interoperabilität der IT-Systeme in der Produktion.

MES lassen sich in die Automatisierungspyramide beziehungsweise in die Ebenen der Automatisierung, wie in Abbildung 13 grau markiert, einordnen. Sie unterstützen einerseits Prozesse auf der Fertigungsleitebene, greifen andererseits aber auch auf Zellenebene in den Produktionsprozess steuernd ein. Die Zellenebene in Abbildung 13 entspricht dabei der Prozessleitebene in Abbildung 12, die Fertigungsleitebene entspricht der Produktionsleitebene. Die [VDI5600 – Blatt 1] bestätigt MES die zeitnahe Unterstützung aller produktionsrelevanten Geschäftsprozesse eines Unternehmens. Die MESA [MESA, 2011] bezeichnet MES als prozessnah operierende Fertigungsmanagementsysteme, die im Gegensatz zur ERP-Ebene eine direkte Kopplung zur Steuerungsebene besitzen und somit auch steuernd in die Produktion eingreifen können. Wichtig ist, dass MES nicht nur reagieren, sondern auch agieren. Sie dienen also zur Planung, Erfassung und Kontrolle der Produktion in Echtzeit (siehe [Kletti, 2006]).

Die Aufgaben und Funktionen eines MES sind vielseitig. Die MESA [MESA, 2011] definiert 1997 ursprünglich elf MES-Aufgaben unter dem Begriff MESA-11. Dies sind nach [MESA model, 2011] unter anderem

- Leistungsanalyse,
- Qualitätsmanagement,
- Personalmanagement,

- Feinplanung,
- Datensammlung und -erfassung.

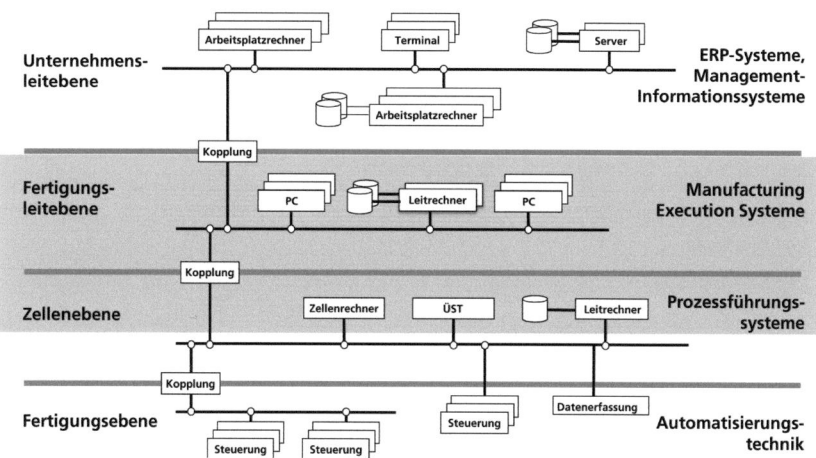

Abbildung 13: Definition ‚produktionsnahe IT-Systeme' nach [Eversheim & Schuh, 2000]

2004 wird das Collaborative MES (auch C-MES genannte) Modell veröffentlicht, das acht zur damaligen Zeit typische MES-Funktionalitäten in Beziehung mit Geschäftsprozessen setzt (siehe [MESA model, 2011]). Das zurzeit aktuelle Modell aus dem Jahr 2008 setzt strategische Initiativen mit Geschäfts- und schließlich Produktionsprozessen in Relation (siehe [MESA model, 2011]). International beschäftigt sich die Organisation MIMOSA [MIMOSA, 2011] mit offenen Standards für den Betrieb und die Wartung und spielt damit auch in den Aufgabenbereich von MES hinein. Der VDI definiert 2007 in [VDI5600 – Blatt 1] acht MES-Aufgaben, die auch die MESA-MES-Aufgaben umfassen. Dies sind:

- Feinplanung und Feinsteuerung,
- Betriebsmittelmanagement,
- Materialmanagement,
- Personalmanagement,
- Datenerfassung,

- Leistungsanalyse,
- Qualitätsmanagement und
- Informationsmanagement.

Häufig wird bei MES-Funktionalitäten zwischen Betriebsdatenerfassung und Maschinendatenerfassung unterschieden, die zu den klassischen PPS-Funktionen gehören [Kletti, 2007b]. Aus diesem Bereich kommt auch die Aufgabe der Personaldatenerfassung. [Kletti, 2007a] teilt die Aufgaben in drei Bereiche bezogen auf Fertigung, Personal und Qualität. Zusammengefasst haben alle Aufgaben und Prozesse eines MES zeitnahe Auswirkungen auf den Fertigungsprozess.

Einer der bereits existierenden und in der Industrie eingesetzten Systemtypen von MES sind Leitsysteme in der Fertigungstechnik. Im Folgenden wird ein Leit- oder Wartensystem als spezieller Typ eines Produktions-unterstützenden IT-Systems betrachtet. Leitrechner übermitteln Aufträge an die Steuerung und erhalten die Ergebnisse der einzelnen Produktionsschritte. Die Leit- und Wartentechnik arbeitet beispielsweise mit Arbeitszeitmodellen, auf Basis derer Anlagen geschaltet werden. Gleichzeitig wertet sie die aus der Produktion übermittelten Signalwerte aus, speichert sie und aggregiert Einzelwerte zu Kennzahlen. Leit- und Wartensysteme werden nachfolgend nicht mehr gesondert unterschieden, sondern immer als Leitsystem bezeichnet. Leitsysteme ermöglichen dem Anlagenführer oder Wartentechniker das Überwachen (Beobachten) und Steuern (Bedienen) hochkomplexer Produktionsprozesse (siehe [Polke, 1994]). Diese Grundfunktionalität ist in Abbildung 14 schematisch dargestellt. Sie sind deshalb zwischen Automatisierungs-/Steuerungs und ERP-Ebene angesiedelt.

Die Leittechnik muss „gewährleisten, dass das richtige Produkt, in der richtigen Menge, in der erforderlichen Qualität, zum geordneten Zeitpunkt, mit minimalem Kostenaufwand und einer Umweltbelastung innerhalb der gesetzlichen Grenzen erzeugt wird" [Freyberger, 2002]. Häufig existieren zentrale oder dezentrale Kontrollräume, so genannte Leitwarten, beispielhaft in Abbildung 15 dargestellt.

Als Schnittstelle zwischen Leitsystem und Mensch (Anlagenführer, Leittechniker) existieren häufig Visualisierungen, so genannte Prozessführungsbilder, die den Produktionsprozess und dessen Zustand im Überblick darstellen. Sie stellen dem Leittechniker Informationen über eventuelle Fehler, Warnmeldungen oder auch aktuelle Stückzahlen aus der Produktion zur Verfügung. Beispiele hierfür sind in Abbildung 16 zu sehen.

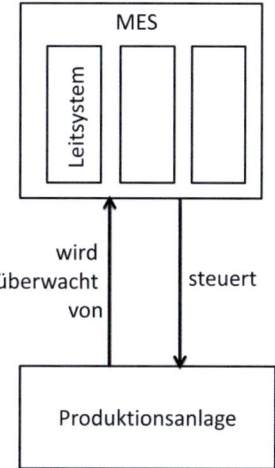

Abbildung 14: Leitsystem Funktionalität

Abbildung 15: Beispiel für eine Leitwarte in der Produktion (Bildquelle: Daimler AG)

Im Gegensatz zur Verfahrenstechnik [Polke, 1994] greifen Leitsysteme in der Fertigungstechnik erst oberhalb der Steuerungsebene ein. Unterschiede und

Gemeinsamkeiten von Leitsystemen in kontinuierlicher und diskreter Fertigung werden in [Maul & Zeller, 2008] beschrieben. In der Fertigungstechnik bezeichnet ein Leitsystem ein komplexes zentrales oder dezentrales Softwaresystem zur Erfassung, Aggregation, Verdichtung und Verarbeitung von Prozesssignalen und -werten, das (entweder automatisiert oder durch Benutzereingriffe) steuernd in den Produktionsprozess einwirkt.

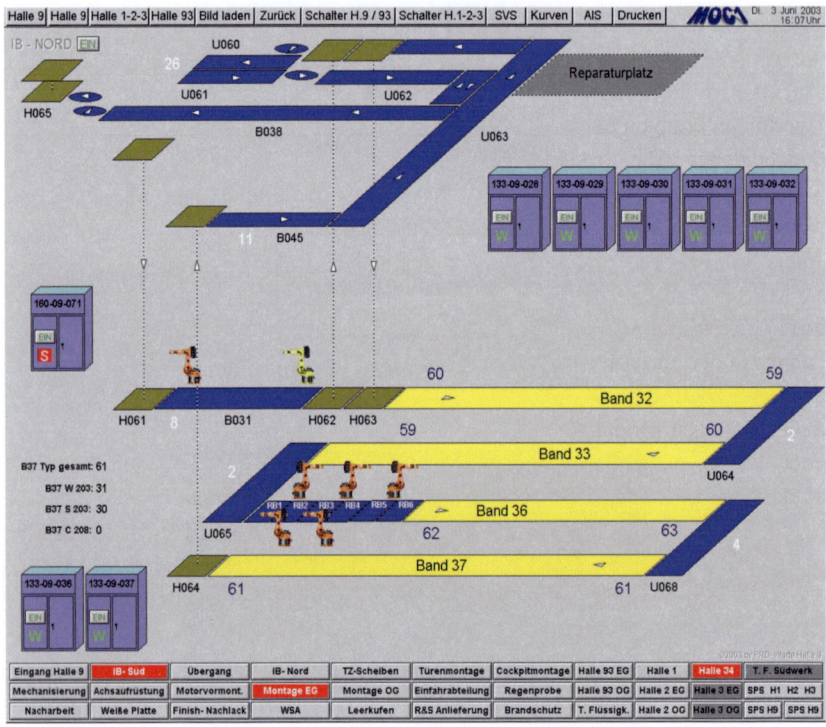

Abbildung 16: Beispiel für ein Prozessführungsbild [Sauer & Ebel, 2007a]

3.1.1 MES in der Architektur der industriellen Automatisierung

Sollen zwei Systeme miteinander effizient kommunizieren, müssen folgende Fragen geklärt werden: Was soll kommuniziert werden? Wie soll es kommuniziert werden? Es ist also entscheidend, dass festgelegt wird, wie die kommunizierten Inhalte strukturiert werden und welche Bedeutung diese haben. Ebenso müssen aber auch die nätigen Kommunikationsmechanismen mit ihren Schnittstellen, den zugehörigen Methoden, sowie dem Ablauf definiert werden.

MES sind spezielle Vertreter von IT-Systemen der Betriebsphase in der Produktion. Gleichzeitig interagieren sie als Bindeglied zwischen Automatisierungs- und Unternehmens-/Managementebene mit vielen verschiedenen anderen Systemen. Abbildung 17 zeigt einen exemplarischen Aufbau einer fertigungstechnischen Produktion. Auf unterster Ebene oder Feldebene finden sich die Anlagenkomponenten, Sensorik und Aktorik. Diese werden durch Steuerungen – häufig SPSen – verknüpft und gesteuert. Dabei können spezielle überlagerte Steuerungen existieren, die die Informationen aus der Automatisierungs- und Feldebene für überlagerte IT-Systeme aufbereiten und bündeln. Über die Steuerungsebene werden Mensch-Maschine-Schnittstellen zwischen den Beobachtern und Bedienern und der Produktion aufgebaut. Diese können beispielsweise auch als HMI (Human Machine Interface) [HMI-Wiki, 2011] oder SCADA-Systeme (Supervisory Control and Data Acquisition) [SCADA-Wiki, 2011] bezeichnet werden und entweder produktionsnah (in der Produktionsumgebung) oder entfernt (in der Leitwarte oder in einer Büroumgebung) angesiedelt sein. Häufig handelt es sich bei entfernten Systemen um PC-basierte Systeme, wogegen produktionsnahe Visualisierungen häufig mit Hilfe von Panels oder Bedienpulten realisiert werden. Auf der Ebene der überlagerten IT-Systeme sind heutige MES angesiedelt.

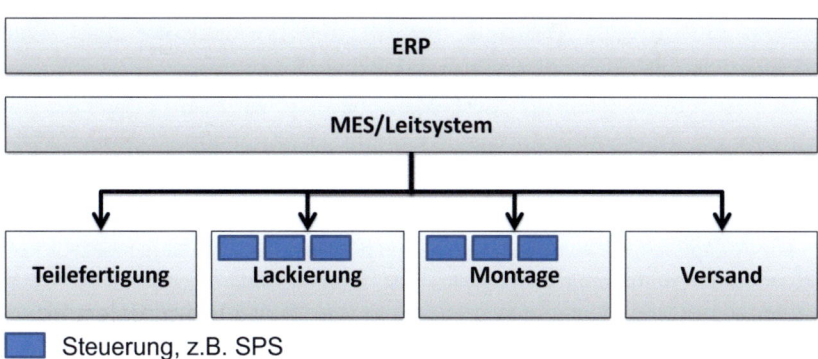

Abbildung 17: Überwachung und Steuerung der Produktion durch MES zum Fertigungsmanagement

Meist sind MES und damit auch Leitsysteme modular aufgebaut und bestehen aus verschiedenen miteinander interagierenden Komponenten. [Kletti, 2006] bezeichnet diesen Aufbau als Dreischichten-Architektur betrieblicher Anwendungssysteme. MES sind IT-Systeme, deren Hauptaufgabe in der Informationsverarbeitung besteht. Diese Eigenschaft macht MES zum idealen System für die Umsetzung von Adaptivität und Interoperabilität, da diese für MES einen besonders großen Vorteil schaffen. Daher ist eine persistente Datenschicht, meist realisiert durch relationale Datenbanken, auch heute schon unumgänglich und bildet Herz und Basis eines jeden MES. Auf den genannten Daten agiert die Anwendungsschicht. Diese beinhaltet die Funktionalitäten und Verarbeitungsmechanismen eines MES. Hier werden die verschiedenen Funktionen realisiert, Berechnungen und Verarbeitungsschritte aus den gewonnenen Daten ausgeführt. Da MES als Hauptaufgabe die Verbindung zum Menschen haben, ermöglicht eine Präsentationsschicht die visuelle Aufbereitung der Datenmengen. Gleichzeitig stellt sie die Möglichkeit des Benutzereingriffs und der Interaktion zur Verfügung. Dabei beinhaltet die Präsentationsschicht gängiger MES nicht nur die Möglichkeit aktuelle Sachverhalte aus der Produktion zu visualisieren, sondern auch aggregierte Informationen wie Auswertungen oder berechnete Kennzahlen anzuzeigen. Neben der Verbindung zur Steuerungsebene beziehungsweise der Produktion selbst, kann hier auch eine Verbindung zur ERP- oder Unternehmensebene nötig und vorhanden sein.

Der Datenhaushalt ist ein Kernelement des MES. Dieser ist je nach MES individuell gestaltet und soll hier exemplarisch an Hand des Leit- und Auswertesystems ProVis.Agent[4] [Sauer & Sutschet, 2006] vorgestellt werden. Eine schematische Übersicht findet sich in Abbildung 18.

In diesem System sind die Anlagenkomponenten, wie zum Beispiel ein Heber oder ein Transportband, zentrale Objekte oder Ordnungselemente im Datenmodell. Sie repräsentieren gegenüber dem Benutzer die in der Produktion vorhandenen Anlagenkomponenten.

Die Anlagenkomponenten verfügen ihrerseits über eine beliebige Anzahl verschiedener vordefinierter Prozessvariablen, zum Beispiel einer Analogprozessvariablen zur Darstellung und Überwachung der Geschwindigkeit eines Transportbands. Prozessvariablen sind Aggregationen der Elemente wie Istwert,

---

[4] ProVis.Agent®, ProVis.Visu® und ProVis.Paula®, sowie AutomationML® sind eigentragene Marken. Auf Grund der Lesbarkeit wird das Symbol der Registered Trade Mark ® nicht bei den einzelnen Vorkommen aufgeführt.

Sollwert, Grenzwert, Alarmzustand, etc. Sie bündeln also unstrukturierte Prozesswerte in logischen Einheiten und fassen sie zu einem Datenpunkt zusammen. Im vorliegenden Fall existieren folgende Typen von Prozessvariablen: Abstand, Analogwert, Anlagenzustand, Arbeitszeitmodell, Binärwert, Puffer, Qualitätsmeldung, Sammelmeldung, Schalter, Stückzahl (Schichtzähler/Tageszähler) und Taktzeit.

Die Prozessvariablen selbst untergliedern sich weiter in verschiedene prozessvariablen-spezifische Slots. Eine Analogprozessvariable besitzt beispielsweise einen Ist- und einen Soll-Slot. Weitere Beispiele wären ein oberer und unterer Grenzwert, sowie zwei Hysteresewerte.

Gleichzeitig wird aber auch die Verbindung zum eigentlichen Produktionsprozess beziehungsweise der Automatisierungsebene über Mess- und Stellwerte – kurz: E/A-Werte (Ein-/Ausgabe-Werte) – geschaffen. Die Meldungsverarbeitung basiert auf Prozess- / Produktionsinformationen. Diese Prozesswerte der unterlagerten Steuerungsebene werden mit den Slots der einzelnen Anlagendatenpunkte oder Prozessvariablen verbunden. Aktuell anstehende Meldungen oder Störsignale können so beispielsweise verschiedene Aktionen auslösen oder durch einen Bedienereingriff deaktiviert werden.

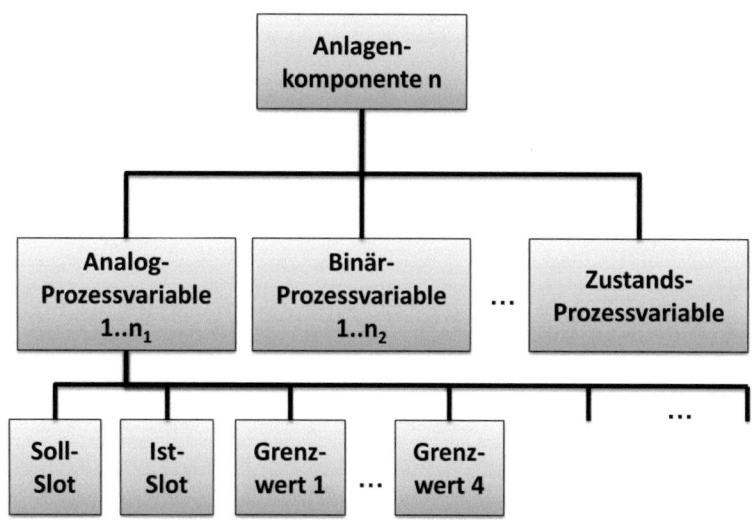

Abbildung 18: Datenstruktur von ProVis.Agent

Mit welchen anderen Systemen agiert nun ein MES? Welche konkreten Schnittstellen muss es in der Praxis bereitstellen? [Kletti, 2006] unterscheidet zwischen
Schnittstellen zur Produktion, Schnittstellen zum ERP, Schnittstellen zu Kommunikationssystemen (wie zum Beispiel SPSen), Schnittstellen zur Bedienung
und Visualisierung, sowie Schnittstellen zum Reporting.

In vertikaler Richtung existieren Schnittstellen zur Steuerungsebe-
ne/Automatisierungstechnik, zu ERP-Systemen und zum Anlagen-Bediener.

Mit der Steuerungsebene beziehungsweise der Automatisierungstechnik werden Informationen über Sensor- und Aktorwerte – Prozessignale – ausgetauscht.
Dies geschieht heute über Kommunikationsmechanismen wie OPC, TCP, MMS
oder Profinet. Neu ist hier der Einsatz der OPC Unified Architecture (OPC-UA)
als Nachfolger des klassischen OPC. Die Bedeutung der ausgetauschten Inhalte
wird dabei individuell definiert.

Zur ERP-Ebene werden Fehler-/Fertigmeldungen und Qualitätsinformationen
ausgetauscht. Hierfür definiert und standardisiert die ISA95 (siehe [ISA95-1]
bis [ISA95-5]) mögliche Inhalte, die meist aber nicht ausreichen. Der Austausch
erfolgt über Webservices, Datenbanken oder dateibasiert.

Für den Anlagen-Bediener stehen aktuelle Informationen und Eingriffsmöglichkeiten über anlagennahe Visualisierungen, in zentralen Leitwarten oder auf
Büroebene zur Verfügung. Auch hier werden ausgetauschte Informationen individuell festgelegt.

In horizontaler Richtung kommunizieren MES häufig mit anderen MES auf
gleicher Ebene oder besitzen Schnittstellen zu Systemen der Digitalen Fabrik.

Mit anderen MES werden Informationen häufig per Webservice, Datenbank
oder dateibasiert ausgetauscht. Auch hier kommt OPC-UA in letzter Zeit immer
mehr zum Einsatz. Ausgetauscht werden individuell festgelegte Informationen
wie beispielsweise vorverarbeitete Ergebnisse oder Konfigurationsinformatio-
nen. In manchen Fällen werden die Informationen bidirektional über eine gemeinsame Sprache/Namensgebung oder Ontologie festgelegt.

Darüber hinaus bestehen Schnittstellen zu Simulationssystemen oder Systemen der Digitalen Fabrik, die heute aber noch nicht durchgängig genutzt werden und proprietär sind. Zur Kommunikation existieren einige Standards, die
Inhalte sind meist nicht standardisiert und werden individuell festgelegt.

Aus diesen zahlreichen Anknüpfungspunkten und Schnittstellen ergeben sich
spezielle Anforderungen und Herausforderungen für MES hinsichtlich der In-

teroperabilität. [Thiel et al., 2008] benennen davon unter anderem die Integration von Anwendungen und Daten, sowie eine geeignete Informationsverteilung und ein damit einhergehendes Informationsmanagement. Hier spielt die Echtzeitfähigkeit eine große Rolle, da die direkte Anbindung an die Produktion der entscheidende Vorteil eines MES ist. Bestehende Defizite in heutigen Produktionsumgebungen sind dennoch vorhanden. Eine fehlende gemeinsame Datenbasis, zu große Reaktionszeiten, aber auch der entstehende hohe Betriebs- und Verwaltungsaufwand stellen MES vor Hürden und Herausforderungen.

3.1.2 MES im Lebenszyklus von Produktionsanlagen

Der Lebenszyklus von Produktionsanlagen ist in verschiedene Phasen unterteilt: Nach der Produktplanung stehen die Bauteildaten zur Verfügung und es kann mit der Prozessplanung, der Anlagenkonstruktion und schließlich der SW-Programmierung begonnen werden. Danach folgen die Inbetriebnahme, der Anlauf, der Betrieb und schließlich der Rückbau.

Die Anlagenplanung oder -umplanung untergliedert sich ihrerseits wieder in verschiedene Aktivitäten unterschiedlicher Berufsgruppen und Disziplinen. Beispiele hierfür sind die mechanische Konstruktion, die Elektroplanung oder die Steuerungscode-Programmierung (siehe Abbildung 19). Die einzelnen Aktivitäten werden durch eine Vielzahl unterschiedlicher Software-Werkzeuge unterstützt. Da aber eine durchgängige Datenwelt fehlt, kann es vorkommen, dass Informationen verloren gehen oder die Konvertierung zwischen einzelnen Formaten viel Zeit und damit auch Kosten verursacht (siehe dazu auch [Roßmann et al., 2007]).

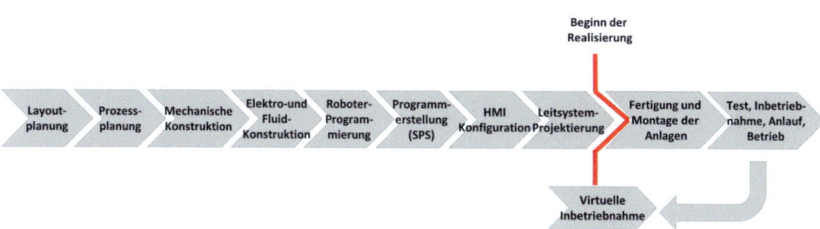

Abbildung 19: Anlagenplanungsphasen nach [Drath & Garcia, 2007]

Im Detail untergliedert sich die Projektierung beziehungsweise Planung einer neuen Anlage in folgende Phasen (wie Abbildung 20 zeigt): Grobplanung/Layout, Hardware-Konstruktion, Software-Konstruktion und Inbetriebnahme. Dabei können alle Phasen mehrfach durchlaufen werden, je nach Arbeitsweise und eventuellen Veränderungen oder Nachbesserungen. Die einzelnen Planungsschritte innerhalb der Phasen, aber auch die Phasen selbst werden meistens sequentiell abgearbeitet. Oft benötigen nachfolgende Schritte Ergebnisse aus vorhergehenden Aktivitäten.

Abbildung 20: Produktionsanlagen-Planungsphasen [Schleipen et al., 2008c]

In der Grobplanung werden die Vorgaben des Kunden umgesetzt (siehe Abbildung 21) und mit Hilfe, beispielsweise von Materialflusssimulationen, auf die Umsetzbarkeit hin verifiziert. Dies können Dinge wie die Produktionsmenge, der Produktmix, aber auch die verfügbare Produktionsfläche sein. Das Layout wird dabei genutzt, um die geometrische Anordnung und eindeutige Bezeichner der Komponenten festzulegen.

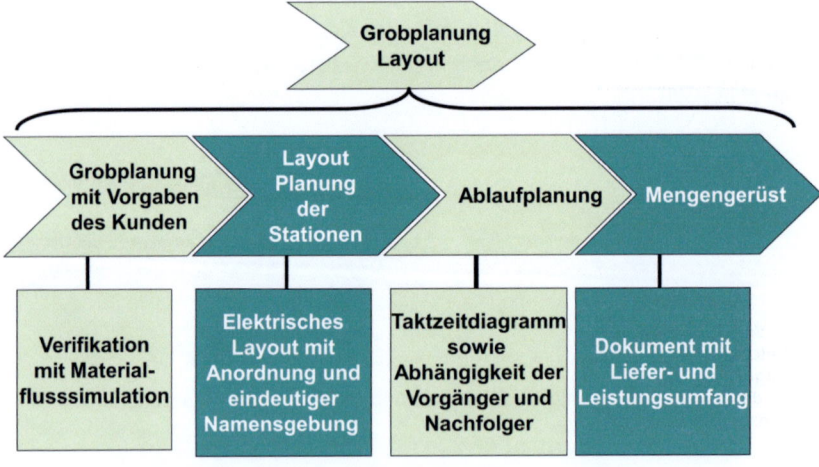

Abbildung 21: Detaillierung der Phase Grobplanung/Layout

Taktzeitdiagramme dokumentieren Vorgänger-Nachfolger-Beziehungen, sowie Ausführungszeiten; die Betriebsmittel- und Kapazitätsplanung, inklusive der Transportplanung, ergibt den Liefer- und Leistungsumfang.

In der Phase der Hardware-Konstruktion (siehe Abbildung 22) wird das Steuerungskonzept festgelegt beziehungsweise auf bestehende Vorgaben ausgerichtet, wie beispielsweise die Bindung an einen bestimmten Hersteller oder einen bestimmten Kommunikationsstandard. Die geplanten Anlagen werden in Schutzkreise oder Notaus-Bereiche aufgeteilt und einer Gefahren- und Risikoanalyse unterzogen. Dabei spielen Normen, wie DIN EN 1050 [DIN EN 1050], DIN EN 1070 [DIN EN 1070], DIN EN 954 [DIN EN 954] eine große Rolle. Außerdem wird der Elektroplan im Detail konstruiert.

Während der Software-Konstruktion werden Design, Architektur, Parameter und Struktur der Software festgelegt und umgesetzt. Dazu zählen auch Verriegelungstechniken, die beispielsweise bestimmte Notaus-Bereiche abschalten, oder Bediener-Oberflächen, die in dieser Phase erstellt werden.

Die Inbetriebnahme an sich beinhaltet den Funktionstest der Hardware, die Inbetriebnahme der Software im Handbetrieb, Einzelschritt-Modus und Automatik-Betrieb, sowie den Funktions- und Leistungstest.

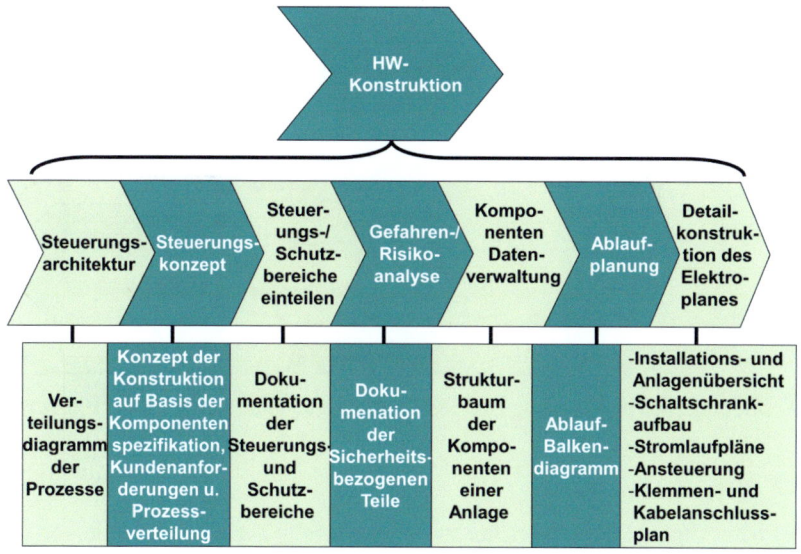

Abbildung 22: Detaillierung der Phase HW-Konstruktion

Zum Abschluss muss eine entsprechende Prozessqualität beziehungsweise müssen vorgegebene Taktzeiten nachgewiesen werden. Die Endabnahme erfolgt schließlich gemeinsam mit dem Kunden. Vorherige Schritte der Inbetriebnahme können vom Hersteller durchgeführt und dokumentiert werden (siehe [Schleipen et al., 2009a]).

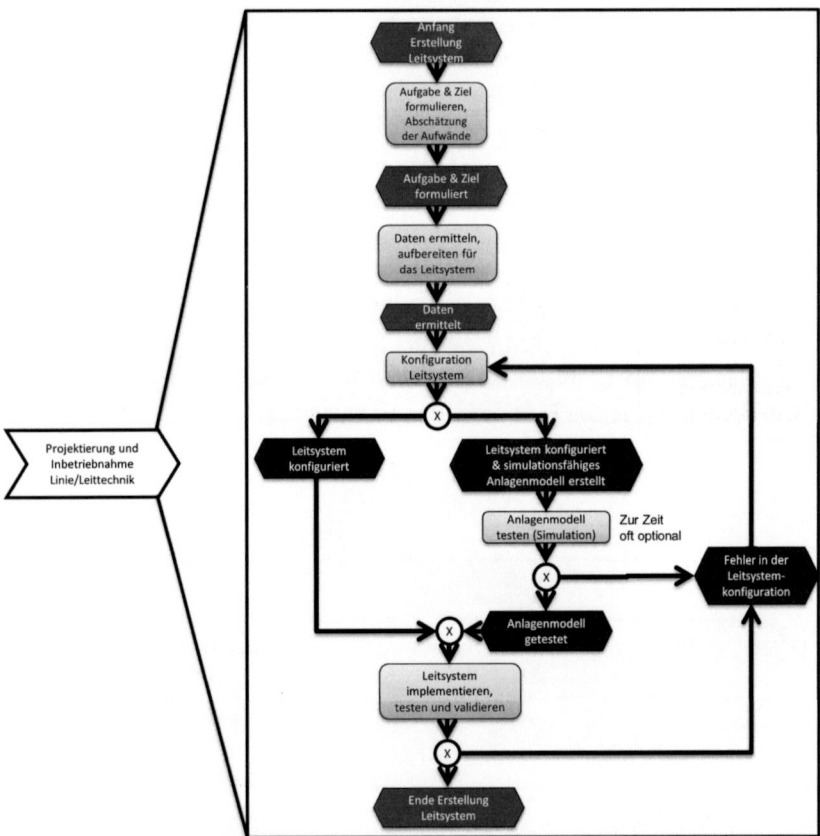

Abbildung 23: Projektierung und Inbetriebnahme Linie/Leittechnik [Bär et al., 2008]

Vor oder während der Inbetriebnahme-Phase erfolgt auch die Projektierung und Inbetriebnahme von MES oder Leitsystemen. Dabei werden MES oder Leitsysteme häufig erst bei größeren beziehungsweise umfangreicheren Anlagen eingesetzt. Abbildung 23 zeigt den groben Prozess der Projektierung und Inbetriebnahme der Linie beziehungsweise Leittechnik.

Im Detail umfasst die MES- oder Leittechnik-Projektierung (siehe Abbildung 24) die Herstellung der Verbindung zwischen der Ebene der Automatisierungskomponeten und dem MES. Dabei müssen sowohl die Topologie und Struktur der betreffenden Anlage als auch Informationen über die Ein- und Ausgänge des Prozesses erfasst werden.

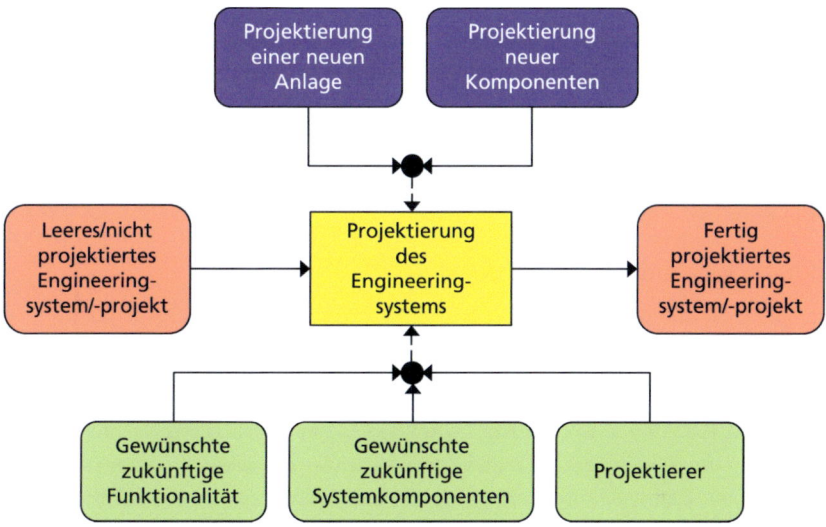

Abbildung 24: Modell der Leitsystem-Projektierung in der IUM (Integrierte Unternehmensmodellierung) [IUM-Wiki, 2011], [Spur et al., 1993] modelliert

Das MES-Engineering beinhaltet folgende Aufgaben: das Engineering der Anlagenkomponenten (Anlagenkonfiguration), die Anbindung der Ein-/Ausgabevariablen (E/A-Projektierung) und das Engineering der für den Menschen sichtbaren Prozessvisualisierung(en). Dazu müssen im Einzelnen folgende Aufgaben erledigt werden:

- Konfiguration physikalischer Verknüpfungselemente, wie beispielsweise OPC-Server oder Bedienstationen/Bedienplätze mit ihren Adressierungen (zum Beispiel IP-Adressen).

- Zuordnung der physikalischen Verknüpfungselemente zur Topographie der Produktion, zum Beispiel Produktionshalle A oder Rohbau.

- Projektierung einzelner Anlagentypen und daraus abgeleiteter Anlagenkomponenten/-exemplare aus Topologieinformationen (siehe Abbildung 25).

- Konfiguration der Struktur der einzelnen Anlagentypen und -komponenten, beispielsweise verschiedene Prozessvariablen, aggregierte Signale und ihre Bedeutung. Hier wird die hautpsächliche Ausprägung des Informationshaushalts wie in Abbildung 26 bestimmt.

- Verknüpfung der physikalischen Prozesssignale mit der Struktur der Anlagen. Zuordnung der realen Signale (zum Beispiel aus der SPS) zu den Slots aus dem logischen Konstrukt einer projektierten Anlage. Das ist sehr fehleranfällig, da es keine Möglichkeit gibt, zu prüfen, ob das reale Signal zum zugeordneten Slot passt. So könnte zum Beispiel der Wert eines Temperatursensors an einen Binärdatenpunkt angebunden werden. Das Ergebnis der EA-Projektierung wird als Variablenhaushalt für die Anlage bezeichnet.

- Zuordnung der Anlagen zu physikalischen Verknüpfungspunkten.

- Verknüpfung der statischen Bedienelemente mit den zur Verfügung stehenden realen Signalen.

- Erstellung der statischen Bildelemente zur Visualisierung unter Beachtung der Topographie und Topologie. Der Produktionsprozess wird unter Einbeziehung von Anlagen- und Zellenlayout, Materialfluss und Kontrollgeräten modelliert. Anlagen und Kontrollgeräte werden hier durch grafische Objekte oder mittels Ein-/Ausgabe Feldern (E/A) repräsentiert. In dieser Phase werden Typen und Anzahl der Bilder sowie die Navigation durch diese bestimmt.

- Dynamisierung der Bildelemente. Diese können dann ihr Aussehen in Abhängigkeit der Prozesswerte oder Benutzeraktionen entsprechend verändern.

Heutzutage wird die Aufgabe der MES-Projektierung hauptsächlich manuell durchgeführt, sie ist deshalb zeit- und kostenintensiv und überaus fehleranfällig. Für ein MES sind auf Grund der vorliegenden Schnittstellenanzahl verschiedene Informationen aus vorgelagerten Planungsphasen und deren zugehörigen Softwaresystemen nötig. Beispielsweise werden Informationen aus verschiedenen vorhergehenden Planungsphasen über den topographischen Aufbau der Anlagen aus der Layoutplanung oder auch Anbindungsinformationen aus der SPS-Programmierung benötigt. Auch die Digitale Fabrik stellt eine mögliche Daten-quelle für MES dar (siehe [Schleipen, 2010a]). „Dabei erhält der Projektierer Informationen in Papierform oder als elektronische Liste aus der Planung und gibt diese in das Projektierungstool des Leitsystems ein. So bekommt er bei-spielsweise das Hallenlayout und verschiedene Listen, die die Struktur und E/A der Anlage enthalten, und muss mit Hilfe dieser Informationen und seines Fachwissens die Anlagen-, E/A- und Bildprojektierung vornehmen. Dieser Pro-zess ist zeitaufwändig und fehleranfällig. Eventuelle Projektierungsfehler wer-den erst während der Inbetriebnahme durch Testen der Funktionalität an der realen Anlage erkannt" [Bär et al., 2008] .

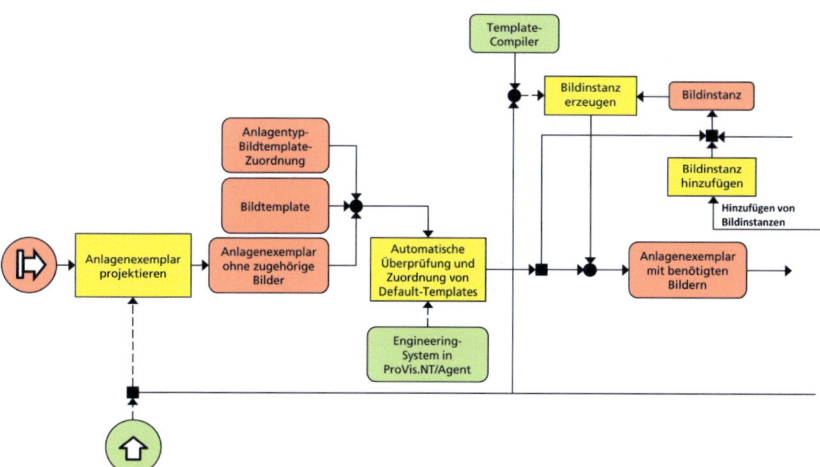

Abbildung 25: Beispiel für den Ablauf: ‚Anlagenexemplare projektieren' in der IUM modelliert

Über den Lebenszyklus von Produktionsanlagen hinweg ist ein MES vielen verschiedenen Veränderungen ausgesetzt. Änderungen an der Anlage resultie-ren in Änderungen der MES-Projektierung, da diese den Sachverhalt in der Produktion hinsichtlich Topologie und verfügbaren Signalen und Werten abbil-det. Dies führt zu Herausforderungen hinsichtlich der Adaptivität eines MES. [Bär et al., 2008] listen hierzu beispielsweise Anforderungen hinsichtlich des

Informationstransfers und der -transparenz auf, sowie notwendige Prozessan-
passungen und eine Entkopplung der Validierung. Auch [Drath, 2008] beschäftigt sich mit notwendigen Veränderungen des Engineerings von verfahrens- und
fertigungstechnischen Anlagen, die viele Aspekte für MES beinhalten.

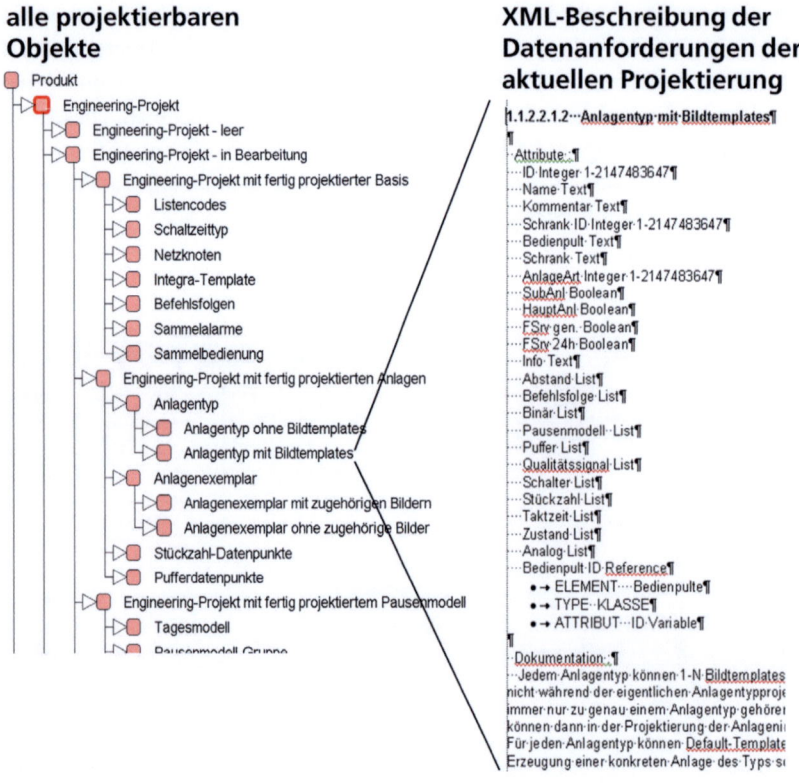

Abbildung 26: Beispiel für Objekthierarchie und Detailbeschreibung für Daten-
anforderung in der IUM modelliert

Ein durchgängiger und nahtloser Informationsaustausch ist für MES auf Grund
der Vielzahl an benötigten Informationen von unterschiedlichen Stellen unumgänglich. Generische, wieder verwendbare Lösungen für eben diese Problematik sind dafür nötig (siehe auch [Fay et al., 2009]). Gleichzeitig müssen aktuelle
Planungsprozesse verändert und angepasst werden. Die Anpassung erfolgt hin-

sichtlich der Zeitpunkte, zu denen Informationen für überlagerte Systeme bereit stehen. Dies können beispielsweise Sammelmeldungen sein, die in der SPS-Programmierung zusätzlich für MES einprogrammiert werden müssen. Neben der realen Inbetriebnahme und dem Test der MES- und Leittechnik-Projektierung an bestehenden Anlagen, besteht im zunehmenden Maße die Möglichkeit zu einer virtuellen Inbetriebnahme, um die zeitliche Begrenzung zu entzerren. Diese Chance zur entkoppelten und Vorab-Inbetriebnahme in virtueller Form sollte genutzt werden.

3.2 Umfeld

Die vorliegende Arbeit wurde im Umfeld der ProVis-Production-Suite[5] entwickelt. Diese wurde für praktische Beispiele, Implementierung und Evaluierungen zur Hand genommen. Sie befasst sich mit Produktionsleittechnik (Leit- und Wartensysteme, Visualisierung und Business Intelligence) und Fertigungsmanagement (Online-Feinplanung für die diskrete Fertigung, siehe [Kresken & Baumann, 2006]). Die hier vorliegende Arbeit umfasst das Umfeld der Produktionsleittechnik. Die ProVis-Production-Suite wird und wurde am Fraunhofer IOSB entwickelt und ist bei mehreren Kunden im industriellen Umfeld in Betrieb. Eines der Einsatzgebiete, das in der vorliegenden Arbeit betrachtet wird, ist die diskrete Fertigung, speziell in der Automobilproduktion. Die enthaltenen Systeme unterscheiden sich durch innovative Technologien oder zusätzliche nutzerspezifische Möglichkeiten von marktgängigen Systemen, entsprechen aber von den Basisfunktionalitäten her dem auf dem Markt vorherrschenden Stand der Technik. Der produktionsleittechnische Teil der ProVis-Production-Suite ist in vereinfachter und unvollständiger Form in Abbildung 27 im Überblick dargestellt. Er besteht aus Komponenten zur Anlagenüberwachung (‚ProVis.Agent[6]‘) und Visualisierung (‚ProVis.Visu‘). Darüber hinaus gibt es das Engineering (‚ProVis.Proj‘), das für die Projektierung genutzt wird. In der vorliegenden Arbeit werden die Komponenten zur Auswertung (‚ProVis.Paula‘), zur Kurzzeitsimulation und Assistenz (‚ProVis.Assist‘) und zur Produktnachverfolgung (‚ProVis.Ident‘) nicht betrachtet.

---

[5] MES-Komponenten des Fraunhofer IOSB inkl. Leitsystem ProVis.Agent, Visualisierung ProVis.Visu, etc.
[6] ProVis.Agent®, ProVis.Visu® und ProVis.Paula®, sowie AutomationML® sind eigentragene Marken. Auf Grund der Lesbarkeit wird das Symbol der Registered Trade Mark ® nicht bei den einzelnen Vorkommen aufgeführt.

Der Benutzer kommt an verschiedenen Stellen mit den Komponenten in Kontakt. Beispielsweise über die Visualisierung, die Auswertung oder beim Konfigurieren des Systems über Visualisierungs- und Leitsystemprojektierung.

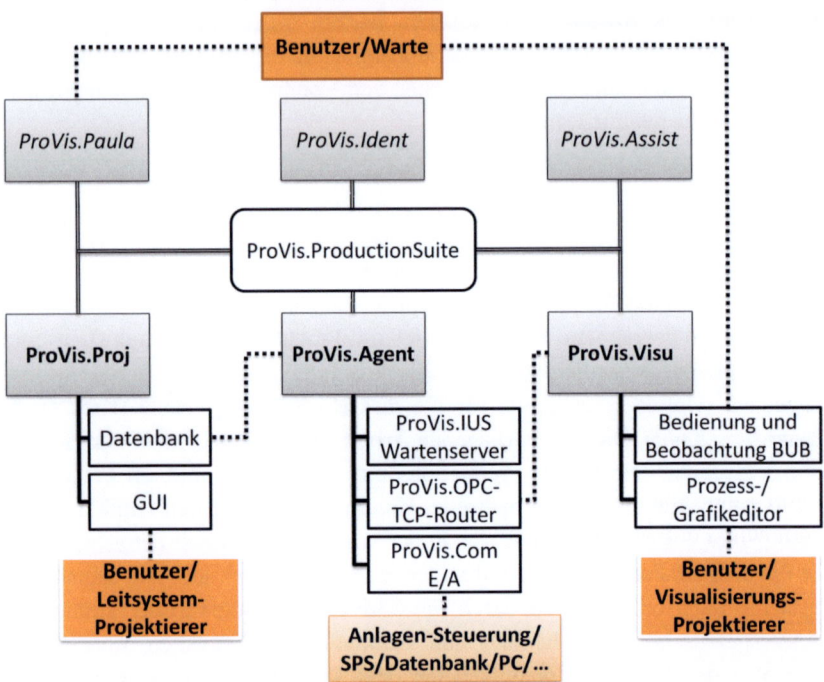

Abbildung 27: ProVis.ProductionSuite

ProVis.Agent [Sauer & Sutschet, 2006] ist ein agenten-basiertes Leitsystem und in dieser Funktion (als Bindeglied zwischen Anlagensteuerungen und Benutzer) Kernkomponente eines modernen MES. Es ist seit langer Zeit in verschiedenen Versionen, unter anderem im Werk Bremen der Daimler AG in allen großen Gewerken, im Einsatz. Mit unterlagerten Steuerungen kommuniziert es basierend auf OPC, dem Daimler-hausinternen Standard Integra und anderen Kommunikationsstandards. Teilkomponenten von ProVis.Agent sind der Leit- und Wartenserver (ProVis.IUS) als Laufzeit-Komponente und Herz des Leitsystems, der ProVis.OPC-TCP-Router zur TCP-basierten OPC-Kopplung, beispielsweise zwischen ProVis.Agent und ProVis.Visu, und ProVis.Com zur E/A-Kopplung mit Anlagen-Steuerungen, wie beispielsweise SPSen. Der Benutzer interagiert mit dem Leitsystem nicht direkt, sondern über die Projektierung und Visualisierung. Das Leitsystem ist in der Lage, Überwachungs- und Steuerungsfunktionen auszuführen. Die aus den Steuerungen überwachten Werte werden zu logischen Konstrukten ‚aggregiert' und aufbereitet. Die steuernden Eingriffe werden dabei sowohl automatisch als auch durch Bedieneingriffe des Nutzers über die Visualisierung zugelassen.

ProVis.Proj ist die Projektierungskomponente von ProVis.Agent und in dieser Funktion als Schnittstelle zwischen Leitsystem-Projektierer und System angesiedelt. Teilkomponenten sind die grafische Oberfläche (GUI, siehe Abbildung 28) als Schnittstelle zwischen Projektierung und Benutzer, der Informationen mitteilt, und die Datenbank zur persistenten Speicherung und Weitergabe der Projektierungsergebnisse ans das Leitsystem ProVis.Agent. In der Projektierung werden sowohl beobachtete und gesteuerte Komponenten bekannt gegeben, als auch ihre logischen Zusammenhänge und Signale. Darüber hinaus wird beispielsweise das Arbeitszeitmodell festgelegt, nach dem die Produktion mit ihren Anlagen und Anlagenverbünden gefahren wird. Über einen Generator werden die Projektierungsergebnisse in eine für ProVis.Agent angepasste und optimierte Form gebracht.

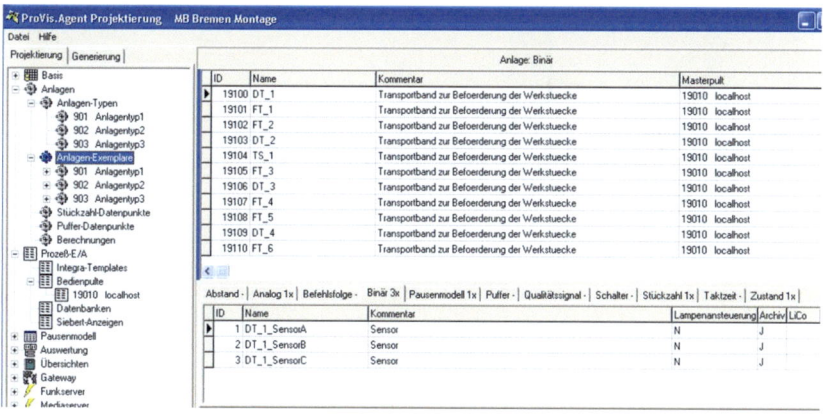

Abbildung 28: ProVis.Proj Projektierung

ProVis.Visu als echtzeitfähiges Prozessvisualisierungssystem stellt die Schnittstelle für den Bediener und Beobachter bereit. Die Prozessführungsbilder sind dabei meist auf mehrere Zielsysteme (Visualisierungs-Clients) verteilt, da nicht nur ein Benutzer zu einem Zeitpunkt Informationen über den Produktionsprozess benötigt. Entsprechend muss auch das Visualisierungssystem auf einen vielseitigen Zugriff und Einsatzbereich ausgelegt sein. Marktübliche Prozess-Visualisierungssysteme verfügen über eine Projektierungskomponente – den Grafikeditor – und eine Laufzeitkomponente – das Runtime-System. Ebenso auch ProVis.Visu (siehe [Schleipen & Schick, 2008]). Teilkomponenten von ProVis.Visu sind unter anderem die Bedienung und Beobachtung (BUB) als Online-Schnittstelle zum Anlagenbediener und -beobachter für den überwachenden und steuernden Eingriff, sowie der Prozess-/Grafikeditor (siehe Abbildung 29) als Schnittstelle für den Visualisierungs-Projektierer, der das System mit Informationen ‚füttert‘, entsprechende Prozessführungsbilder erstellt, Grafik-Elemente mit den Datenpunkten aus der Projektierungsdatenbank oder Signalen eines bereits laufenden Produktionsprozesses verbindet und diese entsprechend dynamisiert.

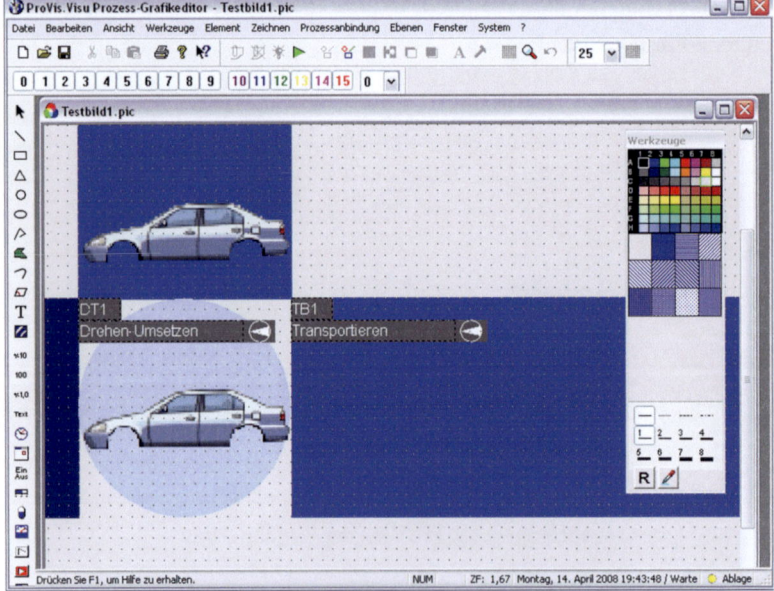

Abbildung 29: ProVis.Visu Prozess-/Grafikeditor

So werden die Bilder zu interaktiven Bedien- und Beobachtungselementen, die den aktuellen Anlagenzustand dynamisch wiedergeben und beispielsweise durch Farbumschläge der einzelnen grafischen Elemente visuell unterstützen. Die Kommunikation zwischen ProVis.Visu und ProVis.Agent erfolgt per OPC. Dies hat den Vorteil, dass ProVis.Visu auch unabhängig von ProVis.Agent als eigenständige Visualisierungskomponente genutzt werden kann, indem es an jeden anderen beliebigen OPC-Server angebunden wird, der Daten bereitstellt.

4. Stand der Forschung und Technik (verwandte Arbeiten)

In der industriellen Produktion existieren zahlreiche MES, von denen einige in Abschnitt 4.1 vorgestellt werden sollen. In der Forschung wird auch die Gestaltung von MES und Leittechnik (Abschnitt 4.2) betrachtet. Hierzu zählen verschiedene Standards und Datenformate, die im Umfeld von MES existieren (Abschnitt 4.3).

In [Wahlster & Raffler, 2008] werden verschiedene Trendaussagen für die Internet-Gesellschaft formuliert. Diese beziehen sich unter anderem auf semantische Technologien zur Verwandlung von Informationen in Wissen (Trendaussage 5), sowie ein konsequentes Wissensmanagement als Basis des Unternehmenserfolgs (Trendaussage 6). [Schabacker, 2008] unterstreicht dies mit dem Hinweis auf unvollständig beschriebene Engineering-Prozesse, sowie ein brach liegendes Potenzial in der Weiterverarbeitung und Integration von Informationen und Daten. Auch sich selbst organisierende Systeme, die die Komplexität reduzieren und die Zuverlässigkeit erhöhen (Trendaussage 10) spielen dort eine wichtige Rolle. Die adpative Produktion, ein ähnlicher Aspekt, wird daher auch von Manufuture [MANUFUTURE, 2004] als Top 5 [MANUFUTURE, 2006] in der Liste wichtiger Punkte zukünftiger Produktion betrachtet und von [ElMaraghy, 2009], aber auch [Wiendahl et al., 2007] als flexible, rekonfigurierbare und veränderbare Produktion unterstrichen. Alle drei Aspekte sind für das Umfeld der Produktion wichtig und können daher auf den Bereich MES übertragen werden. Daher spielen sie für die vorliegende Arbeit eine wichtige Rolle.

Datenaustauschformate und Modelle in der Automatisierung und im Engineering werden daher in Abschnitt 4.4 beschrieben. Überlegungen zum durchgängigen, (teil-)automatisierten Engineering finden sich in Abschnitt 4.5. Ansätze bzgl. Kommunikation und Datenaustauschprozess werden im Abschnitt 4.6 betrachtet. Zur Anwendung und Umsetzung der vorhergehend genannten Aspekte werden die Digitale Fabrik, Simulation und Verifikation benötigt und daher in Abschnitt 4.7 betrachtet. Eine Auswahl verwandter Arbeiten und Ansätze werden nachfolgend vorgestellt und diskutiert und sind in Abbildung 30 grob zum Thema der Arbeit in Beziehung gesetzt. Die beschriebenen Arbeiten und Ansätze fokussieren andere Aspekte im Planungsprozess (zum Beispiel Elektroplanung oder SPS-Programmierung), andere Ebenen der Automatisierungsarchitektur (zum Beispiel Feld- oder Automatisierungsebene) oder andere Branchen und Anwendungsbereiche (Halbleiter, Lebensmittel, Prozessindustrie, Gebäudeautomatisierung) und nicht MES, deren Engineering und Betrieb, sowie die Fertigungstechnik.

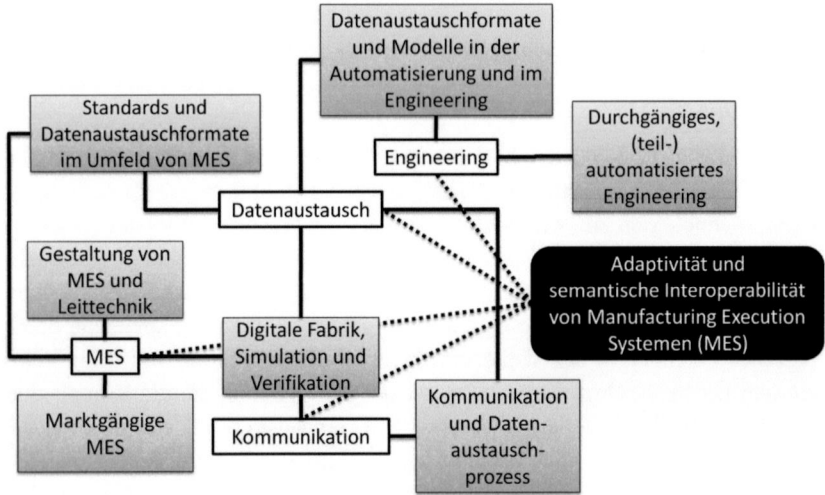

Abbildung 30: Überblick Stand der Technik und Forschung

4.1 Marktgängige MES

Aktuell werden im Bereich MES auf dem Markt eine Vielzahl an Systemen angeboten. Diese unterscheiden sich im Einsatzgebiet und den unterstützten Funktionalitäten, ebenso wie durch technologische Aspekte. Eine Übersicht mit der Beschreibung von 70 Software-Anbietern findet sich beispielsweise in [Mussbach-Winter et al., 2010]. Eine Auswahl aktueller Systeme findet sich zur Orientierung in Tabelle 1, wird aber im Rahmen der Arbeit nicht näher beschrieben. Viele der Systeme unterstützen eine ganze Reihe von möglichen MES-Aufgaben und werden kundenindividuell konfektioniert und konfiguriert.

Anbieter	MES
ABB	800xA
Gefasoft	Legato MES
Iconics Germany GmbH	BizViz
INFOR AG	Infor SyteLine MES
iTAC	iTAC.MES.Suite
FORCAM	Factory Framework
Infustrie Informatik GmbH	Cronetwork
MPDV Mikrolab GmbH	Hydra und xMES
PSI	PSIPenta.com MES
Rockwell Automation, Inc.	PMX MES Solution, Factory Talk Performance Solution
SAP	SAP Manufacturing Execution
Siemens	Simatic IT
Wonderware GmbH	FactorySuite

Tabelle 1: Beispiele von am Markt verfügbaren MES

Außer reinen MES, die als solche angeboten werden, existiert eine Reihe von Leitsystemen, die MES-Funktionalitäten unterstützen. Da auch die im Umfeld der Arbeit betrachteten Systeme zu dieser Kategorie zählen, werden exemplarisch nachfolgend die in Tabelle 2 näher betrachtet.

Anbieter	Leitsystem
ABB	800xA
Siemens	SIMATIC PCS7
Yokogawa	Centum VP
COPADATA	Zenon
Honeywell	PlantScape

Tabelle 2: Beispiele von am Markt verfügbaren Leitsystemen

Das Industrial IT Extended Automation System 800xA der ABB AG versteht sich als Lösung für einen intelligenten Betrieb von Produktionsanlagen und Vermittler zwischen Unternehmens- und Anlagenebene (siehe [ABB 800xA, 2011b]). Einsatzgebiete sind beispielsweise verfahrenstechnische Industrien wie Gas, Öl, Bergbau und Metall. Es bietet dem Benutzer unter anderem Funktionalitäten wie Prozesssteuerung, Produktions- und Informationsmanagement, aber auch die intelligente Instrumentierung und erweiterte Leitfunktionalitäten (siehe [ABB 800xA, 2011a]) Auch die Visualisierung, basierend auf der Windows Presentation Foundation (siehe [ABB 800xA, 2011c]), versucht den Benutzer optimal im Arbeitseinsatz zu unterstützen. Das Engineering erfolgt in einer einheitlichen und integrierten Engineering-Umgebung für alle Teilaspekte, wie zum Beispiel die Steuerungsfunktionalität oder Visualisierung (siehe [Dobson & Martinez, 2007]). Es geht mit seinen Funktionalitäten also über ein klassisches (Prozess-) Leitsystem hinaus, beinhaltet diese aber zusätzlich.

Siemens SIMATIC PCS7 [PCS7, 2011] ist ein verteiltes Prozessleitsystem, das sowohl für den Einsatz in verfahrens- als auch fertigungstechnischen Prozessen geeignet ist. Als Automatisierungssystem werden proprietäre (Siemens-) Steuerungen eingesetzt und auch für die Instandhaltung und eine ergonomische Benutzeroberfläche sind Komponenten integriert. Auch hier unterstützt ein zentrales Engineering-System den Benutzer bei der Konfiguration der zu beobachtenden und bedienenden Anlagen. Lösungen für den Batchbetrieb oder die IT-Sicherheit sind ebenso Teil von PCS7 wie eine Bibliothek von Standard-Regelungskomponenten.

Centum VP [CentumVP, 2011b] der Yokogawa GmbH ist ein integriertes Prozess- und Produktionsleitsystem. Haupteinsatzgebiet ist die Prozessindustrie. Es repräsentiert dabei die Informationsdrehscheibe in der VigilantPlant-Initiative, dem Automatisierungskonzept von Yokogawa, das zur Realisierung eines reibungslosen Betriebsablaufs dienen soll (siehe [CentumVP, 2011a]). Neben der klassischen Prozessüberwachung und -führung unterstützt CentumVP auch Funktionalitäten im Bereich Sicherheit, Asset Management und MES. Eine übersichtliche Benutzeroberfläche und einheitliche Bedienfunktionaliäen versuchen auch hier die Fülle an Funktionalitäten und Einzelmodulen vor dem Benutzer geeignet aufzubereiten (siehe [CentumVP, 2011c]).

Zenon [Zenon, 2011] von der COPADATA GmbH ist ein System zur Bedienung und Beobachtung von Anlagen aus Verfahrenstechnik, Gebäudeautomation, aber auch der Pharmaindustrie. Für die einzelnen Industrien werden spezielle Funktionalitäten angeboten. Es stellt unter anderem Funktionalitäten zur Regelung und Steuerung, Auswertung und Visualisierung bereit. Dabei besitzt es wiederum ein einheitliches Engineering mit Hilfe des so genannten Zenon Editors, das es ermöglicht, alle Funktionalitäten und Systembestandteile in einem Werkzeug zu konfigurieren.

Auch Honeywell stellt mit seinem ‚hybriden' Leitsystem eine Lösung für diskrete und kontinuierliche Prozesse zur Verfügung (siehe [PlantScape, 2011]).

Über die genannten Systeme hinaus gibt es weiterhin eine Fülle an Leitsystemen, die im fertigungstechnischen Bereich heute häufig auch MES-Funktionalitäten übernehmen. Eine zentrale Komponente von MES beziehungsweise Leitsystemen ist die Visualisierung. Sie stellt im Betrieb die Schnittstelle zu den Benutzern dar und ist daher besonders wichtig. Meist sind die Systeme so modular aufgebaut, dass die Visualisierung in einer eigenständigen Komponente realisiert wird. Daher folgen nun die in Tabelle 3 gelisteten Vertreter aus diesem Bereich.

Anbieter	Visualisierungssystem
Invensys	Wonderware inTouch
GE Fanuc Automation	Proficy HMI/SCADA - iFIX 5.1
GEFASOFT	Graphpic
Siemens	SIMATIC WinCC
PROVICON	Vision X9

Tabelle 3: Beispiele von marktgängigen Visualisierungssystemen

Wonderware inTouch [Wonderware, 2011] von invensys ist ein grafisches Visualisierungssystem, das zur Beobachtung, Kontrolle und Auswertung von Produktionsprozessen dient. Der aktuelle Zustand kann ebenso erfasst und visualisiert werden wie historische Übersichten und Auswertungen. So können Produktionsprozesse geeignet überwacht, aber auch optimiert werden.

Proficy HMI/SCADA - iFIX 5.1 [iFIX, 2011] wird von der GE Fanuc Automation zur Überwachung und Steuerung von Produktionsprozessen angeboten und stellt ein Visualisierungssystem zur Bedienung und Beobachtung der Prozesse dar.

Graphpic [GraphPic, 2011] der Gefasoft AG München ist eine objektorientierte Visualisierungssoftware, die durch ihren modularen Aufbau kundenspezifisch angepasst werden kann. Die objektorientierte Arbeitsweise unterstützt den Aufbau von kundenspezifischen Bibliotheken und vereinfacht die Erstellung von einfachen oder komplexen Bildern. Es dient zur Bedienung und Beobachtung von Produktionsprozessen, bietet aber auch Zusatzfunktionalitäten wie ein Meldesystem, eine Rezepturverwaltung, Messwertarchivierung oder Scripting für komplexe Bedingungen an.

Siemens SIMATIC WinCC (Windows Control Center) [WinCC, 2011] ist Teil von SIMATIC HMI und geht mit den Funktionalitäten weit über ein Bedien- und Beobachtungssystem hinaus. Es kann beispielsweise in Kombination mit Siemens PCS7 eingesetzt werden, aber auch als eigenständiges System. Auch WinCC ist modular aufgebaut und ermöglicht sowohl die Visualisierung des Produktionsprozesses, als auch den steuernden Eingriff. Auch die Archivierung der erfassten Werte und die Erstellung von Berichten sind möglich. Es ist in einer Vielzahl von Industrien im Einsatz, beinhaltet dabei aber immer die gleiche Grundfunktionalität. Branchen- oder kundenspezifische Anforderungen können mit Hilfe von Schnittstellen und Skripting projektspezifisch implementiert werden.

Die PROVICON GmbH bietet das Prozessvisualisierungssystem Vision X9 [X9, 2011a] auf dem Markt an. Haupteinsatzbereiche sind in der Verfahrenstechnik und im Energiebereich. Es unterstützt die Bedienung, Beobachtung, aber auch die Auswertung der unterlagerten Produktionsprozesse. Alle Komponenten sind in eine einheitliche Entwicklungsumgebung eingebettet, für benutzerspezifische Wünsche gibt es Programmierschnittstellen in verschiedenen Sprachen (siehe [X9, 2011b]).

Alle vorgestellten Visualisierungssysteme ähneln sich in den Funktionalitäten, der Art der Prozessabbildung und ihren Möglichkeiten, unterscheiden sich aber in der Struktur und der Modularität. Einige Systeme sind extrem modular aufgebaut, andere hingegen monolithisch. Sie alle trennen Online- und Offlinephase und stellen daher für die Projektierung meist einen Editor zusätzlich zur Anwendung der Betriebsphase zur Verfügung. Bei allen vorgestellten Systemen müssen die Bilder manuell erstellt werden. Dies wird teilweise durch die Nutzung von Bibliotheken unterstützt. In allen Systemen besteht die Möglichkeit zur direkten Kopplung mit dem Produktionsprozess, aber auch zur indirekten Kopplung beispielsweise über OPC.

4.2 Gestaltung von MES und Leittechnik

Bei der Gestaltung von MES und Leittechnik spielen die allgemeine Entwicklung und Trends in der Produktion eine große Rolle. So ist beispielsweise für MES als IT-Vertreter in der Produktion die Aussage von [Vogel-Heuser et al., 2009] über eine Veränderung der Informationsarchitektur für die industrielle Automatisierung weg von der klassischen Automatisierungspyramide, hin zu einer breiteren IT-Schicht in den höheren Ebenen essentiell. Gleichzeitig spielt aber auch die Modularität eine große Rolle, da sie von entsprechenden MES unterstützt werden muss (siehe [Drunk, 2011]). Aber auch allgemeine Trends in der Produktion wie beispielsweise die Entwicklung hin zu wandlungsfähigen Produktionssystemen [Nyhuis et al., 2008], die von flexiblen, adaptiven und rekonfigurierbaren Informations- und Kommunikationssystemen [Martinsen & Larsson, 2010] unterstützt werden, sind für MES und deren zukünftige Funktionalitäten und Architektur von großer Bedeutung. Ebenso muss die stärkere Unterstützung durch Informations- und Kommunikationstechnologien, sowie wissen-basierte Lernmechanismen [Westkämper, 2010a] bis zu einer intelligenten Fertigung, die auf kognitiven IKT-Mechanismen [Westkämper, 2010b] basiert, von MES als einer der Schnittstellen zwischen Produktion und IT beziehungsweise Produktion und Bediener vorangetrieben werden.

Zur Konzeption und Einführung von MES-Systemen gibt es Hinweise und Beispiele, zum Beispiel in [Kletti, 2007b]. Dabei beziehen sich die Betrachtungen auf organisatorische und wirtschaftliche Fragestellungen. In der [VDI 3696, 1996] werden Standard-Funktionsbausteine, deren Ein- und Ausgänge, Defaultwerte, etc. zur herstellerneutralen Konfigurierung von Prozessleitsystemen beschrieben. Diese adressieren die Implementierung auf Steuerungsebene, daher sind sie für die Produktionsleittechnik und den MES-Bereich leider nicht anwendbar. In [VDI3546, 2001] werden Hinweise zur Gestaltung von Prozessleitwarten gegeben. Diese reichen von der Einrichtung der Räumlichkeiten bis hin zur Monitoranordnung. Allerdings sind die dort enthaltenen Informationen eher eine mögliche Hilfestellung, da sie teilweise nicht mehr zeitgemäß sind.

Auf Grund der vielfältigen Funktionalitäten, sowie der Charakteristik der verteilten Anwendungen von MES, sind zwei Punkte essentiell: die Entwicklung hin zu integrierten Prozessen [Drunk, 2011], ebenso wie die Auswahl einer geeigneten Infrastruktur und damit einhergehenden Technologien. Eine Möglichkeit bieten hier auch die ACPLT-Technologien (siehe [Münnemann, 2008]). Weiterhin gibt es verschiedene identifizierte und prognostizierte Trends, die beispielsweise in [Sauer, 2004b], [Sauer, 2004c], [Sauer, 2005a] und [Sauer, 2005b] nachzulesen sind.

Integrierte Leit- und Auswertesysteme, die beide Funktionen vereinen, sind marktüblich (siehe [Sauer, 2006]). Aber auch Auswertungen und Kurzzeitsimulationen sind in Leitsystemen beziehungsweise MES keine Seltenheit mehr (siehe beispielsweise [Sutschet, 2001]). Gleichzeitig kommen auch immer wieder neue Technologien im Bereich der Leittechnik und MES. Dies reicht von Agenten (siehe [Sauer & Sutschet, 2006] und [Lüder, 2008]) bis hin zu Ontologien [Sutschet, 2006], die in diesem Bereich genutzt werden. Die Integration erstreckt sich aber nicht nur auf verschiedene Funktionalitäten, die in diesen Systemen gebündelt werden, sondern adressiert die vertikale Integration zwischen ERP-, MES- und Feldebene (siehe [Bildmayer, 2007] und [Bratukhin & Sauert, 2010]), zwischen MES- und ERP-Ebene [Kletti, 2010], sowie zwischen MES und steuerungsnahen Leitfunktionen [Münnemann, 2010b]. Hierbei kommen unterschiedliche Kommunikationstechnologien, wie beispielsweise OPC-UA, zum Einsatz, die eine durchgängige vertikale Integration begünstigen und explizit unterstützen.

Der Bereich MES stellt die Schnittstelle zwischen Produktionsprozess und Menschen dar. Daher sind auch anthropotechnische Gestaltungsmöglichkeiten wichtig, auch wenn dieses Thema erst in der letzten Zeit in den Vordergrund gerückt ist. Die Anthropotechnik beschäftigt sich dabei mit der Gestaltung der Mensch-Maschine-Kommunikation. Hierbei spielen die physischen Eigenschaften und Möglichkeiten des Menschen eine große Rolle. Die Bedienung und Beobachtung soll dadurch so angenehm und einfach wie möglich gestaltet werden. Arbeiten in diesem Bereich beschäftigen sich dabei mit dem Entwurf der Benutzerschnittstellen [Siemon, 2001], aber auch mit multimodalen Interaktionsmöglichkeiten [Meixner & Thiels, 2011]. Dabei entstehen auch völlig neue Konzepte für Leitwarten, die enthaltenen Interaktionstechnologien [Schwarz et al., 2010] und die dort vorhandene Visualisierung, beispielsweise in 3D [Wolf et al., 2007].

Dennoch existieren auch Ansätze zur Vereinfachung des aufwändigen Engineerings. Diese reichen vom Einsatz vorhandener Standards wie B2MML [Kerndlmaier & Schlögl, 2006], über Standardfunktionsbausteine [Kirmas, 2007] und Dienstesysteme für leittechnische Funktionen [Schlütter et al., 2009], bis hin zu Online-Engineering-Ansätzen [Enste & Uecker, 2002]. [Ricken & Vogel-Heuser, 2009] und [Ricken & Vogel-Heuser, 2010] gehen sogar noch einen Schritt weiter und adressieren die Spezifikation von MES als Kern des Problems und interdisziplinäre Herausforderung, die es mit Hilfe für jeden verständlicher, grafischer Beschreibungsmittel zu lösen gilt.

4.3 Standards und Datenaustauschformate im Umfeld von MES

Im Umfeld von MES existieren zahlreiche Normen, Standards und Richtlinien. Nachfolgend soll ein Überblick über die meist genannten gegeben werden, der keinen Anspruch auf Vollständigkeit erhebt. Eine Übersicht findet sich auch in [Kletti, 2007a] und in [Thiel et al., 2008].

Einer der bekanntesten Standards ist die ISA95 (früher ISA S95), die in der als IEC 62264 in folgenden Teilen standardisiert ist: [IEC62264-1], [IEC62264-2] und [IEC62264-3]. Sie befasst sich mit der Integration von ERP- mit der MES-Ebene und Steuerungssystemen (siehe [Adams et al., 2007a]). Sie erweitert die ISA88 [ISA88] auf die Betriebsleittechnik für diskrete und kontinuierliche Fertigung. Veröffentlicht wurden bisher Teil 1, Models and Terminology [ISA95-1], Teil 2, Object Model Attributes [ISA95-2], Teil 3, Models of Manufacturing Operations Management [ISA95-3], und Teil 5, Business-to-Manufacturing Transactions [ISA95-5]. Geplant ist der Teil 4, Object models and attributes of manufacturing operations management [ISA95-4]. Das Ziel der ISA95 ist die Beschreibung und Strukturierung der zwischen MES- und ERP-Ebene auszutauschenden Informationen. Diverse Anwendungsmöglichkeiten zeigen und einen groben Überblick verschaffen [Adams et al., 2007a] und [Adams et al., 2007b]. Die Informationen werden dabei in folgende Kategorien eingeteilt: Product Definition, Production Capability, Production Schedule und Production Performance. So soll eine einheitliche Begriffswelt für MES geschaffen werden. B2MML – die Business-to-Manufacturing Markup Language [B2MML] – ist eine XML-Abbildung der ISA95 oder IEC62264. Ein XML-Schema (.xsd) beschreibt die Datenmodelle und möglichen -elemente aus Teil 1

und 2 der ISA95. Das XML-Schema wird durch das World Batch Forum gepflegt und kostenlos bereitgestellt.

Die ISA88 versucht, die Integration von Batch-Automatisierungslösungen in
der Prozessindustrie mit Hilfe eines Modells für den Batch-Betrieb zu unterstützen. Sie beschreibt eine Begriffswelt für die chargenorientierte Fahrweise
(batch control), sowie das physische Modell, Rezepturen und Prozeduren. International ist sie definiert in der IEC 61512 und in beiden Fällen in vier Teile
unterteilt. Teil 1 beschreibt Modelle und Terminologie ([IEC61512-1] und [I-
SA88-1]), Teil 2 definiert Datenstrukturen und Richtlinien für Sprachen
([IEC61512-2] und [ISA88-2]). Teil 3 stellt Modelle und Darstellungen von
Verfahrens- und Werksrezepten zur Verfügung ([ISA88-3] und [IEC61512-3])
und Teil 4 definiert ein Referenzmodell für Batch Produktionsdatensätze
([ISA88-4] und [IEC61512-4]). BatchML [BatchML] ist die XML-Abbildung
der ISA88. Ein XML-Schema (.xsd) beschreibt die Batchprozesse, Rezepte und
die in der ISA88 definierten Modelle und Elemente. Das XML-Schema wird
ebenfalls durch das World Batch Forum gepflegt und kostenlos bereitgestellt.

STEP (STandard for the Exchange of Product model data), definiert in der
ISO10303, ist ein Standard zur Beschreibung von Produktdaten. Durch die zahlreichen Teilspezifikationen der Normenreihe und damit einhergehende umfang-
reiche Möglichkeiten, geht der mögliche Einsatzbereich aber weit darüber hinaus. Auch die Konformität zum Standard wird geregelt. Ein Überblick findet
sich in [Anderl & Trippner, 2000]. Die Möglichkeit für ein durchgängiges Informationsmanagement mit Hilfe von STEP wird in [Gwinner, 2002] erörtert.

Von verschiedenen Verbänden werden ebenso Informationen, Empfehlungen
und Richtlinien zum Thema MES erarbeitet und bereitgestellt.

Der VDI (Verein deutscher Ingenieure) definiert in seiner Richtlinie 5600 im
Blatt 1 den Begriff des MES/Fertigungsmanagementsystems und dessen Aufgaben [VDI5600 – Blatt 1]. Das Blatt 2 wurde noch nicht veröffentlicht. Im April
2011 erschien das Blatt 3 [VDI5600 – Blatt 3], das den Begriffsraum der zwischen MES und Maschinen- und Anlagensteuerung ausgetauschten Inhalte auf-
spannt als Hierarchie von Ordnern und Datenpunkten mit zugeordneten Datentypen und der Bestimmung, ob diese optional oder mandatorisch sind. Auf dieses Blatt wird im Abschnitt 8.2 noch einmal gesondert eingegangen, da die
Entwicklung, Dokumentation und Strukturierung in der entsprechenden VDI-
Arbeitsgruppe maßgeblich im Rahmen dieser Arbeit vorangetrieben und erarbeitet wurde.

Der VDMA (Verband Deutscher Maschinen- und Anlagenbau e.v.) stellt im VDMA Einheitsblatt 66412-1 [VDMA66412-1] betriebswirtschaftliche Kennzahlen (Key Performance Indicators, KPI) für MES zur Verfügung. Dort werden die wichtigsten Kennzahlen zur Beurteilung und Festlegung der Zielvorgaben von Fertigungsprozessen strukturiert und beschrieben. Das VDMA-Einheitsblatt 66412-2 enthält die „grafischen Darstellungen zu der in VDMA 66412-1 erstellten Sammlung von gängigen betriebswirtschaftlichen Kennzahlen für den Einsatz und die Anwendung von MES" [VDMA66412-2].

Der ZVEI (Zentralverband Elektrotechnik und Elektronikindustrie) stellt mit der Broschüre ‚MES - Branchenspezifische Anforderungen und herstellerneutrale Beschreibung von Lösungen' [ZVEI, 2010] eine Übersicht über am Markt verfügbare oder realisierbare Lösungen im Bereich MES zur Verfügung.

Die Namur (Interessengemeinschaft Automatisierungstechnik der Prozessindustrie) [Namur, 2011] stellt ebenfalls Empfehlungen bereit, die sich mit dem Thema MES beschäftigen. Die Namur-Empfehlung NE33 [NE33, 2003] versucht, Begriffe und Konzepte bezüglich der Rezeptfahrweise aus ISA88 beziehungsweise IEC61512 zu vereinheitlichen. So soll unabhängig vom Grad der Automatisierung eine allgemeingültige Vorgehensweise erreicht werden. In der Namur-Empfehlung NE 59 [NE59, 2002] werden Funktionen der Betriebsleitebene bei chargenorientierter Produktion behandelt. Das Namur-Arbeitsblatt NA 94 [NA94, 2003] baut auf der ISA95 beziehungsweise der IEC62264 und der NE59 auf und definiert ein Datenmodell, in dem Funktionen eines MES in der Prozessindustrie und zugehörige Informationsflüsse modelliert werden, um produktionstechnische und logistische Abläufe zu unterstützen. Das Namur-Arbeitsblatt NA 110 [NA110, 2006] bezeichnet den Vorteil von MES und versucht deren Einsatz in der Praxis durch Funktionen, die realisiert werden sollten, zu erleichtern.

Über die Richtlinien und Empfehlungen von Verbänden hinaus, existieren eine Reihe von Konsortialstandards[7], die meist aus spezifischen Industriezweigen hervorkommen. Beispielhaft werden vier dieser Konsortialstandards nachfolgend genannt.

PackML [PackML, 2011a] als Standard, der ursprünglich durch die OMAC (internationale Organisation für Maschinen, Automatisierung und Steuerung) Packaging Workgroup entwickelt wurde, ist eine Schnittstellenbeschreibung für

---

[7] Konsortialstandard = Standard einer frei bildbaren Gruppe, im Gegensatz zu Norm als Standard einer Normungsorganisation

Maschinen aus der Verpackungsindustrie und umfasst das PackML State Model – dieses definiert den Zustand von Verpackungsmaschinen im Automatikbetrieb. PackML wurde 2008 angepasst als Teil der [ISA 88TR]. Es beschreibt die Klassifizierung von Linientypen, wie beispielsweise ein Förderband, definiert Maschinenzustände, zum Beispiel ‚An‘, ‚Aus‘ und ‚Stop‘, und Betriebsarten, zum Beispiel ‚Automatik‘ oder ‚Handbetrieb‘. Beteiligt waren unter anderem Bosch Rexroth und Siemens Automation.

Von der Non-Profit-Organisation SEMI (Semiconductor Equipment and Materials International) werden verschiedene Standards für die Halbleiterindustrie entwickelt, gepflegt und zur Verfügung gestellt. SECS/GEM definiert den Informationsaustausch zwischen Leitrechner und Fertigungsmaschinen, um die Produktionslinien zentral überwachen und steuern zu können. SECS I [SECS I, 2007] und II [SECS II, 2009] definieren dabei die kommunizierten Inhalte, GEM das Verhalten der Produktionskomponenten [GEM, 2007]. EDA, der Guide for Engineering Data Acquisition [EDA, 2007] wurde neben der SECS/GEM-Schnittstelle speziell für den Austausch großer Datenmengen konzeptioniert und benutzt Technologien wie XML, SOAP und Webservices. Grundlage hierfür ist die Beschreibung der Produktionskomponenten nach SEMI Standard E120 (Common Equiment Model) und E125 (Equipment Self Description).

Die Weihenstephaner Standards für Getränkemittelabfüllanlagen definieren die vertikale Kommunikationsschnittelle von der Anlage zum MES (siehe [Kather & Voigt, 2008]). Entwickelt und betreut werden sie hauptverantwortlich vom Lehrstuhl für Lebensmittelverpackungstechnik der TU München. Ursprüngliches Einsatzgebiet war die Anbindung von Systemen zur Betriebsdatenerfassung an Getränkeabfüllanlagen. Sie beschreiben Datenpunkte und Inhalte für Getränkeabfüll- und Verpackungsanlagen (WS 2005) [WS, 2005] und Maschinen für die Lebensmittelverarbeitung (WS Food) [WS-Food, 2010]. Durch eine Gerätebeschreibung, die jedes Gerät besitzt, die Funktionalitäten des Geräts beschreibt und festlegt, welche Daten das Gerät zur Verfügung stellt, ist laut [Voigt & Kather, 2005] sogar ein ‚Plug and Acquire‘ möglich. Die Spezifikationen sind unterteilt in die physikalische Spezifikation der Kommunikationsschnittstelle (branchenübergreifend), die Definition der Dateninhalte (branchenspezifisch), Auswerteempfehlungen (branchenspezifisch) und die Überprüfung und den sichereren Betrieb (branchenübergreifend). Die Weihenstephaner Standards schreiben einige Funktionen als verpflichtend vor, um konform zu ihnen zu sein.

Die Norm 21 CFR Part 11 [21CFRPart11, 2003] der US-amerikanischen Food and Drug Association (FDA) kommt aus der Pharma-, Kosmetik- und Lebensmittelindustrie. Sie befasst sich mit elektronischen Daten und Unterschriften zur Überprüfung von Anlagen und Prozessen. [Steinberg, 2003]

MTConnect [MTConnect, 2011] kommt aus den Vereinigten Staaten und wurde 2008 von der AMT (Association of Manufacturing Technology) als offener Kommunikations-Standard vorgestellt. Es basiert auf XML und definiert zusätzlich ein Kommunikationsprotokoll, um Produktionskomponenten und überlagerte IT-Systeme zu vernetzen. Auf die Steuerungsebene erfolgt nur lesender Datenzugriff, MTConnect ist daher nur für überwachende Systeme, nicht für den steuernden Eingriff verwendbar – MTConnect ist also ein reiner Informationssammler. Ein Anwendungsbereich sind Maschinen aus der Metallbearbeitung.

Zusammenfassend lässt sich sagen, dass in verschiedenen Branchen eine Reihe genau spezifizierter Formate existieren (siehe [Ebel, 2007a] und [Schleipen et al., 2008a]). Beispiele hierfür wurden beschrieben, unter anderem die Weihenstephaner Standards [Weihenstephan, 2011] und PackML™ [PackML, 2011b]. Der Ansatz in dieser Arbeit soll aber allgemein einsetzbar sein, daher sind Standards mit Branchenspezifika nur bedingt verwendbar. Des Weiteren lassen sich Standards wie STEP [ISO 10303] nur in einem eingeschränkten genau definierten Umfeld und Anwendungsfall einsetzen, da dort beispielsweise hauptsächlich Daten über das Produkt gehalten werden können, nicht jedoch die für die Leittechnik oder MES benötigte Fülle an unterschiedlichen Daten aus verschiedenen Datenquellen in verschiedenen Ebenen der industriellen Architektur, sowie unterschiedlichen Planungsphasen.

4.4 Datenaustauschformate und Modelle in der Automatisierung und im Engineering

In der heutigen Zeit machen wir uns im alltäglichen, durch Computersysteme geprägten Leben wenig Gedanken über die Problematik der Datenaustauschformate. Kommt man etwa aus dem Urlaub zurück, ist es heutzutage normal, Bekannten Fotos zu zeigen oder sogar elektronisch auszuhändigen. Genauso werden im Büroumfeld Vorträge (Powerpoint-Folien) oder Tabellen (Excel-

Dokumente) ausgetauscht. Diese werden beispielsweise per Mail versendet. Dabei muss man sich keine Gedanken darüber machen, mit welchem Tool derjenige das Foto oder die Tabelle öffnet oder in welcher Version es versendet werden kann. Im Umfeld der Automatisierung und im Engineering von Produktionsanlagen werden vor der eigentlichen Übergabe von Daten allerdings lange Diskussionen über Tool, Format und Version geführt und diese Dinge vor dem Austausch festgelegt. Standarddatenaustauschformate haben sich bis heute nicht oder nur in wenigen eingeschränkten Bereichen etabliert. Daher existieren viele proprietäre Schnittstellen für bestimmte Anwendungsfälle, die sich auf einen eingeschränkten Anteil an Informationen konzentrieren. „Der Wert der Engineeringdaten liegt jedoch zunehmend in ihrer Austauschbarkeit" [Ebel et al., 2008]. Mit dem Datenaustausch im Bereich der Automatisierungstechnik beschäftigen sich viele verschiedene Forschergruppen, Beispiele hierfür sind die RWTH Aachen [ACPLT, 2011] oder die HSU HH [HSU-HH, 2011].

In der Informatik, beziehungsweise im Umfeld der PCs, wurde der Wert der Austauschbarkeit bereits erkannt und Konzepte wie USB-Schnittstellen, einheitliche Formate, etc. entwickelt. In der Softwareindustrie spielt beispielsweise die Nutzung objektorientierter Methoden und Konzepte eine große Rolle. Diese Idee verbreitet sich zunehmend auch im Umfeld der Automatisierungstechnik in der Produktionsanlagenplanung, indem Anlagenkomponenten als wiederverwendbare Objektklassen modelliert werden. Die Vorteile der Objektorientierung überwiegen bei der Präsenz vieler gleichartiger Konzepte, da dann die erdachte Musterlösung (die Klasse) beliebig oft instanziiert werden kann.

Betrachtet man nun mögliche Fälle, die beim Austausch verschiedener Tools auftreten können, lassen sich Grundideen und typische Problemstellungen unterscheiden: Der bidirektionale Datenaustausch zwischen zwei Tools, der Datenaustausch mittels einheitlicher Schnittstellen, sowie der Datenaustausch basierend auf einem einheitlichen Datenformat (siehe auch [Drath, 2006], [Ebel et al., 2008]).

Werden einzelne Tools miteinander bidirektional verbunden, müssen für jede Kopplung zwischen zwei Tools zwei Schnittstellen (Import/Export je Tool) mit einem entsprechenden Datenaustauschformat entwickelt werden. Bei drei Tools handelt es sich bereits um sechs zu realisierende Schnittstellen und drei verschiedene Datenformate, die es zu verarbeiten gilt (vergleiche Abbildung 31). Dabei ist noch keine Vorgehensweise oder Formatentscheidung für die Zwischenformate vorgegeben. Diese können beispielsweise in Text-, XML-Form oder auch in einem fest definierten binären Austauschformat realisiert werden. Der quadratische Aufwand wächst mit steigender Anzahl der zu integrierenden Tools (n Tools, n(n-1) Schnittstellen und n(n-1)/2 Formate). Dabei müssen bei einer neuen Version eines Tools alle Schnittstellen dieses und seiner ,Partnertools' angepasst werden. Daher ist ein solcher Weg nur bei einer geringen Anzahl von beteiligten Tools praktikabel.

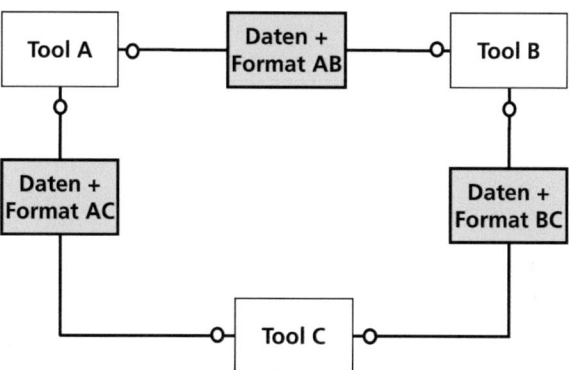

Abbildung 31: Datenaustausch mittels 1:1-Schnittstellen (mit drei Tools, sechs Schnittstellen und drei zu verarbeitenden Datenformaten)

Steigt die Anzahl der beteiligten Tools, kann es sinnvoll sein, sich auf Schnittstellenkonzepte und das Grundformat der auszutauschenden Daten (XML, Text, binär, ...) festzulegen, da dadurch jedes Tool nur eine Schnittstelle, aber erweiterte interne Verarbeitung, zur Verfügung stellen muss. Für n Tools (in Abbildung 32 drei Tools) sind n Schnittstellen bei n(n-1)/2 Formaten nötig. Zur Realisierung dieses Konzepts benötigt man allerdings genauer definierte, intelligentere Schnittstellen oder Adapter. Setzt man dieses Konzept mit der semantischen Interoperabilität und den verschiedenen Stufen der Semantik in Relation (siehe [Gödert, 2010b]), so definiert man bei diesem Ansatz eine einheitliche Syntax der Schnittstelle, beschäftigt sich also mit der Begriffsbildung, lässt aber die Semantik außen vor. Zur Festlegung auf eine bestimmte Syntax hat sich XML, wie kein anderer Standard, auch im Automatisierungsumfeld etabliert und bewährt. Ein Beispiel findet sich in [Albrecht & Meyer, 2002]. Mit seinen Mechanismen, wie die eindeutige Adressierung in XML-Dokumenten durch XPath oder auch die Möglichkeit zur Definition vordefinierter Strukturen mittels XML Schemata, unterstützt und begünstigt es den Einsatz zur syntaktischen Festlegung der auszutauschenden Inhalte.

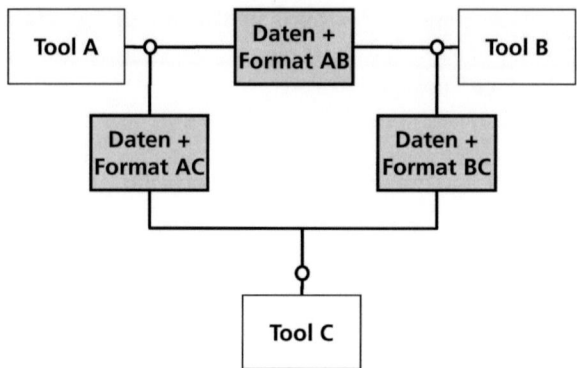

Abbildung 32: Datenaustausch mittels einheitlicher Schnittstellen (mit drei Tools, drei Schnittstellen und drei Datenformaten)

Geht man nun einen Schritt weiter und legt eine eindeutige Semantik fest, so gelangt man in das Umfeld semantischer Netze und Ontologien (siehe [Gödert, 2010a]). Bei drei Tools (vergleiche Abbildung 33), benötigt man drei Schnittstellen und ein einheitliches, für alle Beteiligten verständliches Datenaustauschformat zwischen den Tools (n Tools, n Schnittstellen, 1 Datenformat). Das ausgetauschte Wissen (Daten und Informationen zu einem bestimmten Kontext in Bezug gesetzt) wird also nicht nur bezüglich der Syntax, sondern auch der Semantik eingeschränkt und damit für alle Tools verständlich gemacht (siehe [Decker et al., 2008]). Ontologien und deren spezielle Formate sind dabei in der Praxis nicht anzutreffen, viele der praktischen Lösungen wie Unternehmen- oder Werk-Standards verfolgen aber den Grundgedanken von Ontologien, indem sie einen einheitlichen Sprachgebrauch, sowie definierte Datenstrukturen vorgeben. Dies reduziert die Komplexität und Intelligenz der Schnittstellen, resultiert aber im Aufwand zur Definition des Datenaustauschformats. Eine solche Lösung sollte nur bei einer großen Anzahl an beteiligten Tools in Betracht gezogen werden.

Unabhängig von der Realisierung der Schnittstellen stellt die Definition und Festlegung von Syntax und Semantik die Haupterausforderung dar. Dabei muss zwischen der Handhabbarkeit (Traktabilität) und Ausdrucksstärke unterschieden werden.

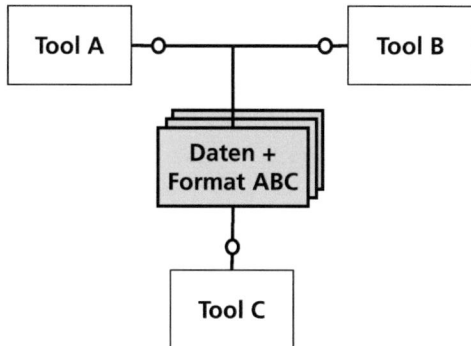

Abbildung 33: Einheitliches Format im Datenaustausch (mit drei Tools, drei Schnittstellen und einem Datenformat)

Mögliche Ansätze für verschiedene Abstufungen in diesen Bereichen sind Integra (als Repräsentant eines konzernweiten, firmenspezifischen Standards für die Automatisierung im Daimler-Konzern), AutomationML (als XML-basierter Konsortialstandard zum Datenaustausch in der Anlagenplanung, der starke Einschränkungen zur Verwendung der eingebundenen Standards vorgibt, wie beispielsweise das PPR-Konzept, siehe [Rasmussen, 1986]), CAEX (als allgemein mögliches und standardisiertes XML-basiertes Datenaustauschformat zur Beschreibung von Planungsdaten im Bereich der Anlagenplanung, vergleiche [Drath, 2005]), sowie Ontologien (als allgemeiner Vertreter syntaktisch definierter Strukturen, in denen auf verschiedene Anwendungsbereiche speziell zugeschnittene Semantik beschrieben werden kann, vergleiche [Essendorfer, 2009]). Dabei nimmt die mögliche Ausdrucksstärke der Formate von Integra bis hin zu Ontologien zu, gleichzeitig aber die Handhabbarkeit der Modelle ab (siehe Abbildung 34).

Das Datenmanagement und damit einhergehende Datenmodelle spielen also eine große Rolle. So beschäftigen sich beispielsweise [Denkena et al., 2009] und [Denkena & Ammermann, 2009] mit diesem Thema für die Fertigungs- und Prozessplanung im Bereich der Werkzeugmaschinen. Für die Automobilproduktion adressieren [Weyand & Bley, 2010] die Wiederverwendung von

Anlagenkomponenten und auch [Katzke et al., 2004] nennen die Modularisierung im Anlagenbau, die nur durch entsprechend hinterlegte Datenmodelle möglich wird.

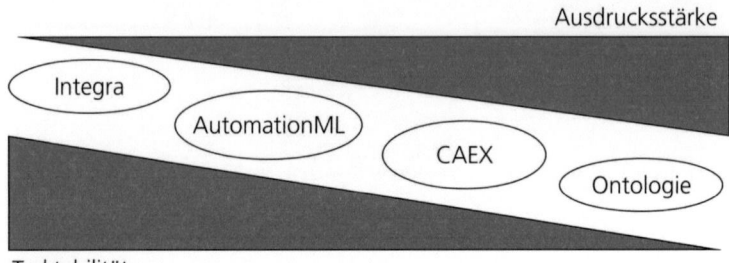

Abbildung 34: Handhabbarkeit und Ausdrucksstärke von Datenaustauschformaten und -modellen

Ein mögliches erweiterbares, regelungstechnisches Objektmodell als Rückgrat einer intelligenten Fabrik beschreiben [Lucke et al., 2009]. Ebenso basiert eine geeignete Datenarchitektur für Simulationsanwendungen in [Boulonne et al., 2010] auf adäquaten XML-basierten Modellen für Materialflusssimulationen. UML als ein Vertreter einer Modellierungssprache aus dem Bereich des Softwareentwurfs, kann ebenso für die Automatisierungstechnik herangezogen werden (siehe [Vogel-Heuser, 2005]). Hierfür können spezielle Ausprägungen nötig sein, wie in [Katzke & Vogel-Heuser, 2008] beschrieben wird. Die zu Grunde liegenden Gedanken einer Modellierung der benötigten Information im MES-Bereich spiegeln den Ausgangspunkt der vorliegenden Arbeit wider.

Existierende (teilweise XML-basierte) Standards in der Automatisierungstechnik befassen sich mit speziellen Ebenen in der Architektur der industriellen Automatisierung und sind daher in der möglichen Informationsmenge auf die adressierte Ebene beschränkt. Bekannte Vertreter wie die NE100 (siehe [NE 100, 2007]), FDCML (siehe [FDCML, 2011]), EDDL (siehe [IEC61804, 2006], [IEC 61804, 2008], [Augustin & Eckhardt, 2006]) und das Field Device Tool FDT (siehe [FDT, 2011]) fokussieren die Ebene der Feldgeräte. Dabei handelt es sich etwa um Anwendungen von XML für die Gerätebeschreibung (siehe [Braune & Wollschläger, 2007a]), wie etwa bei FDT (siehe [Wollschläger et al., 2004]) – die Semantik in der Automation. Aber auch Kombinationen der einzelnen Beschreibungsmittel und Kommunikationsstandards auf Feldgeräteebene, wie bei EDDL, FDT und OPC-UA (siehe [Niemann, 2007] und [Großmann & Bender, 2007]) treten auf.

Für die in dieser Arbeit fokussierte Ebene MES beziehungsweise Leittechnik sind dort wichtige Informationen enthalten. Dies sind unter Anderem Informationen über die Prozesssignale aus den Feldgeräten. Allerdings ist nur ein sehr kleiner Anteil dieser Formate interessant für MES. Gleichzeitig wird aber auch eine Fülle an Informationen von weiteren Stellen benötigt, wie beispielsweise Topologieinformationen der Anlage oder auch Geometrie- und Layoutinformationen. Daher sind die vorliegenden Modelle ein guter Orientierungspunkt, werden aber in der vorliegenden Arbeit nicht weiterverfolgt.

Über die Feldgeräteebene hinaus existieren einige Ansätze im Bereich der semantischen Integration. Ein Beispiel ist das digitale Produktgedächtnis, in dessen Fall beschreibende Informationen beim Produkt selbst gehandelt werden (siehe [Stephan & Floerchinger, 2010] und [Hodek & Flörchinger, 2009]). Ein anderes mögliches Komponentenmodell für den Entwurf von Prozessführungsfunktionen zeigen [Schmitz et al., 2005] auf. Dabei kommen Datenaustauschstandards wie STEP, EDDL oder BPEL auf unterschiedlichen Ebenen zum Einsatz. Häufig nutzen diese XML. Eine Übersicht dazu findet sich in [Braune & Wollschläger, 2007c] und [Wollschläger et al., 2006]. [Wollschläger et al., 2010] beschreibt mögliche Vorgehensweisen und Erfahrungen beim Einsatz von XML in der Automation. Die Kombination von XML zu ontologiebasierten, mit Semantik angereicherten Daten beschreiben [Wollschläger et al., 2009]. Ontologien können als Hilfsmittel zur modellgetriebenen Softwareentwicklung verwendet werden (siehe [Hennig et al., 2010b]), können aber auch genutzt werden, um standardisierte Informationsmodelle wie die IEC611313, EDDL und die NE100 zusammenzuführen (siehe [Mühlhause et al., 2009] und [Gössling & Wollschläger, 2008]) und sie so für IT-Systeme nutzbar zu machen (siehe

[Runde et al., 2009b]). Semantische Technologien können so zur Erstellung von Schnittstellen im Bereich der Produktionsanlagenplanung verwendet werden (siehe [Remmel & Drumm, 2009]). Auf diesen Ansätzen und Arbeiten baut die vorliegende Arbeit teilweise auf, orientiert sich daran und verfolgt ähnliche Ansätze in anderen Anwendungsbereichen.

Häufig fokussieren Datenmodelle im Automatisierungsbereich die Ressourcen (Anlagenkomponenten, Geräte, Sensoren/Aktoren) der Produktion, aber auch die Prozesse der Produktion werden in einigen Ansätzen betrachtet (siehe [Bley & Weyand, 2008] und [VDI 3682, 2005]). Dabei werden Werkzeugunterstützungen und grafische Hilfen für die Arbeit mit solchen Beschreibungssprachen für Prozessabläufe angeboten (siehe [Fay, 2008] und [Felleisen et al., 2007]).

Die Vereinigung von Produkten, Prozessen und Ressourcen, sowie verschiedener Disziplinen und Aspekte resultiert in mechatronischen Komponenten oder Objekten. „Dabei steigt die Bedeutung integrierter, gewerkeübergreifender Modellierung industrieller Anlagen nach Einschätzung von Experten" [Holm et al., 2010]. Vorteile solcher ganzheitlicher Modelle finden sich in [Amberg et al., 2009], aber auch [Kiefer, 2007] weist auf die Relevanz dieses Themas im Umfeld der Digitalen Fabrik hin. Ein Beispiel für ein vereinigendes Datenformat ist AutomationML [Alonso Garcia & Drath, 2011]. Es unterstützt die Modellierung vieler verschiedener Aspekte (siehe [Drath et al., 2008]) und integriert und unterscheidet dabei auch Produkte, Prozesse und Ressourcen. Beispielsweise integriert AutomationML verschiedene andere Formate wie die [IEC61131-3]. Ein Beispiel für mit AutomationML modellierbare Aspekte ist die Beschreibung von Produktions- und Fertigungsprozessen mit Hilfe von AutomationML (siehe [Lüder et al., 2010b]), ein anderes ist die Integration von Logik- und Verhaltensbeschreibungen (siehe [Lopez et al., 2008] und [Estevez et al., 2010]) in die Modelle. So erschließen sich auch weitere Anwendungsmöglichkeiten, wie die Anwendung im Robotikbereich in Verbindung mit Ontologien (siehe [Persson et al., 2010]) und im Simulationsbereich (siehe [Gräser et al., 2011]). Daher ist die Konsequenz, AutomationML als mechatronisches Modell für die durchgängige Abbildung und Modellierung der verschiedenen Aspekte mechatronischer Objekte zu verwenden (wie in [Hundt et al., 2009] oder [Suchhold et al., 2009] beschrieben) nur logisch, da es bereits viele Bordmittel hierfür mitbringt. Das Engineering mit mechatronischen Einheiten verändert und beeinflusst aber auch den Prozess und den Ablauf der Anlagenplanung an sich (siehe [Lüder et al., 2010a]). Wichtig ist in diesem Zusammenhang auch, die verschiedenen Disziplinen und deren Zusammenspiel nicht außer Acht zu lassen (siehe [Hundt et al., 2010]). Aspekte der mechatronischen Modelle begünstigen den Einsatz im Bereich MES, da gerade dieser Bereich auf Informationen von vielen verschiedenen Systemen und Disziplinen angewiesen ist. Gleichzeitig werden aber genau in diesem Bereich das Zusammenspiel zwischen den Disziplinen und die Kollaboration der Disziplinen explizit berücksichtigt und adressiert. Daher wurde AutomationML und dessen zu Grunde liegende Datenformate als Basis für die vorliegende Arbeit gewählt und im Rahmen der Arbeit explizit mitgestaltet. Gerade der Bereich der geometrischen Beschreibung der Komponenten und Zusammenhänge zwischen ihnen sind wichtig und werden im Format direkt mit den Topologieinformationen verbunden. Dies begünstigt AutomationML mit den zu Grunde liegenden Formaten CAEX und COLLADA, die für MES besonders von Bedeutung sind, und einem ganzheitlichen Modellierungskonzept vor den alleinstehenden und nicht integrierten ‚Konkurrenten' wie JT, die eine Kombination dieser Vertreter mit Formaten für Produktstruktur- und Prozessinformationen, wie beispielsweise PLMXML erfordern (siehe [Deisinger, 2010]).

CAEX (siehe [Fedai et al, 2003] und [Fedai, 2006]) als Metamodell zur Beschreibung von Anlagendaten (siehe [Epple, 2003]) repräsentiert als neutrales XML-Format (siehe [Drath & Fay, 2002]) eine ideale Basis für die Beschreibung des Produktionsumfelds für die Ebene MES. In AutomationML werden mit CAEX als Top-Level Format Topologie, Schnittstellen, etc. beschrieben. Gerade diese Aspekte sind für die MES-Ebene extrem wichtig und elementar. Daher basieren fast alle nachfolgenden Ansätze dieser Arbeit auf CAEX. Darüber hinaus lässt es sich aber vielseitig für weitere Aspekte anwenden (siehe [Yim et al., 2006], [Thornhill, 2006] und [Thornhill, 2007]). Aber nicht nur die Verfahrenstechnik, sowie die diskrete Produktion sind mögliche Einsatzbereiche, sondern auch in der Gebäudeautomation kommt CAEX zum Einsatz (siehe [Runde, 2008]). Zur effektiveren Verwendung kann CAEX in eine OWL-Ontologie konvertiert (siehe [Runde et al., 2009a]) und die entstandene Ontologie nach der Verarbeitung in CAEX rückkonvertiert (siehe [Runde et al., 2010]) werden. Vorteil hierbei ist die Nutzung von existierenden Methoden und Verarbeitungsmechanismen für Ontologien. Es fördert durch die Neutralität die interdisziplinäre Zusammenarbeit auf Basis eines gemeinsamen Formats (siehe [Mayr, 2006] und [Mayr & Drath, 2007]) und begünstigt beispielsweise die Entwicklung von Typicals (Schablonen) für das Leittechnikengineering, beispielsweise durch das System 800xA von ABB. Diese Ansätze dienen als direkte Grundlage für die vorliegende Arbeit.

4.5 Durchgängiges, (teil-)automatisiertes Engineering

Heutzutage wird im industriellen Umfeld immer wieder nach Lösungen zur Verbesserung des Engineerings von Anlagen gesucht. [Vogel-Heuser, 2006] beschreibt dieses Problem, sowie mögliche Ansätze für Lösungen modellbezogen, beispielsweise auf Basis von UML. Auch [Löwen et al., 2005] benennt verschiedene Hebel im Engineering, die sich auf Strukturierung und Tätigkeiten konzentrieren. Obschon [Drath et al., 2008] die Unterschiede im Engineering von Verfahrens- und Fertigungstechnik aufzeigt, werden in beiden Bereichen gültige Herausforderungen und Möglichkeiten genannt, wie beispielsweise der Datenaustausch, die Objektorientierung, Werkzeugintegration und Interpretierbarkeit, sowie ein automatisiertes Engineering. Eine Systematik zur Verbesserung des Anlagenengineerings wurde im VDI GMA Fachausschuss 6.12 ‚Durchgängiges Engineering von Leitsystemen' unter Mitwirkung der Autorin dieser Arbeit entwickelt. Dabei werden eine allgemeine Vorgehensweise (siehe [VDI/VDE 3695 – Blatt 1]), Prozesse (siehe [VDI/VDE 3695 – Blatt 2]), Hilfsmittel (siehe [VDI/VDE 3695 – Blatt 3]) und Methoden (siehe [VDI/VDE 3695 – Blatt 4]) beschrieben. Die Systematik – aufgeteilt in verschiedene Aspekte – beinhaltet die Aufnahme des tatsächlichen Istzustands, die Auswahl eines anzustrebenden Ziels, sowie mögliche Maßnahmen, um dieses Ziel zu erreichen und damit verbundene Kosten, Chancen und Risiken. So kann gezielt ein effizenteres Engineering erreicht werden. Ein Überblick hierzu findet sich in [Schertl et al., 2008]. Dabei spielt die Optimierung des Daten- beziehungsweise Informationsaustauschs ebenso eine Rolle wie das Wissen der einzelnen beteiligten Ingenieure. [Schmitz et al., 2009] geht in die gleiche Richtung und schlägt eine Automatisierung der Automatisierung vor. Hierbei muss der gut ausgebildetete Ingenieur durch verschiedene Dienstleistungen/Services und Assistenzfunktionalitäten unterstützt werden. Die vorliegende Arbeit legt diese Ansätze als Basis zu Grunde.

Bei der Verbesserung des Engineerings spielen also verschiedene Aspekte eine Rolle. Manche davon, wie beispielsweise Change Management, spielen für das Engineering von MES eine untergeordnete Rolle. Ein wichtiger Aspekt für MES, als Schnittstelle zwischen Mensch und Produktion, aber auch als ‚Datenstaubsauger' innerhalb der Produktion, ist die Durchgängigkeit. Durchgängigkeit meint dabei die Konstanz bezogen auf Daten und Systeme, aber auch die Durchgängigkeit bezogen auf beteiligte Gewerke und deren Bedürfnisse. Eine integrierte Lösung (siehe [Weber & Broy, 2009]) kann dabei ebenso wichtig sein wie die durchgängige Modellierung und Integration der Modelle (siehe [Mertens & Epple, 2007] und [Bergert & Diedrich, 2008]). Nicht zuletzt spielt aber der beteiligte Ingenieur eine nicht zu vernachlässigende Rolle und muss daher in seinen Fähigkeiten mit seinen Erfahrungen und Kenntnissen unterstützt werden, um eine Gewerkedurchgängigkeit zu ermöglichen. Ein Beispiel im industriellen Umfeld, basierend auf einer ‚Service-Oriented Architecture', nennen hierfür [Katzenbach & Steiert, 2011].

Voraussetzung und Befähiger für eine durchgängige Modellierung, können Modularisierung (siehe [Haußner et al., 2009], [Maga et al., 2009] und [Maga et al., 2010]), aber auch ein funktionales Engineering sein. Den Ansatz eines funktionalen Engineerings, bei dem verschiedene Systeme zu einem durchgängigen Gesamtsystem zusammengeführt und von dort aus verwendet werden, verfolgte das vom BMBF geförderte Forschungsprojekt Föderal (siehe [Föderal, 2011]). Ein Grundprinzip hierbei war die mechatronische Modularisierung. Auch das Nachfolgeprojekt [Aquimo, 2011], das eher die Prozesse fokussiert, befasst sich mit einer „Entwurfsmethode für die interdisziplinäre Entwicklungsphase".

Den im Engineering beteiligten Ingenieuren kann dabei nicht nur durch regelbasierte Assistenzfunktionen (Automation of Automation, siehe [Schmitz & Epple, 2006]) geholfen werden, sie können auch durch regelbasierte Vollständigkeitsüberprüfungen (siehe [Graußer et al., 2010]) unterstützt und dadurch in ihrer Arbeit verbessert werden.

Modellbasierte Ansätze, wie in dem vom BMBF geförderten Projekt MODALE (siehe [Modale, 2005] und [Modale, 2007]), stützen sich anstatt auf ein Regelwerk auf unterlagerte Modelle, die die entsprechenden Informationen wiedergeben und elektronisch verwendbar machen. Dabei gibt es Lösungen im Bereich des Engineerings industrieller Steuerungssysteme (siehe [Lukman et al., 2010]), aber auch für die werkzeugunabhängige Layoutplanung im virtuellen Umfeld (siehe [Schlange, 2010]). Modellbasierte Entwicklungsprozesse sind dabei ebenso für die industrielle Automatisierung im Allgemeinen (siehe [Estevez & Marcos, 2008]) als auch in speziellen Anwendungsfällen wie der Visualisierung (siehe [Hennig et al., 2010a]) oder im Bereich der Robotik mit AutomationML (siehe [Kuhlenkötter et al., 2010]) möglich.

All diese Lösungen führen in die Richtung eines verbesserten oder (teil-) automatisierten Engineerings. Dabei können Technologien wie XML oder Software-Agenten eine bedeutende Rolle spielen, um zum einen den manuellen Aufwand zu reduzieren und die menschlichen Tätigkeiten zu vereinfachen (siehe [Wagner & Göhner, 2006] und [Wagner, 2008]), zum andern aber auch um mehr Intelligenz in die Produktionssysteme, wie Fertigungssteuerungen (siehe [PABADIS, 2004]) oder Maschinenvisualisierungen (siehe [Brecher et al., 2010]), zu integrieren (siehe auch [ProduFlexil, 2011]). Dabei wird in vielen der

Lösungen auf bereits vorhandenen Daten, wie CAD-Daten (siehe [Schob & Altmann, 2008]) oder Schaltplänen, aufgebaut und diese für die Generierung weiterführender Lösungen wie Simulationen oder Steuerungscode (siehe [Bergert, 2006], [Reinhart et al., 2008] oder [Güttel et al., 2008]) verwendet. Diese Erzeugung der neuen Daten beziehungsweise die Transformation der enthaltenen Informationen kann beispielsweise unter Verwendung von wissensbasierten Methoden geschehen (siehe dazu [Güttel et al., 2009]). Hier können zentrale Datenformate, wie sie bei [AUTEG, 2009], [Schmidberger et al., 2005] und [Schmidberger et al., 2006]) zum Einsatz kommen, unterstützen, da sie als einheitliche Zwischenformate/Datenaustauschformate dienen. Der Weg hin zu einer semantischen Tool-Interoperabilität wird dadurch geebnet (siehe [Moser & Biffl, 2010]). Ein anderer Ansatz ist der Aufbau einer zentralen und disziplinübergreifenden Vorlagenbibliothek (siehe [Siemens-AD, 2011]), die die Erzeugung, beispielsweise von Steuerungscode (siehe [Valnion, 2011]) ermöglicht. Dieser Ansatz würde sich für MES nur bedingt eignen, da er das Problem spezifisch für eine Systemlandschaft löst. Stattdessen stellt die wissensbasierte Erzeugung der für MES relevanten Informationen aus bereits vorhandenen Daten eine vielversprechende Möglichkeit dar, die im Rahmen dieser Arbeit weiterverfolgt wurde.

Speziell für MES und Leitsysteme existieren ähnliche Ansätze. In [Weis & Berger, 2002] wird eine proprietäre Lösung für das DESix Leitsystem erläutert, das wie das in der Arbeit herangezogene Leitsystem (ProVis.Agent) zwischen Anlagenobjekten und Prozessvariablen unterscheidet. Ebenso finden sich Arbeiten zu dem speziellen Thema Prozessleittechnik in [Fay et al., 2003], [Drath & Fay, 2003] und [Fay, 2006]. Die automatische Generierung von HMI-Oberflächen auf Basis von SVG wird in [Schmitz & Epple, 2007] beschrieben. Eine weitere Lösung durch Selbstmanagement-Funktionalitäten findet sich in [Mubarak, 2007]. Das automatisierte Engineering von Leitsystemen kann unterstützt werden durch die vertikale Integration mittels verschiedener Dienste für leittechnische Funktionen (siehe [Mersch et al., 2010] und [Schlütter et al., 2009]). Alle genannten Lösungen fokussieren die Prozessleittechnik, können aber in Abwandlungen für die Produktionsleittechnik und MES angepasst werden. Eine Übersicht über Lösungen zur automatisierten Konfiguration von MES findet sich in [Bukva et al., 2009] und [Enste, 2009]. Hier werden Lösungen speziell für den MES-Bereich angeboten.

4.6 Kommunikation und Datenaustauschprozess

Für durchgängige und effiziente Lösungen ist nicht nur die Betrachtung der Daten und auszutauschenden Inhalte notwendig, sondern auch entsprechende Kommunikationstechnologien. Dabei sind Technologien günstig, die nicht nur in der Onlinephase der Produktion, sondern bereits in der Anlagenplanungsphase eingesetzt werden können. Idealerweise unterstützen diese die Lösungen zum durchgängigen Datenaustausch und dem automatisierten Engineering oder können mit bestehenden Datenaustauschstandards kombiniert werden. Ein Überlick über bekannte Kommunikationstechnologien findet sich in [Enste & Müller, 2007] und [Kußmaul, 2010]. In diesem Bereich fokussiert das EU-Projekt SOCRADES [SOCRADES, 2011] intelligente Embedded Devices, die in eine Service-Oriented Architecture integriert werden. Das EU-Projekt PABADIS Promise [PABADIS Promise, 2008] hingegen setzt auf Ontologien, RFID-Tags und Software-Agenten für die Maschinensteuerung. In eine ähnliche Richtung geht auch der Sonderforschungsbereich 627 [Nexus, 2011], der mobile kontextbezogene Systeme für den Produktionsbereich mit Technologien wie RFID-Tags entwickelt. Aber auch die Kommunikation mit dem Menschen und die damit verbundene Mensch-Automatisierungs-Kollaboration (siehe [Dencker et al., 2007]) muss mit geeigneten Kommunikationstechnologien realisiert und unterstützt werden. Dabei spielen nicht nur die Prozesskommunikation auf der Feldebene, sondern auch höher gelagerte Kommunikationsarten im Spannungsbereich zwischen Automation, Information und Kompetenzen eine große Rolle und können effektiv eingesetzt werden (siehe [Fasth et al., 2009]).

Gerade für MES ist die vertikale Integration ein gewichtiges Thema, das sich in einer durchgängigen Kommunikation auf allen Ebenen – von der Feld- über die Steuerungs- und die MES- bis in die ERP-Ebene – manifestiert (siehe [Jasperneite, 2010]). Hierfür werden in [Münnemann, 2010a] verschiedene Anforderungen, wie ein offener Informationszugang, Durchgängigkeit und Kommunikationsintelligenz genannt. Eine adaptive Informationstechnologie, wie in [Sauer & Jasperneite, 2011] beschrieben, geht damit einher.

Ein Kommunikationsstandard, der all diese Kriterien erfüllt und sich gleichzeitig auf dem Weg in die internationale Standardisierung befindet, ist OPC-UA (siehe [Mahnke et al., 2009]). Mit Hilfe von OPC-UA lassen sich beispielsweise Modelle für Geräte über den gesamten Lebenszyklus beschreiben (siehe [John et al., 2007]). Gleichzeitig stellt aber OPC-UA auch alle Bordmittel für ein IT-System mit regelbasierten Systemen, die Datenintegration und entsprechende

Integrationsmodelle zur Verfügung (siehe [Grauer et al., 2009]). Das Konzept der Integration komplexer Informationen, basierend auf standardisierten Modellen (siehe [Hadlich et al., 2008] und [Virta et al., 2010]), begünstigt die Kommunikation auf allen Ebenen. Dabei kann durch die Service-Orientierung auch die Kommunikation innerhalb der Produktion und fabrikübergreifend unterstützt werden (siehe [Meier et al., 2010]).

ACPLT-KS (siehe [Enste, 2008]) ist ein Open-Source Kommunikationssystem für dezentralisierte Steuerungssysteme, das objektorientierte Meta-Modellierung unterstützt (siehe [Albrecht, 2003]). Es ist in diesem Umfeld eine weitere mögliche Technologie mit Alleinstellungsmerkmalen, die allerdings nicht die Vollständigkeit und das Gewicht in Bezug auf industrielle Verbreitung und Unterstützung, Sicherheits- und Redundanzkonzepte und internationale Standardisierung besitzt.

4.7 Digitale Fabrik, Simulation und Verifikation

Die Digitale Fabrik (siehe [Sauer, 2004]) ist ein Konzept zur elektronischen Verwendung von Daten und Abbildung der realen Fabrik in einer virtuellen Welt. Sie fokussiert unter anderem die virtuelle Produktplanung, Produktentwicklung, Produktionsplanung und Inbetriebnahme (siehe [Stark et al., 2011]). Als innovativer Ansatz für die Fabrikautomatisierung unterstützt sie verteilte, skalierbare Entwicklungen und ein zentrales Datenmanagement (siehe [Wörn et al., 2000]). Nicht nur das Datenmanagement, sondern die strukturierte Wiederverwendung von Informationen (siehe [Chen, 2009] und [Thomalla, 2010]) und deren Fusion, werden daher adressiert. Für das Datenmanagement und Datenmodelle (siehe [Kjellberg et al., 2009]) werden geeignete Strategien (siehe [Schiller & Seuffert, 2002]) und Formate für verschiedene Aspekte und Umsetzungen, wie beispielsweise die Layoutplanung (siehe [Chen et al., 2008]), benötigt. Ein weiterer zentraler Punkt sind die Werkzeuge der Digitalen Fabrik (siehe [Piepenbrock, 2010]), ohne die ein entsprechender Paradigmenwechsel nicht möglich wäre. Dabei gelingt diesen Werkzeugen mit der virtuellen Inbetriebnahme der Sprung zwischen Planung und Betrieb – zwei ansonsten sehr abgegrenzten Welten für die jeweils spezielle Vertreter existieren (siehe [Schlögl, 2007]). Genau hierfür wurde in [Mandel et al., 2008a] und [Mandel et al., 2008b] ein Konzept zur proaktiven Anlaufsicherung, nicht nur für einzelne Produktionszellen, sondern auch für gesamte Produktionslinien, beschrieben, das auf einem dreidimensionalen Datenmodell beruht. Auf Grund der speziellen Eigenschaften der Digitalen Fabrik (ganzheitliches Informationsmanagement zwischen Planung und Betrieb) ist sie eng verkoppelt mit MES (siehe [Sauer, 2007a]).

Als spezielle Anwendung der Digitalen Fabrik beschleunigt und verbessert die virtuelle Inbetriebnahme die Phase zwischen Planung und Betrieb (siehe [Schumann, 2007]). Durch eine virtuelle Inbetriebnahme vor der realen Inbetriebnahme können Fehler vermieden, Inbetriebnahmephasen verkürzt/entzerrt (siehe [Dominika et al., 2007b]) und zukünftige Leit- und Wartentechniker und Instandhalter geschult werden (siehe [Sauer, 2007b]). Das vom BMBF geförderte Projekt AVILUS [AVILUS, 2011] befasst sich mit virtuellen Technologien in diesem Umfeld. Für die virtuelle Inbetriebnahme existieren auf dem Markt eine Reihe von Werkzeugen, wie Cosimir (siehe [Roßmann et al., 2007]), WinMOD[8] (siehe [Mewes, 2007] und [Mewes, 2011]) und Delmia Automation (siehe [Delmia, 2011]). Dabei besitzt jedes der Systeme Vor- und Nachteile, die je nach Anwendung und Umfeld beachtet werden müssen. Im Bereich von Förderanlagen, als einem speziellen Anwendungsfall, beschreibt [Mewes, 2009] die Unterstützung durch Simulation und Emulation. Für den Karrosserierohbau, als Repräsentant aus einem speziellen Umfeld, beschreiben [Bergert et al., 2009] und [Kiefer et al., 2009] Voraussetzungen, Herausforderungen und mögliche Vorschläge für Umsetzungen. Auch die Möglichkeit zur Verknüpfung zwischen Simulation und Leittechnik erschließt neue Potenziale im Bereich der Logistiksimulation (siehe [Gutenschwager, 2003]). Aber auch die betriebsparallele Simulation (siehe [Dominika et al., 2007a]), bei der die in der Phase der virtuellen Inbetriebnahme beziehungsweise in der Digitalen Fabrik entstandenen Modelle für die synchrone und vorausschauende Simulation (siehe [Kain & Schiller, 2009]) wiederverwendet werden (siehe [Kain et al., 2008]), zählt zur Digitalen Fabrik. Darüber hinaus kommen Konzepte der virtuellen und erweiterten Realität immer häufiger im Produktionsumfeld zum Einsatz (siehe [Notheis et al., 2007]).

Mit der virtuellen Inbetriebnahme verifiziert die Digitale Fabrik die in der Produktionsplanung entwickelten Konzepte und Anlagen. Die Verifikation und Validierung spielt aber auch in anderen Abschnitten des Produktlebenszyklus (siehe [Maropoulos & Ceglarek, 2010]) eine Rolle, beispielsweise bei der

---

[8] WinMOD® ist eine eigentragene Marken. Auf Grund der Lesbarkeit wird das Symbol der Registered Trade Mark ® nicht bei den einzelnen Vorkommen aufgeführt.

Überprüfung der im Engineering entwickelten Entwürfe oder bei der Auswahl verschiedener möglicher Produktvarianten im Produktionsumfeld (siehe [Fichter et al., 2009]). So können Fehler bereits vor der teuren Eliminierung im nachfolgenden Betrieb vermieden werden. Ebenso wie formale Methoden zum Nachweis der Korrektheit von Sicherheitssteuerungen (siehe [Biallas, 2010]) eingesetzt werden, spielen sie im Rahmen dieser Arbeit für den Nachweis der korrekten Semantik der beschriebenen Anlagenmodelle eine große Rolle und orientieren sich an dem vorgegebenen Rahmen.

5. Schwerpunkte und Gliederung der Arbeit

Im Folgenden werden die Schwerpunkte dieser Arbeit, die sich aus den vorangegangenen Abschnitten 3 und 4 ergeben, sowie der in dieser Arbeit erzielte Erkenntnisgewinn gegenüber dem Stand der Wissenschaft und Technik skizziert. Im Anschluss wird ein Überblick über die Gliederung der Arbeit gegeben.

Ein griechischer Aphorismus, der auf Heraklit zurückgeführt wird, lautet: „Alles fließt". In der heutigen Zeit ist diese alte griechische Weisheit mehr denn je gültig. Ebenso wie sich in unserem alltäglichen Leben stetig Neuerungen ergeben, jagen wir auch im Produktionsumfeld stetig Innovationen und Verbesserungen hinterher. „Qualität und Flexibilität stehen dabei an erster Stelle" [Aurich, 2009]. Daher wird die Wandlungsfähigkeit für Unternehmen im produzierenden Gewerbe ein wichtiger Wettbewerbsfaktor (siehe [Nyhuis et al., 2008]). Die Wandlungsfähigkeit muss aber nicht nur in den Produktionssystemen und -anlagen selbst realisiert, sondern auch in der zugehörigen IT umgesetzt werden. 2004 wurde von [Frost & Sullivan, 2004] prognostiziert, dass sich MES zu den Informationsdrehscheiben in der Fabrik entwickeln. Diese Vorhersage ist dahingehend eingetroffen, dass die IT in vielen Bereichen der Produktion Einzug erhalten hat und immer mehr IT-Systeme im MES-Bereich Einsatz finden. Mit dem Einsatz von MES werden Ziele wie Produktivitätsverbesserung, größere Transparenz und Termintreue, sowie geringere Durchlaufzeiten angestrebt. Heute liegt die Hemmschwelle aber ganz klar im Aufwand der Einführung von MES (siehe [Dresen, 2010]). Dieses Problem soll in der vorliegenden Arbeit mit einem Gesamtkonzept angegangen werden. MES agieren, wie in Abschnitt 3.1 beschrieben, mit vielen anderen Systemen und müssen daher eine große Anzahl an Schnittstellen unterstützen. Durch Ansätze zur semantischen Interoperabilität von MES wird dieser Herausforderung in der vorliegenden Arbeit begegnet. Im Lebenszyklus industrieller Produktionsanlagen sind MES, wie zuvor erwähnt und in Abschnitt 3.1 im Detail erläutert, zahlreichen Änderungen ausgesetzt. Daher berücksichtigt die vorliegende Arbeit die dynamischen Aspekte der Veränderung und schlägt Lösungen zur Verbesserung der Adaptivität von MES vor. Adaptivität und semantische Interoperabilität von MES sind aber nicht mit einer einzigen Methodik oder Lösung abzudecken. Daher versucht die Arbeit den speziellen Herausforderungen für MES mit einem mehrdimensionalen Lösungskonzept gerecht zu werden. Erkenntnisse werden dabei in den Bereichen Gestaltung von MES und Leittechnik, durchgängiges (teil-)automatisiertes Engineering von MES, Datenaustauschformate und strukturierte Engineering-Datenmodelle für MES sowie der Kommunikation und dem Datenaustauschprozess erwartet. Wichtig dabei ist die entsprechende Balance zwischen einer kompletten Standardisierung (beispielsweise von domänen-spezifischem Wissen), eines vollständigen autonomen, selbstorganisierten und intelligenten Systems und einer ‚dummen' Brute-Force-Methode. Diese wird sowohl methodisch als auch auf Grund von Voraussetzungen im Anwendungsfeld gefunden. Für MES müssen an verschiedenen Stellen im Planungsprozess von Produktionsanlagen, in verschiedenen Werkzeugen und vor allem im Denken der beteiligten Personen Änderungen herbeigeführt werden. Dabei kommen Standards, Werkzeuge zur Benutzerassistenz, aber auch semantische Technologien und Tools und Technologien aus dem Anwendungsfeld zum Einsatz. Das benötigte und eingesetzte Wissen bildet hierfür die Basis und ist Dreh- und Angelpunkt. Dabei ist nicht nur das in Systemen implementiertes und in Standards formuliertes Wissen gemeint, sondern auch die Erfahrung und die Erkenntnisse von beteiligten Personen und Disziplinen. Gleichzeitig mit der Entwicklung und Umsetzung entsprechender Teile des Gesamtkonzepts, wird ebenso die Anwendbarkeit im praktischen Umfeld mit speziellen Methoden und Ideen berücksichtigt.

Die Gliederung dieser Arbeit orientiert sich an den einzelnen adressierten Punkten des Gesamtkonzepts zur Adaptivität und semantischen Interoperabilität von MES. In Abschnitt 1 wurde das Thema der Arbeit mit der aktuell vorherrschenden Ausgangssituation und Problemstellung, der daraus abgeleiteten Motivation und sich ergebenden Zielstellung vorgestellt. Abschnitt 2 bereitet den Leser der Arbeit mit Hilfe des theoretischen Hintergrunds – den Methoden und Werkzeugen für die Adaptivität und die semantische Interoperabilität – auf die inhaltlichen Teile der Arbeit vor. Hier werden Dingen wie Ontologien oder AutomationML grob erklärt. Die vorliegende Arbeit wird in Abschnitt 3 eingeordnet und deren Umfeld kurz erläutert. Abschnitt 4 beschreibt den Stand der Forschung und Technik. Verwandte Arbeiten, die als Basis für die vorliegende Arbeit dienten, die adaptiert und auf denen aufgebaut wurde, werden dort schlaglichtartig dargestellt. Zur besseren Übersichtlichkeit wurden die verwandten Arbeiten in verschiedene Unterthemen gegliedert. Im vorliegenden Abschnitt 5 werden Schwerpunkte der Arbeit sowie ihre Gliederung beschrieben. Abschnitt 6 zeigt das Modell und die gewählte Architektur für die Adaptivität und semantische Interoperabilität von MES auf. Dabei wird auf das Systemkonzept eingegangen. Parallelen zu anderen Anwendungsbereichen aus dem täglichen Leben sollen die Verständlichkeit des Konzepts verbessern. Die Abschnitte 7 bis 11 beschreiben die einzelnen Teile des Systemkonzepts, sowie deren Umsetzung im Detail. Im Einzelnen sind dies in Abschnitt 7 die vertikale Interoperabilität, in Abschnitt 8 die horizontale Interoperabilität, in Abschnitt 9 die Interoperabilität entlang des Lebenszyklus, in Abschnitt 10 die Mensch-Maschine-Schnittstelle für interoperable MES und in Abschnitt 11 Datenformate und -modelle für die Interoperabilität. Abschnitt 12 resümiert die Arbeit an Hand von verschiedenen Anwendungsbeispielen, Ergebnissen, sowie einer Zusammenfassung und gibt einen Ausblick auf offene Fragen und mögliche weiterführende Arbeiten.

6. Architektur und Methoden für die Adaptivität und semantische Interoperabilität

MES interagieren in der Architektur der industriellen Automatisierung mit Systemen wie Steuerungen, Datenbanken oder ERP-Systemen sowie Bedienern. Somit werden an MES auf Grund der Anzahl an erforderlichen Schnittstellen Anforderungen hinsichtlich der Interoperabilität gestellt. Die semantische Interoperabilität ist eine der Voraussetzungen für MES der Zukunft.

Über den Lebenszyklus industrieller Produktionsanlagen sind MES vielen dynamischen Aspekten und Veränderungen ausgesetzt. Daher werden an MES als Softwarekomponenten Anforderungen hinsichtlich der Adaptivität gestellt.

Beide Aspekte sind auf Grund fehlender, nicht verwendeter oder nicht praktikabler Standards ein bisher ungelöstes Problem für MES. Dabei ist bisher ungeklärt, ob es einen einheitlichen Standard geben sollte, der alle Aspekte für MES abdeckt oder ob mehrere Standards für verschiedene Branchen und Anwendungsbereiche bestehen sollten. Voraussichtlich wird ein gemeinsamer Standard niemals alle Aspekte aller Teilbereiche abdecken, aber dennoch den größten gemeinsamen Nenner und gemeinsame Aspekte definieren.

Adaptivität und semantische Interoperabilität für MES sind nach Meinung der Autorin nicht mit einer einzigen Methode abzudecken.

Grundvoraussetzungen für die Adaptivität und die semantische Interoperabilität sind vielfältig. Daten müssen elektronisch und auswertbar vorhanden sein. Dabei wird eine Beschreibung der Produktionsanlagen benötigt, die alle für MES relevanten Informationen, beispielsweise über Signale, Anlagenkomponenten oder grafische Beschreibungen, enthält (siehe [Bär et al., 2008]). Hierbei können explizite Formalisierungen, beispielsweise in Bild- oder Textform, nötig sein. Abbildung 35 zeigt ein Grundprinzip hierfür. MES bzw. Leittechnik überwachen und steuern die Produktionsanlage im Betrieb. Diese kann mit Hilfe verschiedener Beschreibungsmittel auf ein abstraktes Modell abgebildet werden, das seinerseits die reale Anlage repräsentiert. Die Leittechnik-Projektierung sollte in frühere Planungsphasen vorverlagert werden, verlustfreie Austauschmechanismen sollten geschaffen werden. Kommunikation und Standards spielen dabei eine große Rolle, eine Kombination aus Datenaustauschformat und Kommunikationsmechanismus wird benötigt (siehe [Schleipen, 2010a]). Projektierer bzw. beteiligte Personen müssen ebenso mit einbezogen werden. Die Automatisierung der Automatisierung stellt dafür beispielsweise Dienste für die beteiligten Ingenieure bereit, um deren Arbeit zu vereinfachen (siehe [Schmitz et al., 2009]).

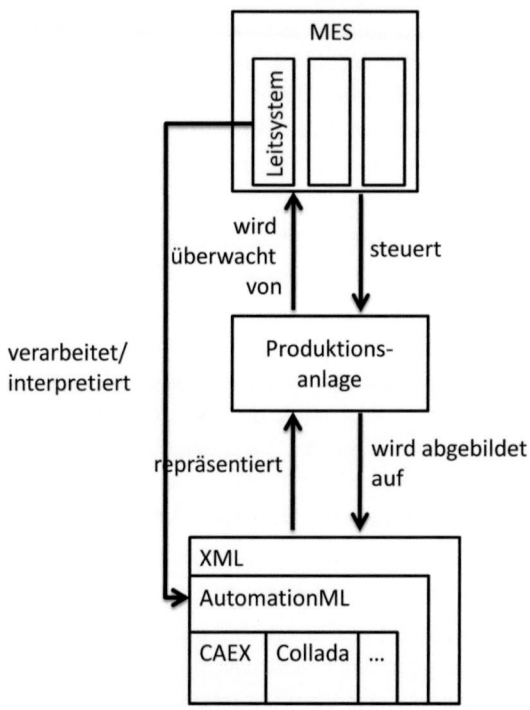

Abbildung 35: Grundprinzip Beschreibung Regelung Anlage - MES

6.1 Systemkonzept

Zur Erarbeitung des Systemkonzepts wurde wie in Abbildung 36 vorgegangen. Ausgehend vom erfassten Ist-Zustand (links oben) wurde der gewünschte Soll-Zustand (rechts oben) identifiziert und nach geeigneten Lösungsverfahren (im oberen Teil mittig) zur Erreichung des Soll-Zustands gesucht. Diese wurden angewendet, um den gewünschten Soll-Zustand zu erreichen. Dabei wurde vom Ziel ausgegangen, das es zu realisieren galt, und versucht, dieses an Hand geeigneter Mittel zu erreichen. Da das gestellte Problem nicht mit einfachen Mitteln zu erreichen war, wurde das ‚Teile-und-Herrsche'-Lösungsverfahren (engl.: divide and conquer) aus der Informatik zu Grunde gelegt und das Gesamtproblem in kleinere, einfachere Teilprobleme zerlegt (im unteren Teil des Bilds). Für diese wurden Schritt für Schritt Lösungsstrategien erarbeitet und diese schließlich zu einer Gesamtlösung aggregiert. Jedes der Teilprobleme wurde analysiert, um es mit allen Voraussetzungen aus der Domäne/dem Anwendungsfeld zu verstehen. Danach wurden geeignete Lösungsstrategien untersucht und realisiert. Dies variierte von Analogieschlüssen (durch adaptierte Lösungsstrategien für ähnliche Probleme in parallelen Anwendungsfeldern) bis zur Umstrukturierung bekannter Lösungen oder der Unterschiedsreduktion, die durch aufwändige Arbeit ‚zu Fuß' die Lösung des Problems näher brachte.

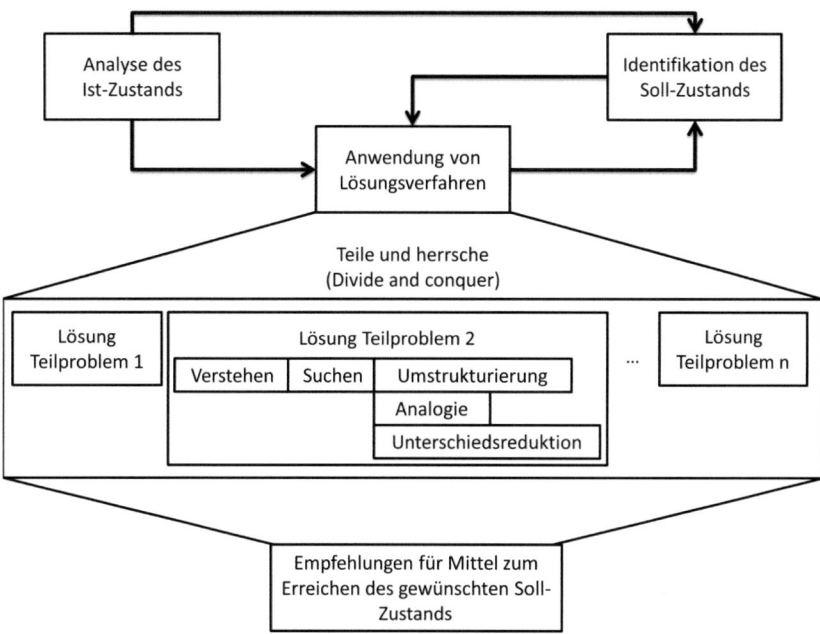

Abbildung 36: Vorgehen zur Erarbeitung des Systemkonzepts

Die Aufteilung in verschiedene Teilprobleme wird in dem zu realisierenden Systemkonzept in Abbildung 37 dargestellt. Dabei wurden, wie im Systemkonzept zu sehen ist, zunächst drei verschiedene, zu betrachtende Dimensionen identifiziert. Auf horizontaler Ebene (mehrere Systeme aus der MES-Ebene) sind Zeitverhalten und -horizont ähnlich. Hier muss ein bidirektionaler Austausch von Daten stattfinden und geeignete Modelle gefunden werden. Auf vertikaler Ebene (Feldebene zu MES-Ebene) sind Zeitverhalten und -horizont stark unterschiedlich. Daher spielt hier die Kommunikation eine große Rolle. Über den Lebenszyklus der Produktionsanlage hinweg spielen viele unterschiedliche Systeme zusammen, die in ihrer Ausprägung grob verschieden sind. Hier müssen geeignete, effiziente Änderungsstrategien und -methoden geschaffen werden. Für alle drei Dimensionen sind darüber hinaus ein Datenformat für die Interoperabilität, die Interaktion mit anderen Systemen, aber auch die Interaktion mit Menschen aus unterschiedlichsten Disziplinen wichtig. Nachfolgend sollen nun die einzelnen Teilprobleme näher erläutert werden.

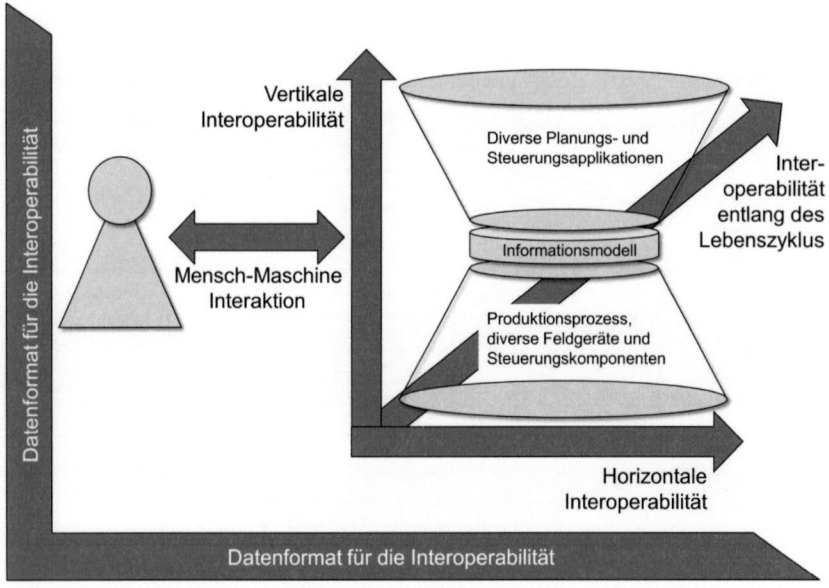

Abbildung 37: Systemkonzept nach [Schleipen et al., 2011c]

MES sollten vertikal mit der Fertigungsebene unter Nutzung von Standard Plug-and-work-Mechanismen integriert werden (siehe [Sauer & Ebel, 2007b]). Zunächst muss geklärt werden, wie bzw. mit Hilfe welches Kommunikationskanals Daten übertragen werden können. Die Kommunikationsmechanismen müssen hierfür festgelegt werden. Dies beinhaltet sowohl den zugehörigen Ablauf als auch die entsprechende Methodik. Mit Hilfe geeigneter Kommunikationsmethoden kann eine automatisierte Projektierung von MES bzw. Leitsystemen umgesetzt werden. Über die physikalische Kommunikation hinaus wird hier OPC-UA und dessen Möglichkeiten des Datenmanagements für die Online-Kommunikation von Daten zwischen Steuerungs- und Leit-/MES-Ebene verwendet.

MES sollen durch service-orientierten Architekturen und ein durchgängiges Datenmanagement (siehe [Sauer & Ebel, 2007b]) horizontal integriert werden. Dies bedeutet, dass die Inhalte, die zwischen den Systemen ausgetauscht werden, wohldefiniert, strukturiert und standardisiert werden müssen. Eine Lösung für MES wurde auf Basis einer im Rahmen der Arbeit entwickelten Vorgehensweise mit den Mitgliedern einer VDI-Arbeitsgruppe erarbeitet. Sie umfasst eine solche Schnittstelle, die mit Hilfe einer Ontologie definiert wird und somit ein gemeinsames und einheitliches Verständnis schafft. Auch für die Abbildung auf bestehende Schnittstellen wurden Assistenzmechanismen erdacht.

MES sollen an die Digitale Fabrik gekoppelt werden (siehe [Sauer & Ebel, 2007b]) und über den gesamten Anlagenlebenszyklus permanent in Planungsbereitschaft sein. Hierfür wurden die für MES speziellen Einschränkungen, Anforderungen und Möglichkeiten einer virtuellen MES-/Leittechnik-Inbetriebnahme definiert und ein entsprechendes Vorgehen für diese abgeleitet und evaluiert.

Durch eine aufgaben- und rollenspezifische Berücksichtigung und Versorgung der Anwender sollen neue und innovative ‚human-centered' Lösungen für MES entstehen (siehe [Sauer & Ebel, 2007b]). Hierbei spielt die Mensch-Maschine-Schnittstelle eine große Rolle. Beteiligte Personen müssen nicht nur über Verfahren, sondern auch über geeignete anthropotechnische Umgebungen zusammen gebracht werden und bei der Integration und Interoperabilität speziell berücksichtigt werden. Hier wurde die Interaktion im Betrieb mittels geeigneter Benutzerschnittstellen zur Erstellung von Prozessführungsbildern betrachtet. Dynamische Produkt- und Prozessdaten für die Visualisierung, verschiedene Sichten zur Darstellung komplexer Sachverhalte und geeignete Benutzerschnittstellen zur Erstellung von Prozessführungsbildern wurden untersucht. Ebenso wurde aber auch die Interaktion im Engineering mit mehreren Disziplinen betrachtet.

Basis und Kern des gesamten Systemkonzepts ist das Datenaustauschformat für die Interoperabilität von MES. Hier wurde speziell an der Entwicklung des XML-basierten Datenaustauschformats AutomationML mitgearbeitet und die Anwendung von CAEX verfolgt. In diesem Zusammenhang entstanden Assistenztools für das damit einhergehende Datenmanagement und die Erleichterung des Einsatzes von AutomationML. Diese wurden ebenfalls beim formalen Nachweis der Modellierungsqualität von AutomationML-Modellen auf Basis von OCL in Betracht gezogen. Ebenso wird eine Methode zur Beschreibung von Änderungen mit AutomationML aufgezeigt.

In den folgenden Abschnitten (7-11) werden die einzelnen hier beschriebenen Teilprobleme beleuchtet und mögliche Lösungen beschrieben.

6.2 Parallelen zu privaten Anwendungsbereichen

Zusammenfassend kann die gesamte Problemstellung mit einem Hausbau verglichen werden. Auch dort sind viele verschiedene Gewerke beteiligt, die unterschiedliche Sichten auf ein und dasselbe Planungsobjekt besitzen. In diesem Fall ist es das Haus. Über den gesamten Planungslebenszyklus, der in einzelne Bauabschnitte aufgeteilt ist, sind verschiedene Parteien beteiligt und bringen ihre Planungsdaten ein. Dabei beginnt es meist mit dem Kunden, der mit dem Verkäufer des entsprechenden Unternehmens einen Vertrag schließt. Dieser Kunde wird danach mit einem Architekten die entsprechenden Vorentwürfe verfeinern, realistischer und realisierbar gestalten und dabei die nötigen Rahmenbedingungen (Bebauungsplan) einhalten. Ist der daraufhin erstellte Bauantrag genehmigt, kann mit der Produktion begonnen werden. Gleichzeitig findet meist eine so genannte Bemusterung statt, bei der mit dem Kunden und einem Planer die Details festgelegt werden. Die geplanten Daten (meist in Ausführungsplänen final festgehalten) müssen auf dem Bau gegen die realisierten tatsächlichen Bauabschnitte und Fertigstellungen abgeglichen werden. Während der Bauphase selbst sind wieder verschiedene Disziplinen und Gewerke wie Erdbau, Elektrik, Heizungsbau, Richtmonteure, Maler, etc. beschäftigt. Koordiniert werden sie meist durch einen Bauleiter, kontrolliert werden können sie zusätzlich durch sogenannte Bausachverständige und den Kunden selbst. Was den Bau eines Fertighauses von der Planung einer fertigungstechnischen Anlage gravierend unterscheidet, ist die Existenz eines zentralen Kommunikationsmediums, den Ausführungsplänen, in die die Informationen aller Disziplinen eingepflegt sind. Diese werden mit jedem Gewerk besprochen und angeglichen. Die Notation ist einheitlich und verbindlich. Dies ist in der Anlagenplanung nicht der Fall. Jede Disziplin hat hier eigene Pläne, einzig das Anlagenlayout ist Basis vieler Disziplinen. Gerade für MES am Ende der Planungsphase stellt dies aber ein großes Problem dar, da diese Systeme auf Informationen von vielen verschiedenen Stellen angewiesen sind. MES sind zum Teil vergleichbar mit dem Kunden, der von allen Stellen Informationen anfordert und versucht, diese zusammenzuführen. Auch er ist an der fehlerfreien Funktionsweise und einem Überblick interessiert.

7. Vertikale Interoperabilität

Adaptive MES der Zukunft benötigen Informationen aus den unteren Ebenen der Automatisierungsarchitektur, wie beispielsweise aus der Steuerungsebene. Sie kollaborieren und interagieren mit Komponenten dieser Ebene. Plug&Work-Mechanismen ermöglichen und unterstützen diese Integration (siehe dazu [Schleipen & Sauer, 2009b]). Hierzu werden sowohl effiziente und umgebungsadäquate Kommunikation, als auch die semantische Beschreibung der übermittelten Inhalte benötigt. Darüber hinaus ergibt sich durch neue Kommunikationsmechanismen die Möglichkeit, neue Informationen zwischen den Ebenen auszutauschen. Dazu wird von der Umgebung mehr Intelligenz erwartet. Dies bedeutet, dass durch die neuen geforderten Interpretationskompetenzen auch Anlagenkomponenten oder die Steuerungsebene intelligenter sein müssen.

7.1 Plug&Work

„Die Inbetriebnahme eines Prozesses gehört zu den kritischsten Momenten in seinem Lebenszyklus" [Alsmeyer, 2007]. In der Phase der Anlagenplanung, die mit der Inbetriebnahme und dem Anlauf abgeschlossen wird, kann durch eine schnellere Abwicklung der Inbetriebnahme eine Effizienzsteigerung durch adaptive Komponenten und flexible, schnell umkonfigurierbare Systeme erreicht werden. Plug-and-Work-Mechanismen können dazu beitragen, hohe manuelle Aufwände zu reduzieren oder zeitkritische Arbeiten zu entzerren. So kann ein höherer Reifegrad durch einen schnelleren Anlauf und die zeitentzerrte Fehlerbeseitigung erreicht werden (siehe auch [Schleipen, 2008a]).

In heutigen Produktionsanlagen treten kontinuierlich Veränderungen auf. Dies können neue Anlagenkomponenten sein, die in einen bestehenden Komponentenverbund hinzu kommen (siehe Abbildung 38). Aber auch Komponenten, die aus irgendeinem Grund ausgetauscht werden, verursachen Veränderungen. Der seltenere Fall ist ein kompletter Neubau einer Produktionsanlage. In allen Fällen führen die Veränderungen in der Anlage auch zu notwendigen Anpassungen im MES. Hier kann eine intelligente Anlagen- oder Steuerungsebene helfen, indem sie semantisch angereicherte Informationen an das MES weitergibt, das diese dann verarbeitet. Solche Mechanismen sollten automatisch oder teilautomatisiert ablaufen, man spricht hier von einer Automatisierung der Automatisierung.

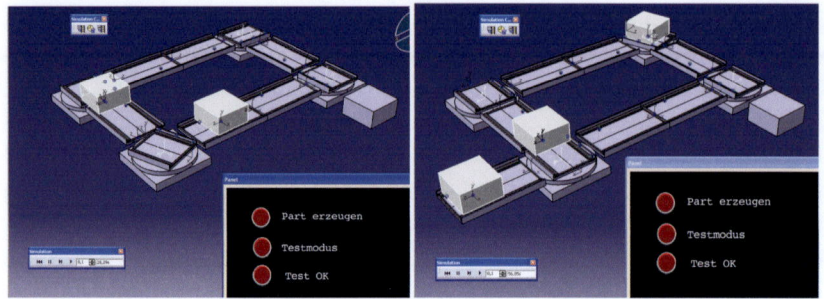

Abbildung 38: Veränderung einer Produktionsanlage (neue Anlagen-
Komponente zum Ausschleusen im linken unteren Teil des rechten Bildes)
[Schleipen et al., 2009a]

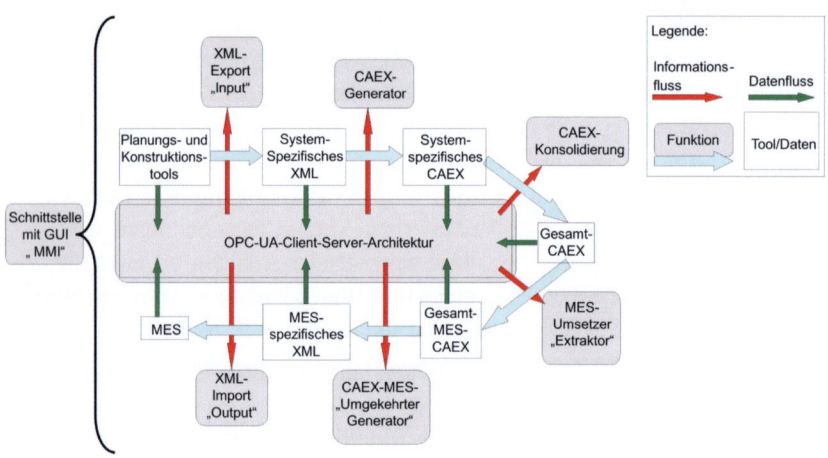

Abbildung 39: Möglicher Ablauf für Plug&Work mit MES

Ausgangspunkt für den Austausch von Informationen zur Projektierung von MES ist ein gemeinsames Begriffsverständnis. Informationen, die aus der Anlagen- oder Steuerungsebene kommen, müssen vom MES interpretiert und verstanden werden. Dazu müssen Informationen aus dem Planungs- und Konstruktionsprozess in einer für MES geeigneten Form bereit gestellt oder in eine solche umgewandelt werden. Der Ablauf ist in Abbildung 39 dargestellt und wird in den nachfolgenden Bildern genauer erläutert.

Dabei werden zum zwischen den Tools bzw. Daten Funktionen benötigt, die diese verarbeiten. Diese werden mit entsprechenden Informationen versorgt, die aus den Tools bzw. Daten stammen. Unterstützt werden muss die Kommunikation in diesem Prozess durch geeignete Verwaltungs-, Handhabungs- und Übertragungsmechanismen. Dies kann beispielsweise OPC-UA leisten, andere Kommunikationsmechanismen wären aber auch möglich.

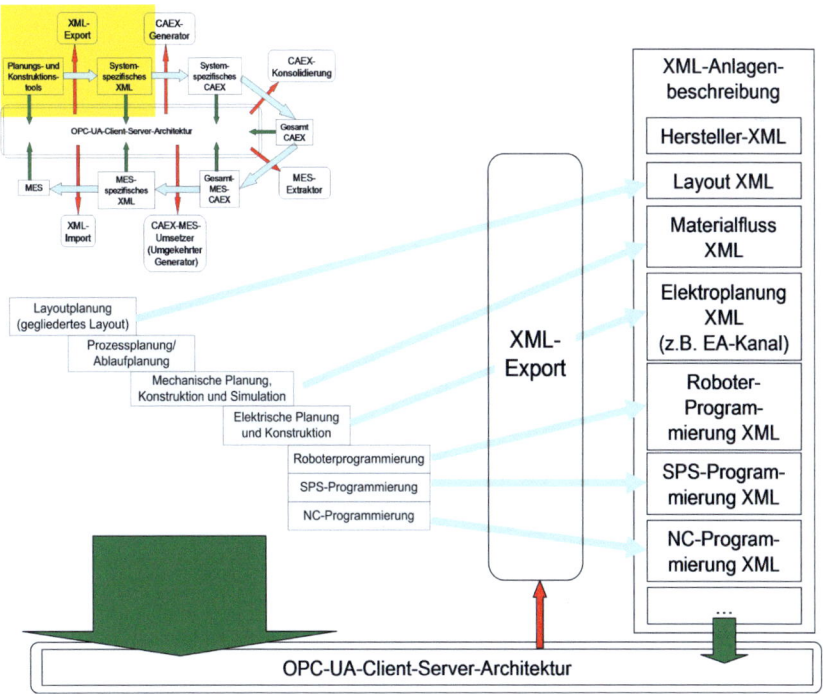

Abbildung 40: Schritt 1 – XML-Export

Im ersten Schritt müssen die Quelldaten aus dem jeweiligen Tool exportiert werden (siehe Abbildung 40). XML ist eine mögliche Technologie hierfür, da fast jedes Tool heutzutage über einen XML-Export verfügt. Dabei können entsprechende Quellsysteme für MES die Layout-, Prozess-, mechanische und elektrische Planung oder auch die Roboter-, NC- und Steuerungsprogrammierung sein. Je nach Beschaffenheit und Aufbau der Produktionsanlage und der entsprechenden Umgebung kann ein MES aus jedem dieser Tools Informationen benötigen. Das können beispielsweise Layoutdaten zur Positionierung der Elemente sein, Informationen aus der Elektroplanung über entsprechende Verkabelungen, oder auch Anbindungsinformationen in Form von Prozesssignalen. Aber auch CAD-Daten aus der Mechanikplanung oder Topologieinformationen aus der Materialflussplanung können benötigt werden. Meist werden Informationen nicht nur aus einem Tool erforderlich sein. Daher wird als Ergebnis von Schritt 1 die XML-Anlagenbeschreibung benannt, die jedoch zu diesem Zeitpunkt noch aus verschiedenen systemspezifischen XML-Beschreibungen besteht.

Schritt 2 beinhaltet die Umwandlung der systemspezifischen XML-Daten in ein einheitliches Format, wie beispielsweise CAEX (siehe Abbildung 41). Dabei müssen die Informationen um semantische Metadaten angereichert werden. Zumindest bei der Erstellung ist dazu das Fachwissen eines Experten aus der jeweiligen Domäne erforderlich. Ergebnis dieses Schritts ist eine Anlagenbeschreibung im Format CAEX, die wiederum aus vielen einzelnen Beschreibungen des gleichen Objekts – der beschriebenen Produktionsanlage – besteht.

In Schritt 3 werden die bis dahin separaten CAEX-Beschreibungen der Produktionsanlage zu einem gesamten Modell fusioniert bzw. konsolidiert (siehe Abbildung 42). Hierbei bestehen die Schwierigkeiten in der Zuordnung gleichartiger und der Eliminierung redundanter Informationen. Darüber hinaus müssen die Informationen in ein in sich stimmiges Gesamtmodell fusioniert werden.

Besteht nun ein Gesamtmodell, müssen in Schritt 4 die für MES relevanten Informationen identifiziert und herausgefiltert werden (siehe Abbildung 43). Hierbei kann aus dieser Untermenge je nach Zielsystem nur ein Teil der Gesamtmenge benötigt werden. In jedem Fall gibt es einen Anteil an irrelevanten Informationen, die beispielsweise für die Systeme spezifisch sind. Dieser Schritt könnte verhindert werden, indem nur die relevanten Informationen aus den Quellsystemen extrahiert werden. In diesem Fall würden aber für jedes Zielsystem eigene Adapter bzw. Extraktoren benötigt. Dies sollte zu diesem Zeitpunkt vermieden werden. Um die Schnittstelle systemunabhängig zu belassen, muss eine gewisse Überdimensionierung in Kauf genommen werden.

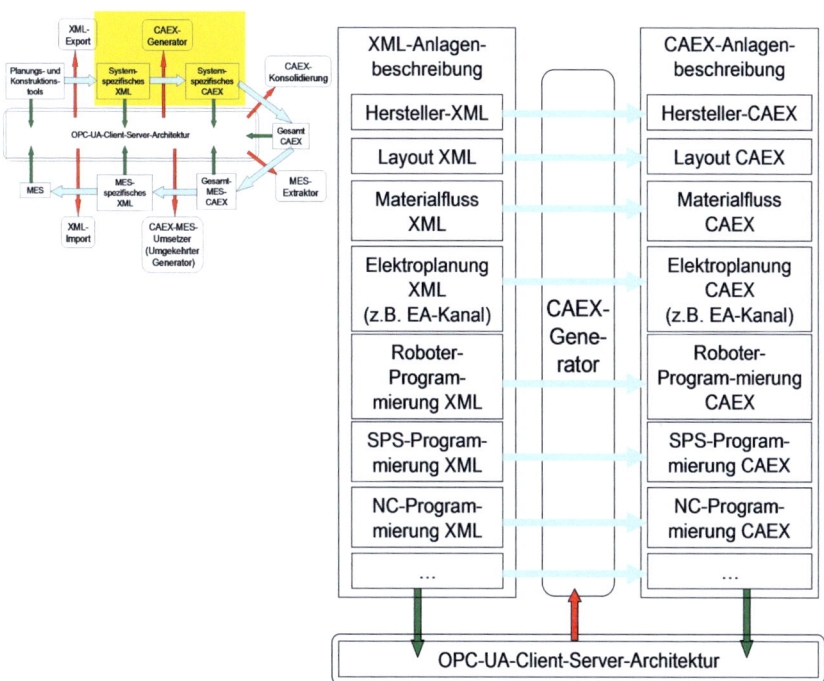

Abbildung 41: Schritt 2 – CAEX-Erzeugung

Schritt 5 umfasst die systemspezifische Extraktion der oben beschriebenen Untermenge aus dem Gesamt-MES-Modell. Hierbei können die relevanten Informationen je nach System variieren. Durch die Konsolidierung über ein Gesamt-Modell werden 1:1-Schnittstellen zwischen Quell- und Zielsystem explizit vermieden.

An Hand des konkreten Beispiels Leitsystem wird in Abbildung 45 Schritt 5 für einen speziellen Anwendungsfall umschrieben. Das Leitsystem besteht aus einem Verarbeitungskern, ProVis.Agent, sowie einer zugehörigen Visualisierung, ProVis.Visu, als Schnittstelle zwischen Mensch und System. Diese beiden Systeme können als eigenständige Tools betrieben werden und benötigen daher auch unterschiedliche Teile des Gesamt-MES-Modells. Daher werden auch zwei unterschiedliche Extraktionsmechanismen benötigt.

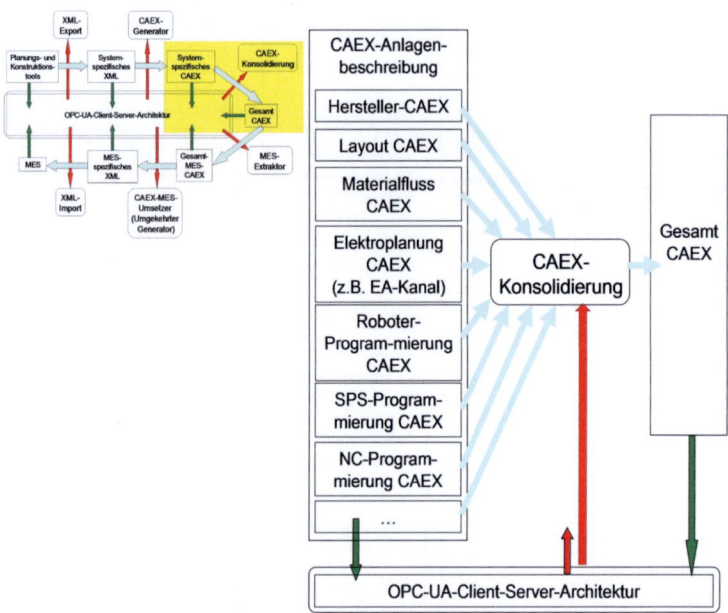

Abbildung 42: Schritt 3 – CAEX-Konsolidierung

Um den Export wie beschrieben für die ProVis-Production-Suite zu realisieren, wurde ein entsprechendes Framework konzipiert. Hierbei werden zwei Standards (siehe Abbildung 46) kombiniert. Es existiert ein prototypisches Engineering-Framework, das Informationen im Format CAEX (Computer Aided Engineering Exchange) über einen Webservice einliest. Innerhalb des Frameworks werden die in CAEX modellierten Informationen dynamisch per OPC-UA kommuniziert. Damit wird das Leitsystem ProVis.Agent projektiert und eine zugehörige Prozessvisualisierung in ProVis.Visu generiert. Das gesamte, im Rahmen der Arbeit entwickelte System basiert auf einer webservice-basierten Client-/Server-Architektur. Die Kombination aus beiden Standards (CAEX und OPC-UA) unterstützt und nutzt die einzelnen Fähigkeiten und Stärken (siehe [Schleipen, 2008b]).

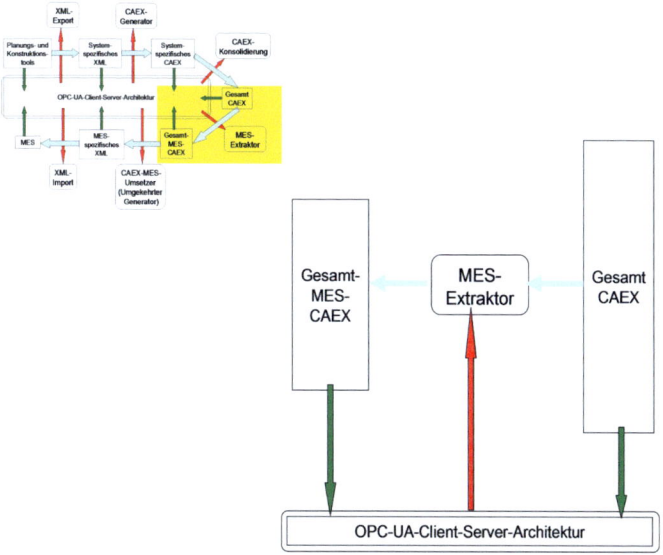

Abbildung 43: Schritt 4 – MES-Extraktion

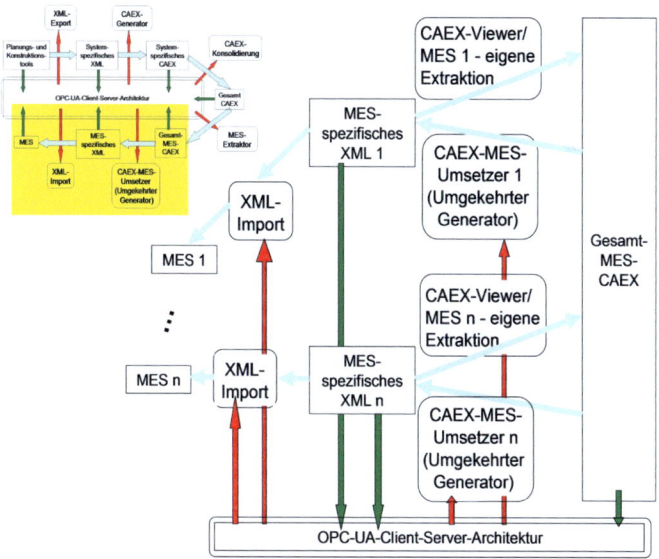

Abbildung 44: Schritt 5 – Systemspezifischer Export

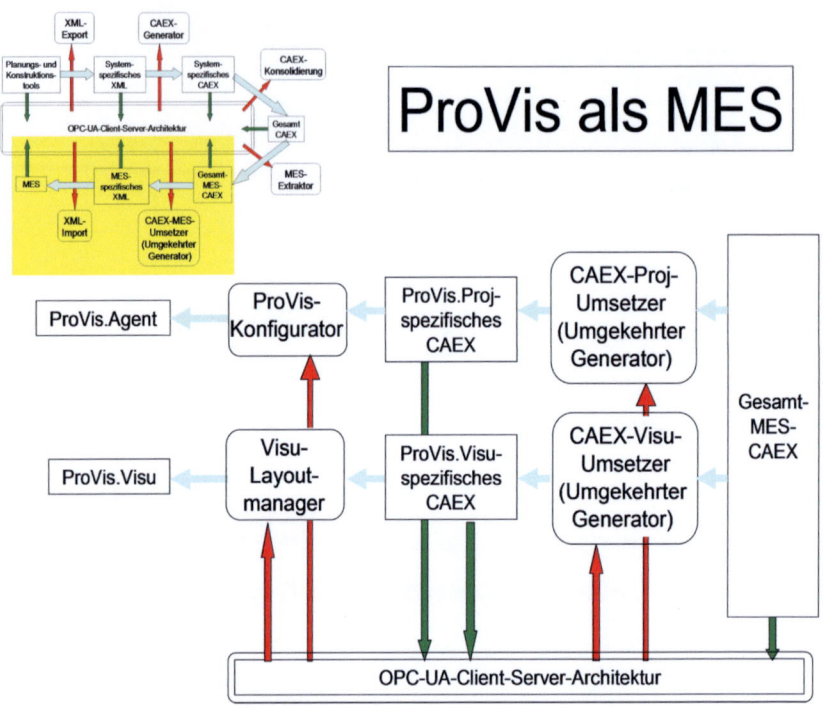

Abbildung 45: Schritt 5 – ProVis-Export

In Abbildung 47 wird der Ablauf innerhalb des Engineering-Frameworks visualisiert. Voraussetzung ist die Existenz einer CAEX-Anlagen-Beschreibung, aufbereitet für MES. Beispiele für Quellen können dabei ein Elektro-Planungstool und ein Layouttool sein. Die Beschreibung kann über den Webservice als Schnittstelle des Engineering-Frameworks in das Framework eingespeist werden. Die CAEX-Daten werden zunächst mit Hilfe des Standard-CAEX-XML-Schemas auf strukturelle Korrektheit geprüft. Innerhalb des Engineering-Frameworks werden die Informationen per OPC-UA koordiniert, kommuniziert und entsprechende Verarbeitungsmechanismen angestoßen. Dazu gehört unter Anderem die Aufteilung der Informationen in leittechnik- und visualisierungsspezifische Anteile. Diese werden anschließend genutzt, um das Leitsystem ProVis.Agent zu projektieren und die Prozessführungsbilder für ProVis.Visu zu generieren.

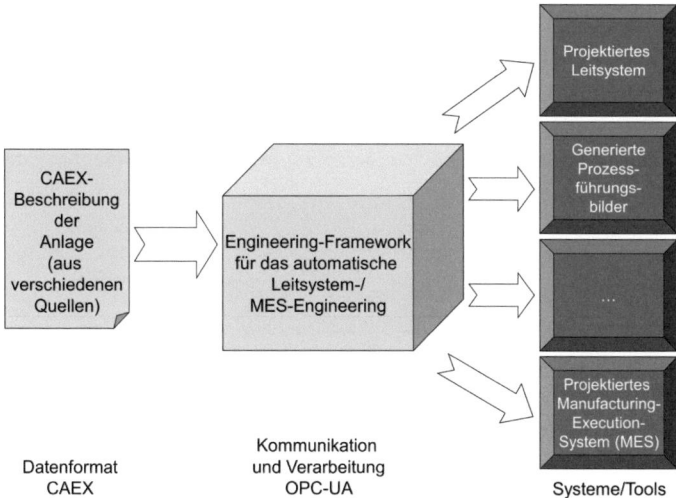

Abbildung 46: Vertikale Interoperabilität für das MES ProVis

7.2 Anbindung der Steuerungsebene mit Hilfe von Ambient-Intelligence-Konzepten

Ambient Intelligence (AmI) [AmI-Wiki, 2011] beschreibt intelligente Umgebungen, die sich ihrem Umfeld und den darin enthaltenen Objekten und Personen anpassen, auf dieses Umfeld reagieren und diesem Dienste bereitstellen. Dabei geht es um Personen in allen Situationen, häufig werden aber allein lebende ältere Menschen durch entsprechende Sensorik und Aktorik unterstützt, da dort der Bedarf sehr plakativ ist (siehe [Nakashima et al., 2009]). Ein Beispiel wäre die Kontrolle der Flüssigkeitsaufnahme der überwachten Person und die automatische Untersuchung von Ausscheidungen mit entsprechenden medizinischen Benachrichtigungen. Ein weiteres Beispiel ist der Einbau solcher Technologien in Elektrogeräte, wie den Fernseher oder die Elektronik der Umgebung. Ein Bereich ist dabei das ‚wearable computing', bei dem sich die Sensoren und Aktoren in der Kleidung des Menschen befinden. Die Ambient Intelligence ist also eine Technologie, die der Steigerung der Leistungsfähigkeit von intelligenten Umgebungen dient. Diese Umgebungen müssen dafür stark vernetzt und mit Sensoren und Aktoren ausgestattet sein. Eine ‚Begleiterscheinung' beziehungsweise eine Eigenschaft der Ambient Intelligence, die auch im

107

Produktionsumfeld von Bedeutung ist, ist die Adaption. Adaption bezeichnet dabei den Prozess der Anpassung eines Objekts oder Systems an ein anderes. Im Fall des AmI-Beispiels Fernseher, an die Person, die davor sitzt. Im Fall einer Anlagenkomponente, die neu in ein bestehendes Produktionssystem integriert wird, die Anpassung des Produktionssystems an die Anlagenkomponente und umgekehrt.

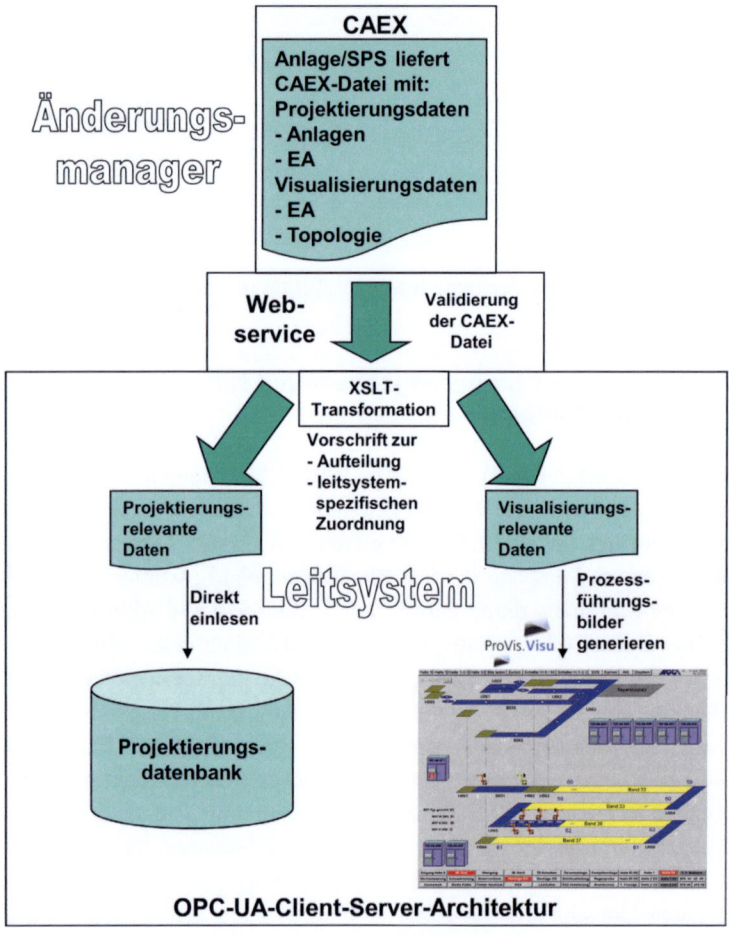

Abbildung 47: Engineering-Framework für ein Leitsystem am Beispiel ProVis [Ebel, 2007b]

Ein konkretes Beispiel für eine Anwendung des zuvor vorgestellten Engineering-Frameworks, ist die Verarbeitung von Informationen aus der Steuerungsebene und die damit verbundene Anbindung der Steuerungsebene. Diese wurde im Forschungsprojekt ProduFlexil[9] (siehe [Schneickert et al., 2009]) realisiert. Ziele waren die Flexibilisierung der Anlagensteuerungssoftware, sowie die Verbesserung der Projektierung und Anbindung übergeordneter MES, wie beispielsweise Leitsystemen. Änderungen im Produktionssystem sollen erkannt und verarbeitet werden, indem Steuerungssoftware und Leitsystem daraufhin angepasst werden. Ziel ist der schnellere Wiederanlauf von Produktionsanlagen bei Änderungen und damit einhergehend die Senkung von Kosten und Steigerung der Qualität der Ergebnisse im Veränderungsprozess. Dabei werden Mechanismen und Software-Konzepte aus der Ambient Intelligence genutzt.

Zur Verwendung von Informationen aus der Steuerungsebene muss diese semantisch angereicherte Informationen innerhalb der SPS-Logik mitbringen bzw. entsprechend aufbereitet werden, damit sie als Datenquelle für die Leittechnik, bzw. MES dienen kann. Hierfür ist eine Bibliothek aus wiederverwendbaren, komplexen Bausteinen nötig, die mögliche Ereignissen flexibel begegnen können (siehe [Schleipen et al., 2008c]). Darauf aufbauend können dann nach dem Paradigma ‚Konfigurieren statt Programmieren' Änderungen behandelt werden. Die Erweiterung der Semantik auf der Ebene der Steuerungen ist nicht nur Mittel zum Zweck der Übertragung an die MES-Ebene, sondern kann ebenfalls genutzt werden, um die Steuerungslogik bei sich ändernden Rahmenbedingungen intelligent anzupassen.

Dies soll nicht unbedingt vollautomatisch vonstatten gehen, beteiligte Entwickler sollen aber bestmöglich unterstützt werden. Dies hat zum Teil auch juristische Gründe, die sich auf vertragsrechtliche Problematik, Produkthaftung, Gerätesicherheit und Arbeitsrecht beziehen. Daher wird ein vollautomatischer Ablauf nicht angestrebt, sondern ein entsprechend geschultes Fachpersonal erteilt die Freigabe für erstellte und vorgeschlagene Ergebnisse. Ambient Intelligence wird dabei als eine Art Regelkreis mit dem Menschen als Kontrollinstanz verstanden, der vorgeschlagene Veränderungen bestätigt oder ablehnt und gegebenenfalls weiterverarbeitet. Der Ingenieur verknüpft dabei Elemente aus der oben genannten Bibliothek wiederverwendbarer SPS-Bausteine über

---

[9] Das Projekt ProduFlexil wurde vom Bundesministerium für Bildung und Forschung gefördert unter dem Förderkennzeichen 01ISF17A-D.

wohldefinierte Schnittstellen und erzeugt so neue Ablaufprogramme[10]. Damit wird die Voraussetzung für die Entwicklung automatischer und ambienter Konzepte geschaffen.

Dabei entwickelte Lösungen werden zuerst in der virtuellen Welt, der Digitalen Fabrik, getestet und evaluiert und erst danach in die Realität übertragen. Daher beinhaltet die Gesamtarchitektur, wie in Abbildung 48 dargestellt, jeweils eine Lösung für die virtuelle und die reale Welt.

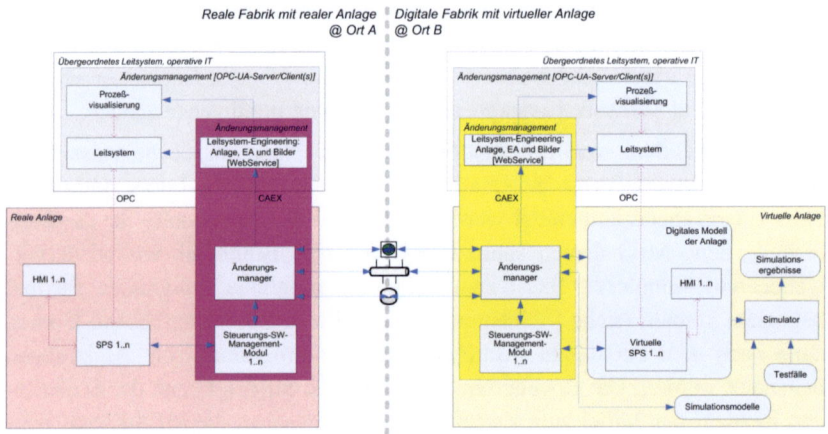

Abbildung 48: ProduFlexil Gesamtarchitektur [Schleipen et al., 2008c]

Beide Welten beinhalten gleiche Tools und verwenden dieselben Methoden (siehe Abbildung 49). Dreh- und Angelpunkt in der Gesamtarchitektur ist das zentrale Änderungsmanagement, das verschiedene Änderungsmanager beinhaltet, die auftretende Änderungen in der Anlage koordinieren. Dabei existieren spezifische Änderungsmanager für die Steuerungs-Software und das übergeordnete Leitsystem. Die Kommunikation zwischen dem zentralen ‚ProduFlexil'-Änderungsmanagement und dem übergeordneten Leitsystem ist räumlich entkoppelt und wird über einen Webservice des Engineering-Frameworks realisiert. Hierfür registriert sich der Änderungsmanager des übergeordneten Leit-

---

[10] Im Rahmen von ProduFlexil wurde das Anlagenengineering parallel im SPS-Projektierungswerkzeug (hier: Unity von Schneider Electric) und der Digitalen Fabrik (hier: Delmia Automation) durchgeführt.

systems mittels des Registrierungs-Webservices beim zentralen Änderungsmanagement. Nach dem Vorbild des UML Patterns ‚Observer' wird das Leitsystem durch den ‚Observer' und das zentrale Änderungsmanagement durch das ‚Observable' repräsentiert.

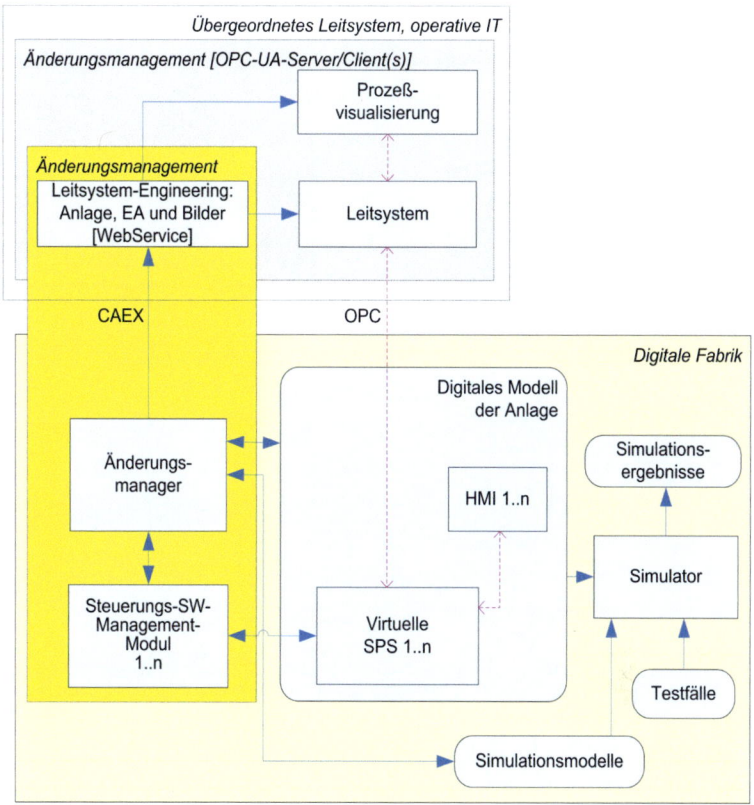

Abbildung 49: Ausschnitt des ProduFlexil Architekturkonzepts [Schleipen et al., 2008c]

Treten nun Änderungen in der Produktionsanlage – dem Betrachtungsobjekt – auf, gibt das zentrale Änderungsmanagement diese bekannt. Die Daten werden vom Änderungsmanagement zum Engineering-Framework des Leitsystems im

Format CAEX übermittelt. Beim Engineering-Framework handelt es sich um das in Abbildung 47 vorgestellte Konstrukt.

Aus dem Gesamtprozess werden dabei nur wenige Teile betrachtet (siehe Abbildung 50). Ausgegangen wird von einer vorhandenen Beschreibung relevanter Informationen. Diese wird über ein Zwischenformat (OWL-Ontologie) aus Informationen der Digitalen Fabrik heraus erzeugt und statt einer konsolidierten MES-CAEX-Beschreibung in das Engineering-Framework eingebracht.

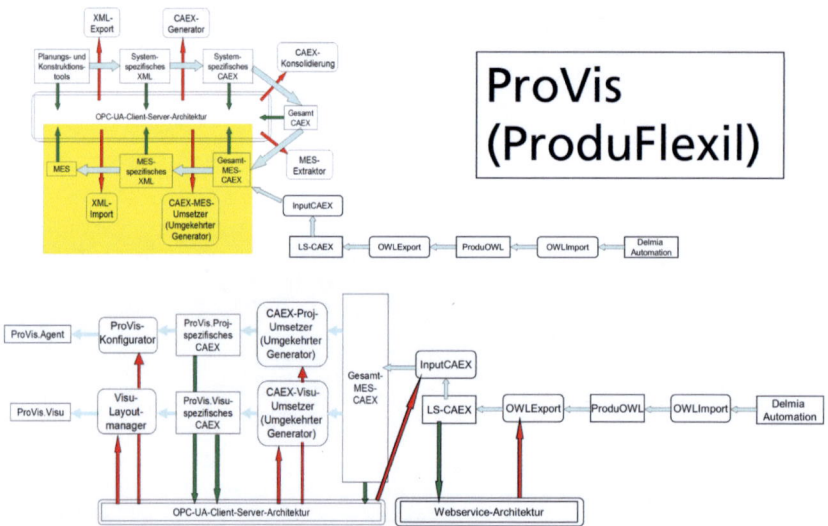

Abbildung 50: Schritt 5 – ProVis Export und zusätzliche Komponenten bei ProduFlexil

Bei der Beschreibung handelt es sich nicht nur um neu hinzuzufügende Informationen, auch das Entfernen von Anlagenkomponenten wird betrachtet. Abbildung 51 zeigt die verschiedenen Fälle: Das Einbringen einer neuen Anlagenkomponente, das Einbringen einer neuen unbekannten Komponente, die Erstellung einer neuen bekannten Konfiguration und die Erstellung einer neuen unbekannten Konfiguration.

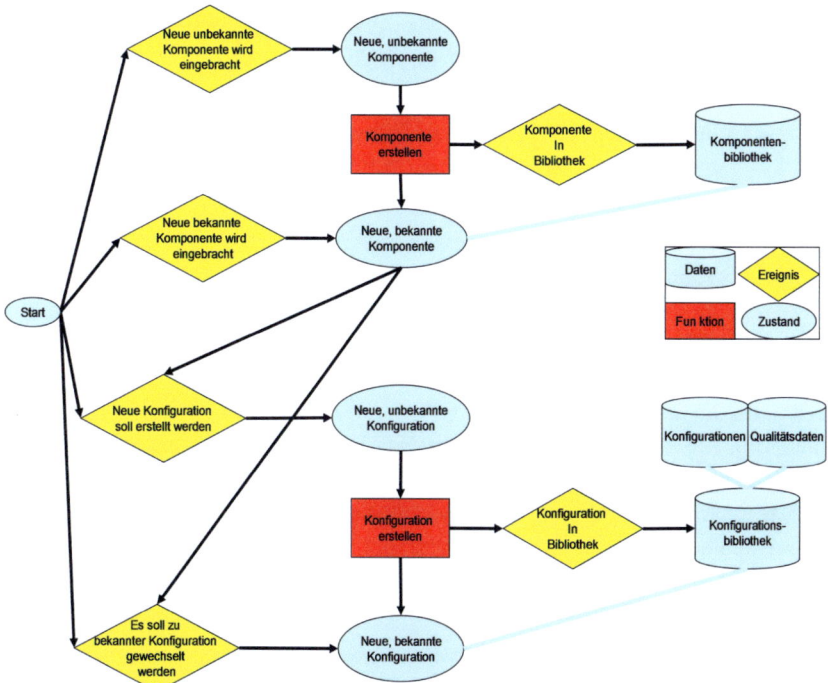

Abbildung 51: Veränderungsmöglichkeiten der Anlage und ihrer zugehörigen Anlagenbeschreibung (Konfiguration) [Schneickert et al., 2009]

Bestehende Konfigurationen können also erneuert oder verändert, entfernt, reduziert oder erweitert werden. Hierfür werden verschiedene Webservice-Methoden zur Verwendung in der Schnittstelle zwischen zentralem Änderungsmanagement und Leitsystem bereit gestellt, die als Resultat jeweils eine entsprechende Auswertung zur Konfiguration zurückliefern. Diese sind:

- Konfiguration erneuern und ändern: XMLDocument (Auswertung) SubmitData (string id, XMLDocument quality, XMLDocument total_data, XMLDocument format)

- Konfiguration entfernen: XMLDocument (Auswertung) DeleteData (string id)

- Konfiguration reduzieren: XMLDocument (Auswertung) RemoveData (string old_id, string new_id, XMLDocument new_quality, XMLDocument delta_data, XMLDocument format)

- Konfiguration erweitern: XMLDocument (Auswertung) AddData (string old_id, string new_id, XMLDocument new_quality, XMLDocument delta_data, XMLDocument format)

Wie in Abschnitt 7.1 beschrieben, basiert die Datenverarbeitung und - kommunikation innerhalb des Engineering-Frameworks auf einer OPC-UA-Client-Server-Architektur. Dabei existiert ein zentraler OPC-UA-Server, mit dem und auf dessen Adressraum alle OPC-UA-Clients interagieren und operieren. Die einzelnen OPC-UA-Clients beobachten und interagieren dabei nur mit denen für sie relevanten Teilen des OPC-UA-Server-Adressraums (siehe Abbildung 52). Sie werden vom Server benachrichtigt, wenn sich dort etwas ändert. Die Clients können den Adressraum verändern. Die Veränderung beschränkt sich demnach nicht nur auf Werteänderungen, sondern beinhaltet auch die Integration neuer Objekte in den Adressraum. Damit unterstützt der OPC-UA-Server die Zusammenarbeit der Teilkomponenten innerhalb des Engineering-Frameworks für das Leitsystem.

Bei den Teilkomponenten handelt es sich um die in Abbildung 53 dargestellten Komponenten auf dem Weg zur Projektierung des Leitsystems (Ast ProVis), sowie der Visualisierung (Ast ProVis.Visu).

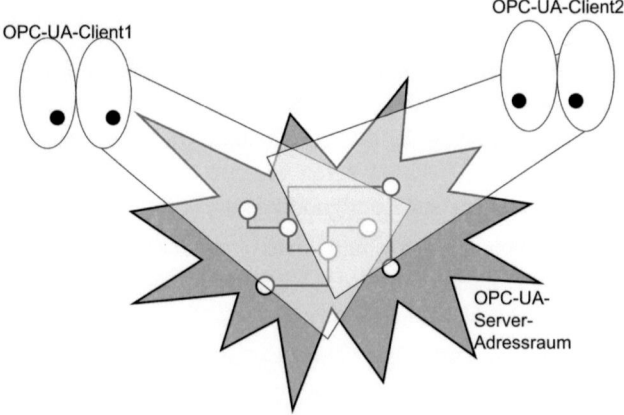

Abbildung 52: Überwachung des OPC-UA-Server-Adressraums durch verschiedene OPC-UA-Clients [Schleipen, 2010a]

Zu Beginn eines Durchlaufs bzw. beim Start des OPC-UA-Servers stellt sich der Adressraum des OPC-UA-Servers wie in Abbildung 54 dar. Die in Klammern aufgeführten Zahlen repräsentieren die gewählten Knoten-Identifikatoren. In das Modell eingebrachte Typen tragen fortlaufende Nummern zwischen 20.000 und 21.999, Instanzen werden mit Identifikatoren größer 22.000 nummeriert.

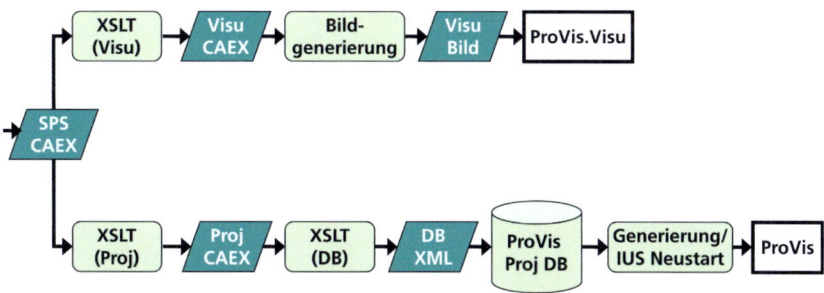

Abbildung 53: Ablauf innerhalb der OPC-UA-Architektur [Schleipen, 2008a]

Der Adressraum wird nach der von der OPCFoundation vorgeschlagenen Notation (siehe Abbildung 55) abgebildet.

Die Grundstruktur ist in jedem OPC-UA-Server-Adressraum vorhanden. Dazu gehören Elemente wie ‚Root‘, ‚Objects‘, ‚Types‘, ‚ObjectTypes‘, sowie der Typ ‚FolderType‘. In den Objekt-Elementen spiegeln die runden Klammern die IDs der Elemente wider. Beim Aufbau der Adressraum-Strukturen wurden Vorgaben der OPCFoundation beachtet. In [OPC Foundation, "OPC UA Part 3 - Address Space Model 1.00 Specification", http://www.opcfoundation.org, July 2006.] wurden in Anhang A Hilfen zur Modellierung des Adressraums beschrieben. Hier heißt es: „Objekte werden verwendet, um Systeme, Systemkomponenten, reale Objekte und Softwareobjekte zu repräsentieren" [OPC-UA-3, 2009]. „Objekte werden verwendet, um Variablen und andere Objekte im Adressraum zu gruppieren" [OPC-UA-3, 2009]. Ausgehend von diesen beiden Aussagen wurde das Typ-/Instanzkonzept für den Adressraum festgelegt. Elemente im Adressraum werden mit Hilfe der Objekte ‚Anlagencontainer‘, sowie ‚Softwarekomponentencontainer’ gruppiert. Diese Elemente sind vom Typ ‚FolderType’ abgeleitet. Eine Ebene unterhalb des ‚Anlagencontainer‘-Elements befindet sich das Element ‚Beschreibung‘, welches die Beschreibung

der Produktionsanlage im Format CAEX beinhaltet und vom Typ ‚AnlageType'
abgeleitet ist. (Anmerkung: Die Begriffe sind auf Grund der Modellierungsemp-
fehlung Typen mit einem entsprechenden Namensanteil Type zu kennzeichnen
englisch und deutsch gemischt.)

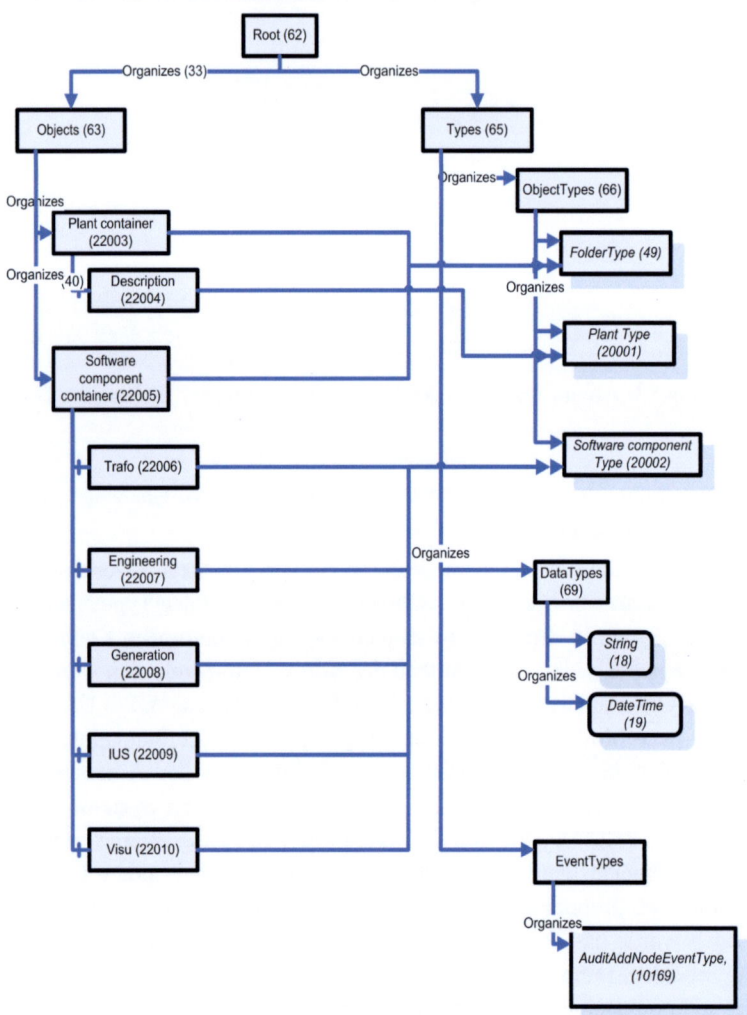

Abbildung 54: Anfangszustand des OPC-UA-Adressraummodells [Schleipen,
2008a]

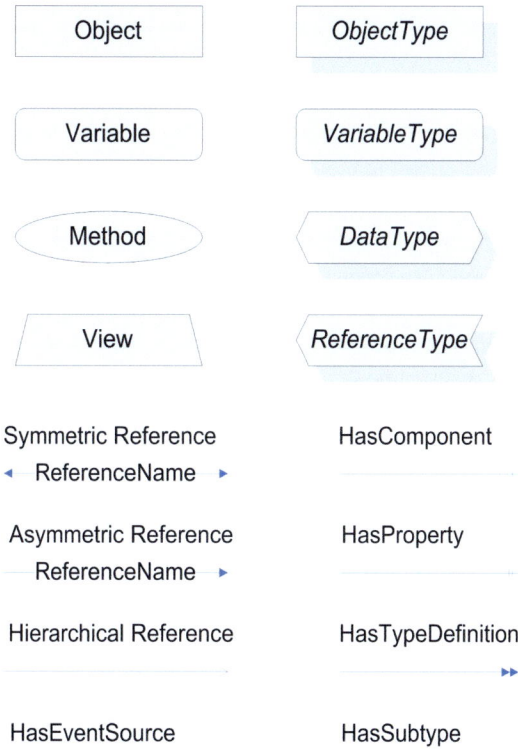

Abbildung 55: OPC-UA-Notation zur Adressraum-Modellierung [OPC-UA-3, 2009]

Unterhalb des ‚Anlagencontainers' befindet sich das Objekt ‚Beschreibung'. Es repräsentiert die realen Komponenten einer CAEX-Datei als Beschreibung der Anlage. Daher besitzt es eine ‚HasTypeDefinition'-Referenz auf den selbst definierten ‚AnlageType'. Existiert eine neue Beschreibung einer Anlage in CAEX-Form, wird der dafür zuständige OPC-UA-Client den Server anweisen, einen neuen Knoten unterhalb dieses Objekts anzulegen. Der Client, der für die Transformation der CAEX-Dateien zuständig ist, ist beispielsweise auf die Events des Objekts Beschreibung angemeldet und wird nach Erzeugung eines neuen Knotens durch ein ‚AuditAddNodesEvent' benachrichtigt, in dem die nötigen Informationen enthalten sind. Dieser Mechanismus ist für alle anderen Clients identisch.

Im ‚Softwarekomponentencontainer' befinden sich die zum Ablauf benötigten Softwarekomponenten. Sie stellen Softwareobjekte dar und wurden deshalb als Objekte im Adressraum modelliert. Alle besitzen eine ‚HasTypeDefinition'-Referenz auf den ‚SoftwareKomponenteType'.

Was passiert nun, bis eine entsprechende Beschreibung durch das Framework weiterverarbeitet und für Leitsystem und Visualisierung aufbereitet wird? Dieser Ablauf ist in Abbildung 56 vereinfacht dargestellt und in Abbildung 57 in einem UML-Diagramm modelliert. Referenzen in Abbildung 57 beziehen sich auf UML-Sequenzdiagramme der Einzelszenarios.

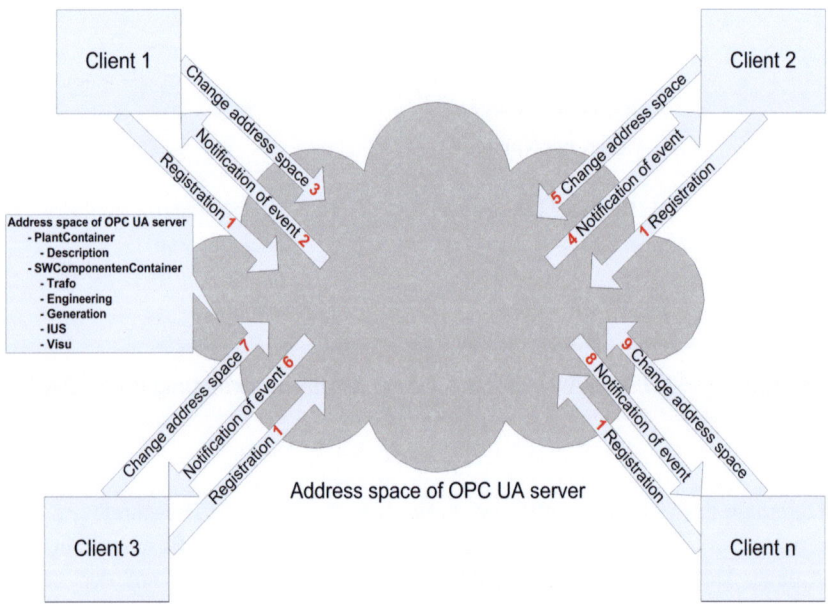

Abbildung 56: Interaktion zwischen Clients und Server [Schleipen, 2008a]

Die Implementierung basiert auf den OPC-UA-Base-Services (siehe dazu auch [Schleipen, 2008a]). Zunächst registrieren sich alle Clients bei den für sie relevanten Teilen des OPC-UA-Server-Adressraums (Subscription), so dass sie bei

Veränderungen dieser Teile benachrichtigt werden (Notification). Dies ist in Abbildung 56 mit der Ziffer 1 gekennzeichnet und wird in Abbildung 57 durch die Szenarien 1 und 2 modelliert. Bei Eintreffen einer neuen Anlagen-Beschreibung im Format CAEX im Engineering-Framework, wird der entsprechende Client, in diesem Fall der Client, der für die Erstellung der CAEX-Daten zuständig ist, über eine Notification benachrichtigt. In Abbildung 56 gekennzeichnet durch die Ziffer 2. Er führt die ihm zugewiesenen Aufgaben (Prüfen und Ablegen der Datei) aus und legt die Ergebnisse unterhalb des Knotens ‚Beschreibung' im Bereich des AnlagenContainers im Adressraum einen neuen Knoten an (siehe Abbildung 56 – Ziffer 3, Abbildung 57 – Szenario 3). Anschließend löst er ein entsprechendes Ereignis (Event) aus (Abbildung 57 – Szenario 4). Da nachfolgende Clients – wie beispielsweise der Client, der sich um die Aufteilung und Aufbereitung der Daten kümmert – diese Informationen benötigen, überwachen sie diesen Teil des Adressraums und lesen die bereit gestellten Informationen aus (Abbildung 57 – Szenario 5), um ihre Aufgaben darauf aufbauend auszuführen.

Nächster Client im Ablauf wäre der Transformations-Client, der für die Transformation der Daten in projektierungs- und visualisierungsspezifische Anteile zuständig ist. Dieser legt nach Beendigung seiner Aufgaben einen Knoten unterhalb des Knotens Trafo in einem Teilbereich der Software-Komponenten-Container im Adressraum an, den wiederum einer der nachfolgenden Clients beobachtet. Wie in Abbildung 57 dargestellt, setzt sich dieser Prozess fort, bis die Gesamtaufgabe erfolgreich erledigt wurde und alle Clients sich vom Server abmelden können (siehe Abbildung 57 – Szenario 6). Die An- und Abmeldung der Clients erfolgt bei Initialisierung bzw. beim Herunterfahren des Frameworks und nicht bei jedem einzelnen Durchlauf.

Unterhalb des Objekts ‚Trafo' wird ein Knoten angelegt, wenn die Transformation der SPS-CAEX-Datei in die Proj-CAEX-Datei und die Visu-CAEX-Datei durchgeführt wurde. Projektierung bekommt einen neuen Knoten hinzugefügt, wenn die Inhalte der Proj-CAEX-Datei in die Projektierungsdatenbank geschrieben wurden und die Generierung erhält einen neuen Unterknoten, wenn die in der Projektierungsdatenbank enthaltenen Inhalte generiert und an die IUS (Laufzeitkomponenten von ProVis.Agent) übertragen wurden. Unter ‚IUS' wird ein neuer Knoten nach dem Neustart der IUS erzeugt, und unterhalb von ‚Visu' entsteht ein neuer Knoten, wenn die Visualisierung generiert wurde.

Szenario 1 der in Abbildung 57 referenzierten Szenarien, das den Aufbau der Verbindung zwischen Clients und Server beschreibt, ist in Abbildung 58 dargestellt. Die darin verwendeten Methodennamen repräsentieren OPC-UA-Service-Bezeichnungen. Mit Hilfe der Methode ‚GetEndpoints‘ aus dem ‚Discovery-ServiceSet‘, wird vom Client angefragt, welche Services der Server zur Verfügung stellt. Mögliche Anknüpfungspunkte werden dem Client daraufhin vom Server mitgeteilt. Mit Hilfe des SecureChannelServiceSets wird ein sicherer Kommunikationskanal zwischen Client und Server aufgebaut und eine so genannte Session (Sitzung) zwischen Client und Server dort aufgesetzt.

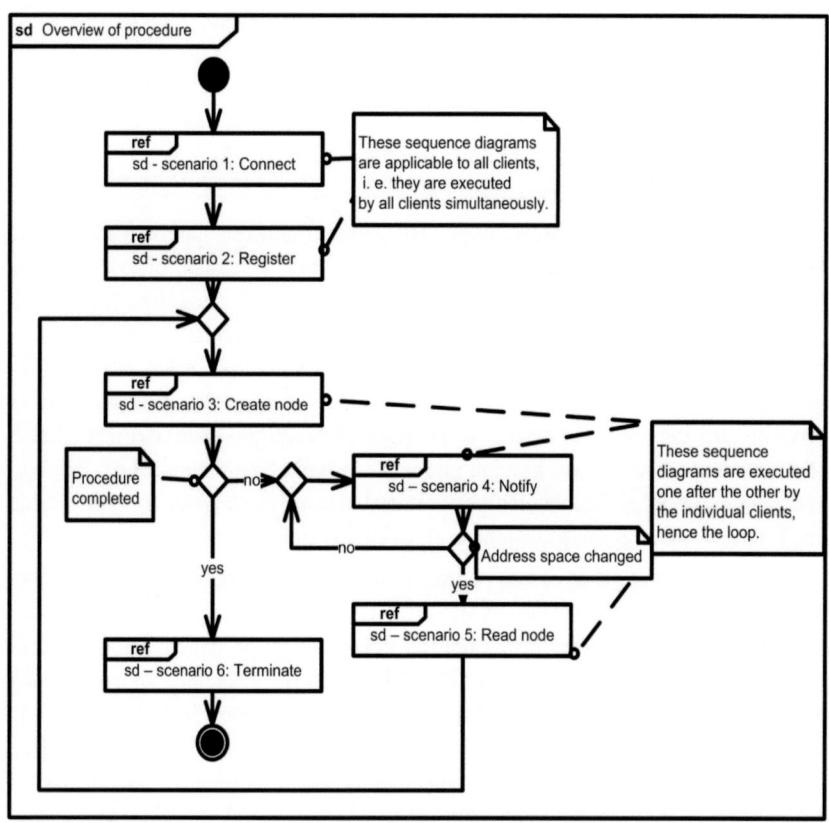

Abbildung 57: Sequenzdiagramm für den Ablauf [Schleipen, 2008a]

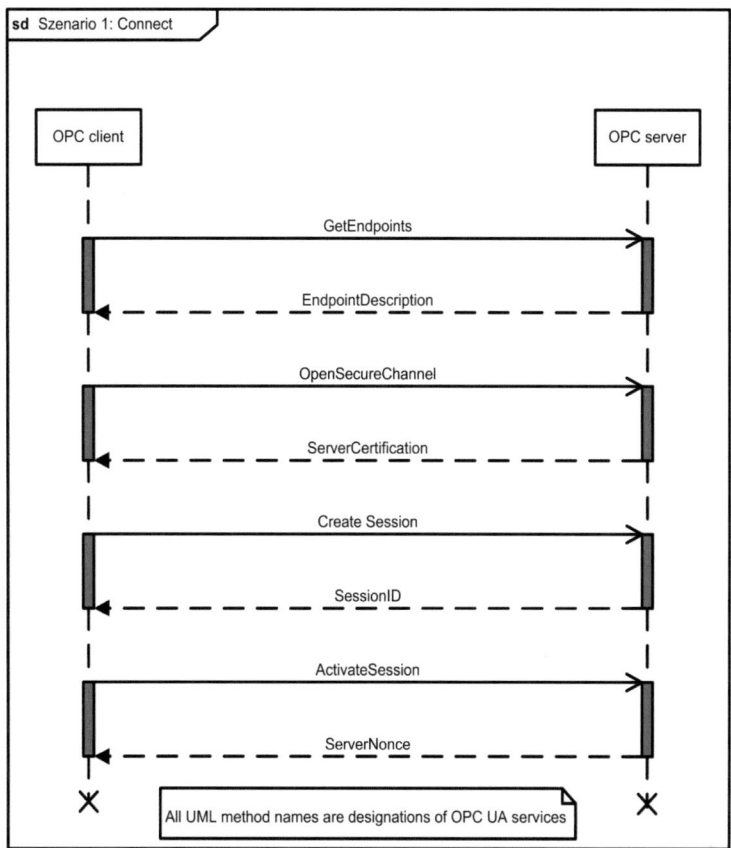

Abbildung 58: Sequenzdiagramm für Szenario 1: Verbindung [Schleipen, 2008a]

Die OPC-UA-Komponenten (Server und Clients) wurden mit Hilfe des 'OPC-UA SDK for .NET' (Version 1.00.115) erstellt (siehe [Schleipen, 2008a]). Entsprechende, in der Spezifikation definierte, Webservices werden dort in Methoden gekapselt und sind dadurch leicht verwendbar. Für den Server genügt eine Minimaloberfläche (siehe Abbildung 59, links), die implementierten Clients hingegen, erhalten eine eigene komplexe Benutzeroberfläche (siehe Abbildung 59, rechts). Um die Funktionalität der Oberfläche nicht zu beeinträchtigen, wurde sie von der Verarbeitungslogik der Clients durch die Ausführung in ver-

schiedenen Threads getrennt. Alle Komponenten setzen auf einer Bei-
spielimplementierung der OPCFoundation auf, diese wurde aber um einige
Funktionalitäten und zum damaligen Zeitpunkt nicht existierende Ser-
viceimplementierungen erweitert.

Sofern die Clients nicht über verschiedene Rechner verteilt sind, ist es ebenso
möglich, den kompletten Ablauf mit einem einzigen Client durchzuführen.
Daher wird beim Start der Komponenten entschieden, ob das Änderungsmanagement zentral und lokal oder verteilt gestartet werden soll (siehe Abbildung
60).

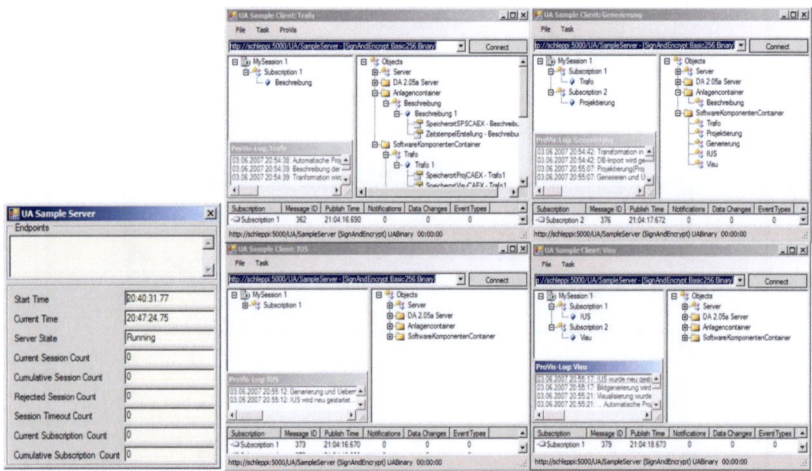

Abbildung 59: OPC-UA-Server-Oberfläche des Demonstrators (links), OPC-
UA-Clients des Demonstrators (rechts) [Schleipen, 2008a]

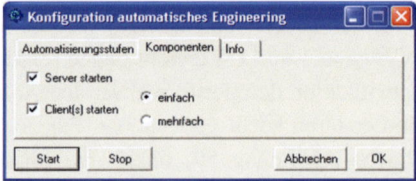

Abbildung 60: Konfigurator zum Start der Software-Komponenten für die
automatisierte Projektierung [Schleipen, 2008a]

Innerhalb der einzelnen Clients (siehe Abbildung 61) werden Informationen zum verbundenen Server (Endpoint), zu aktiven Sitzungen (Sessions), überwachten Bereichen (MonitoredItems), dem Adressraum des Servers, sowie die Information über eventuelle Benachrichtigungen für den Benutzer bereit gestellt.

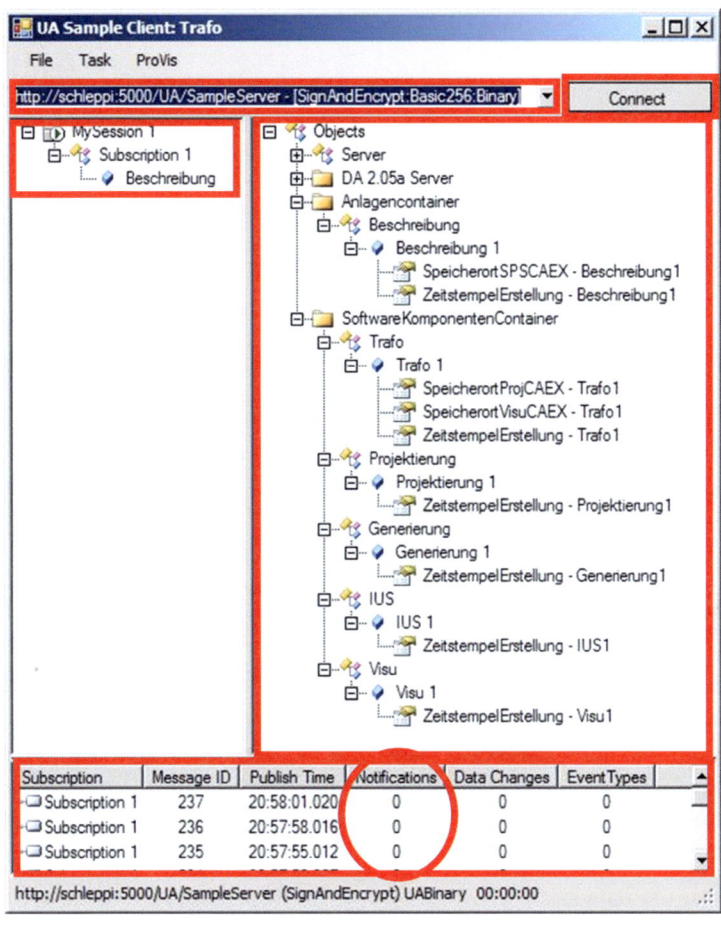

Abbildung 61: OPC-UA-Client und Adressraum-Abbild im Client [Schleipen, 2008a]

Wie zuvor beschrieben, legen die Clients während des Ablaufs Knoten im Adressraum des Servers an. Nach einem Gesamtablauf und der erfolgreichen Projektierung des Leitsystems, sowie der Generierung der Visualisierung, existieren die in Abbildung 62 neu angelegten Knoten (mit roten Pfeilen markiert). Bei weiteren Durchläufen würden entsprechende neue Knoten mit fortlaufender Nummerierung hinzugefügt.

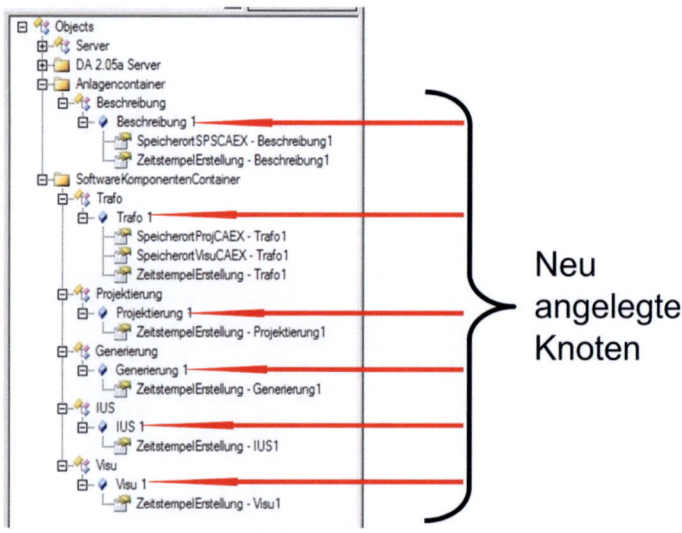

Abbildung 62: Adressraum des Servers nach der Verarbeitung einer neuen Anlagenbeschreibung [Schleipen, 2008a]

In den Zielsystemen äußern sich die Ergebnisse auf unterschiedliche Art und Weise. Während im Leitsystem selbst entsprechende Informationen in der Projektierung und der zugehörigen Datenbank eingetragen werden (Beispiel siehe Abbildung 63), ist in der Visualisierung das neu generierte und mit Dynamisierungen und Anbindungen versehene Prozessführungsbild (Beispiel siehe Abbildung 64) zu sehen.

Durch die entwickelten Komponenten, Mechanismen und Abläufe werden über den Haupteinsatzzweck hinaus neue Potenziale generiert. So kommt beispielsweise durch die frühe Projektierung der Leittechnik diese als Datenquelle für die Digitale Fabrik in Frage. Damit könnte ein Regelkreis zwischen Leitsystem (Vertreter der Systeme aus dem Betrieb der Produktionsanlagen) und der Digitalen Fabrik (Systeme der Produktionsplanung) geschaffen werden, indem Auswertungen des Leitsystems genutzt werden, um die Modelle der Digitalen Fabrik zu verbessern (siehe [Schleipen et al., 2009a]). Die Auswertungen werden als Rückgabeparameter des Webservices übermittelt. Im Rahmen von ProduFlexil wurde dies genutzt, um dem zentralen Änderungsmanagement Entscheidungshilfen für die Bewertung von verschiedenen Konfigurationen zur Verfügung zu stellen, an Hand derer es Vorschläge für den Benutzer zur Auswahl einer Konfiguration zur Verfügung stellen kann. Das Leitsystem kann für ablauffähige Konfigurationen verschiedene Kennzahlen bereit stellen. Dabei wurden exemplarisch nachfolgende Kennzahlen von der Auswertungskomponente des Leitsystems bereit gestellt:

- MTBF (mean-time-between failures): Durchschnittliche Zeit zwischen Störungen gemittelt über Anlagen in einer Konfiguration,

- MTTR (mean-time to repair): Durchschnittliche Störzeit aller Anlagen in einer Konfiguration,

- Stückzahldifferenz im Auswertungszeitraum; Stückzahlen sind monoton steigend, daher wird Maximum-Minimum berechnet.

Die Kennzahlen werden entgegen der normalen Vorgehensweise im Leitsystem nicht nach Arbeitsschichten in der Produktion berechnet, sondern können beliebig zwischen zwei Zeitpunkten berechnet werden. Dies hat den Vorteil, dass die Zeitpunkte, zwischen denen ausgewertet werden soll, nicht ans Arbeitszeitmodell im Leitsystem gekoppelt sind, sondern vom Benutzer bzw. dem zentralen Änderungsmanagement frei gewählt werden können. Er ist damit in seiner Betrachtungsweise unabhängig vom Arbeitszeitmodell.

Die Kennzahlen können beliebig erweitert werden, sofern die Prozessdaten für die Berechnung weiterer Kennzahlen vorliegen. Die Übermittlung der Kennzahlen von der Auswertungskomponente an das zentrale Änderungsmanagement erfolgt über einen Webservice mit Hilfe von XML-Dokumenten, die nach dem XML-Schema in Abbildung 65 aufgebaut sind.

Die Beschreibung der neuen, veränderten Konfigurationen wird dabei eindeutig identifiziert an Hand der ID. Alle beschriebenen neuen Konfigurationsmöglichkeiten sind abhängig von der ID der Ausgangskonfiguration (OLD_ID). Die Auswertung wird beim Aufruf des zuvor beschriebenen Webservices als Ergebnis zurückgeliefert, kann aber auch explizit wie folgt abgerufen werden:

- Bereits gelaufene Auswertung abrufen: XMLDocument (Auswertung) GetReport (string id)

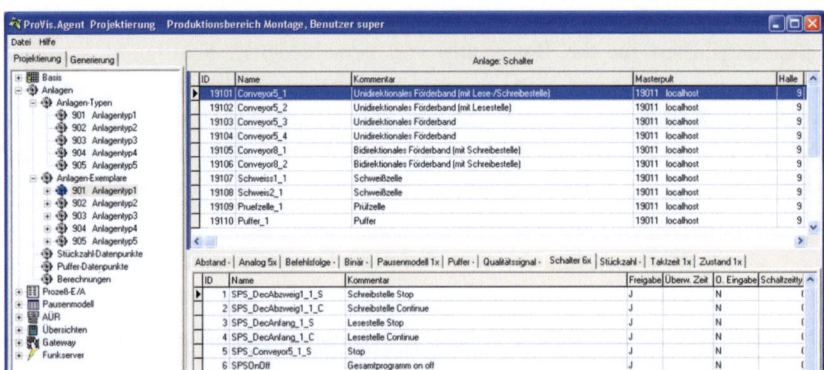

Abbildung 63: Darstellung von projektierten Inhalten in der aktuellen Projektie-rungsoberfläche [Schleipen, 2008a]

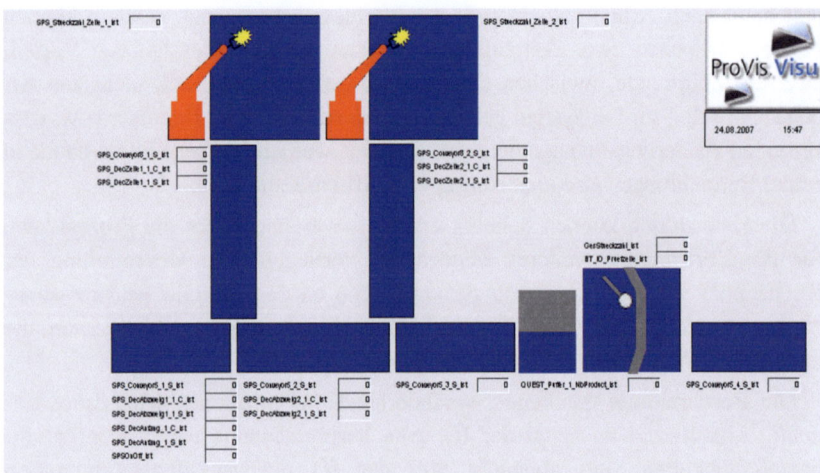

Abbildung 64: Generiertes Prozessführungsbild zur Visualisierung eines Anwendungsbeispiels (im Rahmen einer Kooperation mit dem Daimler Forschungszentrum Ulm) [Schleipen, 2008a]

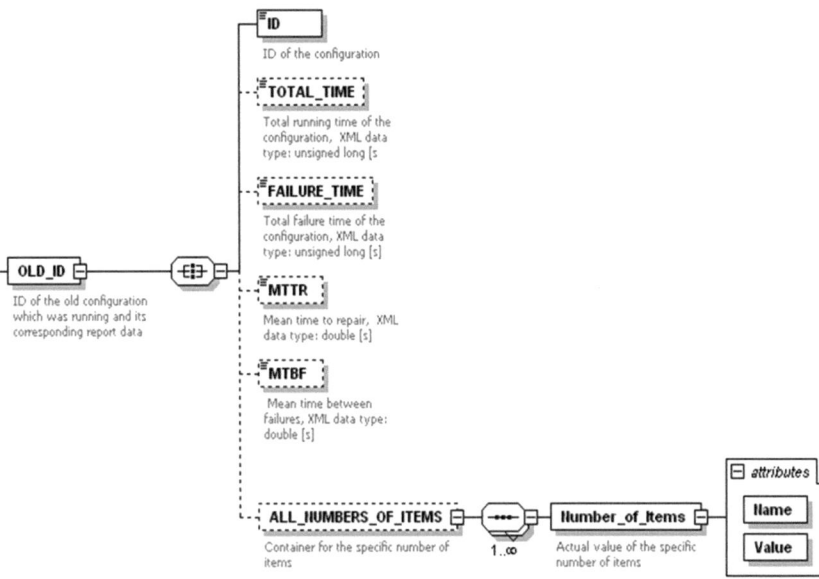

Abbildung 65: XML-Schema zur Beschreibung von Leitsystem-Auswertungen

7.3 Über die physikalische Kommunikation hinaus

Wie beispielsweise in Abschnitt 6.1 erwähnt, geht es bei der Kommunikation im Bereich MES nicht nur um die ‚Online-Kommunikation' zum Zeitpunkt des Anlagenbetriebs, sondern schon vorab um die Kommunikation von für das MES relevanten Daten und Informationen, die zum Engineering benötigt werden. Dabei werden semantisch angereicherte Informationen zwischen den beteiligten Systemen kommuniziert. Hierfür steht eine Auswahl an existierenden Lösungen zur Verfügung. Diese Lösungen kommen aus dem Büro- als auch aus dem Produktionsumfeld und sollten auf Grund des auftretenden Datenvolumens in Betrieb und Planung effizient ablaufen. Wichtig für die Auswahl einer Kommunikationslösung ist vor allem der Einsatzzweck (Planung/Betrieb, Zeitverhalten, Datenmenge). Zusätzlich müssen entsprechende Lösungen aber in jedem Fall modular gestaltbar und erweiterbar sein. Darüber hinaus müssen entsprechende Standards, die in die engere Auswahl kommen, auf Grund der zahlreichen Datenquellen und aktuell vorliegenden IT-Infrastrukturen komplett verteilbar sein. Eventuell müssen Komponenten des Standards nicht nur auf verschiedene

Rechner verteilt werden, sondern sogar in unterschiedlichen Netzen laufen und dennoch miteinander kommunizieren können. Ideal ist es, wenn ein und derselbe Kommunikationsstandard für den Austausch der Engineering-Daten, sowie für die Online-Kommunikation der Prozess-Signale im Betrieb verwendet werden kann. Für den vorliegenden Fall im Bereich MES bietet sich daher die OPC-UA für die automatisierte Projektierung von Leitsystemen beziehungsweise die Kopplung von Leit- und Steuerungsebene an. Sie ermöglicht eine objektorientierte Abbildung des realen Produktionsumfelds in den zugehörigen voll vernetzten Informationsmodellen des OPC-UA-Servers. Dieses Weltmodell spannt während der Ausführung des OPC-UA-Servers den Adressraum auf. Es muss aufgebaut und an Veränderungen angepasst werden und erhält im späteren Anlagenbetrieb die Signale aus dem Produktionsprozess.

Um auch den Austausch komplexer semantisch angereicherter Informationen zu unterstützen, ist gerade dem Entwurf von OPC-UA-Server-Adressräumen besondere Bedeutung beizumessen. Der Aufbau kann je nach Umfang der zu überwachenden und anzusteuernden Produktionsanlage sehr aufwändig sein. Dabei geht es nicht nur darum, die Strukturen und Objekte des Adressraums möglichst effizient mit allen Beteiligten abzustimmen, sondern auch auszutauschende Inhalte direkt in den Server-Adressraum zu integrieren, um so die Möglichkeiten und Potenziale der OPC-UA voll ausnutzen zu können. Zu diesem Zweck wurde ein entsprechendes Assistenztool (siehe [Schleipen et al., 2010a]) entwickelt, das Planer und Projektierer über eine grafische Web-Oberfläche unterstützt und das als Kommunikationshilfe im Planungsprozess eingesetzt werden kann. Von der OPCFoundation wird zur Modellierung von OPC-UA-Server-Adressräumen eine grafische Notation vorgeschlagen, die die Basisobjekte und ihre Zusammenhänge übersichtlich darstellt. Diese Notation ist für Nutzer sehr viel eingängiger als die XML-Beschreibung und wird daher als grafische Repräsentation verwendet.

Durch ein entsprechendes Assistenztool (OPC-UA-Adressraum-Modeller) können die CAEX-Daten für die OPC-UA Komponenten direkt nutzbar gemacht werden. Darüber hinaus beinhaltet es aber auch die Umsetzung bzw. Abbildung von CAEX-Daten in ein OPC-UA-Informationsmodell, um den Engineering-Prozess weiter zu vereinfachen und die Daten online verfügbar und verarbeitbar zu halten. Um die in CAEX standardisiert beschriebenen Inhalte noch besser nutzen zu können, wird das CAEX-Schema in den OPC-UA-Server-Adressraum integriert, um so die Fähigkeiten des OPC-UA-Servers

intensiver auszunutzen. Ziel ist der Export eines grafischen Informationsmodells in Form einer XML-Beschreibung, die nach Vorgaben der OPCFoundation erstellt wurde. Dieser Sachverhalt ist schematisch in Abbildung 66 dargestellt. Mit Hilfe der exportierten XML-Beschreibung können an Hand eines
Verarbeitungstools (UA-Adressraumtool) entsprechende vom Programm lesbare XML-Strukturen geschaffen und mit Hilfe eines Adressraum-Importers in
OPC-UA-Server importiert werden. Diese Vorgehensweise (außerhalb des gel-
ben Kastens) wurde bei einer der Entwicklerkonferenzen (OPC DevCon) in
München von der OPCFoundation vorgestellt.

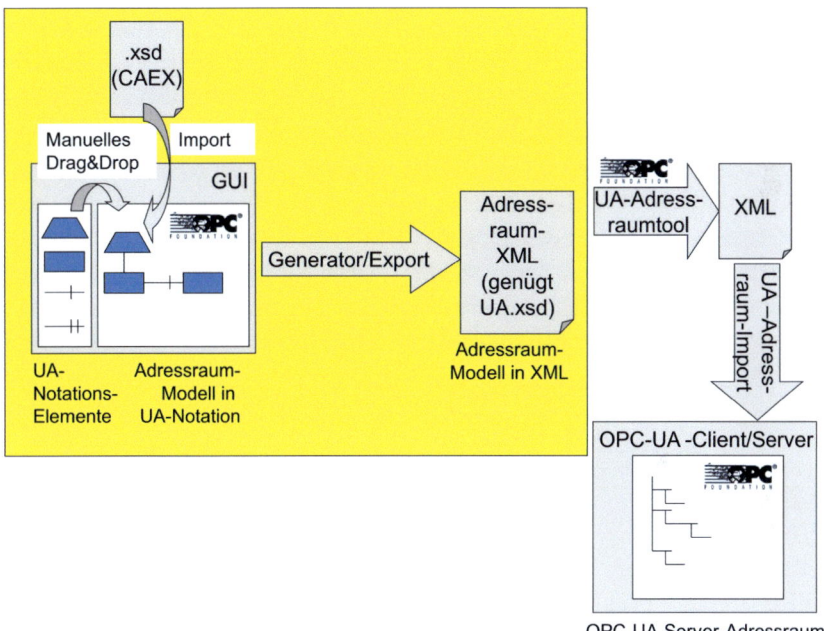

Abbildung 66: OPC-UA-Adressraum-Modeller Prozesskette [Wang, 2009]

Der OPC-UA-Adressraum-Modeller wurde für OPC-UA-Entwickler und
-Anwender entwickelt, um die Fähigkeiten des OPC-UA-Servers intensiver aus-
zunutzen und die CAEX-Daten online halten zu können. Der OPC-UA-
Adressraum-Modeller als Lösung für solche Anforderungen, ermöglicht die

Integration von CAEX in den OPC-UA-Server-Adressraum und die grafische Bearbeitung von CAEX-Informationen und OPC-UA-XML-Beschreibungen. Für die Verwendung des OPC-UA-Adressraum-Modellers werden verschiedene Anwendungsfälle betrachtet. Es ist sowohl möglich, komplett neue Informationsmodelle für OPC-UA-Server aufzubauen, als auch den Import einer CAEX-Beschreibung einer Anlage zur Beschreibung des Informationsmodells heranzuziehen. Die grafische Repräsentation des Informationsmodells kann dann in oben genannte XML-Beschreibung exportiert werden, um das Modell elektronisch auszuwerten und weiterzuverwenden. Zwar könnte eine entsprechende XML-Beschreibung auch aktuell schon in einem XML-Editor erstellt und entsprechende CAEX-Modelle von Hand in eine OPC-UA-konforme Modellierung überführt werden, aber dies berücksichtigt jedoch nicht die spezielle Form der Adressraumbeschreibung (grafisch), die den Entwicklern geläufig und auch für ‚Nicht-Eingeweihte' verständlich ist.

Der Ablauf der internen Logik ist in Abbildung 67 zu sehen. Das CAEX-Schema muss in die entsprechende grafische Beschreibung transformiert und die Umsetzung zwischen dem OPC-UA-XML und der grafischen Repräsentation implementiert werden. Diese Schritte können auf Basis der XML-Schemata sowie der grafischen Elementtypen umgesetzt werden. Zur konkreten Umsetzung werden darüber hinaus verschiedene Beispiele der einzelnen Repräsentanten herangezogen.

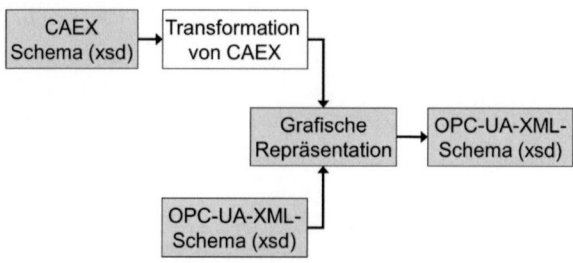

Abbildung 67: Ablauf der internen Logik [Wang, 2009]

Die entwickelte Anwendung sollte möglichst breit einsetzbar und daher webfähig sein. Aber auch die Oberflächen wurden mit Hilfe der Windows Presentation Foundation (WPF) (siehe [Microsoft WPF, 2011]) und Silverlight (siehe [Microsoft Silverlight, 2011] unter Verwendung der Silverlight 3 Tools (siehe

[Microsoft Silverlight 3 Tools, 2011] auf Basis von XAML und damit XML erstellt. Die Verarbeitungslogik basiert auf XML und ist komplett von der Oberfläche getrennt.

Das interne Datenmodell folgt der von der OPCFoundation vorgeschlagenen grafischen Notation. Mögliche Entitäten sind Object, ObjectType, Variable, VariableType, DataType und ReferenceType. Relationen können vom Typ Symmetric ReferenceType, Asymmetric ReferenceType, Hierarchical ReferenceType, HasComponent, HasProperty, HasTypeDefinition, HasSubtype und HasEventSource sein (wie im vorangegangenen Abschnitt in Abbildung 55 dargestellt). Das Modell weicht von einer reinen objektorientierten Modellierung insofern ab, als dass Relationen auch als eigenständige und typisierte Objekte modelliert werden. Dies ähnelt der Behandlung von Relationen innerhalb von OWL-Ontologien (Properties). Bestimmte Elemente sind Grundelemente innerhalb des Informationsmodells. Hierzu zählen beispielsweise das Root-Element, sowie Objekte vom Typ FolderType wie Objects, ObjectTypes, Relations, etc. Diese Grundstruktur wird im XML nicht explizit modelliert, in der grafischen Repräsentation aber dargestellt, um Zusammenhänge und Aufhängungspunkte im Modell ersichtlich zu machen.

Die Umsetzung bzw. Zuodnungsvorschrift zwischen grafischer Notation und der von der OPCFoundation vorgeschlagenen XML-Repräsentation ist eine Bijektion, sie ist in Abbildung 68 dargestellt. Für den Import der XML-Beschreibung werden einzelne XML-Elemente in entsprechende grafische Elemente umgewandelt. Um die grafische Notation wieder zurück zu verwandeln, wird aus jedem grafischen Element ein XML-Fragment (XML-Element) erzeugt. Diese werden durch eine zentrale Methode in einer gemeinsamen XML-Beschreibung vereint.

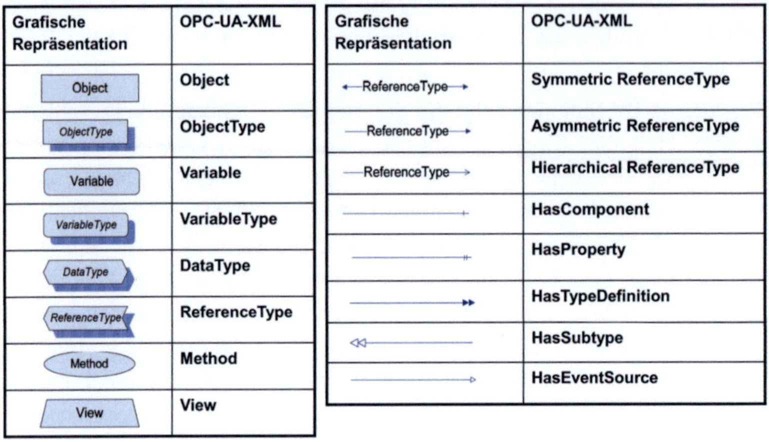

Grafische Repräsentation	OPC-UA-XML	Grafische Repräsentation	OPC-UA-XML
Object	Object	←—ReferenceType—→	Symmetric ReferenceType
ObjectType	ObjectType	—ReferenceType—→	Asymmetric ReferenceType
Variable	Variable	—ReferenceType—→	Hierarchical ReferenceType
VariableType	VariableType		HasComponent
DataType	DataType		HasProperty
ReferenceType	ReferenceType		HasTypeDefinition
Method	Method		HasSubtype
View	View		HasEventSource

Abbildung 68: Abbildung des grafischen OPC-UA-Modells in die OPC-UA-
XML-Beschreibung [Schleipen et al., 2010a]

Zwischen der grafischen Repräsentation und CAEX kann keine triviale Bijektion gefunden werden. Wichtig ist, dass sowohl die Semantik des CAEX-Modells erhalten bleibt, gleichzeitig aber vermieden wird, dass suboptimale Umsetzungen mögliche Vorteile der OPC-UA unbrauchbar machen. Die Abbildung wurde auf Basis des CAEX-XML-Schemas vorgenommen. Ein Ausschnitt für eine mögliche Aufteilung findet sich in Abbildung 69. Basisstrukturen wie die InstanceHierarchy, RoleClassLibraries, SystemUnitClassLibraries und InterfaceClassLibraries werden als Objekte vom Typ FolderType abgebildet, die entsprechenden konkreten Elemente innerhalb der Strukturen werden von zugehörigen Basisstrukturen abgeleitet. Ihre Eigenschaften werden als Variablen im OPC-UA-Adressraum abgebildet. Verknüpfungen zwischen den Elementen werden als typisierte Relationen modelliert, wobei InternalLinks als Ausnahme der Regel eigenständige Objekte sind. Auch Attribute in CAEX werden als Objekte im OPC-UA-Adressraum repräsentiert und enthalten als Value OPC-UA-Variablen. Die XML-Typen der einzelnen Elemente werden auf entsprechende OPC-UA-Datentypen abgebildet.

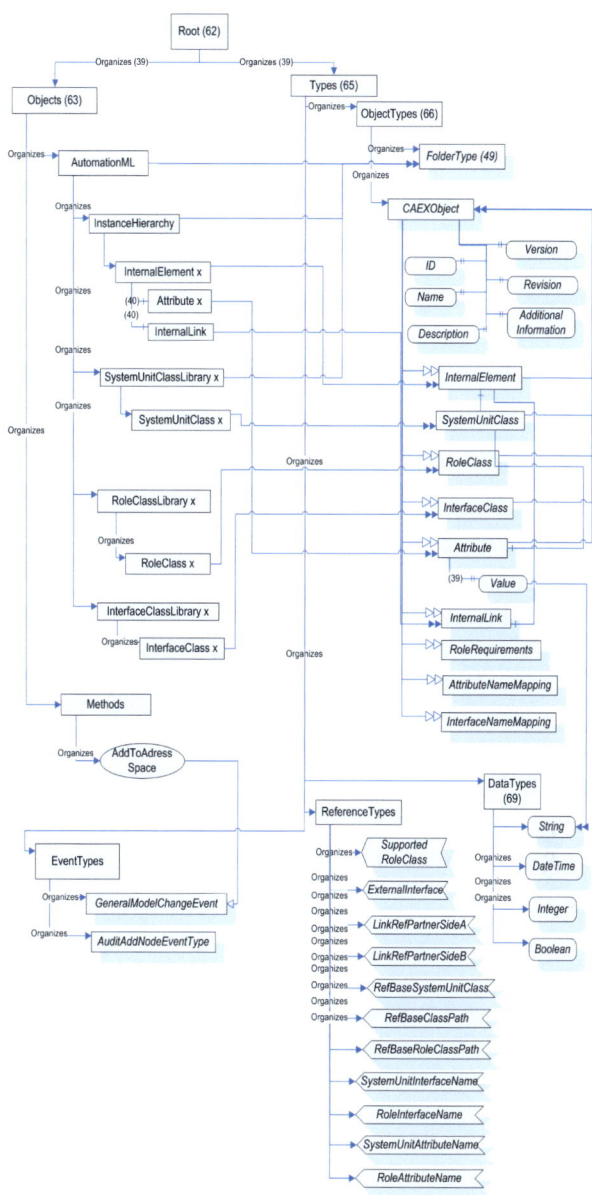

Abbildung 69: Abbildung des CAEX-/AutomationML-Modells in das grafische
OPC-UA-Modell

Die grafische Oberfläche (GUI, siehe Abbildung 70), als elementarer Bestandteil des Modellers und Interaktionsmöglichkeit der Anwender mit dem Modell, beinhaltet als Repräsentationsstrukturen die Elemente der grafischen OPC-UA-Notation.

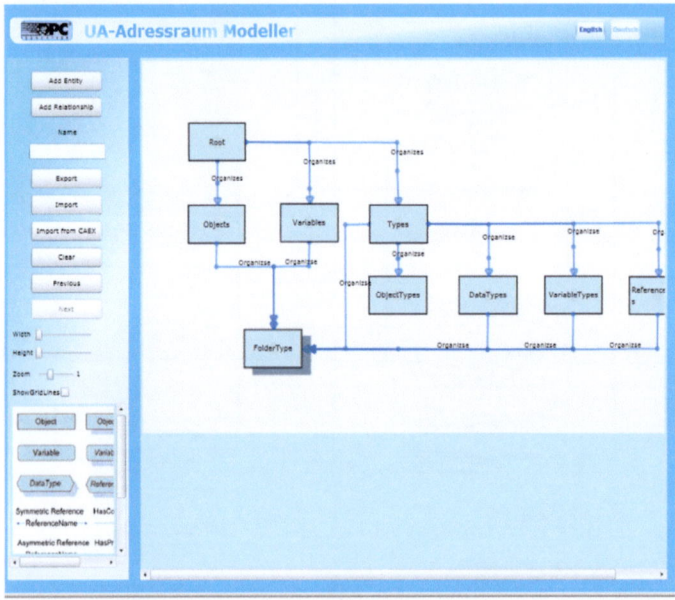

Abbildung 70: Grafische Benutzeroberfläche des OPC-UA-Modellers [Wang, 2009]

Sie ermöglicht die Erstellung, Positionierung und Verknüpfung der Modellelemente. In Abbildung 71 weist ‚1.' auf die Steuerelemente für die Sprachumschaltung hin. ‚2.' hebt die Steuerelemente zur Erstellung der Objekte hervor. Funktionen zur Veränderung des Arbeitsbereichs, wie beispielsweise Zoom oder Anzeigen/Verbergen der Gitternetzlinien (grid) werden mit ‚3.' bezeichnet. ‚4.' zeigt die Legende möglicher Entitäten und Relationen. Für die Erstellung der Modelle existiert ein entsprechender Arbeitsbereich (markiert mit ‚5.') im rechten Teil der Oberfläche.

Der Arbeitsbereich unterscheidet zwei verschiedene Arten von Elementen: Entitäten und Relationen. Er unterstützt die Erstellung der Elemente, ebenso wie die Veränderung und das Löschen. Wird eine Entität gelöscht, werden auch alle zugehörigen Relationen gelöscht, die dadurch ungültig werden. Er ermöglicht eine Sprachumschaltung zwischen deutsch und englisch durch einen Lokalisationsmechanismus, der auf Ressourcen-Textdateien basiert. Positionierungsalgorithmen können zur Übersichtlichkeit angewendet werden. Für die einzelnen Funktionen existieren verschiedene Interaktionsmöglichkeiten. Dazu werden die zusätzlichen Menüs EntitySetting (Element A der Abbildung 71), RelationshipSetting (Element B der Abbildung 71), EntityMenü (Element D der Abbildung 71), RelationshipMenü (Element E der Abbildung 71) und ErrorTipMenü, sowie die XML-Import- und Export-Fenster eingebettet. Darüber hinaus noch ein Erstellungsmenü (Element C der Abbildung 71) für den grafischen Arbeitsbereich.

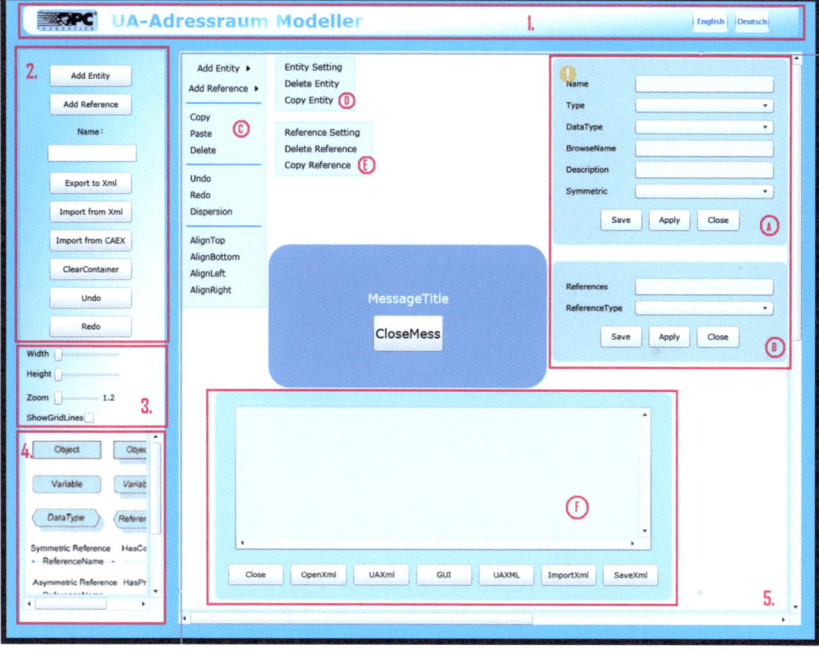

Abbildung 71: Container-Klasse des Arbeitsbereichs [Schleipen et al., 2010a]

135

Entitäten sind die Objekte im Arbeitsbereich und können per Mausinteraktion mittels Drag&Drop verschoben werden. Dabei werden auch verbundene Relationen mit verschoben. Relationen stellen Verbindungen eines bestimmten Typs zwischen zwei Entitäten dar. Auch sie können unabhängig per Drag&Drop verschoben werden. Zusätzlich ist es möglich, Anfang und Ende von Relationen an Entitäten ‚anzudocken', um sie bei Veränderung der Entitäten ebenfalls zu verschieben oder zu löschen.

Abbildung 72 stellt eine aus CAEX importierte grafische Beschreibung dar, die im Modeller nachbearbeitet und bei Fertigstellung in ein entsprechendes XML-Modell exportiert werden kann. Da grafische OPC-UA-Informationsmodelle schnell komplex werden können, muss über die prototypische Implementierung hinaus an verbesserten Positionierungsmethoden für die Elemente und der Verbesserung der Übersichtlichkeit gearbeitet werden.

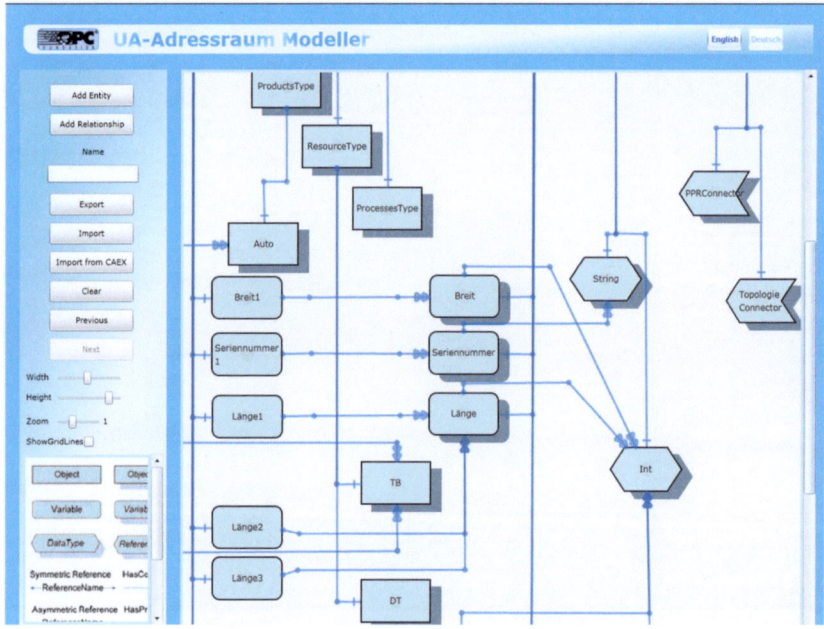

Abbildung 72: Grafische Darstellung eines Anwendungsbeispiels [Schleipen et al., 2010a]

8. Horizontale Interoperabilität

Heute sind MES in der Praxis häufig Insellösungen, die ihre Aufgaben isoliert erledigen (siehe [Schleipen & Sauer, 2009b]). Eine Herausforderung für MES der Zukunft ist es, durchgängige Datenmanagement-Lösungen zu schaffen. Hierfür muss die logische Ebene in den Datenaustausch integriert werden (siehe [Schleipen, 2009b]) und es müssen Schnittstellen zwischen verschiedenen MES (auf gleicher Ebene der Architektur der industriellen Automatisierung) mit entsprechender Logik bzw. Intelligenz ausgestattet werden. Dazu werden Instrumente für den Austausch benötigt, die ein gemeinsames Verständnis der Informationen ermöglichen. Technische Lösungen, die dabei helfen können kommunizierte Inhalte semantisch zu definieren, sind beispielsweise Ontologien.

8.1 Schnittstellendefinition mit Ontologien

Ontologien schaffen eine gemeinsame Begriffswelt und die Grundlage für ein einheitliches Verständnis der Beteiligten. Diese Eigenschaft wurde auch in einer vom IOSB geleiteten Arbeitsgruppe im VDI genutzt, um die von MES kommunizierten und empfangenen Informationen semantisch zu beschreiben (siehe [Schleipen et al., 2010d]). An der Vision einer semantischen Beschreibung wurde von 2008 bis 2010 gemeinsam mit Maschinen- und Anlagenherstellern, MES-Anbietern, sowie Anlagenbetreibern und Forschungspartnern gearbeitet. Ergebnis ist eine VDI-Richtlinie, die die entwickelten Definitionen und Begrifflichkeiten definiert (siehe [VDI5600 – Blatt 3]). Diese bzw. die zugehörige Ontologie (definiert im Format OWL) kann jeder Interessierte lesen, interpretieren und zur Integration in die eigene System-Landschaft nutzen. Die Ausgangslage bzw. Basis für die Arbeiten im VDI ist eine sichere, bereits realisierte Kommunikation, bei der die Datenpunkte[11] übertragen werden können, egal in

---

[11] „Unter einem Datenpunkt ... versteht man die zu übermittelnden Daten zwischen MES und Maschinen- und Anlagensteuerung inklusive eindeutigem Bezeichner, Bedeutung, mögliche Synonyme, das Datenformat, sowie die Angabe, ob es sich um mandatorische oder optionale Inhalte handelt" [VDI5600 – Blatt 3].

welcher Form. In der Ontologie geht es um die semantischen Definitionen der zu kommunizierenden Inhalte.

Bei der Entwicklung wurde auf existierenden Standards in diesem Bereich aufgebaut. Dies sind beispielsweise die Inhalte der Weihenstephaner Standards (siehe [Weihenstephan, 2011] oder die Strukturierung der ISA95 (siehe [IEC62264-1]). Gesucht wurde nicht nach einer allumfassenden Lösung, sondern nach der gemeinsamen Schnittmenge aller Parteien. Dabei wurde zur Erstellung der Ontologie nach Empfehlungen von [Leuchter, 2006] wie in Abbildung 73 dargestellt vorgegangen. Zunächst wurden aus den Erfahrungen der Teilnehmer (TN) und vergangenen Projekten Aufstellungen der dort benötigten und ausgetauschten Informationen in Form von Excel-Listen gesammelt, je beteiligtem Teilnehmer[12] gab es genau eine. Da die Teilnehmer aus unterschiedlichen Branchen stammten, enthalten die Auflistungen Informationen, die die diskrete und die kontinuierliche Fertigung bedienen. Durch diesen Umstand existieren auch Inhalte, die nicht von beiden Bereichen gleichzeitig genutzt werden können.

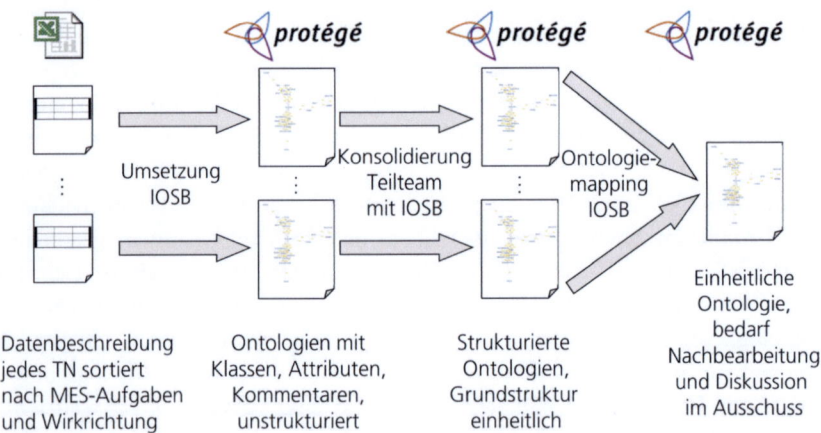

Abbildung 73: Vorgehen bei der Entwicklung der Ontologie [Schleipen et al., 2010b]

---

[12] Teilnehmer des VDI Arbeitskreises: Fraunhofer IOSB (Leitung), KHS AG, Hüller Hille GmbH, teamtechnik Maschinen und Anlagen GmbH, GADV mbH, MPDV Microlab GmbH, Robert Zapp Service GmbH, Q-DAS, Fraunhofer IPK, Fraunhofer IML und Arbeitsgruppe Integrierte Informationssysteme - Fakultät Elektrotechnik und Informationstechnik - Ruhr-Universität Bochum

Die so entstandenen Auflistungen wurden im nächsten Schritt mit Hilfe einer software-technischen Umsetzung (Assistenztool OWLTreePrint) in unstrukturierte Ontologien im OWL-Format umgewandelt. Dabei blieben die Strukturen und Begrifflichkeiten der Quelle erhalten. Zeilen der Exceltabelle spiegeln sich als Konzepte der einzelnen Ontologien wider. Die enthaltenen semantischen Beschreibungen wurden zunächst als Kommentare umgesetzt. Beispiele finden sich in Abbildung 74, gekennzeichnet mit blauen Punkten. Das Tool OWLTreePrint wurde im Rahmen der vorliegenden Arbeit entwickelt und sukzessive für entsprechende Aufgabenstellungen erweitert.

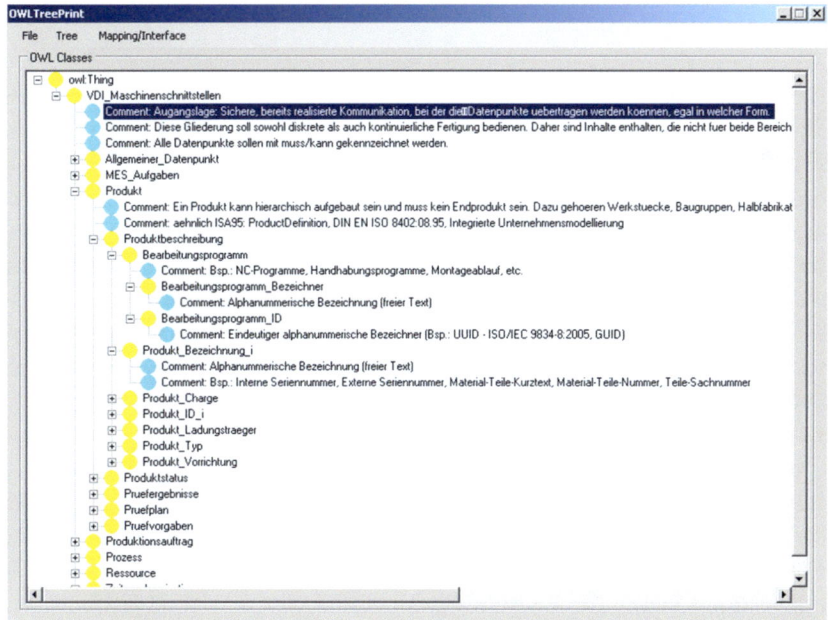

Abbildung 74: Kommentare in der Ontologie [Schleipen et al., 2010b]

Im nächsten Schritt wurden die einzelnen Ontologien strukturiert und es wurde versucht, diese an eine einheitliche Gliederung, angelehnt an die ISA95, anzupassen. Weitere Definitionen, die während dieser Arbeit im Gespräch geklärt werden konnten, wurden hinzugefügt. Abschließend wurden die strukturierten Einzelontologien in einer Gesamtontologie fusioniert. Es wurde auf Namensgleichheit, gleiche Einordnung in die Gliederungsebenen, sowie Strukturähnlichkeiten geachtet. Im gesamten Verlauf wurde außer OWLTreePrint auch das Tool Protégé [Protégé, 2011] verwendet. Die so entstandene Gesamtontologie wurde im VDI-Arbeitskreis diskutiert und nachbearbeitet. Dabei wurden Begriffe und Abhängigkeiten definiert, die Namensgebung vereinheitlicht, Inkonsistenzen identifiziert und beseitigt, sowie allgemeine Datenstrukturen herausgearbeitet. Ein solches Vorgehen und dabei eingesetzte Tools und verwendete Methoden sind unabhängig von der Domäne oder dem Einsatzzweck und könnten auch in anderen Bereichen zum Einsatz kommen.

8.2 VDI-MES-Ontologie

Die entstandene Gesamtontologie für den Austausch von Inhalten zwischen Maschinen-/ Anlagensteuerung und MES beinhaltet eine Hierarchie von verschiedenen logisch gegliederten Begrifflichkeiten, die Datenpunkte beschreiben, die zwischen Maschinen-/Anlagensteuerungen und MES ausgetauscht werden. Der Vorteil einer Hierarchie ist, dass sie auf einen Blick in einem Baum visualisiert und auch als Bild gespeichert oder ausgedruckt werden kann (beispielsweise mit OWLTreePrint oder Protégé). Allgemein wird bei den enthaltenen Elementen zwischen Datenpunkt und strukturierendem Ordner[13] unterschieden. Die Ontologie enthält insgesamt 354 Konzepte, bei denen es sich um Ordner und Datenpunkte handelt. Zu jedem Ordner oder Datenpunkt wurden verschiedene beschreibende Informationen definiert. Jedes Element erhält einen eindeutigen Namen inklusive einer führenden alphabetischen Hierarchieeinordnung (zum Beispiel ‚a_a_c__Produkt_Typ‘, wobei a_a_c redundant den Platz in der Hierarchie der Konzepte kennzeichnet). Diese zusätzliche Einordnung in die Konzepthierarchie wurde eingeführt, um auch Parteien, die keine Ontologiekenntnisse haben, die Verwendung der erarbeiteten Inhalte zu ermöglichen. Dafür können die Ontologiekonzepte als Excelliste exportiert werden (beispielsweise mit OWLTreePrint) und danach informationstechnisch weiterverarbeitet werden. Außerdem wird jedes Element durch eine Erläuterung definiert und es wird festgelegt, ob es sich bei dem Element um ein zwingend erforderli-

---

[13] „Unter einem Ordner ... versteht man ein strukturierendes Element der Schnittstelle. In einem Ordner können ein oder mehrere Datenpunkte enthalten sein" [VDI 5600 – Blatt 3].

ches (mandatorisch, ‚muss') oder optionales (‚kann') handelt. In manchen Fällen existieren zusätzliche Beispiele aus den verschiedenen Anwendungsbereichen, um die Erläuterung für Anwender noch plastischer zu gestalten. Über die Unterscheidung zwischen Ordner und Datenpunkt hinaus, erhalten die Datenpunkte einen eindeutig zugewiesenen Datentyp. Mögliche Typen sind Integer (int und uint bis 8 byte), Boolean (true und false), Real (8 byte IEEE floating point number), String (NVARCHAR 255 byte) und DateTime (UTC DateTime).

Durch die Modellierung der Ordner und Datenpunkte als Konzepte einer Ontologie sind weitere semantische Definitionen möglich. Beispielsweise existieren die MES-Aufgaben aus der VDI5600-1 (siehe [VDI5600 – Blatt 1]) auch als Konzepte. Dadurch kann für die Ordner der Elemente eine Zuordnung zu MES-Aufgaben getroffen werden. Dies ist in Tabelle 4 dargestellt. Dadurch wird es möglich, den nötigen Anteil für eine bestimmte MES-Aufgabe aus den Konzepten der Ontologie herauszufiltern. In ähnlicher Art und Weise können weitere Entscheidungskriterien hinzugefügt und genutzt werden.

Datenpunkt	Betriebsmittel-management	Daten-erfassung	Feinplanung und Steuerung	Informations-management	Leistungs-analyse	Material-management	Personal-management	Qualitäts-management
VDI_Maschinenschnittstellen								
Allgemeiner_Datenpunkt								
Allgemeiner_Datenpunkt_Ergebnisse				x				
Allgemeiner_Datenpunkt_Vorgaben				x				
Produktionsauftrag								
Produktionsauftragsbeschreibung			x	x	x	x	x	x
Produktionsauftragsergebnisse		x	x	x	x	x	x	x
Produktionsauftragsvorgaben	x	x	x	x	x	x	x	x
Produkt								
Produktbeschreibung			x	x		x		x
Produktstatus	x	x	x	x	x	x		x
Pruefergebnisse	x	x	x	x	x			x
Pruefplan			x	x				x
Pruefvorgaben	x	x	x	x				x
Prozess								
Prozessmeldung			x		x			x
Prozessparameter_Ergebnisse		x	x	x	x			x
Prozessparameter_Vorgaben			x	x	x			x
Prozessstatus			x	x	x			x
Regelungsstatus			x					
Ressource								
Allgemeine_Betriebsmittel_Beschreibung	x		x	x		x		
Betriebshilfsmittel	x	x	x	x				
Ressourcenmeldung	x	x	x	x		x		
Ressourcenstatus	x	x	x	x		x		x
Ressourcenvorgaben	x	x	x	x		x		
Zeitsynchronisation								
Rueckgabewert				x				
Vorgabewert				x				

Tabelle 4: Zuordnung Ordner-MES-Aufgaben [VDI5600 – Blatt 3]

Die ersten beiden Ebenen der Konzepthierarchie der Ontologie sind in Abbildung 75 visualisiert. Auf oberster Ebene wird unterschieden zwischen den Konzepten Produkt, Produktionsauftrag, Prozess, Ressource, Zeitsynchronisation und Allgemeiner Datenpunkt. Auf gleicher Ebene der Konzepte werden auch die nach [VDI5600 – Blatt 1] definierten MES-Aufgaben definiert. Ein Produkt bezeichnet dabei Rohmaterial, Rohstoffe, Halbfabrikate, Baugruppen, Werkstücke oder auch Zwischen- und Endprodukte. Es ist hierarchisch aufgebaut. Zu einem Produkt gehören beschreibende Informationen, sowie Test-/Prüfergebnisse. Diese Definition eines Produkts ähnelt der in der ISA95 (siehe [ISA95-1]) enthaltenen ProductDefinition bzw. MaterialInformationDefinition, sowie der Definition von Produkten nach der IUM (siehe [Spur et al., 1993]). Ein Produktionsauftrag wird verstanden als Fertigungsauftrag mit allen zugehörigen beschreibenden Informationen, Fahrweisen und Arbeitsplänen. Ein Prozess beschreibt einen Produktionsprozess inklusive der Teilprozesse, deren Prozessparameter, den Prozessablauf, sowie die Prozessplanung. Diese Definition ähnelt dem ProductionSchedule mit Segments in der ISA95 (siehe [ISA95-1]), sowie der Definition von Prozessen in der IUM (siehe [Spur et al., 1993]). Ressourcen beschreiben die produzierenden Entitäten der Produktion – Ressourcen wie Anlage, Roboter, Maschine, inklusive deren Vorrichtungen, Meldungen und Zustand. Die Definition ähnelt dem Equipment in der ISA95 (siehe [ISA95-1]) und den Ressourcen in der IUM (siehe [Spur et al., 1993]). Die Zeitsynchronisation befasst sich mit dem Abgleich der Zeit zwischen MES und Maschine bzw. Steuerung. Informationen, die in keinen der anderen Bereiche eingeordnet werden können, werden im Bereich Allgemeine Datenpunkte beschrieben. Hier können beispielsweise unabhängige, aber dennoch erfasste und ausgetauschte Werte wie Umgebungs- und Umweltbedingungen (Luft-, Luftfeuchtigkeit-, Schadstoff-, Temperaturwerte) beschrieben werden.

Auf zweiter Ebene wird häufig zwischen Beschreibung, Vorgaben und Ergebnissen unterschieden. Vorgaben sind Werte bzw. Daten, die vom MES an die Maschinen- und Anlagensteuerung gehen. Ergebnisse werden von der Maschinen- und Anlagensteuerung an das MES zurück gemeldet.

Weiterhin werden innerhalb bzw. unterhalb der Vorgaben und Ergebnisse, beispielsweise bei Produkten, Einzelwerte und Kurven unterschieden (siehe Abbildung 76).

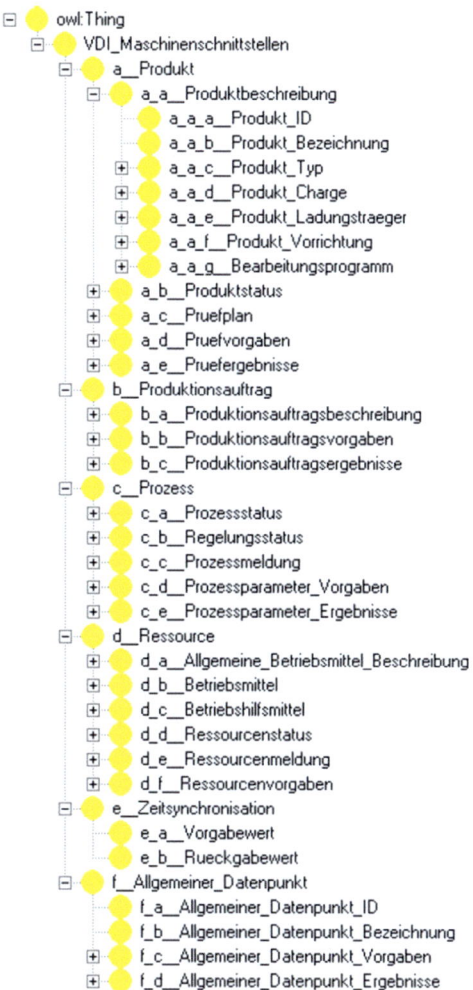

Abbildung 75: Hauptbereiche der VDI-MES-Ontologie [VDI5600 – Blatt 3]

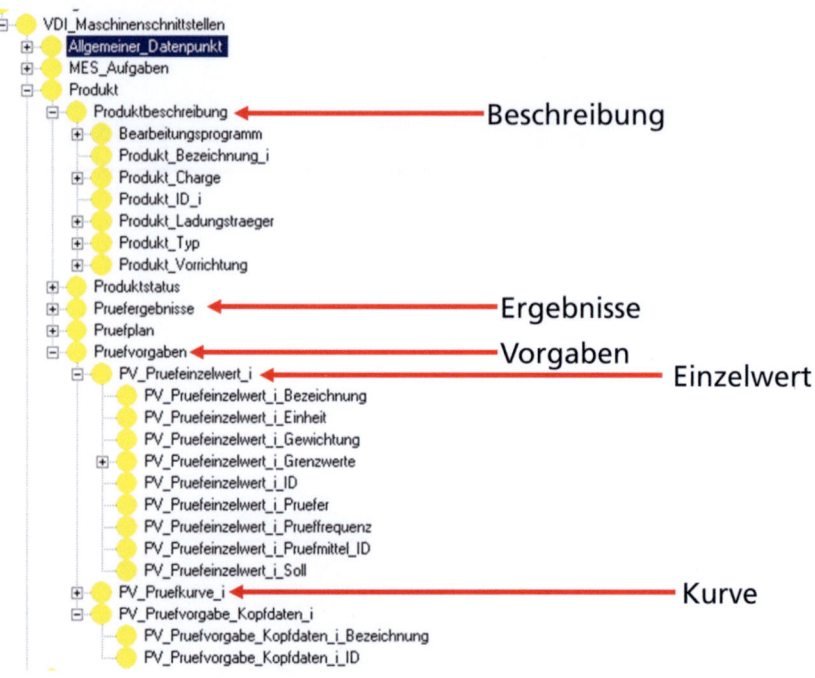

Abbildung 76: Untergliederung des Datenpunkts Produkt nach [VDI5600 –
Blatt 3]

8.3 Abbildung auf bestehende Schnittstellen

Da die vorgestellte Ontologie als Verständigungs-, Koordinations- und Map-
pinghilfe entwickelt wurde, müssen die Integration bestehender Standards und
die Abbildung auf bestehende Schnittstellen berücksichtigt werden. Eine Abbildung von bestimmten Schnittstellen auf die in der Schnittstelle definierte Semantik soll die Akzeptanz erhöhen und die Anfangsbarrieren der Nutzer abbauen.
Die Ontologie wurde daher so aufgebaut, dass alle Definitionen, Zusammenhänge und Eigenschaften sich im Konzeptteil der Ontologie abspielen. Dies
eröffnet die Möglichkeit, entsprechende bestehende Schnittstellendefinitionen
an Hand einer Instanziierung der vorhandenen Konzepte durch Individuen zu
integrieren. Hierfür bietet beispielsweise OWLTreePrint Assistenz für den Benutzer (siehe Abbildung 77). Zunächst müssen alle Elemente der bereits beste-

henden Schnittstellendefinition identifiziert werden. Diese können dann als Individuen, abgeleitet vom allgemeinsten OWL-Konzepttyp ‚OWLThing‘, in die Ontologie eingebracht werden. Danach kann durch die Zuordnung spezieller Konzepttypen (siehe Abbildung 77) eine Abbildung zwischen VDI-MES-Ontologie und der Schnittstellendefinition erzeugt werden. Diese Abbildung muss nur einmal gemacht und als OWL-Ontologie gespeichert werden; danach kann sie beliebig weiter verwendet werden. Unterstützung bietet dabei zum Beispiel OWLTreePrint.

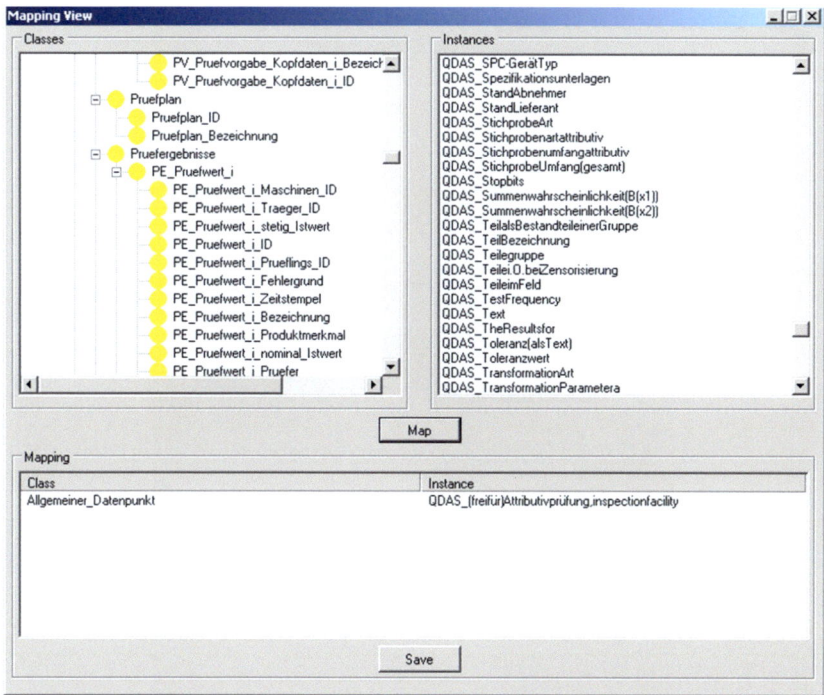

Abbildung 77: Mapping-Assistenz in OWLTreePrint [Schleipen et al., 2010b]

Ist der Vorgang der Abbildung bzw. Zuordnung abgeschlossen, kann diese informationstechnisch ausgewertet werden. Beispielsweise können so die Überdeckungen der Schnittstelle mit der Ontologie durch bereits gemappte und ungemappte Individuen/Instanzen visualisiert werden, wie dies in Abbildung 78 der Fall ist.

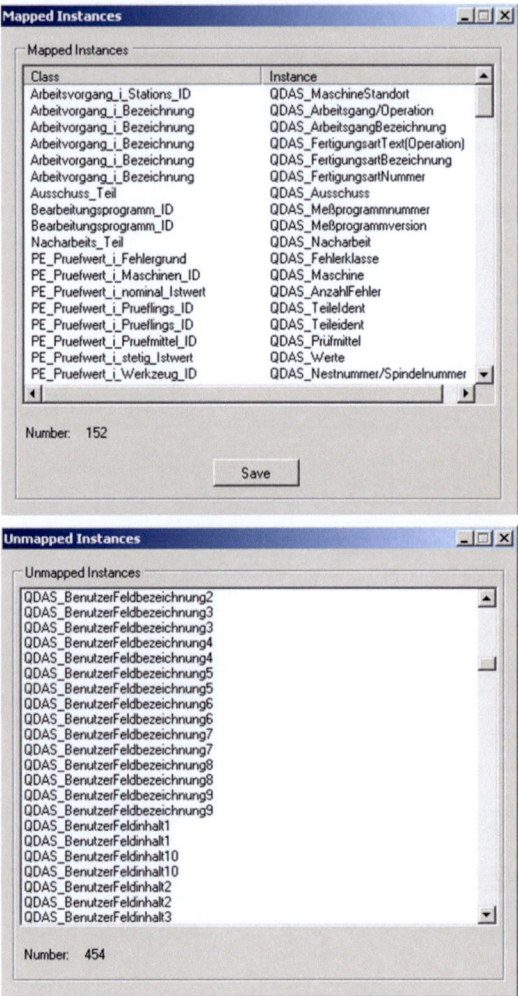

Abbildung 78: Gemappte und ungemappte Instanzen [Schleipen et al., 2010b]

Um eine solche Abbildung konkret zu erläutern und damit verbundene Herausforderungen sowie Vor- bzw. Nachteile zu nennen, werden nachfolgend zwei konkrete Mappings vorgestellt. Sie wurden in Kooperation mit Vertretern der entsprechenden Unternehmen durchgeführt, da entsprechendes tiefgreifendes Expertenwissen über die bestehende Schnittstellendefinition ebenso unumgänglich ist wie die Kenntniss der Ontologie-Bestandteile.

Werden Datenpunkte aus der VDI-MES-Ontologie bei einer Abbildung gar nicht zugeordnet, kann es sein, dass diese Bereiche für den Anwendungsfall der Schnittstellendefinition nicht interessant sind und daher nicht benötigt werden. Es wird sicher keine Schnittstellendefinition existieren, die eine vollständige 1:1-Abbildung auf die Ontologie zulässt, da diese ansonsten als geeignete allgemeine Schnittstellendefinition identifiziert wäre. Andererseits kann es aber auch sein, dass für bestimmte Datenpunkte in der Schnittstellendefinition keine geeigneten Repräsentanten in der Ontologie existieren. Dies deutet darauf hin, dass entweder die Ontologie nicht vollständig ist oder die Datenpunkte der Schnittstellendefinition zu speziell sind, um in einer solchen gemeinsamen Begriffswelt aufzutauchen. Werden bei einer Abbildung mehrere Elemente aus der Schnittstellendefinition einem Datenpunkt aus der VDI-MES-Ontologie zugeordnet, so repräsentieren diese ähnliche oder alternative Datenpunkte in der Schnittstellendefinition. Ebenso kann ein solches Mapping gegen eine neutrale Definition als Evaluierung der bestehenden Schnittstellen betrachtet werden. Im Rahmen der durchgeführten Beispiel-Abbildungen wurden einige Inkonsistenzen und Unschönheiten sowohl in der VDI-MES-Ontologie, als auch in den Schnittstellen aufgedeckt.

8.3.1 Exemplarisches Q-DAS-Mapping

Die Firma Q-DAS ist ein Unternehmen, das sich mit statistischen Verfahren zur Qualitätssicherung, beispielsweise im Automobilsektor, befasst. Als Schnittstelle zwischen Messgeräten und Q-DAS-Produkten, beispielsweise der Statistik-Software für die Qualitätssicherung, existiert ein Datenformat – AQDEF (Automotive Quality Data Exchange Format), das von Vertretern der Automobilindustrie (BMW AG, Daimler AG, Fordwerke GmbH, Getrag Corporate Group, Robert Bosch GmbH, GM-Powertrain Europe und North America, VW AG) erarbeitet wurde. Darin wurden Vorgaben für die Datenerfassung und den Datentransfer spezifiziert. Ziel des Arbeitskreises ist es, Aufwand bei den Messgeräteherstellern mit den kundenspezifischen Umsetzungen und Aufwand bei den jeweiligen Kunden mit der Spezifikation und Überprüfung des Datenformates zu reduzieren. Um nun aber auch die Abdeckung mit der VDI-MES-Ontologie zu untersuchen, wurde eine Abbildung der Ontologie auf die AQDEF-Schnittstelle gemeinsam mit Q-DAS erarbeitet (siehe [Schleipen et al., 2010d]). In Abbildung 79 ist das Ergebnis des Mappings dargestellt. Es wird im weiteren Verlauf analysiert und beschrieben.

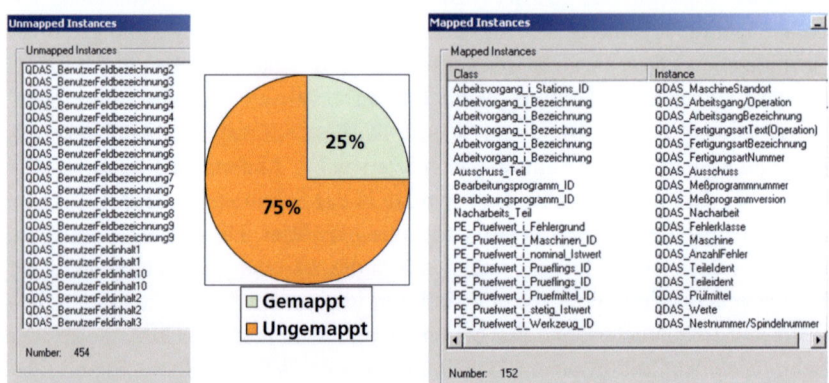

Abbildung 79: Gemappte und ungemappte Instanzen der Q-DAS-Schnittstelle AQDEF nach [Schleipen et al., 2010b]

Die AQDEF-Schnittstelle definiert Datenpunkte unterteilt nach den Hierarchie-ebenen Teil/Produkt, Merkmal/Parameter und Instanz/Wert. Identifiziert bzw. eindeutig gekennzeichnet sind die Datenpunkte durch so genannte K-Schlüssel. K-Schlüssel mit einer führenden 0 identifizieren Instanzen/Werte. Die Ziffer 1 kennzeichnet Teile/Produkte, die Ziffer 2 kennzeichnet Parameter/Merkmale. Die Ziffer 3 steht für interne Schlüssel und führende Ziffern 5 oder 8 weisen auf spezielle Anwendungsfälle, beispielsweise für statistische Kennzahlen, hin. Daher wäre nach logischen Gesichtspunkten zu erwarten, dass die Vorgaben-Datenpunkte der VDI-MES-Ontologie auf K-Schlüssel abgebildet werden, die mit einer 2 beginnen und Ergebnis-Datenpunkte der VDI-MES-Ontologie K-Schlüssel mit führender 0 zugeordnet werden.

Um die Zuordnung zwischen der AQDEF-Schnittstelle und der VDI-MES-Ontologie zu beschreiben, werden drei exemplarische Beispiele herausgegriffen.

Abbildung 80 zeigt ,PV_Pruefeinzelwert_Grenzwerte' aus dem Produkt/Pruefvorgaben/ PV_Pruefeinzelwert der VDI-MES-Ontologie. Grenzwerte sind in der Ontologie beschrieben als logische (nutzerdefinierte) oder physikalische (natürliche) Grenzen. Unterteilt sind sie in Ober- und Untergrenzen. Dabei wird die Obergrenze als Datenpunkt der Ontologie auf verschiedene AQDEF-Datenpunkte abgebildet. Dies sind: ,ObereAlarmgrenze' (bei Überschreitung wird Alarm ausgelöst), ,ObereSchrottgrenze' (zeigt an, dass das Produkt Schrott ist), ,obereKorrekturgrenze' (Korrektur/Nacharbeit am Produkt nötig) und ,Plausibilitätsgrenze' (Fehlmessung).

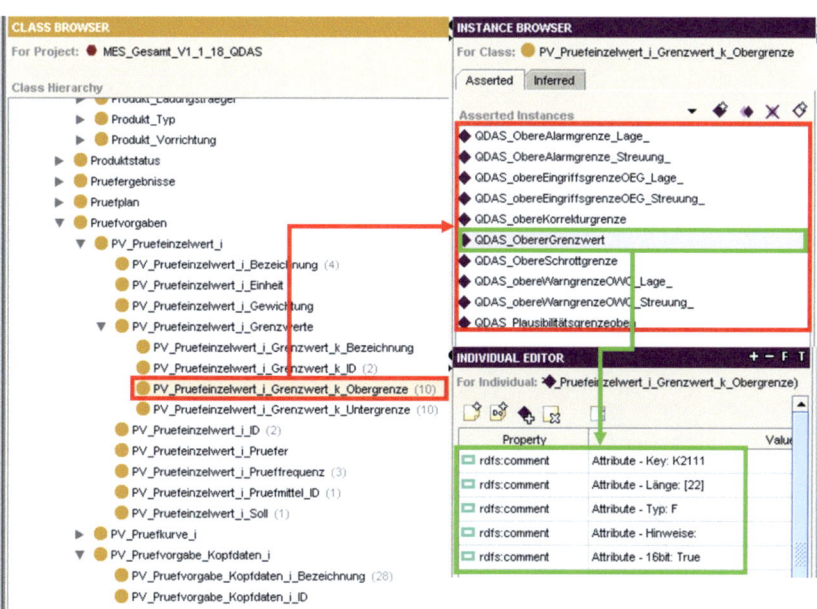

Abbildung 80: Mapping der Grenzwerte in die Q-DAS-Schnittstelle AQDEF
[Schleipen et al., 2010b]

Der Pruefplan aus dem Bereich Produkt der VDI-MES-Ontologie ist Synonym für das Prüfprogramm. In der AQDEF entspricht dies den Datenpunkten Prüfplannummer Text und Prüfplanname. Keine Repräsentationen aus der VDI-MES-Ontologie wurden hier gefunden für Prüfplanersteller und PrüfplanErstellungsdatum der AQDEF. Dieses Beispiel zeigt, dass der Prüfplan in der

AQDEF-Schnittstelle detaillierter definiert ist als in der VDI-MES-Ontologie. Dies resultiert aus seiner Bedeutung für die Qualitätsprüfung, die bei der AQDEF im Mittelpunkt steht, in der VDI-MES-Ontologie aber nur ein Fall unter vielen ist.

Abbildung 81 zeigt die PV_Pruefvorgabe_Kopfdaten aus den Produkt/Pruefvorgaben. Kopfdaten werden in der VDI-MES-Ontologie beschrieben als Datenpunkte zur Dokumentation von Informationen in eigenständigen Fremdsystemen, die aber bei der Prüfung mitprotokolliert werden. Diese sind daher für die AQDEF extrem wichtig und finden viele Repräsentanten in der AQDEF-Schnittstelle.

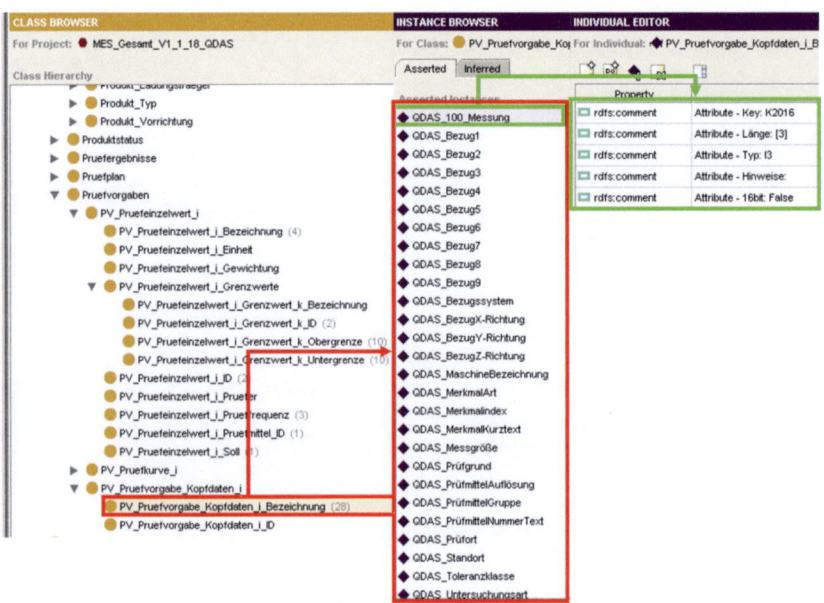

Abbildung 81: Mapping der Kopfdaten in die Q-DAS-Schnittstelle AQDEF
[Schleipen et al., 2010b]

Zusammenfassend lässt sich sagen, dass die AQDEF eine Schnittstelle für einen ganz speziellen Bereich darstellt. Daher konnten bei der Abbildung auf die VDI-MES-Ontologie die wichtigsten Informationen zugeordnet werden und es zeigte sich, dass häufig verwendete Teile der Schnittstelle gemappt werden konnten. Eine hundertprozentige Übereinstimmung wurde wie schon zuvor erwähnt nicht angestrebt. Dennoch konnte ca. ein Viertel der AQDEF-Schnittstelle entsprechenden Datenpunkten aus der VDI-MES-Ontologie zugeordnet. Dies führt in der Praxis nach Einschätzung der QDAS-Vertreter zu einem erheblichen Mehrwert, da das zugeordnete Viertel häufig genutzt wird.

8.3.2 Exemplarisches ISIAutomation-Mapping

Die Firma ISIAutomation befasst sich mit Logistiksystemen und Dienstleistungen im Bereich der Prozessautomation. ISIPlus® ist ein System, das alle Funktionen und Teilkomponenten integriert. Eine dieser Komponenten ist der Data Integration Service (DIS). Als flexible Middleware stellt er Konnektoren für verschiedenste Anwendungen zur Verfügung und bildet somit den Knoten zur Kommunikation mit allen ISIPlus® Produkten. Das zentrale Datenmodell des DIS ist also Betrachtungsobjekt bei der Abbildung auf die VDI-MES-Ontologie.

Erwartet wurde, da sich ISIPlus® auf bestimmte Bereiche konzentriert, dass sich auch genau diese Bereiche auf die entsprechenden Konzepte in der VDI-MES-Ontologie abbilden lassen. Das wird in Tabelle 5 dargestellt. So existieren im DIS beispielsweise Datenpunkte für Artikel und Chargen. Logisch korrekt wäre es, wenn diese auf Datenpunkte aus dem Produkt-Anteil der VDI-MES-Ontologie abgebildet werden. Dies war beim Mapping der Fall. Auch die anderen Bereiche Auftrag/Arbeitsplan und Ressource konnten logisch korrekt abgebildet werden.

Mapping von (ISIAutomation)	Mapping auf (VDI-MES)	Logische Korrektheit
Artikel, Charge	Produkt	Ja
Auftrag, Arbeitsplan	Produktionsauftrag	Ja
Ressource	Ressource	Ja

Tabelle 5: Plausibilität des Mappings mit dem ISIAutomation DIS

Ein Beispiel für eine Zuordnung der DIS-Schnittstelle auf die VDI-MES-Ontologie ist in Tabelle 6 der Produktionsauftrag_Menge_Ist_Ausschuss aus

b__Produktionsauftrag\b_c__Produktions-auftragsergebnisse\b_c_c__Produk-
tionsauftrag_Menge_Ist. Dieser Datenpunkt bezeichnet in der VDI-MES-
Ontologie eine Menge produzierter Teile, die nach - ggf. mehrmaliger - Nach-
arbeit immernoch Mängel aufweisen und deswegen als Ausschuss kategorisiert
werden. Dieser wurde dem Datenpunkt BDE_FA_AUFTRAG.AG_IST_
MG_SCHROTT aus der DIS-Schnittstelle zugeordnet. Die Schnittstelle definiert den Datenpunkt als angefallene Schrottmenge für diesen Arbeitsgang. Man
sieht also auch ohne die Kenntnis beider Schnittstellen, dass sich hier die Be-
deutungen der Datenpunkte entsprechen und daher eine Abbildung hergestellt
werden kann. Bei der Definition einer solchen Abbildung werden in der vorliegenden Fassung die Übereinstimmung von Datentypen der VDI-MES-
Ontologie und der abgebildeten Schnittstelle nicht berücksichtigt.

Feldbezeichnung	Key	Typ	Hinweise	Mapping auf VDI MES
BDE_FA_AUFTRAG.AG_IST_MG		NUMBER	Bereits gefertigte Menge in diesem AG	b_c_c_a__Produktionsauftrag_Menge_Ist_Gut
BDE_FA_AUFTRAG.AG_IST_MG_B		NUMBER	Angefalle Menge in B-Qualität für diesen AG	b_c_c_b__Produktionsauftrag_Menge_Ist_Nacharbeit
BDE_FA_AUFTRAG.AG_IST_MG_SCHROTT		NUMBER	Angefalle Schrottmenge für diesen AG	b_c_c_c__Produktionsauftrag_Menge_Ist_Ausschuss
BDE_FA_AUFTRAG.AG_SOLL_MG		NUMBER	Sollmenge in diesem AG	b_b_b_b__Produktionsauftrag_Menge_Soll_Gut
BDE_FA_AUFTRAG.LEITZAHL	x	NUMBER	Fertigungsauftrag	b_a_a__Produktionsauftrag_ID
BDE_FA_AUFTRAG.LHM_MENGE		NUMBER	Menge (Stück) im LHM -> Oder über ISI_ARTIKEL	b_b_c__Produktionsauftrag_Menge_Einheit

Tabelle 6: Mapping mit dem ISIAutomation DIS

Eine eindeutige Abbildung ist nicht bei allen Datenpunkten leicht und sichtbar.
So wurden von den ursprünglichen Vorschlägen zum Mapping zwischen DIS
und VDI-MES-Ontologie nur 32 im endgültigen Mapping zugeordnet. 14 weitere Vorschläge blieben nach gemeinsamer Abstimmung unberücksichtigt. Tabelle 7 zeigt den Anteil gemappter und ungemappter Datenpunkte der DIS-
Schnittstellendefinition (hier mit ISI bezeichnet) und der VDI-MES-Ontologie
(hier mit VDI-MES bezeichnet). Die Zahlen in der Spalte Wert repräsentieren
dabei im ersten Block die Anzahl an Datenpunkten und im zweiten und dritten
Block den entsprechenden Prozentsatz, der sich aus der in der Spalte Bezeichnung angegebenen Rechnung ergibt.

Bezeichnung	Wert
Mapped	32
Zusätzliche Mapping-Vorschläge	14
VDI-MES	349
ISI	88

Abdeckung Mapped/VDI-MES [%]	9,17
Nicht gemapped/VDI-MES [%]	90,83
Abdeckung Mapped/ISI [%]	36,36
Nicht gemapped/ISI [%]	63,64

Abdeckung Mapped+Vorschläge/VDI-MES [%]	13,18
Abdeckung Mapped+Vorschläge/ISI [%]	52,27
Nicht gemapped-Vorschläge/VDI-MES [%]	86,82
Nicht gemapped-Vorschläge/ISI [%]	47,73

Tabelle 7: Ergebnisse des Mappings mit dem ISIAutomation DIS

32 von 88 Datenpunkten der DIS-Schnittstelle konnten zugeordnet werden. 56 hingegen fanden keine Repräsentation. Auch dies ist wiederum kein schlechtes Ergebnis, da auch ISIPlus® für bestimmte Einsatzzwecke entwickelt wurde und sich dies natürlich in den Daten widerspiegelt. Die VDI-MES-Ontologie als ein zentrales Verständigungsmittel ist dennoch im Bereich MES relevant, da die Landschaft existierender Systeme extrem heterogen ist und jedes System und dessen Schnittstellen seine Berechtigung durch Spezialitäten und seinen Fokus hat Auch für die mit den Experten von ISIAutomation gemeinsam erstellte Abbildung können gemappte und ungemappte Instanzen grafisch dargestellt werden. Dies zeigt Abbildung 82.

8.4 Umbau und Verbesserung der Modellierung bzw. des Aufbaus der Ontologie

Um aber nicht nur die Hierarchisierungsmöglichkeiten von Ontologien zu nutzen, sondern die tatsächlichen Zusammenhänge zwischen den Ordnern und Datenpunkten semantisch innerhalb der Ontologie zu formulieren und so auch verwertbar zu machen, wurde die Ontologie in einer Kooperation mit dem Institut für Automation und Kommunikation Magdeburg (ifak) ‚umgebaut'. Die bereits vorgedachten und textuell beschriebenen Konstrukte wurden dazu in die Ontologie integriert. Die Hauptebene der Ontologie (siehe Abbildung 83) bleibt dabei in unveränderter Form erhalten.

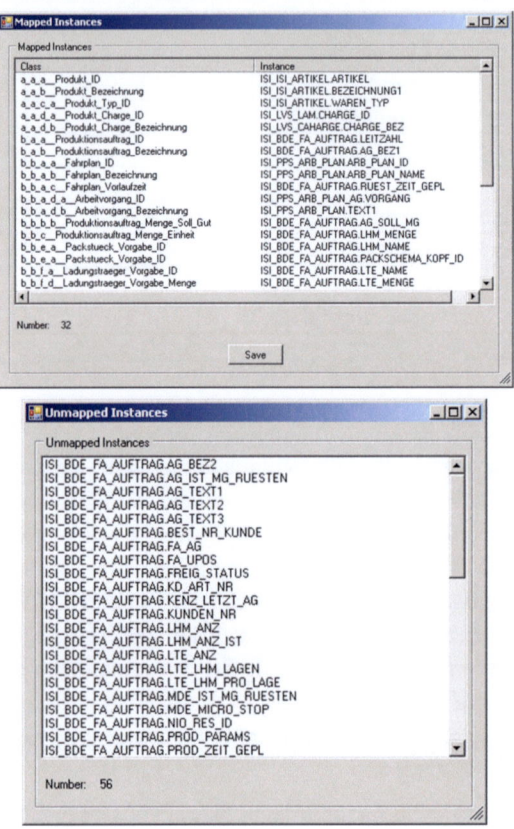

Abbildung 82: Mapping mit dem ISIAutomation DIS

Darüber hinaus existieren Konzepte nun auch speziell für Ordner. Hierin besteht der Unterschied zur ursprünglichen Konzepthierarchie, in der nach Class-SubClass-Beziehungen untergliedert wurde. Jetzt werden die Ordner aller früheren Unterstrukturen als Unterklasse des Konzepts Ordner vereint. Weiterhin

wurden spezielle Unterklassen-Beziehungen für Ergebnisse und Vorgaben erzeugt. Dabei entstanden 108 Ordner, visualisiert in Abbildung 84, die nicht
unabhängig von den Hauptbereichen der Ontologiekonzepte sind.

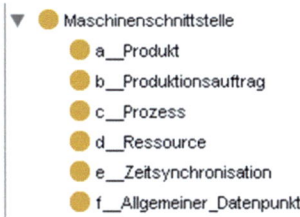

Abbildung 83: Hauptebene

Die 54 neuen Datenpunkte, dargestellt in Abbildung 85, die als Unterklasse des
Konzepts Datenpunkte definiert wurden, sind unabhängig von den Hauptbereichen der Ontologie und werden innerhalb der speziellen Ordnerkonzepte mehrfach verwendet, sind vom Aufbau und den beschreibenden Attributen aber immer identisch.

Der Aufbau der Ontologie bzw. die speziellen Zusammenhänge zwischen
Konzepten und deren Modellierung in der Ontologie werden nun an Hand des
Allgemeinen Datenpunkts nachfolgend exemplarisch erläutert. Abbildung 86
zeigt das Ontologiekonzept f__Allgemeiner_Datenpunkt. Dieses ist Unterklasse
des Konzepts Maschinenschnittstelle, also des Hauptkonzepts. Gleichzeitig
besitzt es aber Beziehungen bzw. Verbindungen vom ‚Typ' besteht_aus zu den
Ordnern. So besteht es aus den Ordnern
f_c__Allgemeiner_Datenpunkt_Vorgaben, f_a__Allgemeiner_Datenpunkt_Be-
schreibung und f_d__Allgemeiner_Datenpunkt_Ergebnisse.

Abbildung 84: Ordner

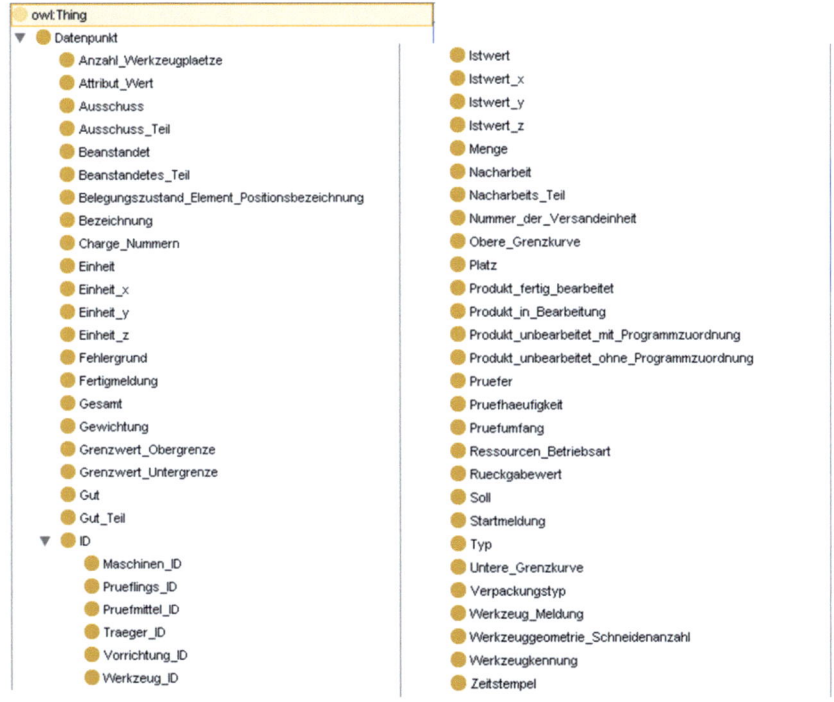

Abbildung 85: Datenpunkte

Abbildung 86: f__Allgemeiner_Datenpunkt

Betrachtet man nun in Abbildung 87 den Ordner f_c__Allgemeiner_Datenpunkt_Vorgaben, so wird ersichtlich, dass der Ordner Unterklasse des Konzepts Ordner ist. Durch diese Beziehung ‚erbt' der Ordner verschiedene Datenpunkte (im unteren Teil der Abbildung ersichtlich). Er besitzt also maximal eine Bezeichnung und maximal eine ID. Darüber hinaus kann er für den speziellen Ordner spezifische Unterordner oder Datenpunkte besitzen. Im vorliegenden Fall besteht er aus f_c_b__ADV_Kurve und f_c_a__ADV_Wert.

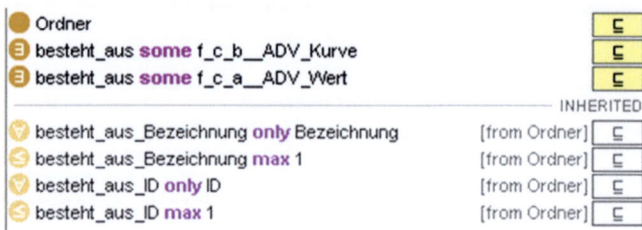

Abbildung 87: f_c__Allgemeiner_Datenpunkt_Vorgaben

Abbildung 88 zeigt nun den Ordner f_c_b__ADV_Kurve. Da es sich um einen Ordner handelt, erbt er den Besitz genau einer Bezeichnung, sowie maximal einer ID. Darüber hinaus besitzt er auf Grund der Vererbungsstruktur weitere Datenpunkte des Vorgaben- und des Vorgaben_Kurve-Ordners. Dies sind genau ein Sollwert, sowie eine Gewichtung, Einheit_x, Einheit_y und Einheit_z. Zusätzlich existieren wiederum weitere Unterordner wie f_c_b_g__ADV_Kurve_Grenzkurven und die Einschränkungen, dass es genau eine ID geben muss. Durch die mengenmäßigen Einschränkungen wird die Unterscheidung zwischen optionalen und mandatorischen Elementen abgebildet.

Der Datenpunkt Einheit_x ist in Abbildung 89 dargestellt. Er ist eine Unterklasse des Konzepts Datenpunkt und sein Wert vom Datentyp string. So wird die zuvor textuell festgelegte Einschränkung des Datentyps repräsentiert.

Die bereits vorher mögliche Zuordnung von Ordnern zu MES-Aufgaben kann nun mit einer explizit modellierten und vordefinierten Property wird_verwendet_bei abgebildet werden. Abbildung 90 zeigt die Konzepte der MES-Aufgaben, sowie die Property.

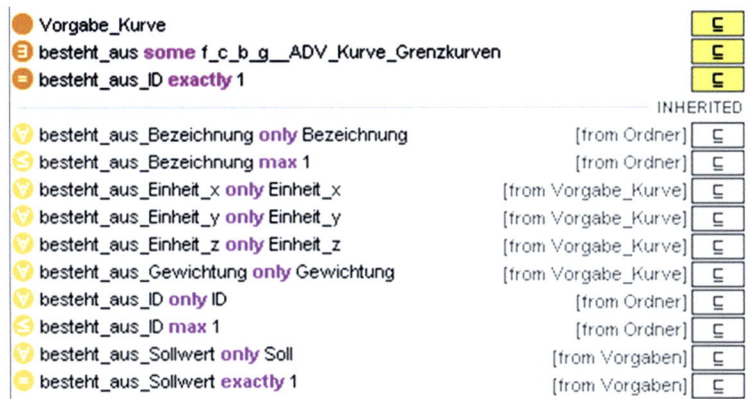

Abbildung 88: f_c_b__ADV_Kurve

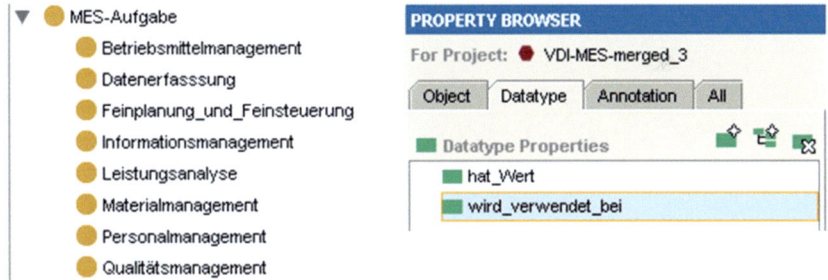

Abbildung 89: Einheit_x

Abbildung 90: Individuelle Zuordnung zu MES-Aufgaben

9. Interoperabilität entlang des Lebenszyklus

Der Lebenszyklus von Produktionsanlagen beginnt nach dem Verständnis der Autorin mit deren Planung, auch wenn die Anlage selbst erst ab der Montage und darauffolgenden Inbetriebnahme existiert. „Die Inbetriebnahme eines Prozesses gehört zu den kritischsten Momenten in seinem Lebenszyklus" [Alsmeyer, 2007]. Das Engineering von MES (wie Leitsystemen oder deren zugehörige Anlagenüberwachung und Visualisierung) findet, wie im oberen Teil der Abbildung 91 dargestellt, meist erst kurz vor dem Zeitpunkt der realen Inbetriebnahme und unter hohem Zeitdruck – quasi direkt auf der Baustelle – statt (siehe [Schleipen & Sauer, 2009b]). Zu diesem Zeitpunkt ist der Anlagenplanungs- bzw. Umplanungsprozess bereits fast abgeschlossen. Die reale Anlage existiert bereits und die Ergebnisse des MES-Engineerings werden an der realen Hardware evaluiert.

Dies führt dazu, dass zu diesem Zeitpunkt erkannte Fehler kosten- und zeitintensiv an der realen Anlage oder am realen IT-System behoben werden müssen. Für eine ausgiebige bzw. ausreichende Fehlersuche bleibt nur wenig Zeit. Genau dieser Aufwand kann aber in frühere Phasen der Planung verlagert werden. Sind MES an die Digitale Fabrik gekoppelt, können sie sich bereits vorhandene Informationen zunutze machen und beispielsweise bei einer virtuellen Inbetriebnahme mitwirken. Mit Hilfe einer virtuellen Inbetriebnahme sollen mögliche Fehler bereits vor der Existenz der realen Anlagenkomponenten eliminiert werden. Dabei werden möglichst viele der realen Komponenten eingesetzt und die Anlage in einer virtuellen Umgebung (der Digitalen Fabrik) nachgebildet. Auch MES sollten an einer virtuellen Inbetriebnahme beteiligt werden und ihre ‚Arbeit' bereits viel früher im Lebenszyklus beginnen (siehe Abbildung 91, unterer Teil). So kann der volle Funktions- und Leistungsumfang von MES bereits zu diesem Zeitpunkt genutzt und Inbetriebnahmezeiten sowie die Fehlerwahrscheinlichkeit und -häufigkeit zum Zeitpunkt der realen Inbetriebnahme drastisch reduziert werden. Der Reifegrad der erarbeiteten Planungsergebnisse steigt bereits in früheren Phasen (siehe Abbildung 92).

Nachfolgend werden nun der Digitale Fabrikbetrieb, der die „Nutzung und das Zusammenwirken von Methoden, Modellen und Werkzeugen der Digitalen Fabrik" [VDI4499 – Blatt 2] beschreibt, sowie ein Ansatz zur virtuellen Leittechnik-Inbetriebnahme erörtert.

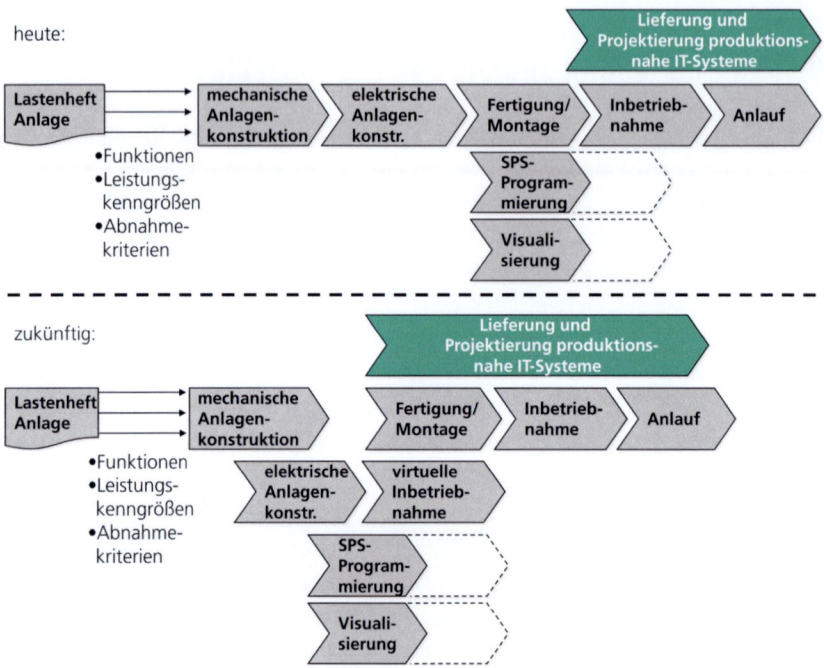

Abbildung 91: Vorverlagerung der Leittechnik-Projektierung [Sauer & Ebel, 2007a]

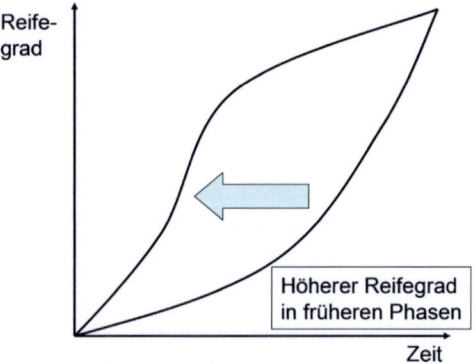

Abbildung 92: Steigerung des Reifegrads der Planungsergebnisse, qualitative Illustration

9.1 Digitaler Fabrikbetrieb

Die Digitale Fabrik (siehe [VDI 4499 – Blatt 1]) basiert auf digitalen Modellen der realen Objekte in der Fabrik. Diese werden meist in 3D visualisiert und versuchen, die reale Welt möglichst genau abzubilden. Im Gegensatz zu reinen Simulationen bestehen sie aus einer Kombination von mechatronischen Modellen mit realen Fabrikkomponenten. Virtuelle und reale Komponenten werden hierbei miteinander gekoppelt. Die Digitale Fabrik bildet sowohl das Verhalten einzelner Anlagenkomponenten, als auch komplexe Produktions-, zugehörige IT-Systeme und Steuerungstechnik möglichst realitätsnah ab (siehe [VDI4499 – Blatt 2]). So wird ermöglicht, Komponenten und ihr Zusammenspiel vor der realen Existenz zu entwickeln (siehe [Ehlenspiel et al., 2005]) und zu evaluieren, sowie den Anlauf und die Inbetriebnahme zu verkürzen (siehe [Sauer, 2004]). Je später Fehler entdeckt werden, desto teurer wird ihre Beseitigung. Durch die Verlagerung der Inbetriebnahme in die Digitale Fabrik bzw. die virtuelle Welt, können Fehler früher aufgedeckt und kostengünstiger beseitigt werden, und die Situation während der realen Inbetriebnahme entzerrt und entspannt sich. Ebenso kann betriebsbegleitend kontinuierlich an einer Verbesserung der Serienproduktion gearbeitet werden (siehe [Schleipen & Sauer, 2010]). Auch Training und Schulungen können an virtuellen Modellen ohne die Notwendigkeit der Existenz realer Systeme durchgeführt werden. Die Digitale Fabrik endet also nicht mit der Inbetriebnahme, sondern unterstützt auch bis in den realen Betrieb einer Fabrik hinein. Dies wird als Digitaler Fabrikbetrieb bezeichnet und ist in der VDI-Richtlinie zum Digitalen Fabrikbetrieb (siehe [VDI4499 – Blatt 2]) unter Mitwirkung der Autorin beschrieben worden. Der Digitale Fabrikbetrieb befasst sich mit Methoden und Werkzeugen der Digitalen Fabrik, sowie mit dem Nutzen ihrer Anwendung und adressiert dabei die in Abbildung 93 dunkel hinterlegten Phasen in der Digitalen Fabrik.

Dabei wird nicht nur der digitale Betrieb von Einzelmaschinen (zum Beispiel Werkzeugmaschinen) fokussiert, sondern auch auf den digitalen Betrieb automatisierter Produktionsanlagen eingegangen und verschiedene Zeit-, Qualitäts- und Kostenziele aufgezeigt, die es zu erreichen gilt. Gleichzeitig wird in [VDI4499 – Blatt 2], bezogen auf die einzelnen Lebenszyklusphasen von der Montage und Fertigungsprozessplanung bis hin zur laufenden Serienproduktion, beschrieben, wie der Digitale Fabrikbetrieb diese beeinflusst und verändert.

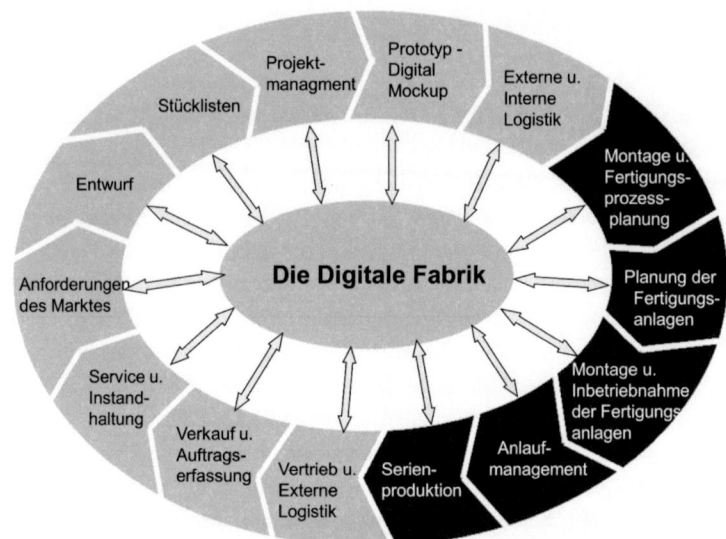

Abbildung 93: Phasen des Digitalen Fabrikbetriebs in der Digitalen Fabrik
[VDI4499 – Blatt 2]

„Auf Basis eines durchgängigen Datenmanagements (siehe Abbildung 94) nutzt der Digitale Fabrikbetrieb die Ergebnisse der Produktionsplanung in der Digitalen Fabrik und stellt seinerseits Daten für operative IT-Systeme bereit. Bei der Nutzung in der Serienproduktion werden die Modelle laufend der Realität angepasst" [VDI4499 – Blatt 2]. Kern und Grundlage hierfür ist eine mechatronische Bibliothek der Komponenten, aus der sich die Modelle der Digitalen Fabrik aufbauen lassen. Die Infrastruktur für einen durchgängigen Datenaustausch des Digitalen Fabrikbetriebs unterscheidet dabei zwischen grundlegenden Konzepten, die in Ausprägung der Datenhaltung und der Datenmodelle verschieden sind.

MES werden für den Betrieb von automatisierten, verketteten Produktionsanlagen eingesetzt. Dabei können Fertigungsmanagementsysteme als IT-Systeme in der Digitalen Fabrik genutzt werden, um eine Kopplung zu den Modellen der Digitalen Fabrik herzustellen. Vorteile bestehen darin, die überlagerte Informationstechnik wie MES frühzeitig in Betrieb zu nehmen, gleichzeitig aber auch Informationen durch diese frühzeitige Kopplung zu gewinnen, die ansonsten zu diesem Zeitpunkt noch nicht verfügbar wären. Als Vertreter von Systemen aus dem Betrieb können sie zur Evaluierung und Verbesserung der Modelle schon vor der realen Inbetriebnahme eingesetzt werden (siehe [Schleipen et al., 2010c]). Der Digitale Fabrikbetrieb bezeichnet also, wie in Abbildung 95 dargestellt, auch das Zusammenwirken von virtuellen oder realen Anlagen mit virtuellen oder realen Anlagensteuerungen und den überlagerten Fertigungsmanagementsystemen (MES). Durch diese Kopplung können MES eingesetzt werden, um bereits zu diesem Zeitpunkt Aussagen über das Gesamtverhalten der Produktionsanlage zu treffen (siehe [Sauer et al., 2010]).

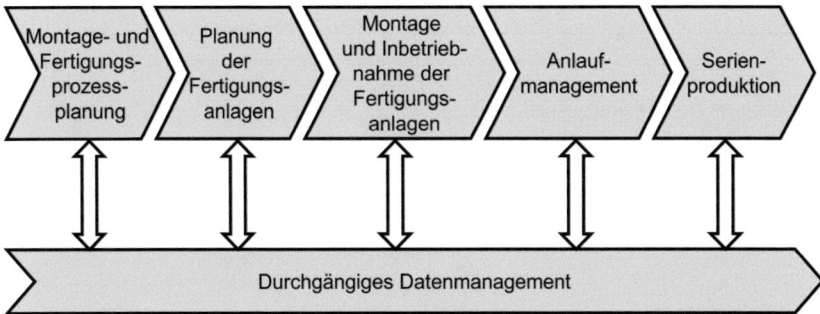

Abbildung 94: Durchgängiges Datenmanagement für den Digitalen Fabrikbetrieb [VDI4499 – Blatt 2]

Für MES besteht der Vorteil nicht nur in der Entzerrung der Projektierungs- und Inbetriebnahmephase, sondern auch darin, dass viele der zur Projektierung von MES benötigten Daten in der Digitalen Fabrik bereits enthalten sind (siehe [Bär et al., 2008]). Neben den Anlagenplanungsphasen und deren Ergebnissen stellen auch Systeme der Digitalen Fabrik zur virtuellen Inbetriebnahme von Anlagen eine mögliche Datenquelle für MES wie Leitsysteme dar (siehe Abbildung 96). Eines der Ziele ist es also, neben der virtuellen Inbetriebnahme von MES, Methoden, Datenformate und Automatismen zu entwickeln, die eine vereinfachte und teilweise automatisierte Projektierung von MES ermöglichen. Dies wurde bereits in vorangegangenen Abschnitten der vorliegenden Arbeit dargestellt. Nachfolgend soll auf den Punkt der virtuellen Inbetriebnahme von Leitsystemen als einem Vertreter von MES eingegangen werden.

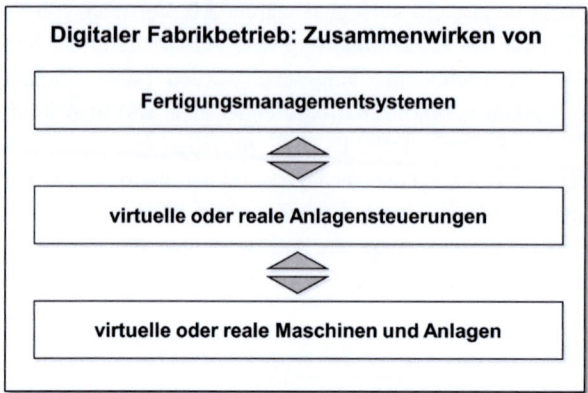

Abbildung 95: Kopplung auf unterschiedlichen Ebenen im Digitalen Fabrikbetrieb [VDI4499 – Blatt 2]

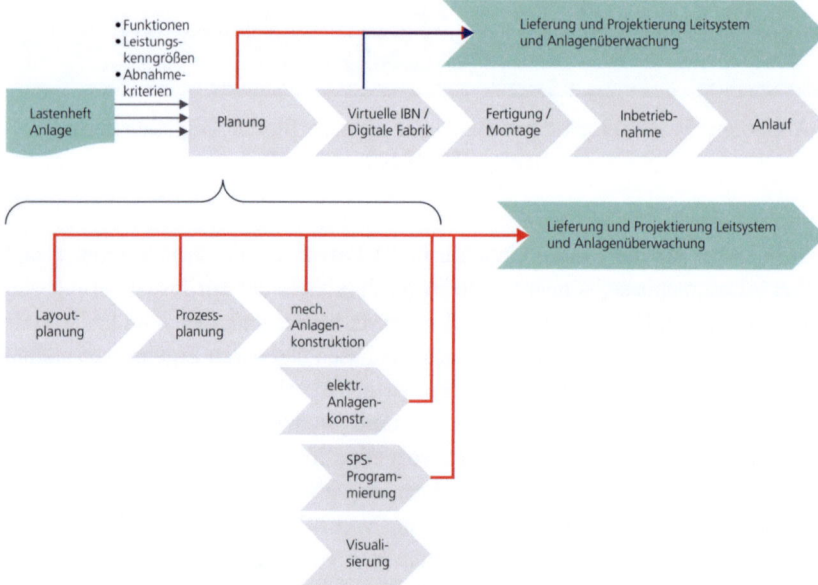

Abbildung 96: Datenquellen für die Leittechnik-Projektierung [Ebel, 2007b]

9.2 Virtuelle Leittechnik-Inbetriebnahme

Der Kostendruck auf alle Beteiligten in der Produktion steigt immer weiter. Daher wird kontinuierlich versucht, Zeit und damit verbundene Kosten einzusparen. Dies führt dazu, dass auch der Zeitraum für die Inbetriebnahme der Produktionsanlagen immer kürzer wird. Ein im vorhergehenden Abschnitt beschriebenes Mittel zur Abhilfe ist dabei die Verlagerung dieser Arbeiten ‚von der Baustelle' in die ‚virtuelle Welt'. Dabei kann, wie vorangegangen beschrieben, auch die Leittechnik, als Vertreter von MES, in diese virtuelle Inbetriebnahme mit einbezogen werden. MES schließen – als Vertreter von IT-Systemen aus dem Betrieb – den Regelkreis zwischen Planung und Betrieb und können, wenn sie bereits in der Digitalen Fabrik zum Einsatz kommen, Informationen zur Anpassung und Optimierung der Simulation bzw. der Produktionsanlagen innerhalb der Digitalen Fabrik liefern.

Voraussetzung für den Einsatz von MES in der Digitalen Fabrik ist also, wie zuvor beschrieben, ein durchgängiges Datenmanagement. Die Daten fungieren dabei als Bindeglied zwischen Realität und virtueller Abbildung. Die nachfolgend vorgestellte Lösung zur virtuellen Leittechnik-Inbetriebnahme konzentriert sich auf Phasen bis zur Anlageninbetriebnahme. Entsprechende Mechanismen können aber auch während des Betriebs verwendet werden, um bei Umbauten oder Änderungen an bestehenden Anlagen Hilfe zu leisten.

Abbildung 97 zeigt die verschiedenen Komponenten und deren Zusammenspiel bei einer virtuellen Leittechnik-Inbetriebnahme. Basis sind die Komponenten der Produktionsanlagen, die entweder real existieren oder in Systemen der Digitalen Fabrik simuliert werden. Diese Komponenten besitzen ein internes Verhalten, ihr Zusammenspiel, also das verkettete Verhalten, wird wie in der Realität durch Steuerungen geregelt. Sie entscheiden über das Verhalten der Anlagenkomponenten im Zusammenspiel. Diese Steuerungen können ebenfalls real oder durch so genannte Soft-SPSen virtuell existieren. Ein wichtiger Punkt bei der Kopplung der Anlagen- mit der Steuerungsebene ist die Verwendung der realen Kommunikationsart. Je mehr für eine Verwendung in der Digitalen Fabrik abgewandelt wird, desto höher ist der Aufwand beim Schritt in die reale Welt. Je näher alle verwendeten Komponenten, Systeme, Daten und Formate an der Realität sind, desto einfacher gestaltet sich der ‚Sprung' in die Realität. An die Steuerungen gekoppelt werden überlagerte IT-Systeme wie beispielsweise Leit- und Wartensysteme. Die Kopplung kann zum Beispiel per OPC als Kommunikationsstandard erfolgen. Die Aufgabe von Leitsystemen ist es, die Produktion zu überwachen, Fehler bekannt zu geben und bei bestimmten Ereignissen oder durch den Benutzer veranlasst in die Produktion einzugreifen. Diese Aufgabe nehmen sie auch im Verbund mit der Digitalen Fabrik wahr (siehe [Schleipen et al., 2009b]). Das Leitsystem unterscheidet nicht zwischen virtueller und realer Steuerung, bemerkt also auch gar nicht, ob die darunterliegende und von der Steuerung bediente Anlage real oder virtuell existiert.

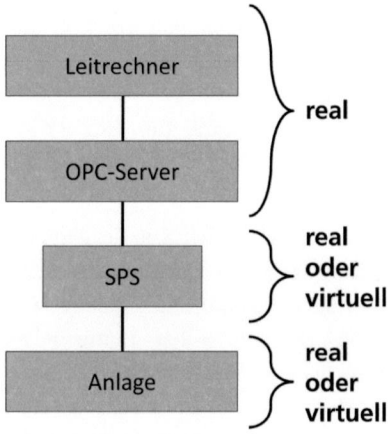

Abbildung 97: Unterschiedliche Komponenten der virtuellen Produktion
[Schleipen & Sauer, 2010]

Je nach Entwicklungsstand und Zeitpunkt werden somit reale und/oder virtuelle Systeme und Komponenten kombiniert. Dabei ist es wichtig, Simulation und Emulation zu unterscheiden. Eine Simulation (wie beispielsweise in [VDI3633, 1993] beschrieben) ist die virtuelle Abbildung eines Systems. Das System muss dabei kein reales Pendant besitzen. Die Simulation täuscht lediglich Zustände vor. Existiert ein reales Pendant, müssen dessen Zustände nicht mit denen der Simulation übereinstimmen. Eine Emulation ist die möglichst exakte Kopie des realen existierenden Systems. Die Emulation ist bemüht, das System originalgetreu abzubilden bzw. darzustellen. Dies beinhaltet auch die Zustände des Originals. Wie in Abbildung 95 dargestellt, unterscheidet das Zusammenspiel in der Digitalen Fabrik die Anlagenkomponenten und deren Steuerung. Auch in der virtuellen Welt sind laut [Mewes, 2009] zur Steuerung der Modelle der Anlagenkomponenten so früh wie möglich reale Steuerungsprogramme einzusetzen. Zu Beginn kann eine Simulation der Steuerung und des Steuerungsprogramms (Fall 1) verwendet werden. Diese sollte aber nach und nach gegen eine Emulation, eine virtuelle Steuerung (Soft-SPS), getauscht werden, die mit einem realen Steuerungsprogramm arbeitet und so reagiert wie ihr reales Pendant (Fall 2). Bei heutigen Systemen der Digitalen Fabrik, zum Beispiel WinMod (siehe [WinMOD, 2011]) oder DELMIA Automation (siehe [Delmia, 2011]), wird die Verwendung realer Steuerungen (SPSen) ebenso unterstützt wie der Einsatz von Soft-SPSen. Der nächste Schritt wäre dann das Austauschen der virtuellen Steuerung mit dem realen Steuerungsprogramm gegen eine reale Steuerung mit dem realen Steuerungsprogramm (Fall 3). Für die Leittechnik und deren Kopplung an die Produktionsanlage über die Steuerungsebene resultiert dies in unterschiedlichen Szenarien (siehe Abbildung 98): Für die Software-in-the-loop-Simulation (SiL, auch Closed-loop-Simulation genannt) wird keine besondere Hardware benötigt. Hier sind sowohl Anlagenkomponenten, als auch Steuerungen simuliert. Es ist zu diesem Zeitpunkt noch keine der realen Hardware-Komponenten im Spiel, wie in Fall 1 und Fall 2. Bei der Hardware-in-the-loop-Simulation (HiL) sind nur noch die Produktionsanlagen simuliert. Diese werden in diesem Fall (Fall 3) an die reale Steuerungshardware gekoppelt. Die Leittechnik interagiert und kommuniziert bei einer SiL-Simulation nur mit virtuellen Komponenten, im Fall einer HiL-Simulation aber mit realen Steuerungen. Für die Leittechnik gestaltet sich Fall 3 damit wie im realen Produktionsbetrieb.

Zu verschiedenen Zeitpunkten können auf diese Weise unterschiedliche System-Kombinationen entstehen (siehe Abbildung 99). Zunächst werden virtuelle Fertigungseinrichtungen/Anlagenkomponenten und virtuelle Steuerungen (gekennzeichnet mit 1) mit dem Leitsystem gekoppelt. Dies ist eine reine Simulation unterhalb der Leittechnik. Die virtuellen Steuerungen können nach und nach gegen reale Steuerungen getauscht werden (gekennzeichnet mit 2). Schließlich wird die reale Anlage in Betrieb genommen und löst ihre virtuellen Vertreter ab (gekennzeichnet mit 3). Die Leittechnik wird damit gekoppelt und damit real betrieben. So kann Schritt für Schritt vorgegangen und entwickelt bzw. geplant werden.

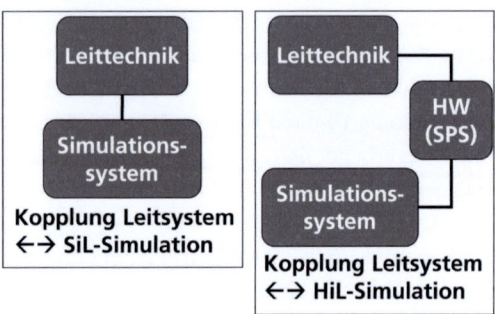

Abbildung 98: Unterscheidung HiL- und SiL-Simulation

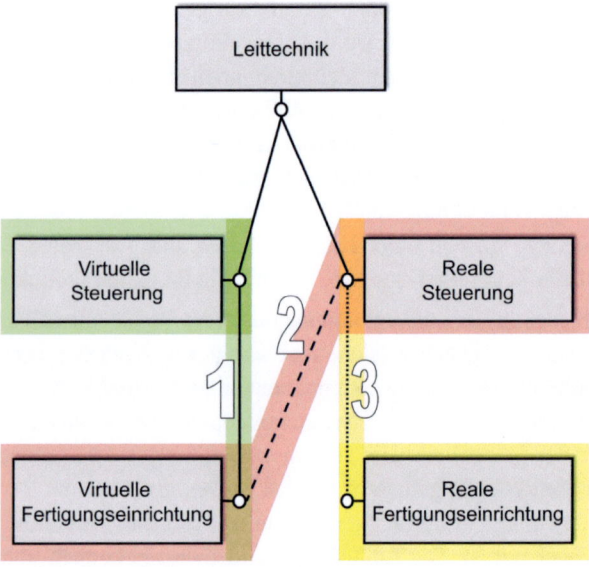

Abbildung 99: Unterschiedliche Komponenten der virtuellen Produktion
[Schleipen & Sauer, 2010]

Bei der Kopplung der Digitalen Fabrik mit der Leittechnik treten Wechselwir-
kungen auf, die ebenso wie bestimmte Voraussetzungen und Anforderungen

betrachtet und beachtet werden müssen (siehe [Schleipen & Sauer, 2010]): Die Gesamtarchitektur muss wie zuvor beschrieben der realen Architektur entsprechen. Für eine Simulation bzw. die Kopplung mit der Digitalen Fabrik sollten keine zusätzlichen, nie existierenden Komponenten eingesetzt werden. Ebenso wenig sollten Komponenten, die ansonsten dringend von Nöten sind, aus der Architektur ausgeschlossen werden, weil dadurch die Realisierung einfacher würde. Es sollte das reale Leitsystem frühzeitig eingesetzt werden. Dieses muss zu diesem Zeitpunkt bereits projektiert/konfiguriert sein. Dieses Leitsystem muss unfertige Konfigurationen zulassen, die mit fortschreitendem Planungsstand weiterentwickelt und vervollständigt werden können. Bei der Kopplung zwischen Leittechnik und Digitaler Fabrik sollte die reale Kommunikationsart eingesetzt werden. Es kann vorkommen, dass zur Auswahl eines geeigneten SPS-Programms die Auftragsnummer benötigt wird. Das wird aus der Leittechnik an die SPS kommuniziert. Für eine Kopplung müssen die Kommunikation und deren Inhalte entweder realisiert oder nachgestellt werden. Gleichzeitig werden aber für die Leittechnik auch einige spezielle Variablen und Logik in den Steuerungen benötigt. Auch diese müssen bereits existieren.

Wird nun eine solche virtuelle Leittechnik-Inbetriebnahme konkret umgesetzt, müssen für jede der zuvor beschriebenen Ebenen Systeme ausgewählt werden. Auf den unterschiedlichen Ebenen (siehe Abbildung 100) sind dies: die Simulationssysteme, entsprechende Steuerungskomponenten, sowie die Leittechnik mit entsprechender Visualisierung. Dabei muss auch auf ein mögliches Zusammenspiel der Systeme geachtet und dieses realisiert werden.

Anlagenkomponenten werden im vorliegenden Fall (siehe Abbildung 101) durch die Systeme WinMOD und DELMIA Automation abgebildet. Grund für den Einsatz von zwei verschiedenen Simulationssystemen war die Untersuchung der besseren Eignung auf Grund von unterschiedlichen Funktionalitäten und Vorgehensweisen in der Bedienung. Die Steuerung übernimmt eine Siemens S7-300. Sie wird mittels OPC oder EthernetMPI an die Simulationssysteme gekoppelt. Als Leitsystem kommt ProVis.Agent zum Einsatz, das die Prozessführungsbilder mittels ProVis.Visu abbildet. Leittechnik und ihre Visualisierung kommunizieren sowohl bei interner Steuerung der Modelle, als auch bei Einsatz der Hardware-SPS, per OPC.

171

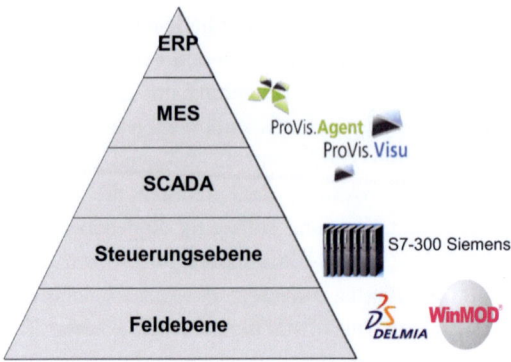

Abbildung 100: Unterschiedliche Ebenen der virtuellen Produktion [Schleipen & Sauer, 2010]

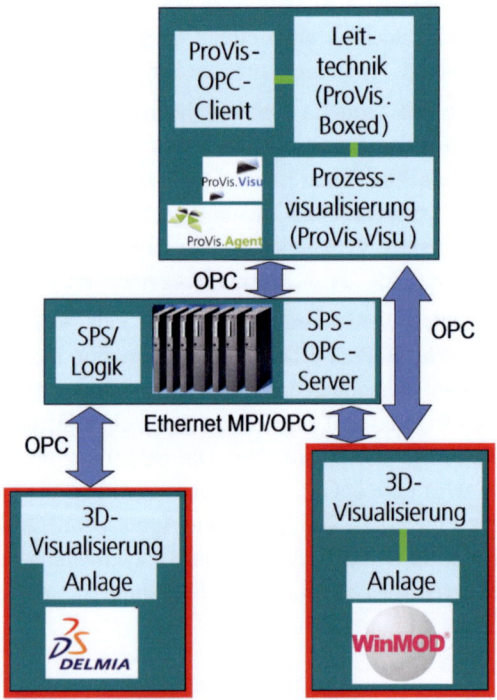

Abbildung 101: Unterschiedliche Komponenten der virtuellen Produktion [Schleipen & Sauer, 2010]

Nachfolgend werden nun die einzelnen Systeme und deren Verwendung bei der virtuellen Leittechnik-Inbetriebnahme beschrieben.

DELMIA Automation (siehe [Delmia, 2011]) ermöglicht nach eigener Aussage den virtuellen Entwurf, Test und die virtuelle Validierung von Maschinen, Zellen oder ganzen Fertigungslinien und deren Steuerungen. Hierfür stellt DELMIA Automation eine 3D-Repräsentation der Komponenten bzw. des Komponentenverbunds zur Verfügung, die mit Hilfe von CATIA entworfen werden kann. Ein Modell wird modular aufgebaut, indem die geometrische Repräsentation einzelner Teile (Parts) eingeführt und mit entsprechender Logik, der Kennzeichnung fester und beweglicher Teile, sowie Sensorik belegt und zu einem Produkt zusammengeführt wird. Dieses wird dann in einem Prozess mit anderen Produkten kombiniert.

Für die im Beispiel vorliegende Förderanlage werden vierzehn solcher Teile kombiniert: vier Drehtische und zehn Förderbänder, die die Bauteile transportieren. Eines der Bänder fungiert dabei als ein-/ausschleusende Teststation, was aber in der Grafik nicht sichtbar ist. Das Verhalten im Verbund kann für diesen Prozess definiert werden. Es kann in DELMIA Automation auf zwei unterschiedliche Arten geschehen (siehe Abbildung 102). Zum einen kann die Logik im System definiert werden (dies wäre der Fall einer Soft-SPS ohne Einsatz einer realen SPS) oder man kann die Logik durch eine externe SPS steuern lassen.

Im ersten Fall wird die Logik mit Hilfe von SFC (sequential function charts) in so genannten Blöcken (blocks) abgebildet. Die Variablen der SFCs werden mit den Ein- und Ausgängen (ports) des Anlagenmodells grafisch verknüpft. In Abbildung 102 sind dies Verbindungen zwischen dem Anlagenmodell (links) und der internen Logik (rechts). Bei gleicher Benennung der Variablen im SFC und der Ein-/Ausgängen im Anlagenmodell, kann diese Verknüpfung, von DELMIA Automation unterstützt, automatisch erfolgen.

Im zweiten Fall werden eine oder mehrere reale Hardware-SPSen auf konventionellem Weg programmiert. In DELMIA Automation sind dann nur die Ein-/Ausgänge der SPS sichtbar, die wie im ersten Fall mit den ‚ports‘ (Ein-/Ausgängen) des Anlagenmodells verbunden werden (siehe Abbildung 102 oben). Eine Kombination aus beiden Fällen, interne Logik und externe Logik durch SPS, ist ebenfalls möglich und in Abbildung 102 dargestellt, da dort ein Anlagenmodell sowohl durch interne Logik, als auch durch die Kopplung mit der SPS gesteuert wird.

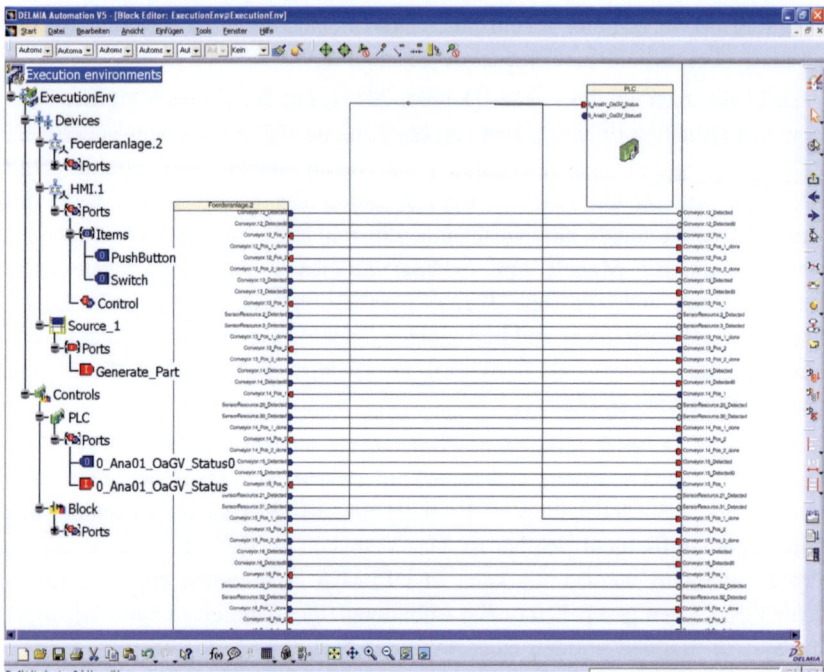

Abbildung 102: Verbindung zwischen interner Logik und Anlage oder Anlage und externer Steuerung [Schleipen & Sauer, 2010]

Zusätzlich zu den Teilen, deren Anordnung und ihrer Logik, müssen Quellen, an denen Bauteile entstehen, und Senken, an denen Bauteile aus dem Modell ausgeschleust, definiert werden.

Zur Kopplung an das Leitsystem beinhaltet DELMIA Automation einen OPC-Client, der es ermöglicht, auf die Variablen des OPC-Servers der internen Steuerung innerhalb von DELMIA Automation zuzugreifen. Im System (siehe Abbildung 103) kann über ein HMI (Human machine interface) gewählt werden, welches Programm der Steuerungslogik angewendet wird. Im Beispiel (siehe Abbildung 103) sind Programme für eine kurze Wegstrecke (von links unten nach rechts unten) und eine lange Wegstrecke (den gesamten Kreislauf entlang) implementiert.

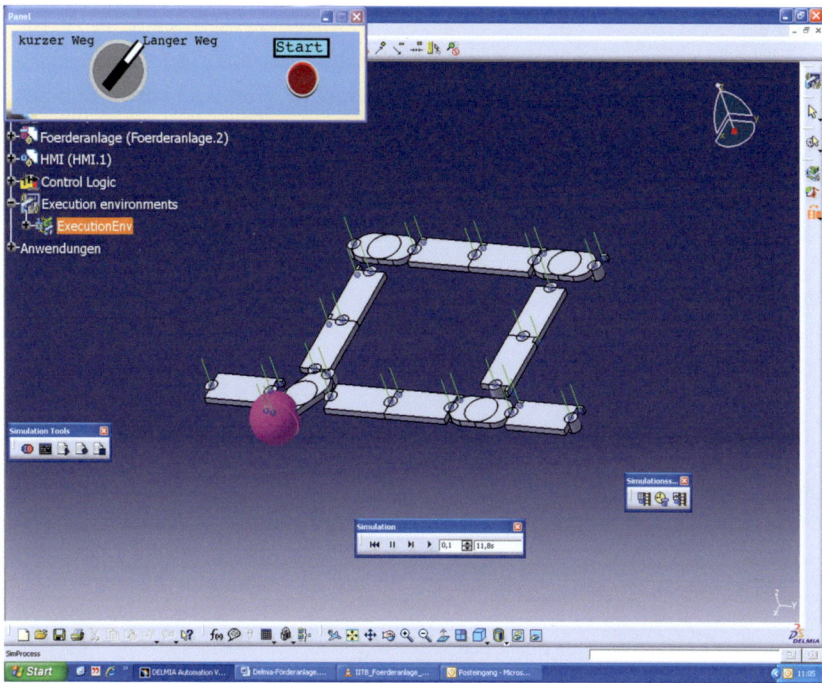

Abbildung 103: Simulation der Anlage in DELMIA Automation [Schleipen &
Sauer, 2010]

WinMOD (siehe [WinMOD, 2011]) ermöglicht nach eigener Aussage die Echt-
zeitsimulation von Geräten, Maschinen und Anlagen und deren Verbindung
zum Automatisierungssystem. Dabei werden zwei unterschiedliche Komponenten eingesetzt: Zum einen die WinMOD-Konfiguration, zuständig für die Verbindung zur Kommunikationsschnittstelle des Automatisierungssystems; zum
anderen die WinMOD-Systemsoftware, die die grafische Bedienoberfläche mit
den Verhaltenssimulationen verknüpft.

Für die Außenanbindung, die Anbindung an externe Steuerungen, stehen verschiedene Peripherietreiber zur Verfügung. Über Peripherietreiber können verschiedene Kommunikationstreiber hinzugefügt werden. Im Beispiel handelt es
sich um einen OPC-Server, beziehungsweise den Kommunikationstreiber, der
für eine Kommunikation per OPC nötig ist. Die Peripherietreiber enthalten

verschiedene Gruppen von Elementen, die zum Aufbau der Simulation dienen. Um die Elemente zu verbinden, werden Signale verwendet. Der eben beschriebene Prozess in DELMIA Automation entspricht in WinMOD einem Simulationsprojekt, das verschiedene Konstanten, Eingänge, Ausgänge und Prozessvariablen (alles Signale) enthält. Diese können in den so genannten globalen Operanden gefunden werden. Zusätzlich gibt es lokale Operanden, die nur innerhalb der einzelnen Simulationen verwendet werden können. Der innere Aufbau von Anlagenkomponenten (Parts in DELMIA Automation) kann in so genannten Makros beschrieben werden. Makros fassen dabei alle Elemente eines Bauteils – die innere Sicht (siehe Abbildung 104) – zusammen. Im Beispiel ist die ein-/ausschleusende Teststation dargestellt.

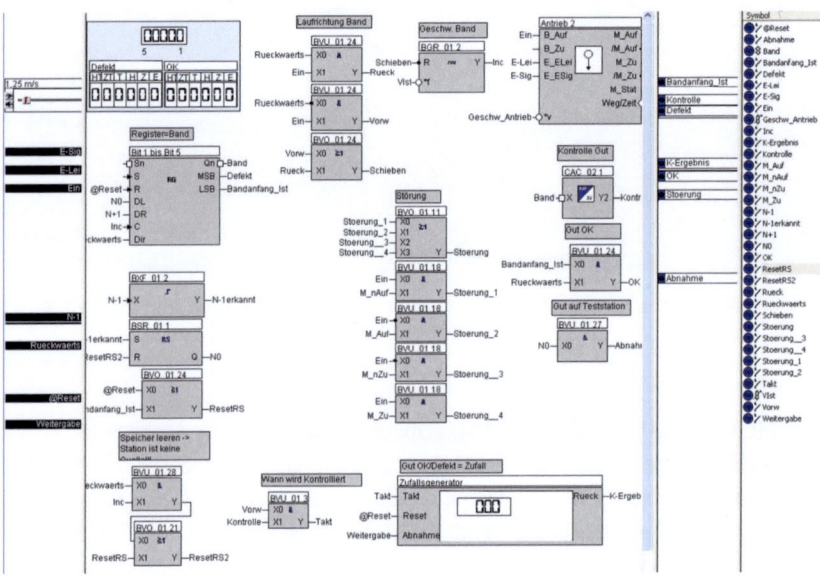

Abbildung 104: Makro Teststation Innenansicht [Schleipen & Sauer, 2010]

Das Makro bietet die Möglichkeit, die komplette innere Logik zu verstecken und nur bestimmte Eingangssignale (links in Abbildung 105) und Ausgangssignale (rechts in Abbildung 105) nach außen offen zu legen. Ebenso wird für jedes Makro eine Bedienoberfläche (mittig in Abbildung 105) konfiguriert, die diese Ein-/Ausgangssignale für den Benutzer zur Verfügung stellt. Die ein-

/ausschleusende Teststation in Abbildung 105 besitzt Eingangssignale für die Energie des Antriebs, die Geschwindigkeit des Bands, die Übergabe/Abnahme vom vorherigen Bauteil, die Laufrichtung des Bands und zum Start und Reset (Rücksetzen der Simulation auf den Ausgangszustand). Beispiele für Ausgänge der Teststation sind die Signale ‚Kontrolle‘, falls gerade ein Gut kontrolliert wird und ‚K-Ergebnis‘, das anzeigt, welches Ergebnis die Kontrolle ergeben hat. Das Bedienfeld umfasst eine Digitalanzeige der fünf Positionen der Teststation und Zähler für die defekt und nicht-defekt getesteten Bauteile. Die Prüfung wird innerhalb der Teststation mit Hilfe eines Zufallsgenerators simuliert, der bestimmt, ob das geprüfte Bauteil defekt ist oder nicht und daher ausgeschleust werden muss oder im Kreislauf verbleiben darf.

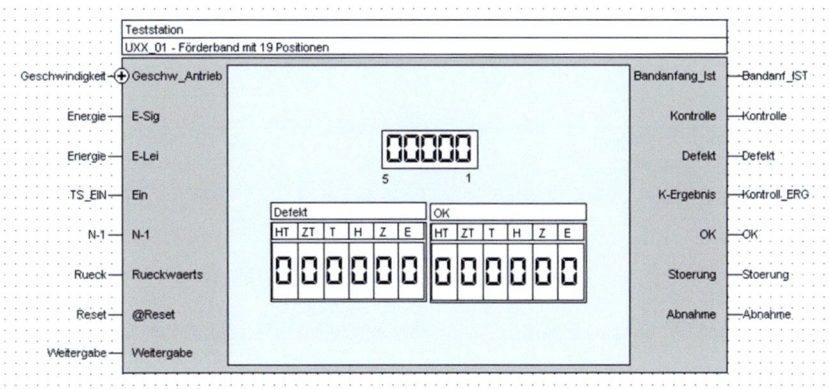

Abbildung 105: Makro Teststation Außenansicht [Schleipen & Sauer, 2010]

Auch WinMOD bietet zwei Möglichkeiten, um das Verhalten der Komponenten im Zusammenspiel zu erstellen: die interne und die externe Logik.

Die interne Logik nutzt die internen Prozesssignale. Die Ein- und Ausgangssignale der Makros werden direkt mit Hilfe der Prozesssignale miteinander verknüpft. In dem hier diskutierten Beispiel handelt es sich um die Fördergüter, die von einem ‚Transportband‘ oder ‚Drehtisch‘ zur jeweils nachfolgenden Komponente weitergeleitet werden.

Im Fall der externen Logik werden eine oder mehrere reale Hardware-SPSen auf konventionellem Weg programmiert. Gekoppelt wird die Simulation mit der

SPS beispielsweise per OPC. Die entsprechenden Signale des OPC-Servers bzw. der SPS werden dann mit den Ein-/Ausgängen des Modells verbunden.

Die gesamte simulierte Anlage und deren Bedienkomponenten sind in Abbildung 106 zu sehen.

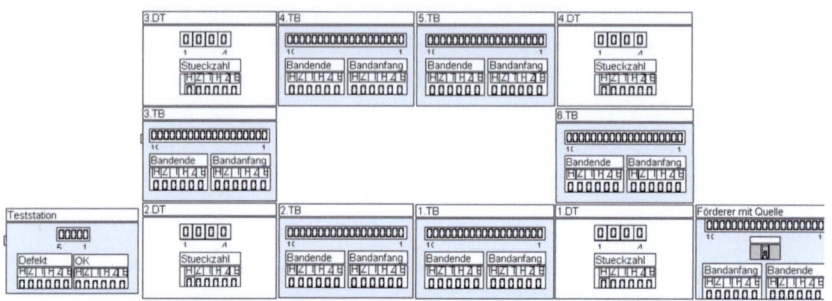

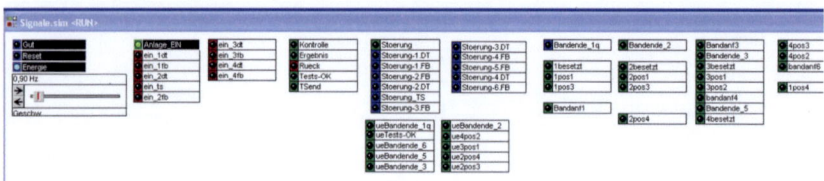

Abbildung 106: Simulation der Anlage in WinMOD [Schleipen & Sauer, 2010]

Bei den beiden untersuchten Simulationssystemen gab es keinen klaren Favoriten. Beide haben ihre Berechtigung und unterscheiden sich in Funktionalität und Vorgehensweise. Das Beispiel in WinMOD wurde im vorliegenden Fall ohne eine zusätzliche 3D-Visualisierung realisiert, da diese für die vorliegende Anwendung nicht nötig war. Die Möglichkeit zur Abbildung aller gewünschten Systemkombinationen wie in Abbildung 99 war in beiden Systemen gegeben. Dies war ausschlaggebend für den Erfolg der virtuellen Leittechnik-Inbetriebnahme.

Für die SPS-Logik im vorliegenden Fall wurde eine Siemens SIMATIC S7 300 [Siemens S7-300, 2011] verwendet. Sie verfügt über 24 digitale Eingänge, 16 digitale Ausgänge, fünf analoge Eingänge, zwei analoge Ausgänge und 4 Zähler. Für die Kommunikation per Industrial Ethernet zwischen SPS und der

Netzwerkkarte der PC-Station kommt ein Kommunikationsprozessor (CP) als zusätzliches Modul zum Einsatz. Abbildung 107 zeigt die Hardware-Konfiguration – die Komponenten-Anordnung auf dem Baugruppenträger (rack) – in STEP7 [Siemens Step7, 2011]. Die Ablaufsteuerung für das vorliegende Anwendungsbeispiel wurde mit Hilfe von AWL (Anweisungsliste) in STEP7 erstellt. Dabei wurden bereits für die Leittechnik spezifische Signale, wie beispielsweise Stückzahlen, in die Steuerungslogik mit eingebracht. Details zur Programmierung der SPS finden sich in [Schleipen & Sauer, 2010].

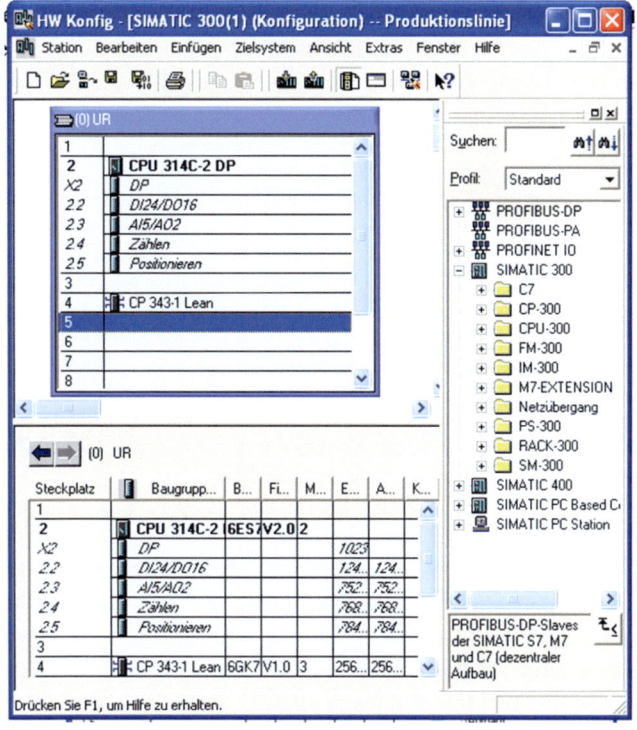

Abbildung 107: Hardware-Konfiguration [Schleipen & Sauer, 2010]

Die Kommunikation zwischen Steuerung und Leittechnik erfolgt, ebenso wie die Kommunikation zwischen Steuerung und Simulationssoftware WinMOD beziehungsweise DELMIA Automation, per OPC. Als OPC-Server für die

Kopplung zwischen Steuerung und Leitsystem wurde Siemens SIMATIC NET eingesetzt. Für die Kopplung zwischen SPS und Simulationssystem bzw. für die direkte Kopplung der Simulationssysteme an das Leitsystem wurden die OPC-Komponenten der Simulationssoftware eingesetzt.

Das Leitsystem wird entsprechend der erstellten Simulationsanlage projektiert und erhält die Anlagentypen Förderband (FB), Drehtisch (DT) und Teststation (TS). Von diesen wird die entsprechende Anzahl an Exemplaren abgeleitet und instanziiert (siehe Abbildung 108).

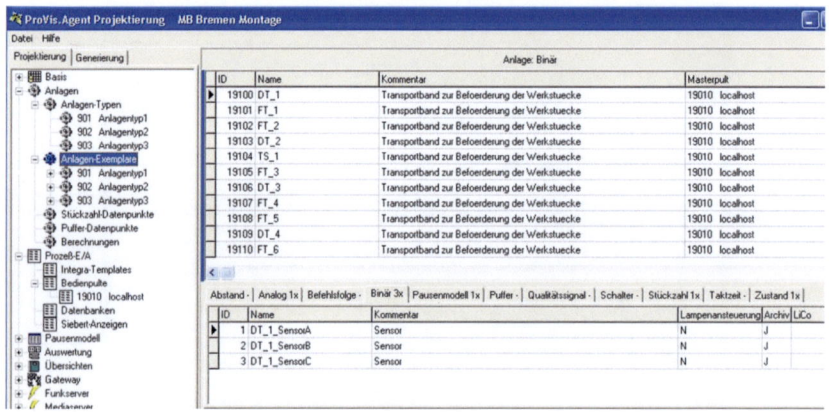

Abbildung 108: Leittechnik-Projektierung Anlagenexemplar [Schleipen & Sauer, 2010]

Die Variablen der Exemplare werden in der E/A-Projektierung der Leittechnik mit den OPC-Signalen der Steuerung verbunden. Als visuelle Schnittstelle zum Benutzer wird ein passendes Prozessführungsbild erstellt, das an die vorverarbeiteten Leittechnik-Variablen gekoppelt ist und dynamisch die Änderungen visualisiert. Bei Fehlern in der Anlage erhalten bestimmte Elemente beispielsweise einen roten Farbumschlag. Das Anwendungsbeispiel in der Visualisierung des Leitsystems ist in Abbildung 109 dargestellt.

Die so erstellte Kombination aus Simulationssystemen, Steuerung inklusive Logik und der Leittechnik wird dann wie im realen Umfeld in Betrieb genommen und getestet.

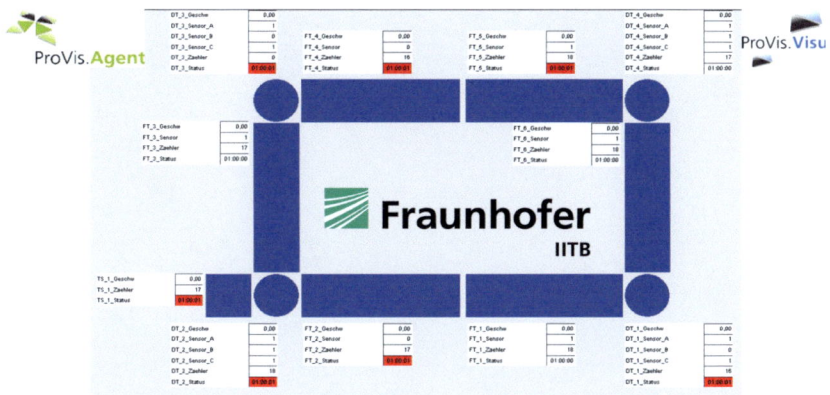

Abbildung 109: Leittechnik-Visualisierung [Schleipen & Sauer, 2010]

10. Mensch-Maschine-Schnittstelle für interoperable MES

„Automatisierungstechnik ist eine interdisziplinäre Drehscheibe zwischen Produktions- und Prozessverantwortlichen (Anwendern), Geräte- und Systemherstellern (Zulieferern) und den Kompetenzlieferanten unter anderem aus Elektrotechnik, Maschinenbau, …" [VDI Automation 2020] Diese Aussage prägte der VDI in seinen Thesen zur Automation 2020. These 2 lautet: „Die Automation steht für Technik mit dem Menschen für den Menschen" [VDI Automation 2020]. Essentiell, besonders für MES, ist dabei, dass die Interdisziplinarität die beteiligten Menschen mit einbezieht und fokussiert. Interoperabilität und Adaptivität gehen einher mit der Interaktion zwischen verschiedenen Systemen, aber auch Menschen. Daher spielt der Mensch bei zukünftigen MES eine besondere Rolle. Im Betrieb stellt die Visualisierung die Schnittstelle vom System zum Menschen dar. Während des Engineerings von MES ist der Mensch besonders gefordert, da er dafür verantwortlich ist, das System lebens- und lauffähig zu gestalten. Daher müssen in beiden Phasen Menschen bei der Integration vorrangig berücksichtigt werden. ‚Human-centered computing' versorgt den Menschen nur mit für seine Rolle und Aufgaben unbedingt benötigten Informationen und beachtet dabei auch rechtliche Umstände und Konsequenzen (siehe [Schleipen & Sauer, 2009b]). Der dadurch veränderte Ablauf und Prozess im Engineering von MES resultiert aus Benutzerbedürfnissen und -möglichkeiten.

Die Disziplin der Anthropotechnik (siehe auch [Syrbe, 1970]) oder Software-Ergonomie befasst sich mit dem Fachgebiet der Mensch-Maschine-Kommunikation, optimiert Arbeitsabläufe hinsichtlich der physischen und physiologischen menschlichen Eigenschaften, Bedürfnisse und Möglichkeiten und gestaltet die Schnittstelle zwischen Mensch und Maschine (siehe [Charwat, 1994]). Dabei wird Hardware ebenso berücksichtigt wie Software. Als Beispiel für eine wichtige Errungenschaft der Anthropotechnik gilt das WYSIWYG-Prinzip. Aktuell befasst sich die Anthropotechnik mit der Multimodalität zwischen Benutzer und System, sowie neuen intuitiven Darstellungsformen und der benutzeradaptiven Bedienassistenz. Dabei versucht sie technische Elemente, wie beispielsweise Maschinen und Anlagen, so an den Menschen anzupassen und mit geeigneten Schnittstellen auszustatten, dass die Zusammenarbeit effizient und effektiv gestaltet werden kann. Dies bedeutet nicht, dass diese Schnittstellen komplett mit Funktionalitäten überfrachtet werden, sondern dass sie den physischen und physiologischen Eigenschaften, der Denkweise, Möglichkeiten und Bedürfnissen der beteiligten Personen entsprechen und eine ansprechende Darstellung ohne Störinformationen wählen (siehe [Syrbe, 2006]). Dabei können Methoden, wie zum Beispiel die Farbcodierung mit Signalfarben, eingesetzt werden (siehe [Johannsen, 1993]). Gleichzeitig wird aber auch darauf geachtet, die Möglichkeiten des Menschen, die beispielsweise durch die Kapazität des Kurzzeitgedächtnisses beschränkt sind, nicht zu überschreiten (siehe [Dahm, 2005], [Geisler, 2006] und [Peinsipp-Byma, 2007]). Im Bereich der Software-Entwicklung spricht [Dahm, 2005] von Software-Ergonomie. Diese befasst sich mit der Lehre der richtigen Gestaltung interaktiver Systeme, berücksichtigt dabei verschiedene Ziele (siehe [DIN EN ISO 9241-11], die Zufriedenheit, Effektivität und Effizienz des Anwenders. Diese Vorgaben wurden auch bei der Entwicklung für Methoden der Interaktion im Engineering und im Betrieb von MES berücksichtigt.

10.1 Interaktion im Engineering

Die Unterstützung der Interaktion im Engineering hängt nicht allein von der jeweiligen Software ab, sondern zielt insbesondere auf beteiligte Personen und entsprechende Arbeitsumgebungen ab. Um die Zusammenarbeit auf interpersoneller und interdisziplinärer Ebene geeignet zu unterstützen, müssen interaktive Engineering-Umgebungen geschaffen werden. Dies gilt nicht nur für MES, ist aber dort ein spezielles Problem, da der mit dieser Aufgabe betraute Ingenieur von vielen unterschiedlichen vorangehenden Planungsschritten abhängig ist und sich mit verschiedenen Disziplinen einigen und abstimmen muss. Interdisziplinär ist dabei eigentlich der falsche Ausdruck, da dies dazu führt, dass Dinge uneindeutig und damit fehleranfällig sind. Heutige Engineering-Prozess sind bereits interdisziplinär, dies muss aber nicht unbedingt bedeuten, dass die Disziplinen auch ungezwungenermaßen zusammenarbeiten. Multi-disziplinäres Engineering ist das anzustrebende Ziel, da so fehlerfreie bzw. fehlerarme Lösungen entstehen (siehe dazu auch [Schnieder, 2010]). Gleichzeitig müssen Lösungen geschaffen werden, die eine effiziente Unterstützung gewerkeübergreifender Kollaboration schaffen und gewährleisten. Dies beinhaltet das Kernthema des Datenmanagements und der Änderungsverfolgung, aber auch rechtliche Themen, wie die Verantwortlichkeit für Ergebnisse, müssen beachtet werden. Kurz: Der Engineering-Prozess an sich wird verändert.

Warum wird aber nun versucht, verschiedene Disziplinen, die sich mit unterschiedlichen Dingen befassen und auf ihren jeweiligen Gebieten Spezialisten sind, zusammenzubringen und zu einer Zusammenarbeit ‚zu zwingen'? Eine Erklärung hierfür zeigt [Simon, 2002] mit einer Metaanalyse über die Bewertung von Arbeitsgruppen. Hier wird gezeigt, dass das Interaktionsverhalten ein zentraler Faktor für die Produktivität in Teams ist. Ist die Zusammenarbeit und Interaktion etabliert, verkürzt sich die Zeit für Entscheidungsprozesse, Arbeitsschritte und Problemlösemethoden können gemeinsam geplant werden. Gleichzeitig verlängert sich aber auch die Zeit auf Grund von benötigten Diskussionen und viel Reflektion. Dennoch stehen Personen hinter Dingen, die sie selbst entwickelt und mit erarbeitet haben (siehe [Timpe et al., 2002]). Daher ist die Akzeptanz solcher Lösungen um ein vielfaches höher als bei einzeln entwickelten Teillösungen, die schrittweise entwickelt werden. Gerade für Abstimmungs- und Problemlöseprozesse ist die Effizienz und Effektivität im Team höher. Daher müssen genau hierfür geeignete Umgebungen geschaffen werden, um diese Zusammenarbeit zu ermöglichen. Diese beinhalten auf die Aufgaben abgestimmte Assistenzmechanismen. Auch das Organic Computing (siehe [Schmeck et al., 2010]) versucht die Fähigkeiten und Funktionsweise des Menschen in technischen Systemen einzubinden und nachzubilden. Auch hierbei werden intelligente Umgebungen gefordert, abgestimmt auf die Bedürfnisse des Menschen. Dabei handelt es sich um benutzerspezifische Bedienkonzepte, rekonfigurierbare Hardware- und Softwaresysteme, sowie die benutzerfreundliche Gestaltung von IuK-Technologien. Im vorliegenden Abschnitt wird eine solche Umgebung vorgestellt, die im Projekt DigET[14] (Digitaler Engineering-Tisch, siehe Abbildung 110) entwickelt wird.

Dabei sollen die Grundsätze der Dialoggestaltung aus der ISO 9241 [DIN EN ISO 9241] beachtet werden: Aufgabenangemessenheit, Selbstbeschreibungsfähigkeit, Steuerbarkeit, Erwartungskonformität, Fehlertoleranz, Individualisierbarkeit und Lernförderlichkeit. Außerdem wird versucht, den normativen Ablauf des Problemlöseprozesses mit den Phasen Zielklärung, Prozessklärung, Problemanalyse, Problemlösung und Problemreflexion zu berücksichtigen.

---

[14] Das Projekt DigET wurde gefördert von der Baden-Württemberg Stiftung gGmbH.

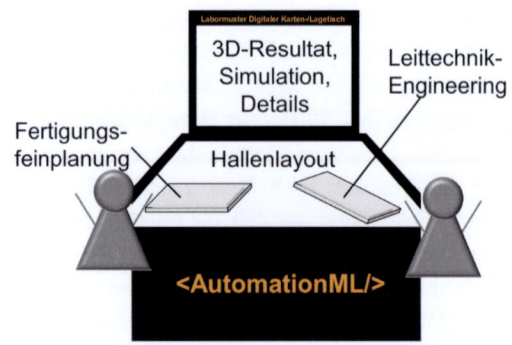

Abbildung 110: DigET[Schleipen & Bader, 2010] schematisch (oben) und real (unten)

Im Verlauf des Engineering-Prozesses werden in allen Phasen hochspezialisier-te Software-Tools eingesetzt, die den Ingenieur innerhalb der Phasen optimal unterstützen. Diese finden auch räumlich getrennt voneinander statt.

Wie bereits erwähnt, fehlt aber die entsprechende Unterstützung am Über-gang von einer zur nächsten Phase. Dies ist auch das Problem für das Enginee-ring von MES, da dort viele der Informationen beispielsweise in Form von Excel-Tabellen, Bildern oder mündlich überliefert werden. Dadurch kann es zu Inkompatibilitäten, Mißverständnissen und semantischen Lücken kommen, die häufig in Fehlern münden, die beseitigt werden müssen. Der DigET als Werkzeug für ein effizientes und gewerkedurchgängiges Multi-User-Engineering nutzt eine entsprechende Hardware-Umgebung, ein durchgängiges Daten- und Änderungsmanagement und Assistenzsysteme, um diese Lücke zu schließen (siehe [Schleipen & Bader, 2010]). Eine elektronische statt manuelle Änderungspropagation führt vor allem bei großen Anlagen zu erheblichen Einsparungen, zum einen durch die Einsparung von manuellem Aufwand, zum anderen durch die Reduktion von Fehlern bei manuellen Arbeiten. Weiterhin sollen die hochspezialisierten Tools aus den einzelnen Phasen und fachspezifische Detailsichten, wie in Abbildung 111 beispielhaft dargestellt, erhalten werden, aber auch eine Plattform geschaffen werden, die diese fachspezifischen Detailsichten miteinander verbindet und in einen übergeordneten Kontext setzt, welcher einen effizienten Abstimmungsprozess und eine effiziente zwischenmenschliche Kommunikation ermöglicht.

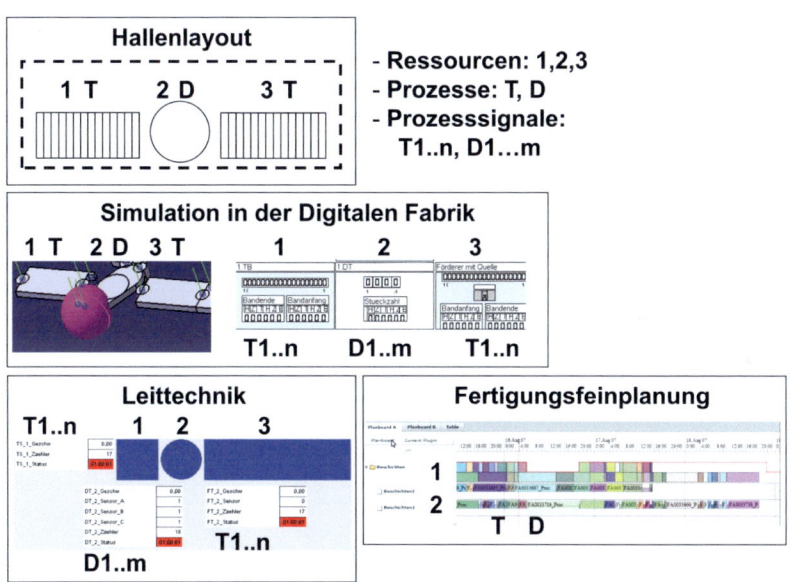

Abbildung 111: Verschiedene Beispielsichten – Gemeinsame Sicht ‚Hallenlayout' (oben), Sicht ‚Leittechnik' (links unten), Sicht ‚Fertigungsfeinplanung' (rechts unten), Sicht ‚Simulation in der Digitalen Fabrik' (Mitte) [Schleipen & Bader, 2010]

An Hand der von der Autorin konzipierten Demonstrationsanlage WISARALab des Fraunhofer IOSB soll nun ein mit dem DigET lösbares Änderungsszenario skizziert werden. Das WISARALab ist eine Abfüllanlage, die aus einem Lagertank, mehreren Abfüllstationen und einem Transportband (siehe Abbildung 112) besteht.

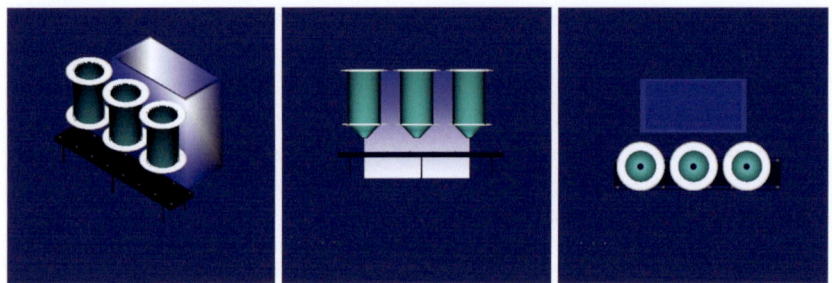

Abbildung 112: 3D-Repräsentation des WISARALab

Um speziell für MES ein geeignetes Anwendungsbeispiel abzugeben, wurde entsprechende Sensorik und Aktorik integriert. Das R&I-Fließbild ist in Abbildung 113 dargestellt.

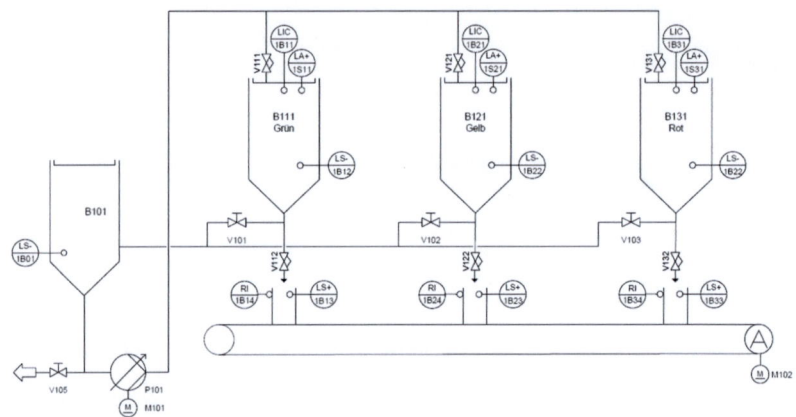

Abbildung 113: R&I-Fließbild des WISARALab [Schleipen & Schenk, 2011]

Im Änderungsszenario wird die Anlage von zwei auf drei Abfüllstationen erweitert, um die Kapazität der Demonstrationsanlage zu erhöhen. Abbildung 112 und Abbildung 113 stellen also bereits die Situation nach der erfolgten Änderung dar. Für die Änderung muss in den Gesamtverbund der Komponenten ein neuer Tank, samt Abfüllventil und entsprechenden Sensoren und Aktoren eingebracht und mit dem Lagertank verbunden werden. Der entsprechende Ablauf und die Aufgaben und Reaktionen der in diesem Fall beteiligten Disziplinen (Disponent, Logistikplaner, Layoutplaner, Leittechnikplaner, Produktionsleiter) ist in [Schleipen & Schenk, 2011] beschrieben. Während der Änderung kommt es zu zahlreichen Iterations- und Abstimmungsschritten, die durch den DigET assistiert werden. Die beteiligten Personen werden dabei auf zwei Ebenen unterstützt:

Zum einen werden die beteiligten Personen an Hand von systemneutralen Daten und entsprechenden Mechanismen zusammengeführt (siehe Abbildung 114).

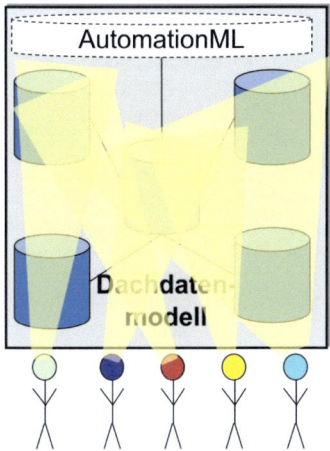

Abbildung 114: Vision der Gewerkezusammenarbeit und -durchgängigkeit
[Schleipen & Bader, 2010]

AutomationML® wird in diesem Zusammenhang als Datenformat für die Repräsentation komplexer Modelle als Kerntechnologie für den DigET verwendet. Es ist ideal für die Modellierung gewerkeübergreifender und multidisziplinärer

Modelle geeignet und unterstützt dies durch spezielle Konzepte, wie beispielsweise das Facettenkonzept, das verschiedene Sichten auf das Datenmodell zulässt. Durch die Kombination der verschiedenen Unterformate, ermöglicht es, verschiedene Aspekte und Sachverhalte abzubilden. Abbildung 115 zeigt das WISARALab als AutomationML-Modell, nach der Veränderung, also inklusive des dritten Tanks. Es enthält daher verschiedene Ressourcen, wie das Transportband, die SPS, den Lagertank und die Abfüllstationen.

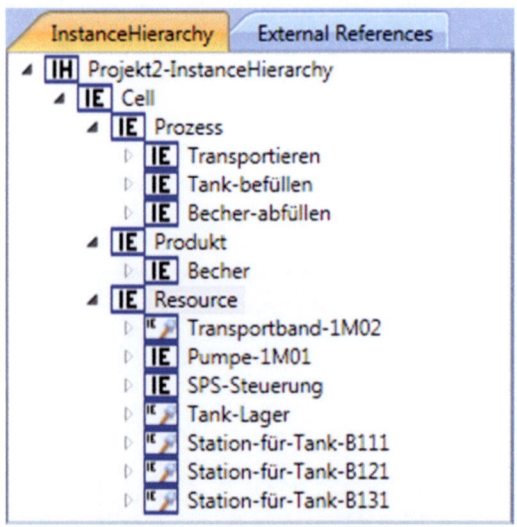

Abbildung 115: WISARALab als AutomationML-Modell [Schleipen & Schenk, 2011]

Zum anderen werden die beteiligten Personen auch räumlich zusammengebracht und ihnen, in einer entsprechenden Hardware-Umgebung, gewerkeneutrale und fachspezifische Sichten auf die Daten ermöglicht sowie entsprechende Interaktions- und Assistenzfunktionen zur Verfügung gestellt (siehe Abbildung 116). Durch die direkte Interaktion der Personen miteinander werden sämtliche menschliche Kommunikationskanäle genutzt (siehe [Schleipen & Bader, 2010]). Ziel ist es, gewerkeübergreifendes Zusammenwachsen und -arbeiten zu fördern und zu fordern und dennoch jeder einzelnen Disziplin ihre Sicht auf die Dinge zu erhalten.

Vorteile des auf diesen zwei Säulen basierenden DigET sind sinkender Koordinationsaufwand, weniger Mißverständnisse, höhere Motivation der Beteiligten, höhere Qualität der Arbeitsergebnisse, sowie der enorme Nutzen aus der direkten Kollaboration in Teams. Jeder der Beteiligten identifiziert sich mit der Lösung und erhält ein allgemeines Verständnis des Systems. Dadurch wird eine globale Lösung statt mehrerer lokaler Lösungen der einzelnen Disziplinen gefunden. Herausforderungen stellen sich bei der Integration neuer Tools in die Umgebung, der Verantwortlichkeit für die Ergebnisse, der Behandlung großer Datenmengen, sowie dem Wunsch der Beteiligten, ihr Spezialwissen nicht Preis zu geben.

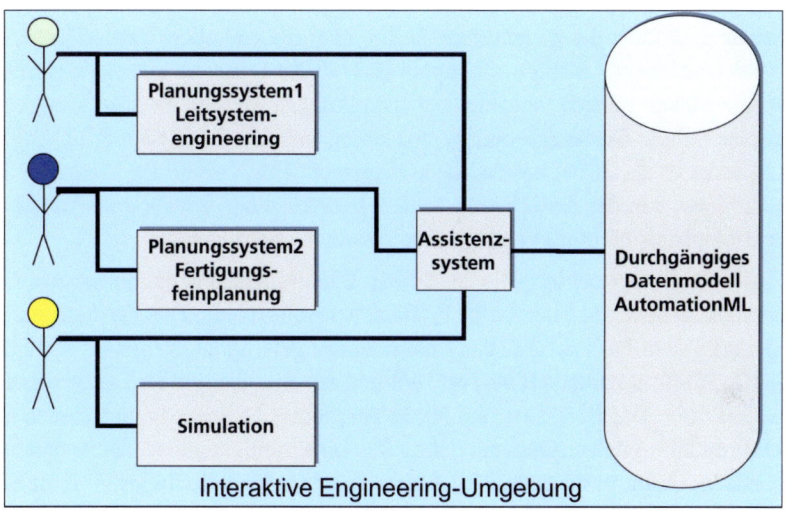

Abbildung 116: Elemente des Multi-User Engineerings und Zusammenwirken der Komponenten [Schleipen & Bader, 2010]

Hardware-Komponenten für eine solche Interaktions- und Assistenzumgebung können nicht allein traditionelle PC-Arbeitsplätze sein. Daher wurde für diesen Zweck im Rahmen des Projekts DigET als Basisplattform auf einer Interaktionsumgebung aus der militärischen Situationsanalyse – dem Digitalen Lagetisch

[Bader et al., 2008] – aufgesetzt. Der darauf aufbauende DigET besteht aus verschiedenen Displays, sowie mobilen Geräten wie Tabletts (siehe Abbildung 117 und [Schleipen & Bader, 2010]). Ein horizontales Display wird eingesetzt, um Übersichten zu visualisieren. Dies kann beispielsweise eine 3D-Repräsentation der zu betrachtenden Anlage sein. Auf dem vertikalen Display können Detailinformationen zu entsprechenden Objekten der horizontalen Anzeige visualisiert werden. Die Darstellung auf unterschiedlichen Displays des DigET kann berücksichtigen, dass nicht alle Beteiligten sich für alle Einzelheiten des zentralen Modells interessieren, sondern immer nur das für den Augenblick wesentliche fokussiert wird. Die verschiedenen mobilen Geräte ermöglichen den Benutzern ihre eigene systemspezifische Sicht auf die Daten. Sie werden über einen Trackingmechanismus auf dem horizontalen Display räumlich erfasst. So hat jeder Benutzer seine eigene gewerke- und disziplinspezifische Sicht auf die Daten und kann über Änderungen informiert werden. Dennoch existiert aber auch die gemeinsame Basis, über die diskutiert werden kann, an die alle spezifischen Sichten ankoppeln und mit der Daten ausgetauscht werden. Darüber hinaus werden verschiedene Interaktionstechniken im 3D-Raum, zum Beispiel mittels Gestenerkennung, wie unter anderem in [Bader et al., 2008] und [Bader et al., 2010] beschrieben, eingesetzt. Der Vorteil der Trennung der Interaktions- von der Anwendungsschicht besteht in der Wiederverwendbarkeit dieser Mechanismen für alle möglichen Anwendungsbereiche.

Software-Komponenten, die in diesem Zusammenhang betrachtet werden, sind verschiedene am Fraunhofer IOSB entwickelte Tools: Das Fertigungsfeinplanungssystem ProVis.APS, das Leitsystem ProVis.Agent, sowie ein AutomationML-3D-Tool namens IDA-TestTool und ein AutomationML-Editor namens CAEX-Editor. Das IDA-TestTool (siehe Abbildung 118) wurde im Rahmen des IDA-Projekts[15] (siehe Abschnitt 10.2) für Tests implementiert. Es basiert auf OpenSceneGraph und ermöglicht, AutomationML-Modelle inklusive ihrer eingebundenen COLLADA-Geometrien darzustellen und weiter zu verarbeiten. Es kann aber auch Hallenlayouts im Format DXF importieren.

Der CAEX-Editor (siehe Abschnitt 11) wurde am IOSB als geeignetes Tool für die Betrachtung und Verarbeitung von AutomationML-Dateien und ihren Zusammenhängen entwickelt.

---

[15] Das Projekt IDA wurde gefördert vom Bundesministerium für Wirtschaft und Technologie aufgrund eines Beschlusses des Deutschen Bundestages unter dem Förderkennzeichen KF2074702ED9.

Kombiniert man nun das IDA-TestTool und den CAEX-Editor für die Informationsdarstellung auf dem DigET, ergibt sich das in Abbildung 118 dargestellte Bild. Auf dem horizontalen Display wird das IDA-TestTool betrieben, auf dem vertikalen Display der CAEX-Editor. Dadurch wird die Möglichkeit geschaffen, Detailinformationen zu einem auf dem horizontalen Display dargestellten Objekt zu visualisieren. Dies bedingt aber die Interaktion und Synchronisation der Systeme miteinander. Die entsprechende Verteilung der Hardware- und Softwarekomponenten auf dem DigET wird in [Schleipen & Schenk, 2011] beschrieben. Beispielhafte Austausch- und Synchronisationsszenarien auf Basis der vorliegenden Tools in der Umgebung sind ebenfalls dort enthalten. Zusätzlich werden Interaktionsmechanismen mit den Tools, wie beispielsweise das Verschieben und Zoomen des 3D-Modells oder Hallenlayouts mit Hilfe von Handgesten oder die Interaktion mit dem CAEX-Editor über Handgesten unabhängig von den Tools angeboten.

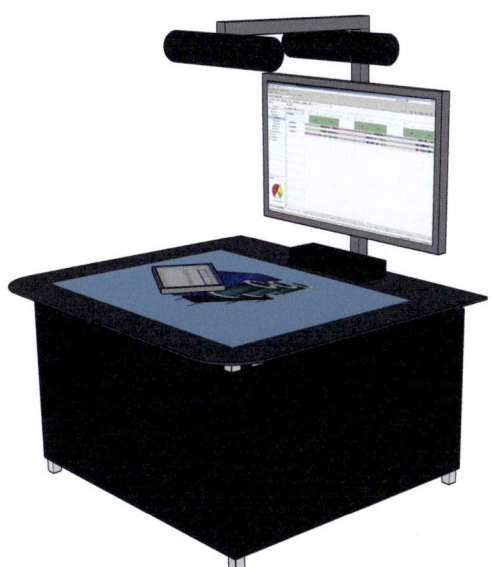

Abbildung 117: DigET – Multi-user Engineering-Umgebung [Schleipen & Schenk, 2011]

Abbildung 118: Kombination der Tools auf dem DigET

Gekoppelt werden die Systeme, Tools und die Umgebung über eine zentrale OPC-UA-Server-Client-Infrastruktur, bei der im OPC-UA-Server die gemeinsamen Daten in Form eines AutomationML-Modells gehalten werden. Jede beteiligte Software-Komponente, egal ob sie aus dem Anwendungsfeld stammt oder für die Interaktion, das Tracking oder die Gestenerkennung zuständig ist, erhält einen separaten DigET-Adapter in Form eines OPC-UA-Clients (siehe Abbildung 119). Die Entscheidung für OPC-UA als Technologie zur Datenverwaltung und zentrale Kommunikationskomponente wird in [Schleipen & Schenk, 2011] erläutert.

OPC-UA vereinfacht die Realisierung des Architekturkonzepts und ermöglicht eine Technologie zur Datenverwaltung und -verarbeitung und Kommunikation und Synchronisation zwischen den verschiedenen Systemen. Hierfür musste das AutomationML-Modell in ein Informationsmodell abgebildet werden, um es im Adressraum des OPC-UA-Servers, für alle Clients zugänglich, abzubilden. Die Herausforderung besteht dabei in der Abbildung der zu grunde liegenden Metamodelle. Das Top-Level-Format von AutomationML – CAEX – basiert auf dem SIC-Modell (Systemelement, Interface, Connection), bei dem Verbindungen zwischen Elementen durch typisierte Schnittstellen hergestellt werden. Dagegen basiert OPC-UA auf einem ER-Modell (Entity-Relationship), das auch Links zwischen Objekten als eigenständige Objekte betrachtet, die typisiert sind.

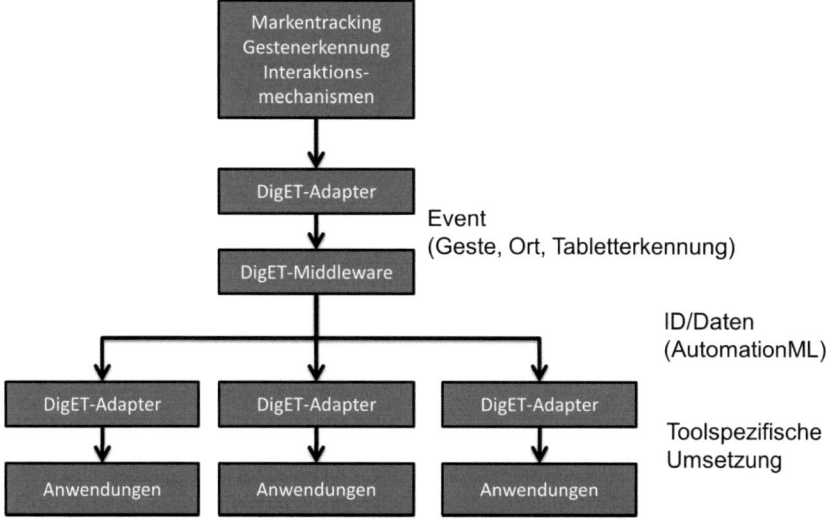

Abbildung 119: Zusammenspiel der Software auf dem DigET

Der Adressraum des zentralen OPC-UA-Servers wurde nach den Vorgaben der OPCFoundation modelliert. Die folgenden Abbildungen entsprechen der von der OPCFoundation vorgeschlagenen Notation (siehe Abbildung 68 in Abschnitt 7.3). Auf oberster Ebene (siehe Abbildung 120) wird der Adressraum geteilt in einen AutomationML-Teil, der das Online-Modell der bearbeiteten Produktionsanlage beinhaltet, sowie einen DigET-Teil, der die DigET-spezifischen Elemente und Strukturen für die Interaktion, Synchronisation und Kommunikation beinhaltet.

Im DigET-Teil des OPC-UA-Server-Adressraums werden verschiedene Informationen für die Interaktion, das Tracking und die Gestenerkennung, sowie für die Synchronisation der einzelnen Geräte und Displays hinterlegt. Diese sind in Abbildung 121 dargestellt. Blau gekennzeichnet sind allgemeine Adressraumelemente, gelb die von der Interaktionskomponente gelieferten Informationen, grün die Informationen, die von den Anwendungen und Tools erfasst und in den

195

Server geschrieben werden, und rot die statischen a-priori-Informationen, die bei Erstellung der jeweiligen Elemente angelegt werden.

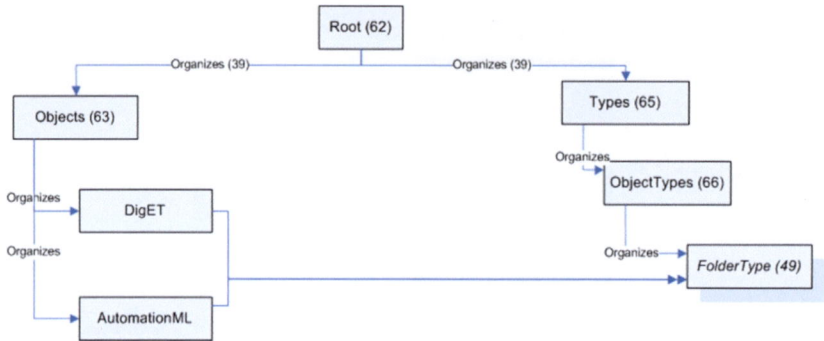

Abbildung 120: Teilung des Adressraums in DigET- und AutomationML-Teil

Dabei greifen fast alle OPC-UA-Clients auf alle Elemente dieses Teils des OPC-UA-Adressraums zu. Objekte sind beispielsweise die durch das Tracking erfassten Objekte (Tablett im Ordner TrackedObjects), die mit der Gestener-kennung und Bedienung involvierten Displays (Display im Ordner Displays), sowie die von der Anwendung veränderten Elemente (AffectedElement im Ordner Application). Ein Tablett_n beinhaltet als Eigenschaften/Attribute seine Größe (als statische Information), den aktuellen Winkel und die Position, die durch das Markentracking erfasst werden und durch die Anwendung mit Hilfe der übrigen Eigenschaften berechnete Liste überdeckter Elemente des Displays im Modell. Ein Display_n beinhaltet als Eigenschaften/Attribute seine Größe (als statische Information), die aktuelle Position und den von der Gestenerken-nung erfassten Gestentyp, sowie eine Liste der ausgewählten Objekte an der beschriebenen Position, die beispielsweise von der Layoutanwendung angelegt wird. Ein AffectedElement_n beinhaltet als a-priori-Information seine ID, sowie (von beispielsweise dem CAEX-Editor angelegte) Attribute für die Position und Größe der von der Anwendung veränderten Elemente im AutomationML-Modell, die von der Veränderung betroffenen Disziplinen, sowie einen die Än-derung beschreibenden Änderungstext.

Veränderungen im Adressraum lösen ein GeneralModelChangeEvent aus. Methoden, die die OPC-UA-Clients zur Modellveränderung im aktuellen Stand aufrufen können, sind:

- AddTrackedObjects (Erstellung eines Objekts für ein durch das Tracking verfolgtes Gerät/Tablett),

- AddDisplay (Erstellung eines Objekte für das horizontale oder vertikale Display),

- AddAffectedElement (Erstellung eines Objekts zur Beschreibung von Veränderungen im AutomationML-Modell),

- DeleteTrackedObjects (Löschen eines Objekts für ein durch das Tracking verfolgtes Gerät/Tablett),

- DeleteDisplay (Löschen eines Objekte für das horizontale oder vertikale Display),

- DeleteAffectedElement (Löschen eines Objekts zur Beschreibung von Veränderungen im AutomationML-Modell),

- DeleteAllTrackedObjects (Löschen aller Objekte für durch das Tracking verfolgter Geräte/Tabletts),

- DeleteAllDisplays (Löschen aller Objekte für das horizontale oder vertikale Display),

- DeleteAllAffectedElements (Löschen aller Objekte zur Beschreibung von Veränderungen im AutomationML-Modell),

- WriteValue (Einzelwert im Adressraum durch eine Schreiboperation verändern) und

- WriteValues (mehrere Werte im Adressraum durch eine Schreiboperation verändern).

Abbildung 122 zeigt den AutomationML-Teil des OPC-UA-Server-Adressraums. Er beinhaltet implizit die Umsetzung des AutomationML-Modells auf die OPC-UA-Strukturen. Dabei wurde aktuell nicht das komplette CAEX-Modell, sondern nur die für das WISARA-Modell benötigten und geplanten Elemente abgebildet. Die InstanceHierarchy, sowie die Libraries des CAEX-Modells sind als Objekte vom Typ Folder abgebildet. Vom Basistyp CAEXObject, mit all seinen Eigenschaften bzw. Attributen, sind alle anderen Objekte wie beispielsweise RoleClass, InterfaceClass, aber auch Attribute und InternalLink abgeleitet.

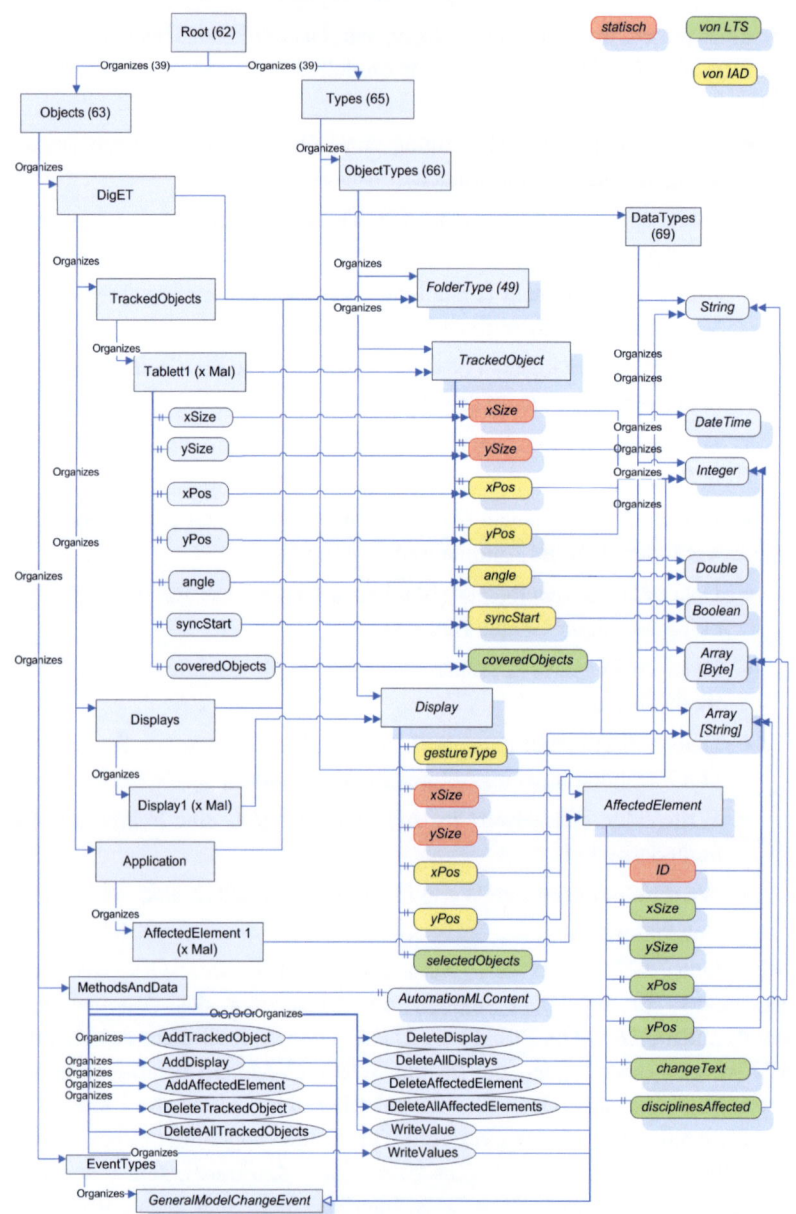

Abbildung 121: DigET-Teil des OPC-UA-Servers

Typisierte Relationen sind beispielsweise SupportedRoleClass, ExternalInterface, sowie RefBaseSystemUnitClass. Methoden, die den Clients die Interaktion mit dem Modell ermöglichen, sind aktuell

- AddToAdressSpace (Hinzufügen neuer Elemente zum AutomationML-Modell) und

- DeleteAutomationMLObject (Löschen von Elementen aus dem AutomationML-Modell).

Die im DigET-Teil bereits beschriebenen WriteValue und WriteValues Methoden können auch hier verwendet werden. Auch das GeneralModelChangeEvent wird in diesem Teil für die Bekanntgabe von Änderungen am Modell verwendet. Außerdem existiert eine zentrale AutomationML-Content-Variable, die es ermöglicht, den Gesamtadressraum als Byte-kodiertes AutomationML-Modell abzurufen. Diese war gerade in der Testphase wichtig, um noch nicht implementierte Teile des Modells abzulegen und auch OPC-UA-Clients, die nicht den Gesamtadressraum untersuchen möchten, den Zugriff auf das gesamte AutomationML-Modell zu ermöglichen.

Aktuell möglich sind die von allgemeinen OPC-UA-Mechanismen, sowie von speziellen Methoden eingebrachten Basistransaktionen (Änderungen) auf dem Adressraummodell, wie beispielsweise die Erzeugung, Veränderung und das Löschen von Objekten und Attributen. Darüber hinaus wurden und werden für das Änderungsmanagement zusätzliche Methoden und Mechanismen im Server konzipiert. Hierfür kann das Situationskalkül hilfreich sein. Das aktuell im Server-Adressraum enthaltene Modell stellt den Zustand der beschriebenen Produktionsanlage zu einem bestimmten Zeitpunkt dar. Das Situationskalkül ist ein auf Prädikatenlogik basierender Formalismus, der es ermöglicht, die dynamische Veränderung von Modellen zu beschreiben. Daher kann es genutzt werden, um Veränderungen im Modell zwischen einer Situation und der nächsten, ausgelöst durch eine Reihe von ausgeführten Aktionen, formal zu beschreiben. Dies ist aktuell aber noch nicht umgesetzt. Eine mögliche zu beschreibende Veränderung, ist die Erweiterung der Anlage von zwei auf drei Abfüllstationen (siehe Abbildung 123). Diese ist im Bild gekennzeichnet durch die rote Umrandung der neu hinzugefügten dritten Abfüllstation. Die dazu auszuführenden Aktionen können beispielsweise durch parametrisierte XML-Fragmente beschrieben werden.

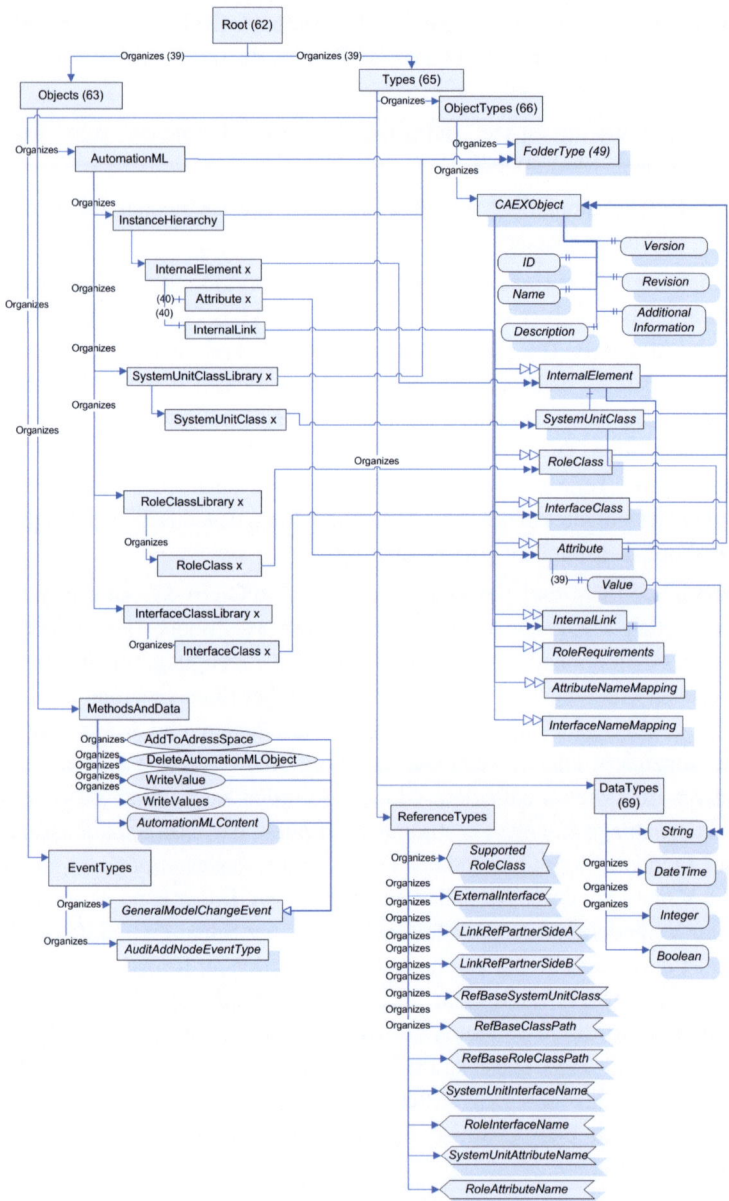

Abbildung 122: AutomationML-Teil des OPC-UA-Servers

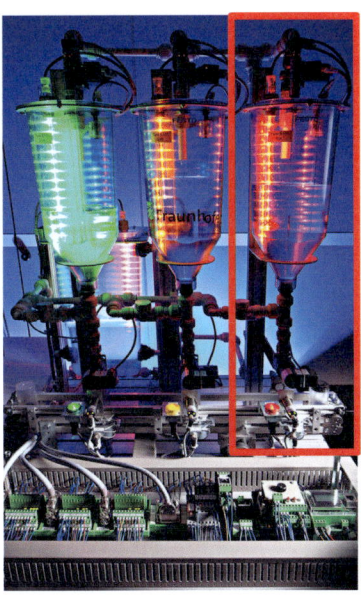

Abbildung 123: Änderung im WISARALab [Schleipen & Schenk, 2011]

10.2 Interaktion im Betrieb

Die Interaktion im Betrieb ist gerade für MES ein wichtiges Thema, da die Bedien- und Visualisierungssoftware die Schnittstelle zwischen System und Menschen darstellt. Die Interaktion zwischen Mensch und System erfolgt mit Hilfe von Anzeigegeräten. Hierfür müssen verschiedene Sichten existieren, da extrem komplexe Sachverhalte (große Bereiche der Produktion) übersichtlich und für den Benutzer gut erfassbar und verständlich dargestellt werden sollen. Dies erfordert geeignete Benutzerschnittstellen für die Erstellung von Prozessführungsbildern. In [VDI 3699, 2005] gibt es beispielsweise Vorschläge und Hinweise für die optimale Aufteilung des Bildschirms in verschiedene Bereiche, wie Übersichtbereich, Datum- und Uhrzeit-Bereich, Gesamtsystem-Zustand, etc. Mögliche Hilfen für die Erstellung dieser Visualisierungen können Assistenztools, wie ein Layoutmanager oder Konfigurator sein, der die Vorlieben des Benutzers in einem beschränkten Maße aufnimmt. Der Benutzer soll jederzeit das Gefühl haben, bei der Erstellung mitzuwirken und berücksichtigt zu werden.

201

10.2.1 Geeignete Benutzerschnittstellen für die Erstellung von Prozessführungsbildern

Im Bereich der Verfahrenstechnik existieren einheitliche Vorgaben für die Erstellung von Prozessführungsbildern. Dies sind Rohrleitungs- und Instrumentierungs-Fließbilder (R&I-Fließbilder, siehe [DIN EN ISO 10628]). Im Bereich der Fertigungstechnik existiert kein ähnlicher Standard. Die Bilder sehen also je nach Projektierer völlig unterschiedlich aus. Ein automatisiertes System zur Visualisierungs-Generierung wird von den Benutzern nur akzeptiert, wenn die Benutzerschnittstelle nutzergerecht und intuitiv ist. Die generierte Visualisierung soll sich an ergonomischen Leitsätzen orientieren (siehe [Schleipen et al., 2008b]). Für die Gestaltung von Mensch-Maschine-Schnittstellen definiert [Syrbe, 1970] sieben qualitative Grundregeln:

1. Beachte die Eigenschaften der Sinnesorgane!

2. Wähle die Prozesszustandsdarstellung aufgabenabhängig!

3. Wähle eine der Aufgabe direkt ansprechende Darstellung!

4. Vermeide hinsichtlich der Aufgabenstellung unnütze Informationen!

5. Beachte die unbewusste Aufmerksamkeitssteuerung des Menschen!

6. Beachte populationsstereotype Erwartungen!

7. Gestalte zusammengehörige Anzeige- und Bedienelemente auffällig gleich und nicht zusammengehörige besonders ungleich!

Die generierten Prozessführungsbilder sollten also so individuell wie nötig und so einheitlich wie möglich sein. Abhilfe kann hier ein entsprechender Layoutmanager schaffen, der in das im Abschnitt 7.1 beschriebene Engineering-Framework eingebunden wird (siehe Abbildung 124). Er lässt die Wünsche der Benutzer in begrenztem Maße (gewünschte Komponenten und Prozessvariablentypen) zu und erzeugt die Bilder mit den betroffenen Anlagenkomponenten und entsprechenden EA-Anbindungen und Dynamisierungen einheitlich. Dabei ist es möglich, sowohl einen topologischen Überblick über die zu visualisierenden Anlagenkomponenten zu erhalten, als auch Teilkomponenten detaillierter darzustellen (siehe [Schleipen et al., 2008b]). Als Zielsystem dient exemplarisch das Prozessvisualisierungssystem ProVis.Visu.

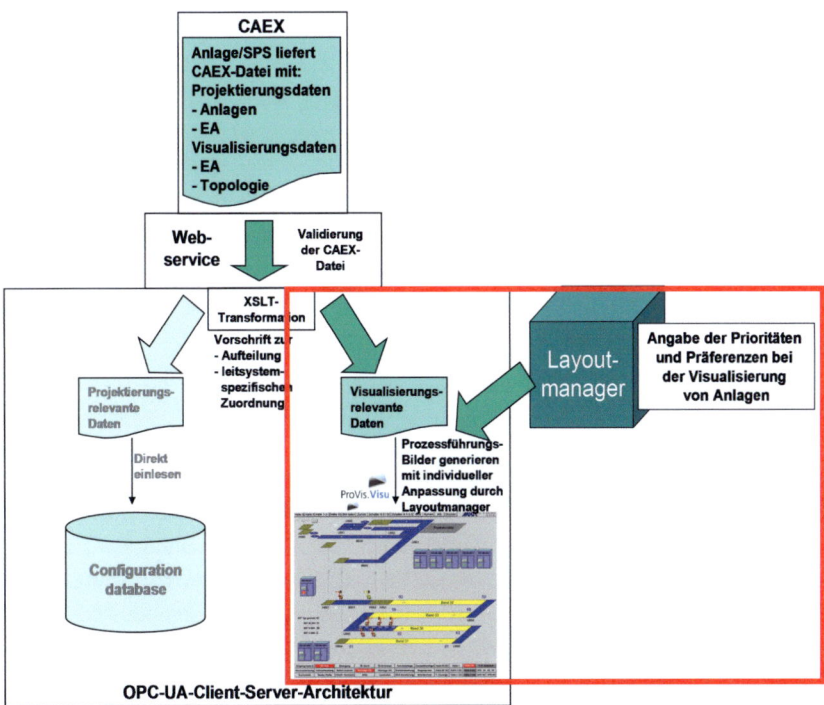

Abbildung 124: Einbinden des Layoutmanagers in das Engineering-Framework
[Schleipen et al., 2008b]

Um diesen Anforderungen gerecht zu werden, wurden verschiedene Sichten entworfen. Dies sind eine Topologie-, eine Struktur- und eine Bedienersicht (siehe Abbildung 125). Die Verteilung der Informationen in verschiedene Sichten ist nötig, um den Bediener nicht mit einer übervollen und unübersichtlichen Darstellung zu überfrachten und beachtet damit entsprechende Gestaltungsrichtlinien, beispielsweise aus der DIN EN ISO 9241-12 (vergleiche [DIN EN ISO 9241-12]). In der obersten logischen Ebene sind die Topologiesichten enthalten, die die Anlagenkomponenten im Überblick darstellen und in aggregierter Form (je nach Umfang der Komponenten) existieren können. Detailinformationen zu den Einzelelementen erhält man über die Bediensicht. Entsprechende Bildwechsel sind direkt in den Elementen innerhalb der Sichten hinterlegt. Zusätzlich existiert eine Struktursicht, die es ermöglicht, die Zustände und aktuell wichtigen Informationen aller Anlagen im Überblick zu betrachten. Die Art der Sichten ist festgelegt, der Benutzer hat aber dennoch Eingriffsmöglichkeiten. Er kann bestimmen, welche der Sichtentypen erstellt werden sollen, welche Elemente in der Struktursicht visualisiert werden sollen, welche Prozessvariablen in der Bedienersicht sichtbar sind, etc. Ihm bleiben also genug Möglichkeiten zur Beeinflussung des Aussehens der Bilder, wenn er auch in seinen Entscheidungen stark eingeschränkt wird. Die zu visualisierenden Informationen bezieht der Layoutmanager konform zum Grundkonzept aus den CAEX-Modellen der Anlagen. In allen Sichtenarten wird die Bildschirmaufteilung entsprechend der [VDI 3699, 2005] befolgt.

Der Benutzer hat nun verschiedene Eingriffs- und Mitbestimmungsmöglichkeiten. Hierbei hilft eine grafische Oberfläche wie sie in Abbildung 126 zu sehen ist. Für die Topologiesicht kann er bestimmen, welches seine höchste darzustellende hierarchische Ebene (siehe Abbildung 126, links) ist. Für die Struktur und Bedienersicht (Abbildung 126, Mitte) kann er wählen, welche der Prozessvariablen und Slots für ihn interessant sind. Zur Darstellung der Elemente in der Topologiesicht kann er zwischen selbst bestimmten Farbwerten oder Bitmaps für die im CAEX-Modell enthaltenen Anlagenkomponenten-Typen wählen. So kann er beispielsweise beeinflussen, ob er entweder alle Transportbänder im RGB-Wert seiner Wahl eingefärbt oder ein entsprechendes Bitmap stattdessen für die Visualisierung verwendet wird. So erhalten alle Elemente gleichen Typs ein einheitliches Aussehen (siehe [Schleipen et al., 2008b]).

Die Topologiesicht beinhaltet also einen topologischen Überblick über die Anlagenkomponenten. Um aggregierte Topologiesichten und eine Art Zoom-Funktionalität zu ermöglichen, wird die Hierarchisierung innerhalb der CAEX-Anlagenbeschreibung genutzt, um Anlagenkomponenten zu Teilanlagen zusammenzufassen. Abbildung 127 zeigt eine kleine Beispielanlage, die in verschiedene Teile separiert wird. Abbildung 128 zeigt die resultierende Hierarchisierung und das Prozessführungsbild der obersten Ebene. Die einzelnen visualisierten Anlagenkomponenten werden an die Zustandsvariablen angebunden und erhalten so dynamisch einen Farbumschlag im Fehlerfall. Aggregierte Anlagenverbünde werden auch mit ihren Fehlerzuständen aggregiert und können beispielsweise Sammelalarme erhalten. Für die Erstellung der einzelnen Bilder werden die Gesamtausdehnung aller Anlagenkomponenten, sowie der Teilanlagen, entsprechende Skalierungsfaktoren für die bildschirmgerechte Darstellung und die entsprechenden Koordinaten, Höhen und Breiten der Einzelelemente bestimmt. Über die Bildelemente der einzelnen Anlagenkomponenten kann in die jeweilige Bedienersicht der Komponenten gewechselt werden.

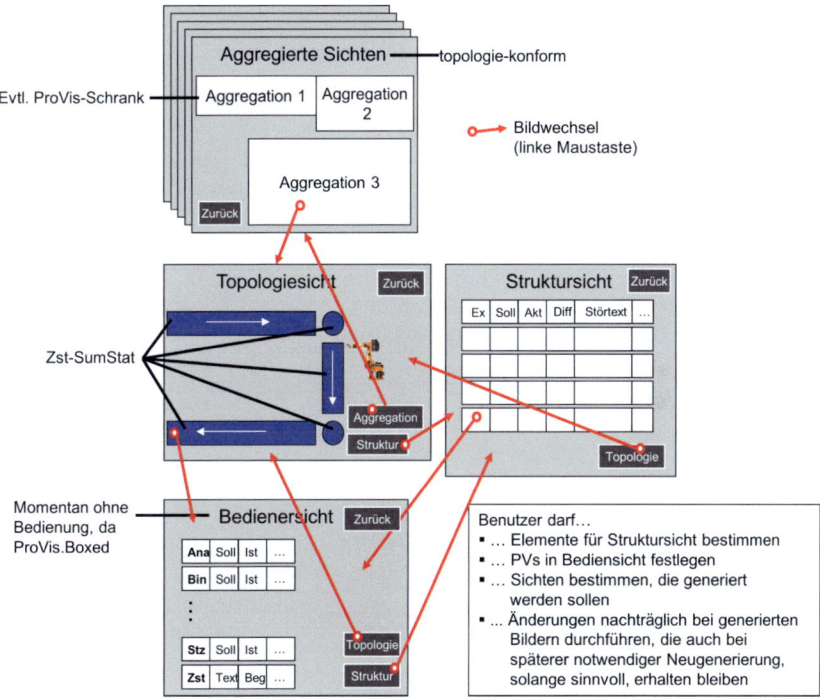

Abbildung 125: Sichten und Benutzerrechte

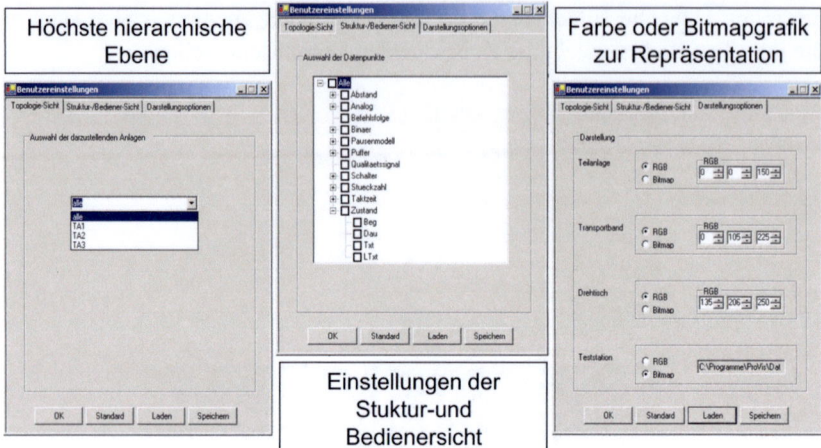

Abbildung 126: Möglichkeiten zur Benutzerkonfiguration [Schleipen et al., 2008b]

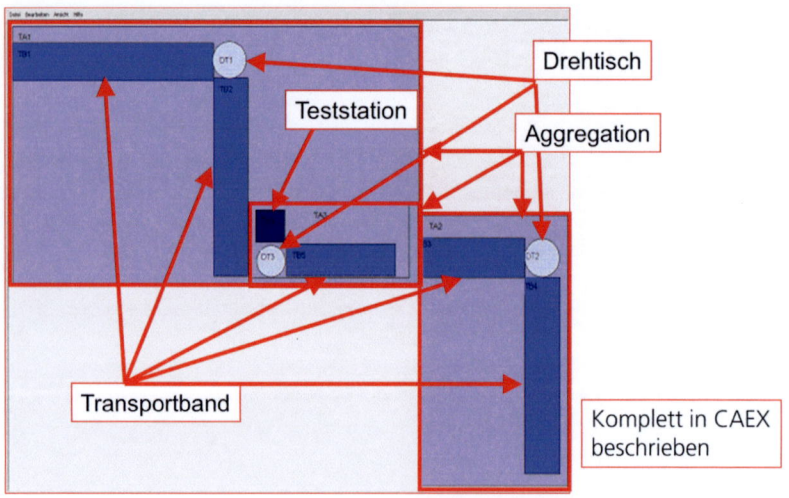

Abbildung 127: Aufteilung der Anlagenkomponenten in Teilanlagen

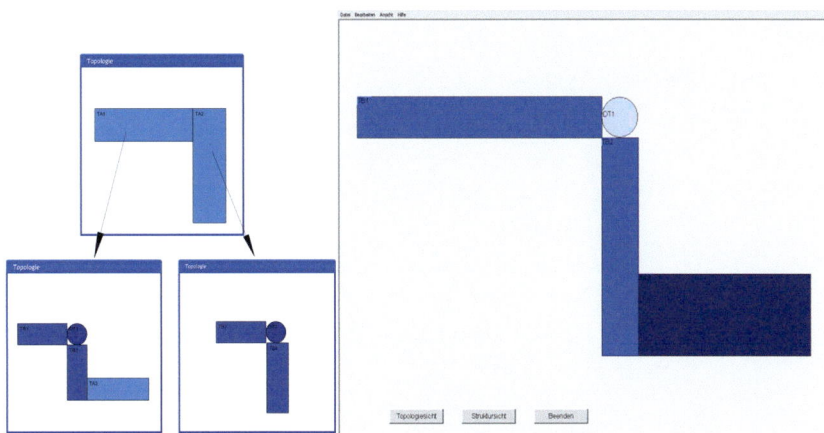

Abbildung 128: Hierarchisierung und Topologiesicht [Schleipen et al., 2008b]

Für einen schnellen Überblick über aktuelle Zustände und Signale innerhalb der Anlagenkomponenten eignet sich die Struktursicht (siehe Abbildung 129). Hier wird weniger Wert auf die Anordnung und Verknüpfung der Teilkomponenten gelegt, dafür aber den Zuständen und Signalwerten der Komponenten umso mehr Bedeutung beigemessen. Jede Anlagenkomponente wird in einer eigenen Zeile visualisiert. Diese Zeile enthält angebundene Prozessvariablen und deren aktuelle Werte. Über den Zeilenkopf kann wieder in die Bedienersichten der einzelnen Anlagenkomponenten gewechselt werden. Die Gruppierung zusammengehöriger Elemente innerhalb einer abgegrenzten Zeile entspricht der siebten Grundregel nach [Syrbe, 1970].

Abbildung 130 zeigt die Bedienersicht der Anlagenkomponente, in der nochmals detaillierter die Informationen zu den aktuellen Werten der Prozessvariablen dargestellt werden. Während in der Struktursicht nur eine Auswahl visualisiert werden kann, sind in der Bedienersicht alle Werte der Prozessvariablen einer Anlagenkomponente enthalten. Die Prozessvariablen sind dabei entsprechend der siebten Grundregel nach [Syrbe, 1970] gruppiert.

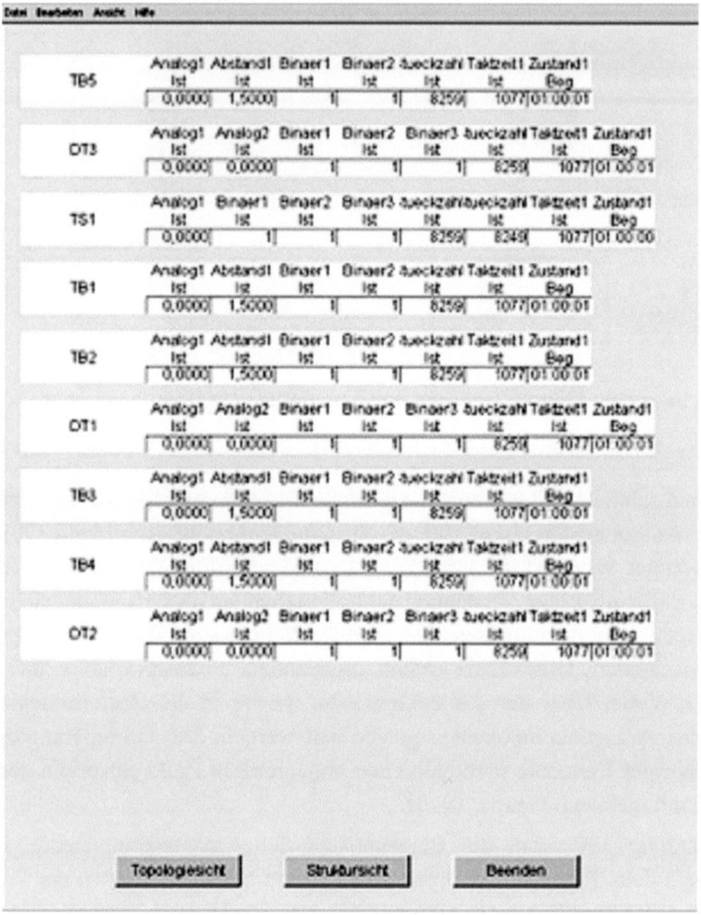

Abbildung 129: Struktursicht [Schleipen et al., 2008b]

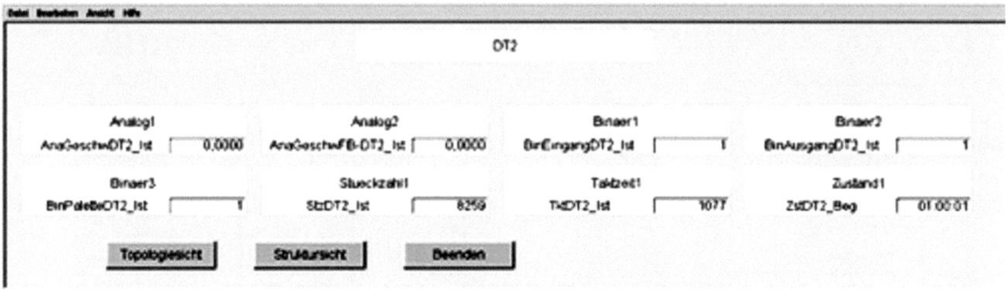

Abbildung 130: Bedienersicht [Schleipen et al., 2008b]

10.2.2 Generierung der Prozessvisualisierung/ Prozessführungsbilder

Geht man nun einen Schritt weiter und erwartet als Ausgangsinformation kein aufbereitetes CAEX-Modell der Anlagenkomponenten, wird das Problemfeld um ein Vielfaches größer und schließt die vorherige Fusion aller relevanten Informationen in einem Modell ein. Dies wurde im Forschungsprojekt IDA untersucht. IDA adressiert Problematik der Interoperabilität von Prozessvisualisierungen als Schnittstelle zwischen Mensch und Leitsystem (siehe [Schleipen et al., 2011a]). Dieser Ansatz ähnelt dem im vorangegangenen Abschnitt beschriebenen Ansatz, ist aber sehr viel genereller und schränkt den Benutzer sehr viel weniger ein. Beispielsweise können Prozessführungsbilder für mehrere Zielsysteme erzeugt werden, zudem sind Strukturen, Konzepte und Mechanismen auf Erweiterung ausgelegt. Durch die automatische Generierung der Prozessführungsbilder aus bereits vorhandenen Informationen sollen zum einen durch die manuelle Arbeit bedingte Fehler vermieden und zum anderen die Qualität der Lösung gesteigert werden. Auch in diesem Fall sollen verschiedene Sichten auf das System und den Anwendungsfall generiert werden. Anders als im vorherigen Ansatz sind die Auswahlmöglichkeiten dabei aber viel breiter gefächert. Abbildung 131 zeigt eine Übersicht über den Umfang von IDA. Zunächst werden potenzielle Quellen für die Erstellung der Visualisierung identifiziert (1), verschiedene Ausgangsformate betrachtet (2), diese Informationen fusioniert (3), darauf verschiedene Sichten erstellt (4) und schließlich die Prozessführungsbilder generiert (5).

209

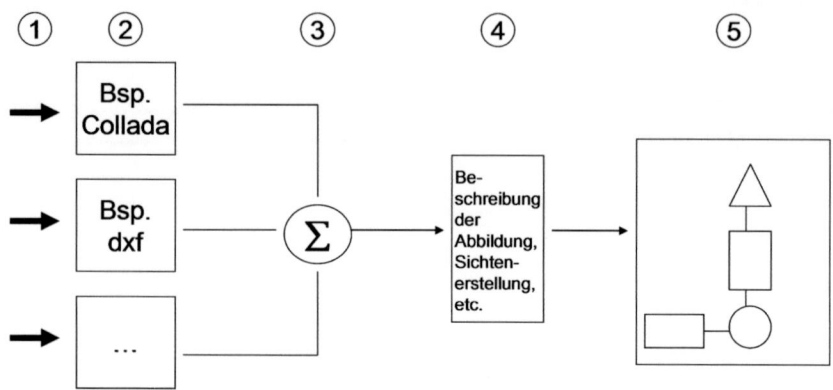

Abbildung 131: Rahmenprogramm IDA

Zwei Hauptpunkte dabei sind also die Interpretation und Fusion der vorhandenen Daten, sowie die Sichtenerstellung und der Export. Daher teilt sich auch die entwickelte Lösung (siehe Abbildung 132) in diese zwei Hauptaufgaben. Ein wichtiger Punkt hierbei ist, dass als Ausgangsdaten für die 2D-Prozessführungsbilder 3D-CAD-Daten genutzt werden. Diese müssen auf die verarbeitbare Komplexität im 2D-Raum heruntergebrochen werden. Die Daten werden dabei im Standarddatenaustauschformat AutomationML beschrieben und weiterverarbeitet. Die Teilformate von AutomationML, die dabei von Interesse sind, sind das CAEX- und das COLLADA-Format.

Damit die Daten aber wie in Abbildung 133 dargestellt fusioniert und weiterverarbeitet werden können, müssen sie zunächst aus den verschiedenen, möglicherweise auch proprietären Formaten der jeweiligen Quellen, in AutomationML importiert werden. Ist dies geschehen, können Informationen aus unterschiedlichen Datenquellen fusioniert werden. Das Gesamtdatenmodell dient dann als Grundlage zur Weiterverarbeitung, Datenreduktion und bei der Sichtengenerierung. Am Ende des Prozesses steht der Export in die Formate der unterschiedlichen Zielsysteme. Im Fall von IDA sind dies ProVis.Visu und WinCC.

Als Entwicklungsbeispiel diente die bereits zuvor erwähnte Transportlinie in etwas erweitertem Umfang, mit sechs Transportbändern, vier Drehtischen, einer Teststation, zwei Robotern und einer SPS. Jedes Transportband ist im CAEX-

Teil des AutomationML-Modells zur Anlage ein InternalElement in der Instance Hierarchy. Es ist abgeleitet von einem bestimmten Anlagentyp, repräsentiert durch die SystemUnitClasses in der SystemUnitClassLibrary und verfügt mit Hilfe von verschiedenen ExternalInterfaces, wie beispielsweise des COLLADARepresentationInterface, über weitere Informationen, wie die 3D-Geometrie des Objekts oder den Materialfluss. Die Bedeutung des InternalElements lässt sich über die zugeordnete RoleClass aus der RoleClassLibrary ableiten. Die aus dem AutomationML-Modell mit Hilfe der Frame-Attribute im CAEX-Teil und den zugeordneten COLLADA-Modellen gerenderte Darstellung der Anlage als Szene aus der Vogelperspektive, findet sich in Abbildung 134.

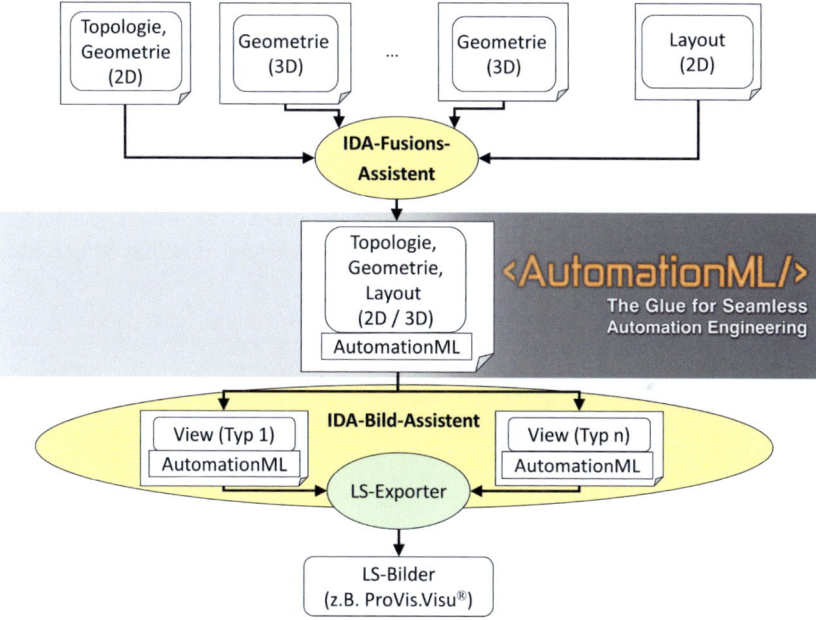

Abbildung 132: IDA-Framework Gesamtarchitektur [Schleipen et al., 2011b]

Abbildung 133: Ablauf im IDA-Framework [Schleipen et al., 2011b]

211

Nachfolgend sollen nun die einzelnen Schritte etwas näher erläutert werden. Der IDA-Fusionsassistent unterstützt den Benutzer beim Import der verschiedenen Ausgangsdaten und ihrer Fusion in ein einheitliches AutomationML-Modell. Als Vertreter von geläufigen Layoutformaten wurde das Drawing Interchange Format (DXF, [DXF-Wiki, 2011]) gewählt. Eine Erweiterung auf andere Formate ist durch die modular aufgebaute Architektur sehr leicht möglich. DXF ist ein ASCII-basierter Standard, der von Autodesk spezifiziert wurde. Eine DXF-Datei beschreibt prinzipiell ein Anlagenlayout als Vektor-Grafik mit verschiedenen Basis-Geometrieelementen wie Punkten, Linien und Kreisen. Aus dem DXF-Layout werden Position und Orientierung der Anlagenkomponenten extrahiert. Position und Orientierung (bestehend aus x, y und z als 3D Punkt und rx, ry und rz als Roll-Pitch-Yaw Winkeln) finden in den AutomationML-CAEX-Frame-Attributen der InternalElements ihr Ziel. Aus verschiedenen CAD-Systemen können 3D-Modelle der Anlagenkomponenten als COLLADA-Beschreibungen exportiert werden. Diese werden ebenfalls den entsprechenden InternalElements zugeordnet. So können 2D-Ausgangsinformationen, wie Layouts, und 3D-CAD-Modelle in einem Modell kombiniert werden. CAEX beschreibt die Topologie und die E/A-Verbindungen. Dies kann zum Beispiel durch den im Projekt ProduFlexil (siehe [Ebel et al., 2007], [Schleipen et al., 2009a]) entwickelten E/A-Importer geschehen und ebenfalls in das Modell eingebaut werden.

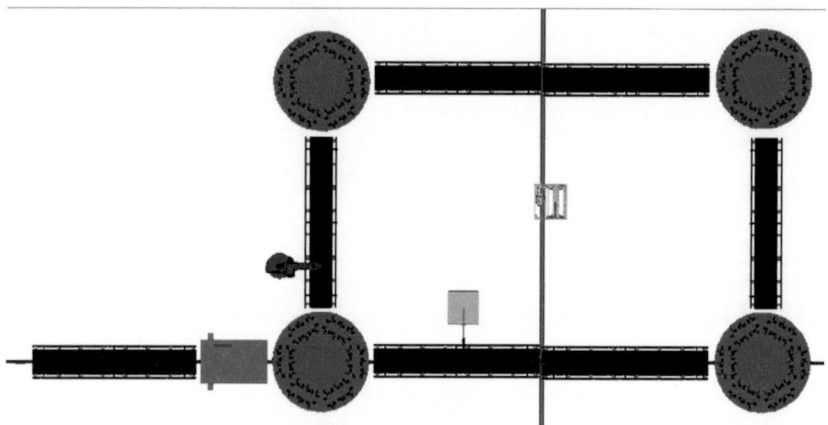

Abbildung 134: Beispiel-Linie

Ist die Fusion des Gesamtmodells erfolgt und dieses durch die AutomationML-Mechanismen und -Konstrukte semantisch beschrieben, können die entsprechenden Informationen aufbereitet und projiziert werden. Die Projektion oder Abstraktion bzw. die Weiterverarbeitung ist notwendig, da nur wenige der marktgängigen Visualisierungssysteme momentan 3D unterstützen. Dies ist dem Umstand geschuldet, dass diese Systeme komplexe Szenen im Gesamtüberblick darstellen und daher oft mehr als 50 Elemente in einem Bild behandeln müssen. Der Unterschied zwischen einer solchen groben Übersichtsdarstellung und einer detaillierten Einzelkomponentendarstellung ist in Abbildung 135 zu sehen.

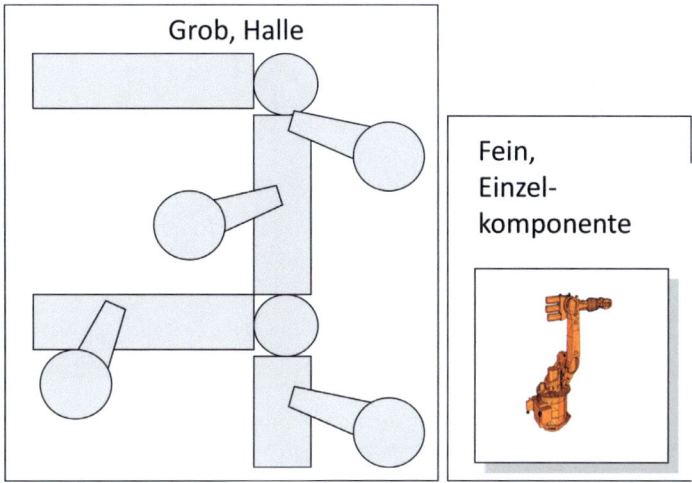

Abbildung 135: Unterschied Grob- und Feindarstellung [Schleipen et al., 2011b]

Bei der Reduktion von 3D auf 2D gehen viele der wertvollen Informationen verloren. Abhängig vom Betrachtungspunkt können so zwei vorher verschiedene Objekte nach einer Reduktion identisch aussehen (siehe Abbildung 136).

Ebenso kann aber auch der Umriss ein Objekt nur schlecht oder nicht eindeutig repräsentieren. Beispiele hierfür sind in Abbildung 137 dargestellt. Die schnelle Erfassung eines dargestellten Objekts ist aber für die Prozessvisualisierung elementar. Ohne zusätzliche Informationen genügt also auch der Umriss nicht.

Auf Grund dieser Probleme bzw. Herausforderungen, wurden für die Abstraktion der Objekte verschiedene Stufen (insgesamt drei) gewählt, die unterschiedliche Komplexitätstypen repräsentieren.

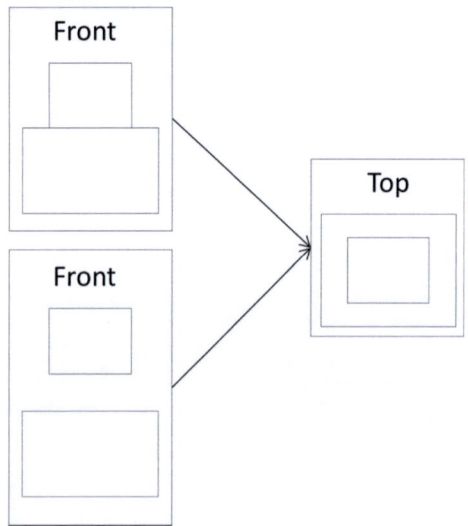

Abbildung 136: Identische Objekte nach Reduktion [Schleipen et al., 2011b]

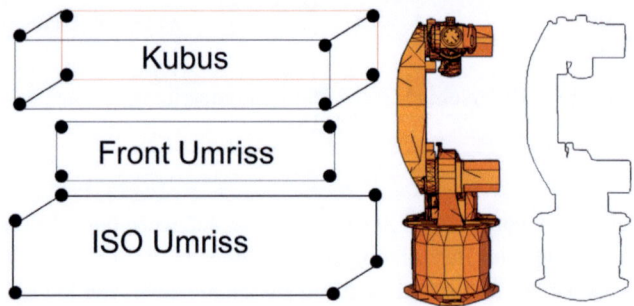

Abbildung 137: Umriss von verschiedenen Objekten (in orthogonaler Projektion)

Stufe 1 ist die Variante, die ein Entwickler einschlagen würde, indem einfach Bitmaps bzw. Screenshots der 3D-Objekte aus verschiedenen Blickwinkeln (siehe Abbildung 138) verwendet werden. Nachteil ist dabei, dass bei einer Dynamisierung der Objekte der komplette Bildausschnitt im Fehlerfall blinken würde. Bei überlappenden Objekten, die sicherlich vorkommen würden, sieht das unschön aus. Dennoch kann dies das Mittel der Wahl sein, wenn wenig Aufwand investiert werden soll.

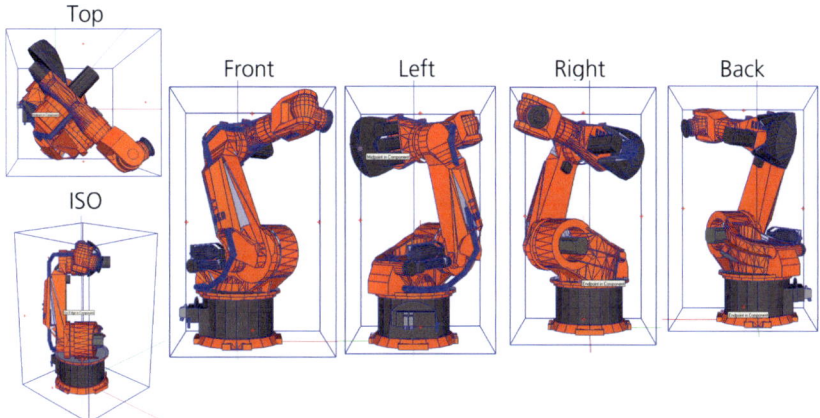

Abbildung 138: Stufe 1 – Bitmaps der Objekte aus verschiedenen Blickwinkeln (in projektiver Projektion) [Schleipen et al., 2011b]

Stufe 2 kombiniert die Bitmaps aus Stufe 1 mit der umgebenden Kontur des Objekts als Polygonzug. Hierfür muss zwar mehr Rechenaufwand investiert werden, allerdings werden auch Dynamisierungen korrekt dargestellt. Für den Betrachter, den Benutzer, sieht es so aus, als wenn er keine Informationen verloren hätte.

Stufe 3 arbeitet ausschließlich mit den Rohdaten, projiziert diese parallel auf 2D, um dann die Komplexität drastisch zu reduzieren. Dies wird erreicht, indem alle sichtbaren Konturen (über die Normalen) berechnet werden. Diese werden dann nochmals weiter reduziert (siehe Abbildung 140). Diese Stufe muss allerdings vom entsprechenden Visualisierungssystem explizit unterstützt werden, da dort viele Polygonzüge mit einer großen Stützstellenanzahl (zum Beispiel 500) erzeugt und verarbeitet werden müssen. Gängige Visualisierungssysteme

215

sind dafür meist nicht ausgelegt, sie verarbeiten Polygonzüge mit bis zu 100 oder 150 Stützstellen maximal.

Schließlich sollen vom Benutzer die zu erstellenden Sichten konfiguriert werden. Hierbei bestimmt er Darstellungen, Bildaufbau, etc. und teilt dem System so seine Vorlieben und Wünsche mit. Abbildung 141 skizziert dies als Ausgangsschritt für die Erstellung der Sichten. Diese werden an Hand der vom Benutzer eingegebenen Konfigurationsdaten aus den AutomationML-Modelldaten mit Hilfe des ViewProviders erstellt und per Exporter in die entsprechenden Formate der Zielsysteme umgewandelt.

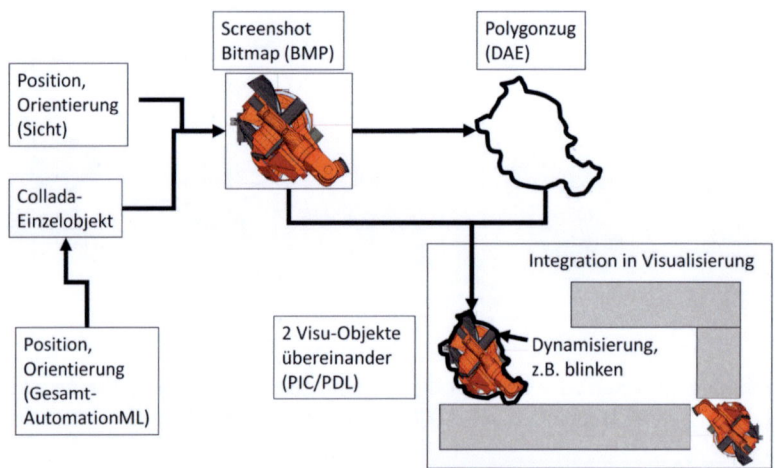

Abbildung 139: Stufe 2 – Kombination aus Screenshot und Umriss (in projektiver Projektion) [Schleipen et al., 2011b]

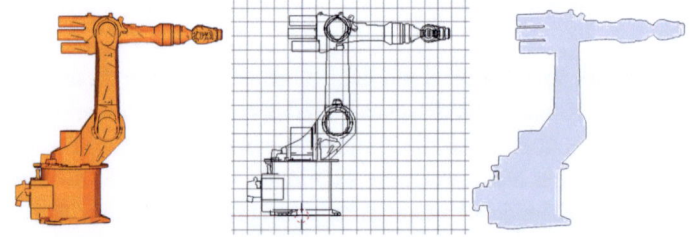

Abbildung 140: Stufe 3 – Komplexitätsreduktion der Einzelobjekte (in orthogonaler Projektion) [Schleipen et al., 2011b]

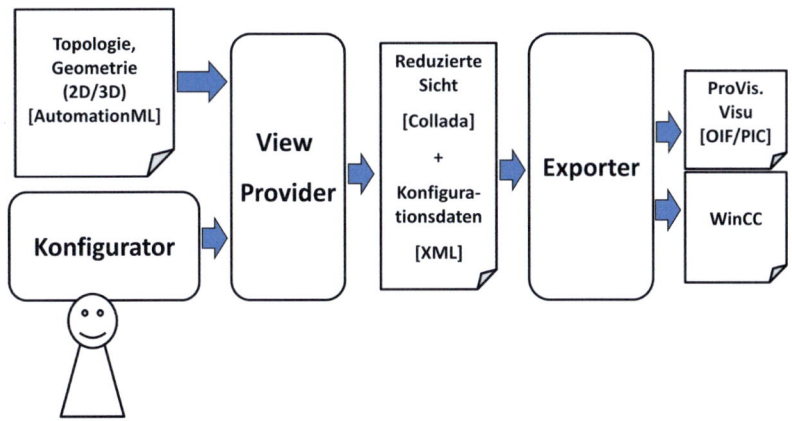

Abbildung 141: Sichtengenerierung und Export in IDA [Schleipen et al., 2011b]

Bis zu diesem Zeitpunkt (vor dem Export) sind alle Daten allgemein verarbeit- und verwendbar. Nun werden sie für die Visualisierungssysteme ProVis.Visu und WinCC aufbereitet. Dies geschieht mit Hilfe eines PlugIn-Konzepts sehr generisch, so dass auch leicht weitere Zielsysteme integriert werden können. Es arbeitet mit XSLT, um die auszuführenden Methoden systemunabhängig aufzurufen. Im Fall von ProVis.Visu handelt es sich beim proprietären Format um OIF (Object Interchange Format), das XML-ähnlich ist. Das PlugIn behandelt dabei sowohl die Generierung der Konturen (wie in Abbildung 142), als auch die Erstellung der sichten-abhängigen Screenshots der 3D-Elemente.

Je nach Komplexität der Ausgangsdaten können mehr oder weniger komplexe Bilder erstellt werden. Abbildung 143 zeigt eine erste Version der Implementierung in WinCC (links), sowie eine Testszene, realisiert mit der Stufe 2, die in ProVis.Visu generiert wurde (rechts). Stufe 2 wurde gewählt, da sie mit den betrachteten Visualisierungssystemen realisiert werden kann.

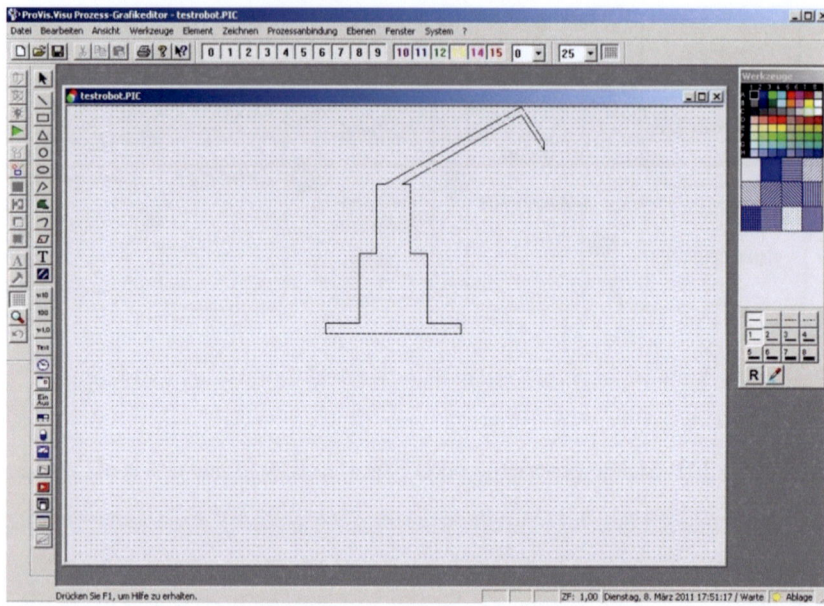

Abbildung 142: Generierte Kontur

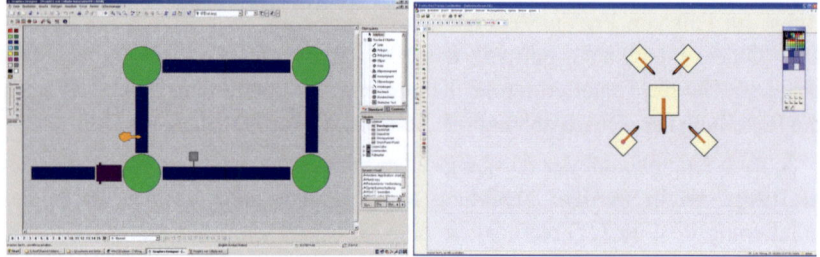

Abbildung 143: Generierte Beispielszenen

10.2.3 Dynamische Produkt- und Prozessdaten
für die Visualisierung

Während in den vorangegangenen Abschnitten jeweils nur Anlagenkomponenten, die Ressourcen der Anlagen betrachtet wurden, können technisch auch laufende Prozesse und bearbeitete Produkte in den Visualisierungssystemen dargestellt werden (siehe [Schleipen & Sauer, 2009a]). Heute ist es in der Praxis meist so, dass diese Informationen in der Visualisierung fehlen, da auch hier wieder die Problematik entsteht, die Bilder mit entsprechenden Zusatzinformationen zu überfrachten. In Verbindung mit einem Produktidentifikationssystem könnten sogar die Produkte auf ihren genauen Positionen während des Betriebs der Anlage abgebildet werden. Dadurch ist es möglich, die Produktpositionen und den Prozessfortschritt im gleichen System wie die Ressourcenzustände zu verfolgen. Um dies zu realisieren, muss allerdings eine einheitliche Form gefunden werden, damit die generierten Bilder nicht chaotisch wirken. Es wird angenommen, dass Ressourcen und Produkte während des Betriebs ihr Aussehen nicht verändern, lediglich der Zustand der Ressourcen und die Position der Produktion sind variabel. Ebenso werden die Prozesse immer gleich bleiben, allerdings zu unterschiedlichen Zeitpunkten an verschiedenen Orten in der Produktion ausgeführt werden. Die variablen Informationen könnten beispielsweise in regelmäßigen Abständen zwischen fünf und zehn Sekunden an die aktuelle Situation angepasst werden. Die Prozesssignale und deren Werte werden aber weiterhin in Echtzeit visualisiert. Auch diese Bildgenerierung fügt sich wieder in das in Abschnitt 7.1 vorgestellte Engineering-Framework ein, da es sich um eine für ProVis.Visu auf Basis von CAEX realisierte Lösung handelt. Voraussetzung für diese Generierung ist natürlich, dass das CAEX-Modell Informationen über Produkte und Prozesse zusätzlich zu den Ressourcen beinhaltet. Abbildung 144 zeigt grafisch dargestellt die entsprechenden Zusammenhänge, die im CAEX-Modell modelliert werden. Beispiel hierfür ist eine relativ kleine Anlage bestehend aus den Ressourcen Transportband TB1 und Drehtisch DT1, sowie dem Prozess Transportiere und dem Produkt Karosse. Diese sind über verschiedene ExternalInterfaces via InternalLinks im CAEX logisch verbunden.

Diese Zusammenhänge müssen ebenso im Visualisierungsmodell verarbeitet werden wie die zusätzlichen Informationen zu jedem Element. Daher wird nun ein Vorschlag zur Visualisierung von Produkten, Prozessen und Ressourcen in Kombination innerhalb einer Visualisierung erläutert (siehe [Schleipen, 2009a]). Ressourcen- und Prozessnamen werden in einem Textfeld dargestellt. Um die Ressource, die beschrieben wird, nicht mit den Informationen zu überdecken oder gar unkenntlich zu machen, wurden Informationsleisten zur Darstellung dieser Informationen gewählt. Diese werden analog zum Textfluss der deutschen Sprache in der linken oberen Ecke der Elemente platziert (siehe Abbildung 145) und mit einem farbigen Balken hinterlegt, damit die eingebettete

Schrift in jedem Fall gut und kontrastreich les- und erkennbar ist. Die Farbkombination dunkelgrau und weiß leitet sich daher ab, dass diese Informationen weder hervorstechen, noch mit Signalfarben (zum Beispiel Rot) konkurrieren sollen.

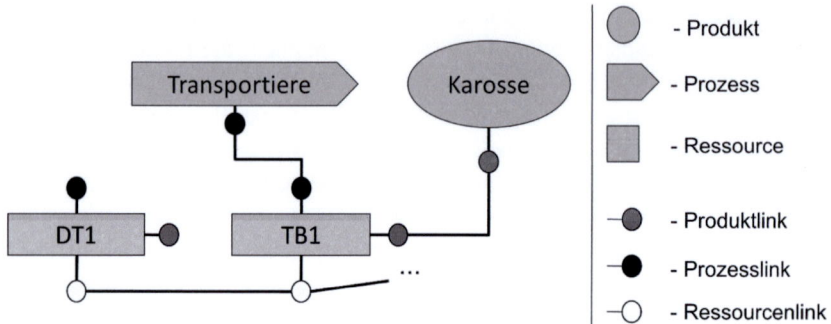

Abbildung 144: Zusammenhänge zwischen Produkten, Prozessen und Ressourcen im Modell nach [Schleipen, 2009a]

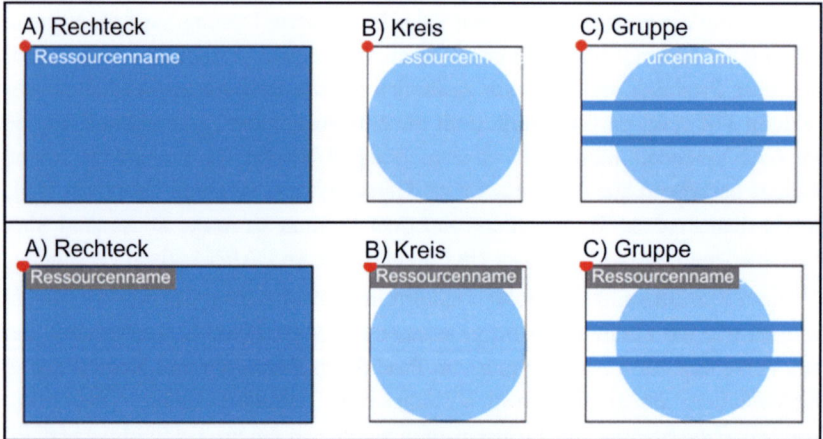

Abbildung 145: Beschriftung in einer Informationsleiste [Schleipen & Sauer, 2009a]

Außer den Namen können Ressourcen, Prozesse und Produkte darüber hinaus auch eine Beschreibung beinhalten. Diese soll nur als optionale Information angezeigt werden, daher wird sie als Tooltiptext der Informationsleisten repräsentiert. Darüber hinaus kann der Prozess über eine Ausführungsrichtung verfügen, die den Materialfluss der Produkte visualisiert. Hierfür wurden einfache grafische Elemente (siehe Tabelle 8) erstellt, die in der Prozessinformationsleiste mit dargestellt werden können. Beliebige Prozessrichtungen wurden nicht berücksichtigt, da die Visualisierung möglichst eindeutig und einfach gehalten werden soll. Ebenso werden auch die entsprechenden Repräsentationsobjekte (Bitmap oder Grafikelement) für die Produkte ohne entsprechende aktuelle Drehung visualisiert, da dies den Informationsgehalt nicht drastisch steigert, die Komplexität aber um ein Vielfaches erhöht. Die Symbole und Objekte könnten aber auch winkelabhängig angepasst werden.

Richtung	Wert	Symbol
None	0	-
Left	1	🖼
Right	2	🖼
Up	3	🖼
Down	4	🖼

Tabelle 8: Prozessausführungsrichtung [Schleipen & Sauer, 2009a]

Befindet sich aktuell kein Produkt auf einer Ressource oder wird kein Prozess ausgeführt, besitzt das Visualisierungselement auch weder entsprechende Informationsleisten, Tooltiptexte oder Symbole (siehe [Schleipen, 2009a]). Abbildung 146 zeigt alle möglichen Zusatzelemente an Hand des Beispiels eines Drehtischs.

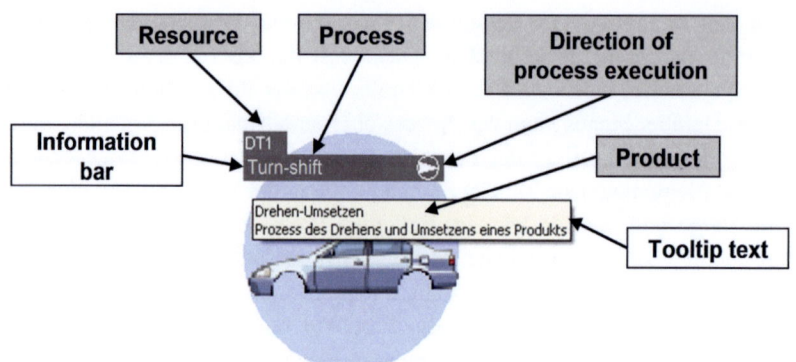

Abbildung 146: Prozess-Tooltiptext, Ressourcen- und Prozessleiste [Schleipen
& Sauer, 2009a]

Werden nun ganze Bilder nach diesen Richtlinien generiert und zu bestimmten
Zeitpunkten betrachtet, ergibt sich ein Bild wie in Abbildung 147. Zu diesem
Zeitpunkt laufen die beiden Transportbänder TB1 und TB2, sowie der Drehtisch
DT1 und transportieren eventuell vorhandene Produkte. Man sieht hier, dass die
Karosse kar0011 auf TB1 sich auf dem Weg nach links zur Teststation TS1
befindet. Die zweite, bereits geprüfte, Karosse auf DT1 wird im Uhrzeigersinn
gedreht, um dann auf TB2 weitertransportiert zu werden.

Zu einem späteren Zeitpunkt (in Abbildung 148 dargestellt) ist die erste Karosse in der Teststation angelangt und wird geprüft. Die zweite Karosse befindet
sich auf dem ausführenden Transportband TB2 und eine neue Karosse ist bereits am einführenden Transportband TB1 angelangt und wird nach links weiter
transportiert.

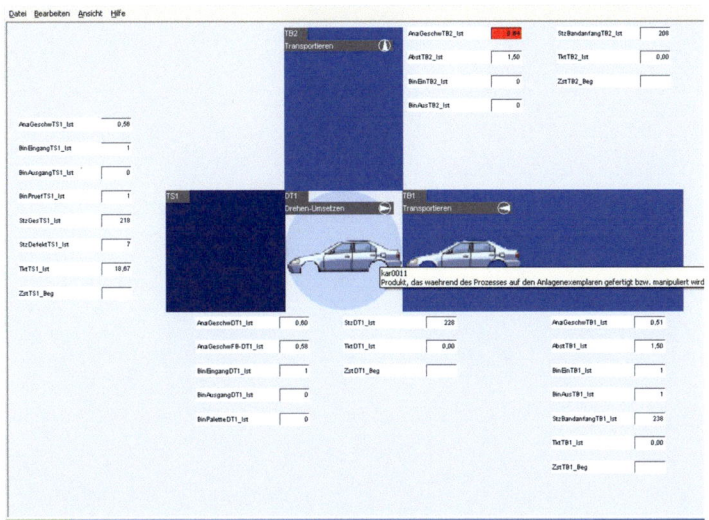

Abbildung 147: Produkt-Prozess-Visualisierung (Zeitpunkt t0) [Schleipen, 2009a]

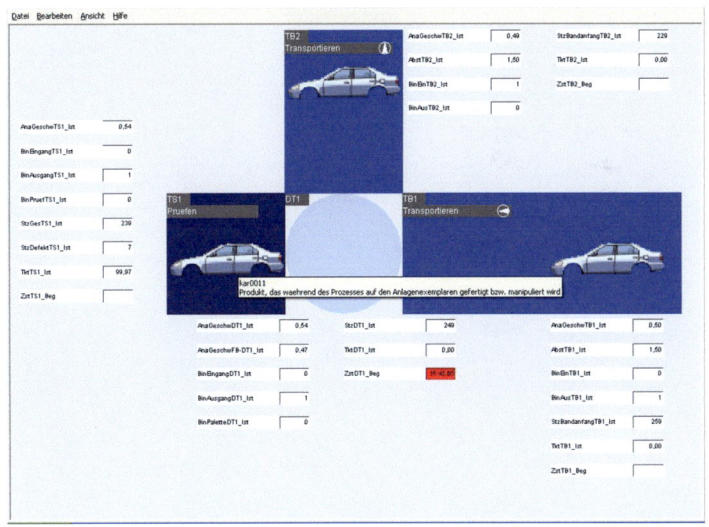

Abbildung 148: Produkt-Prozess-Visualisierung (Zeitpunkt t1 > t0) [Schleipen, 2009a]

11. Datenformat und -modelle für die Interoperabilität

Möglichkeiten zur Verbesserung des Daten- und Informationsaustausches bestehen vielfältig. Besonders im Bereich von MES ist dies ein essentieller Punkt, der zur Interoperabilität, aber auch zur Adaptivität von MES beiträgt. In [Fay et al., 2009] wird die Durchgängigkeit der Werkzeugkette als eine Möglichkeit zur Optimierung des Daten- und Informationsaustausches genannt. Dabei werden verschiedene Realisierungsstufen betrachtet, die je nach Ausgangslage und Umfeld erstrebenswert sind. Diese Stufen sind elektronische Daten wie PDF, statt Papierdaten (Stufe A), rechnerverwertbare Daten wie XML (Stufe B), der Datenaustausch zwischen Werkzeugen mit Hilfe bestimmter Schnittstellen (Stufe C) und schließlich der automatische Datenaustausch zwischen Werkzeugen mit entsprechenden Mechanismen für Konformität, Automatismen und einer entsprechenden Umgebung (Stufe D). Details finden sich dazu in der vom VDI-Fachausschuss 6.12 ‚Durchgängiges Engineering von Leitsystemen' der VDI/VDE-Gesellschaft Mess- und Automatisierungstechnik verfassten Richtlinie [VDI/VDE 3695 – Blatt 4], die unter Mitwirkung der Autorin entstanden ist. Dabei dürfen nach [Bär et al., 2008] auch die beteiligten Personen auf diesem Weg nicht vernachlässigt oder gar vergessen werden, da sie den Planungsprozess durch ihr Expertenwissen maßgeblich unterstützen und zum Erfolg führen.

Dabei müssen nicht alleine Daten und entsprechende Standards mit hoher Allgemeingültigkeit betrachtet werden, sondern damit einhergehend ebenso entsprechende Schnittstellen, Assistenzmechanismen, die Konformität zu Standarddatenaustauschformaten, etc. Eine entsprechende Lösung benötigt nicht nur ein durchgängiges Datenaustauschformat, sondern entsprechende Tools und Toolunterstützung. Entsprechend den bereits in der vorliegenden Arbeit vorgestellten Lösungsansätzen und -teilen, wird als Datenaustauschformat auf AutomationML und CAEX als dessen Dachdatenformat gesetzt, ein neutrales, offenes Format für Anlagenplanungsdaten auf dem Weg zur Standardisierung. Voraussetzungen für ein solches Format wurden in [Drath & Fedai, 2004a] dargelegt. So werden beispielsweise erst durch ein entsprechendes Format als Kommunikationsbasis neue Lösungen zur projektübergreifenden Prozessoptimierung geschaffen. Neutrale Datenaustauschformate sorgen für die Austauschbarkeit zwischen verschiedenen Planungstools und versorgen entsprechende Beteiligte mit relevanten Informationen.

Ontologien, wie beispielsweise die in Abschnitt 8.2 vorgestellte VDI-MES-Ontologie (siehe [VDI5600 – Blatt 3]), stellen ein adäquates Mittel zur Modellierung unter Verwendung einer einheitlichen Terminologie dar (vergleiche [Schleipen, 2009b]). Daher adaptieren CAEX und damit auch AutomationML verschiedene Konzepte und Mechanismen und können als domänenspezifische, einfache Ontologie angesehen werden. RoleClasses (Rollen) sind ähnlich der Konzepte in OWL-Ontologien, InternalElements und SystemUnit-Classes entsprechen den Instanzen der Ontologie. Ontologie-Properties können mit ExternalInterfaces (Schnittstellen) und InternalLinks (Verbindungen) zwischen ihnen verglichen werden. Einfache Ontologien sind es deshalb, weil dem Grundmodell von AutomationML bzw. CAEX viele der Regeln und Einschränkungsmöglichkeiten – kurz die Mächtigkeit einer Ontologie – fehlen. Dennoch sind die Grundmodelle vergleichbar und abbildbar, wie beispielsweise in [Runde et al., 2009a] gezeigt wurde. AutomationML ermöglicht die toolunabhängige Beschreibung von Anlagenplanungsdaten und stellt damit auch für MES eine mögliche Basis zur durchgängigen Datenmodellierung dar. Wichtig dabei ist aber, dass AutomationML bzw. CAEX die Möglichkeit zu zusätzlichen proprietären Informationen einräumen. Dies berücksichtigt den Umstand, dass eine vollständige und allumfassende Standardisierung sicher scheitern würde und nicht realisierbar wäre, erhöht allerdings auch die Komplexität des Datenaustauschformats. Mit Hilfe entsprechender Assistenztools kann die Verwendung eines solchen komplexen Datenaustauschformats vereinfacht werden.

Bei der Modellierung mit Hilfe eines solchen Formats ist die Unterscheidung zwischen einer hierarchischen Strukturierung, der Modularisierung und Standardkomponenten (wie in [VDI/VDE 3695 – Blatt 3] beschrieben) wichtig.

Abbildung 149 zeigt die verschiedenen Stufen. Elemente vom Typ A unterliegen einer einheitlichen Begriffswelt im Sinne einer hierarchischen Strukturierung. Dies entspricht einer Black Box, bei der bekannt ist, um welches Objekt es sich handelt, aber nicht, was es im Inneren enthält. Elemente vom Typ B sind modularisierte Elemente, die über eindeutige und dokumentierte Schnittstellen mit anderen Elementen verbunden werden können. Elemente vom Typ C entsprechen einer White Box. Ihr innerer Aufbau ist offen gelegt und klar verständlich. Die unterschiedlichen Abdeckungsgrade können je nach Anwendung und Umfeld sinnvoll und gewünscht sein. Die gewählte Modellierung muss jeden der Abdeckungsgrade unterstützen. Dies ist bei AutomationML bzw. CAEX der Fall, da dort die entsprechenden Modellierungsmethoden zur Verfügung stehen.

Für eine Black Box-Modellierung stehen die RoleClasses (Rollen) bereit. Schnittstellen können mit Hilfe von ExternalInterfaces detailliert modelliert werden und an Hand des Aufbaus komplexer SystemUnitClasses bzw. Internal-Elements mit entsprechenden Eigenschaften können White Box-Modellierungen realisiert werden.

Abbildung 149: Abdeckungsgrad einer Anlage [VDI/VDE 3695 – Blatt 3]

11.1 Anwendung und Erweiterung von CAEX und AutomationML

AutomationML (siehe [Drath et al., 2008]) ist genau genommen nicht ein Modell, sondern die Kombination verschiedener Aspekte und Modelle für den Bereich der Anlagenplanungsdaten. Es kombiniert ein semantisches mit einem geometrischen und einem topologischen Modell und hält sich weitere Kombinationsmöglichkeiten offen. Das semantische Modell beschreibt die Bedeutung der Objekte, sowie die logisch-semantische Beziehung zwischen den Objekten. Dies geschieht über das Rollenkonzept ebenso wie über die Vererbungs- und Vernetzungsmöglichkeiten innerhalb des AutomationML-Formats. Das geometrische Modell beschreibt die Ausdehnung und Lage der Objekte, sowie ihre geometrische Gestalt. Das topologische Modell innerhalb von AutomationML beschreibt die Anordnung der Objekte in ihrer Umwelt, also logische und teilgeometrische Beziehungen zwischen Objekten und setzt diese damit auch räumlich zueinander in Beziehung.

AutomationML beschreibt verschiedene anwendungsunabhängige Grundkonzepte und Möglichkeiten explizit. Dies sind beispielsweise die Objektidentifizierung, die Modellierung mit Hilfe von Klassen und Instanzen, sowie die Unterstützung mehrerer RoleClasses (Rollen). Eindeutige Objektidentifizierungsmechanismen erleichtern die Handhabung verschiedener Arbeitsstände. Das Klassen-Instanz-Konzept wird mit Hilfe von InternalElements der InstanceHierarchy realisiert, die beispielsweise von einer nutzerdefinierten SystemUnitClass der SystemUnitClassLibrary abgeleitet werden können. Auch zur Definition der entsprechenden Schnittstellen oder Rollen können entsprechende Vererbungsmechanismen verwendet werden. Die Zuordnung von mehreren

Rollen zu einem Element wird beispielsweise für Multifunktionsgeräte benötigt, die nicht nur eine Bedeutung innehaben, sondern deren Bedeutung kontextabhängig variieren kann.

Tauschen nun zwei Tools mit AutomationML-Schnittstellen und ohne zusätzliche Assistenz Daten aus, so bestehen verschiedene Möglichkeiten zur Überführung oder Abbildung einer Modellierung in die andere. Möglicherweise haben die beiden Modelle gleiche Rollenklassen, die den entsprechenden SystemUnitClasses oder InternalElements zugeordnet sind. Hierüber können in den InstanceHierarchies korrespondierende Elemente gefunden werden. Zum Zweck einheitlicher RoleClasses wurden für AutomationML verschiedene Standardbibliotheken definiert (siehe [Drath & Schleipen, 2010]), die alle auf eine AutomationMLBaseRoleClass zurückgeführt werden können. Damit kann eine entsprechende Zuordnungsvorschrift auch auf Basis vererbter Korrespondenzen erstellt werden. Dies ist beispielsweise der Fall, wenn ein Transportband und ein davon abgeleitetes bidirektionales Transportband aufeinander abgebildet werden. Dies kann ohne Wissen des inneren Aufbaus der beiden Elemente nur an Hand der Rollen geschehen. Innerhalb der SystemUnitClasses werden nutzerspezifische Beschreibungen der Elemente abgelegt. Diese können genutzt werden, um eine auf Basis der SystemUnitClasses (Typen) vorgenommene Zuordnung auf die InstanceHierarchy zu übertragen.

Weiterhin wurden in den AutomationML-Spezifikationen einige erweiterte Konzepte eingeführt und beschrieben (siehe [Drath & Schleipen, 2010]), die gerade für MES von Vorteil sind. Dies sind das Facetten-, das Gruppen-, das Port-, sowie das Ressourcen-Produkt-Prozess-Konzept. Facetten beschreiben spezielle Sichten auf Attribute und Schnittstellen eines Elements. Sind beispielsweise von einem Transportband nur die OPC-Schnittstellen, sowie HMI-relevante Attribute für MES von Interesse, so kann dies bereits in der Modellierung durch eine entsprechende MES-Facette gekennzeichnet werden und wird so für alle nachfolgenden Betrachter der Modellierung eindeutig gekennzeichnet. Die so vorgenommene Auswahl kann von allen Nutzern des Modells ohne Mehraufwand akzeptiert und dementsprechend verwendet werden. Gruppen können verwendet werden, um Struktur- und Instanzinformationen zu trennen. Beispielsweise kann für die Abbildung bzw. Kennzeichnung einer Untermenge der Anlagenkomponenten als Notaus-Gruppe dieses Konzept genutzt werden. Dies hilft MES beispielsweise bei der Abbildung von Sammelalarmen, die sich auf eine Auswahl an Anlagenkomponenten – eine Gruppe – beziehen. Das Port-

Konzept wird verwendet, um eine Anzahl verschiedener Schnittstellen zu einer übergeordneten Schnittstelle, einem sogenannten Port, zusammenzufassen. Dies hat den Vorteil, dass die Verbindung gleichartiger Schnittstellen, bestehend aus vielen Einzelschnittstellen, über einen einfachen InternalLink, statt einer ganzen Reihe an InternalLinks, erfolgen kann. Ein Beispiel für die Anwendung im Bereich MES wäre die Modellierung des Sachverhalts, dass eine ganze Reihe an SPS-Variablen über einen OPC-Server dem MES zur Verfügung gestellt werden. Dies zu modellieren bedeutet eigentlich, die Verbindung von allen SPS-Variablen mit der jeweiligen OPC-Variablen herzustellen. Mit Hilfe eines entsprechenden Ports ist das Modell viel übersichtlicher, bildet jedoch den gleichen Sachverhalt ab.

Das Ressourcen-Produkt-Prozess-Konzept, wie es in heutigen Softwaretools der Digitalen Fabrik verwendet wird, wurde auf Vorschlag der Autorin in AutomationML eingebracht. Bereits bei der reinen Verwendung von CAEX (ohne alle zusätzlichen AutomationML-Besonderheiten) werden in den für diese Arbeit vorliegenden Beispielen, wie in [Schleipen, 2009a] gezeigt, alle am Produktionsprozess beteiligten Entitäten in drei Kategorien aufgeteilt: Ressourcen, Produkte und Prozesse. Durch die zusätzliche Kennzeichnung der Elemente mit Hilfe von Rollen, erhalten die Elemente eine zusätzliche Bedeutung, nämlich dass sie der jeweiligen Kategorie entstammen (siehe [Schleipen & Drath, 2009]). Dabei versteht man unter Ressourcen Anlagenkomponenten, wie beispielsweise ein Drehtisch, Arbeiter, Software, etc., bei Produkten handelt es sich um Produkte wie Karossen oder Produktbauteile, und Prozesse repräsentieren Produktionsaktivitäten, wie beispielsweise Montage- oder Schweißprozesse. Abbildung 150 zeigt den Zusammenhang zwischen den Komponenten des dreigeteilten Modells: Produkte werden auf Ressourcen durch die Ausführung von Prozessen produziert. Ressourcen führen Prozesse aus und bearbeiten Produkte. Prozesse benötigen bestimmte Ressourcen, um die Produkte zu erschaffen. Diese Zusammenhänge lassen sich aus Sicht jeder der Komponenten formulieren und zeigen, dass alle drei Komponenten eng verwoben sind und im Produktionsumfeld zusammenspielen. Ein Beispiel hierfür wäre ein Schweißroboter, der an einem Karossenunterboden verschiedene Schweißpunkte setzt. Der Roboter ist die Ressource, der Karossenunterboden das Produkt und die Aktion Schweißen der Prozess.

Das Modell der Dreiteilung in Ressourcen, Produkte und Prozesse findet nicht nur in der Digitalen Fabrik Anwendung. Auch im Bereich von MES wird es beispielsweise durch die ISA 95 [Adams et al., 2007a] in ähnlicher Form vorgeschrieben und auch [Young et al., 2007], sowie [Cutting-Decelle, 2007] befassen sich mit einer solchen Dreiteilung. Verschiedene Definitionen hierzu finden sich in [Michel, 2005]. [Soenen & Olling, 2002] beschreiben die merkmalsbasierte Integration von Produkten, Prozessen und Ressourcen und nennen weitere Quellen zu diesem Thema. In verschiedenen Forschungsprojekten, zum Beispiel Modale (siehe [Abecker et al., 2004]) oder ProduFlexil (siehe [Ebel et al., 2007], [Schleipen et al., 2008c]) wurde es daher als Grundmodell gewählt und auch AutomationML beschreibt es als ein erweitertes Konzept und empfiehlt dessen Anwendung.

Der Duden [Duden, 2007] bezeichnet eine Ressource als Hilfsmittel oder eine Hilfsquelle, auf die man jederzeit zurückgreifen kann. Im Brockhaus [Brockhaus, 2002] werden Ressourcen als „zu einem Computersystem gehörende Komponenten" bezeichnet und explizit erwähnt, dass dies „sowohl Hardware als auch Software sein kann". Ressourcen bezeichnen also sowohl die Hardwarekomponenten des Produktionssystems, wie Anlagenkomponenten/Maschinen oder Vorrichtungen, als auch die Softwarekomponenten und Arbeiter/Werker, die zum Erfolg des Produktionssystems beitragen. Auf diese Art und Weise gekennzeichnete Informationen beinhalten den Zustand der Entitäten, zugehörige Meldungen und sonstige Informationen. Ähnlich werden Ressourcen in der ISA95 (siehe [IEC62264-1], [Adams et al., 2007a]) angesehen. Dort werden sie als Equipment bezeichnet. Ebenso existiert in der Integrierten Unternehmensmodellierung (IUM, siehe [Spur et al., 1993]) eine Klasse Ressourcen, die „alle notwendigen Leistungsträger, die zur Ausführung oder Unterstützung von Tätigkeiten in dem Unternehmen erforderlich sind" [IUM-Wiki, 2011] umfasst. Betrachtet man die modellierte Produktion nun aus Sicht der Ressourcen, spannen die hierarchisierten Ressourcen die Topologie des modellierten Produktionssystems auf und beschreiben die Zusammenhänge zwischen den Ressourcen. Die Ressourcenstruktur ist häufig interessant für den Steuerungstechniker.

Der Begriff des Produkts kommt laut Duden [Duden, 2003] vom lateinischen productum: das Hervorgebrachte. Synonyme für den Begriff des Produkts sind laut [Brockhaus, 2005] und [Duden, 2006] Erzeugnis, Stückgut, Artikel, Fabrikat oder Ware. Entgegen dieser Definition können auch Produkte der Verfahrenstechnik (Stoffe und Flüssigkeiten, die nicht diskret beschreibbar sind), unter diesem Begriff geführt werden. Während die DIN 6789 [DIN 6789, 2003] als

Produkte nur „in sich geschlossene, aus einer Anzahl von Gruppen und/oder Teilen bestehende funktionsfähige Gegenstände (z. B. Maschinen, Geräte) als Fertigungs-Endergebnisse" ansieht und damit konform zur Definition der Produktionstheorie geht, in der laut [Wiese, 2005] Produkte Endergebnisse oder Output eines Produktionsprozesses sind, werden in der in dieser Arbeit verwendeten Definition auch Teile, Halbfabrikate und Dienstleistungen als Produkte angesehen.

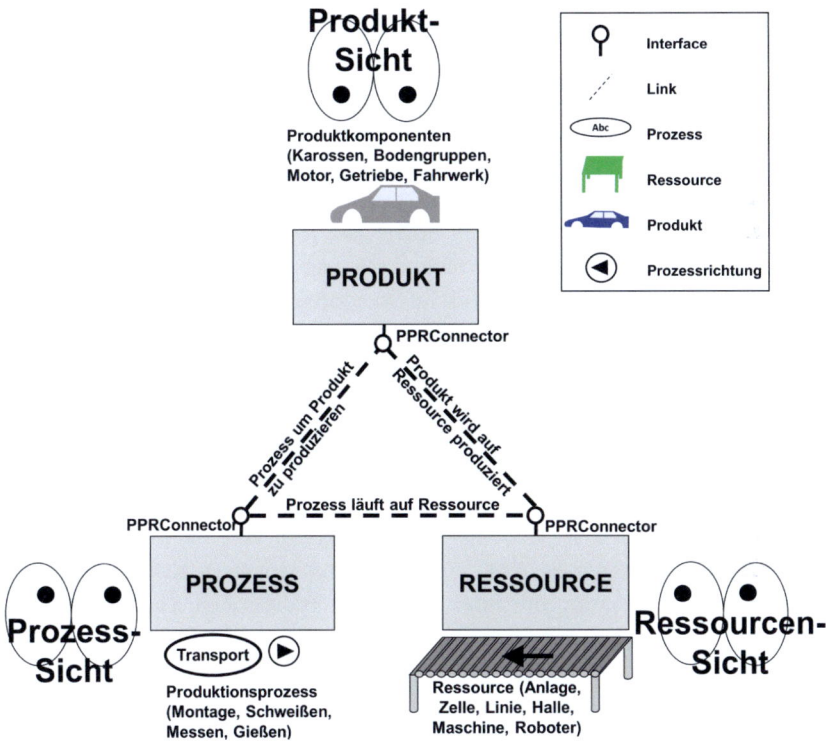

Abbildung 150: Zusammenhang zwischen Ressourcen, Produkten und Prozessen [Drath & Schleipen, 2010]

Ähnlich wird es in der ISA95 (siehe [IEC62264-1], [Adams et al., 2007a]) gehandhabt, in der ‚Material' oder ‚ProductDefiniton' Produkte, Zwischenprodukte, Komponenten, Rohstoffe oder Halbfabrikate beschreiben. Auch die IUM versteht unter der Klasse Product „alle Objekte, deren Herstellung und Verkauf das Ziel des jeweils betrachteten Unternehmens ist, sowie alle Objekte die in das Endprodukt einfließen" [IUM-Wiki, 2011]. Beispiele für ein Produkt sind Karossen, Räder, Getriebe, Auto, Stahl, etc., kurz: alle im Produktionsprozess eingesetzten Stoffe und Dinge. Die Hierarchie der Produkte kann beispielsweise Fügefolgen oder auch den hierarchischen Aufbau der Elemente widerspiegeln. Aber auch zugehörige Prüf- und Testergebnisse gehören in diese Kategorie von Informationen. Die Produkte und deren Zusammenhänge sind häufig interessant für denjenigen, der sie herstellen möchte und sich mit dem Produktentwurf befasst.

Nach [Brockhaus, 2005] und [Duden, 2006] bezeichnet ein Prozess unter Anderem einen Verlauf, einen Workflow, einen Ablauf oder eine Entwicklung. Prozesse im technischen Bereich werden dabei nach [Brockhaus, 2005] einge-schränkt auf strukturverändernde Vorgänge. Weiter spezialisiert auf das Pro-duktionsumfeld bezeichnet die DIN 66201 laut [Brockhaus, 2002] einen Pro-zess als „die Gesamtheit von aufeinander wirkenden Vorgängen in einem Sys-tem, durch die Materie, Energie oder Information umgeformt, transportiert oder gespeichert werden". Dies entspricht der Definition der ISA95 (siehe [IEC62264-1], [Adams et al., 2007a]), in der so genannte ProcessSegments und ProductionSchedules beschrieben werden, die sowohl den Prozessablauf als auch die Prozessplanung umfassen. Zu der Beschreibung der Prozesse gehören ebenfalls ihre Parameter. Die IUM [IUM-Wiki, 2011] beschreibt Prozesse als Aktionen zur „zielgerichteten Veränderung von Objekten" und bezeichnet diese als „Tätigkeiten, die zur Herstellung von Produkten und zur Erbringung von Dienstleistungen notwendig sind". Beispiele sind Montage-, Schweiß-, Trans-port- oder Abfüllprozesse mit ihren jeweiligen Teilschritten. Das Zusammen-spiel der Prozesse bestimmt den Ablauf in der Produktion, die Prozesskette. Prozesse und alle zugehörigen Informationen sind interessant für den Prozess-planer oder Prozessingenieur.

Wie bereits erwähnt, stehen die Elemente der drei Kategorien (Ressourcen, Produkte und Prozesse) in enger Beziehung zueinander. Dennoch sind die Men-gen der Elemente (siehe Abbildung 151) paarweise disjunkt. Das bedeutet ins-besondere, dass ein zu beschreibendes oder modellierendes Element oder Ob-jekt nicht gleichzeitig Ressource, Prozess und Produkt sein kann.

Nachfolgend soll nun das vorgestellte Konzept an Hand zweier Beispiele aus der Industrie und deren Modellierung bzw. Abbildung in AutomationML erläutert werden.

$$\Psi = \textit{Zu beschreibendes Objekt}$$

$$\textit{Ressourcen} = \{x \in \Psi \mid x \textit{ ist Ressource}\}$$

$$\textit{Produkte} \quad = \{x \in \Psi \mid x \textit{ ist Produkt}\}$$

$$\textit{Prozesse} \quad = \{x \in \Psi \mid x \textit{ ist Prozess}\}$$

$$\textit{mit Ressourcen} \cap \textit{Produkte} \ = \varnothing$$

$$\wedge \textit{Ressourcen} \cap \textit{Prozesse} \ = \varnothing$$

$$\wedge \textit{Produkte} \quad \cap \textit{Prozesse} \ = \varnothing$$

$$\Rightarrow \textit{Ressourcen} \cap \textit{Produkte} \cap \textit{Prozesse} = \varnothing$$

Abbildung 151: Zusammenhang zwischen Produkten, Prozessen und Ressourcen

Die beiden Beispielanlagen sind in Abbildung 152 dargestellt. Dabei handelt es sich um eine Tetra-Abfüllanlage, die sich in einer Produktionshalle der Flüssigabfüllung befindet (Anwendungsbeispiel 1, links im Bild), sowie um eine Glasabfüllanlage für Babynahrung (Anwendungsbeispiel 2, rechts im Bild). Im Anwendungsbeispiel 1 werden Tetrapacks mit Babymilch befüllt und anschließend in Paletten gepackt. Als Ressourcen beziehungsweise Anlagenkomponenten enthält das Beispiel eine Abfüll-, sowie eine Verpackungsmaschine. Produktionsprozesse, die dort durchgeführt werden, sind Abfüllen und Verpacken. Die darin involvierten Tetrapacks, die Babymilch, sowie die Umverpackung sind Produkte. Anwendungsbeispiel 2 beinhaltet eine Anlage zum Abfüllen und Verschließen von Babynahrung in Gläschen. Als Ressourcen sind eine Abfüllmaschine und eine Maschine zum Verschließen der Gläschen enthalten. Durchgeführte Produktionsprozesse sind Abfüllen und Verschließen; die Gläschen, deren Deckel, sowie die eingefüllte Nahrung sind die Produkte im Beispiel.

Abbildung 152: Tetra-Abfüllanlage in der Produktionshalle der Flüssigabfüllung [Bildquelle Humana Milchindustrie GmbH], Glas-Abfüllanlage für Babynahrung [Bildquelle Nestlé Deutschland AG]

AutomationML stellt für die Modellierung der Ressourcen, Produkte und Prozesse verschiedene Elemente und Konstrukte zur Verfügung. Zum einen werden
in der AutomationMLBaseRoleClassLib Rollen zur Kennzeichnung der Elemente eingeführt: Resource, Product und Process. Da, wie zuvor beschrieben,
ein Element nur einem der drei Konstrukte entsprechen kann, sind auch die
entsprechenden Teilbäume disjunkt. Zum anderen wird in der AutomationM-
LInterfaceClassLib der PPRConnector als ExternalInterface eingeführt, der die
Modellierung der Verbindung der verschiedenen Elemente zueinander mit Hilfe
von InternalLinks ermöglicht.

Für die Modellierung der Beispiele wurde von der Autorin eine nutzerdefinierte Rollenbibliothek für die Nahrungsmittelindustrie (siehe Abbildung 153)
entworfen. Diese kann beliebig erweitert oder ergänzt und ausdetailliert werden.
Sie ist aufgeteilt in drei Teile: ‚Food and beverage equipment' als Ressourcen
für die Nahrungsmittelerzeugung, ‚Food and beverage processes' als Prozesse
für die Nahrungsmittelerzeugung und schließlich ‚Food and beverage products'
als Produkte, die in der Nahrungsmittelindustrie erzeugt werden. Tools, die
dieses Modell nun verarbeiten, müssen nicht das spezielle Feld der Nahrungsmittelindustrie kennen, sondern verarbeiten beispielsweise nur die Unterscheidung zwischen Ressourcen, Produkten und Prozessen und können so, auch ohne
Kenntnis des Anwendungsumfelds und dessen Spezialitäten, mit den Daten
etwas anfangen.

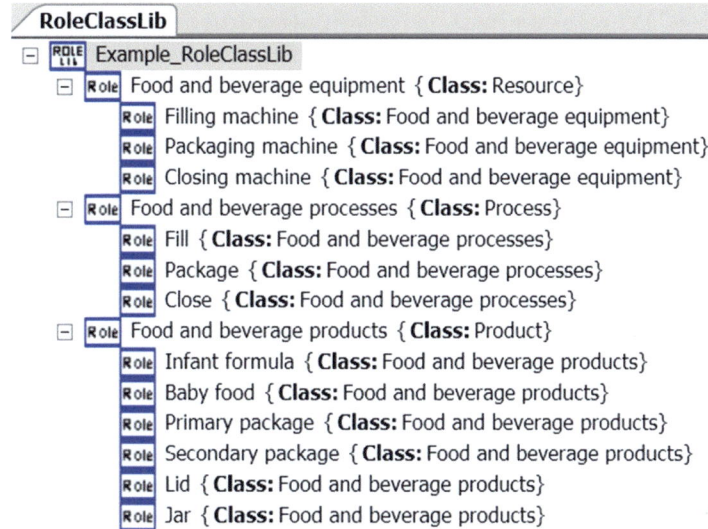

Abbildung 153: Beispiel-RoleClassLib für die Nahrungsmittelindustrie [Schleipen & Drath, 2009]

Abbildung 154 zeigt nun die verschiedenen, in den Beispielanlagen enthaltenen Komponenten in ihren Hierarchien. Wie bereits beschrieben enthält das Anwendungsbeispiel 1 eine Verpackungs- und eine Abfüllmaschine als Ressource. Da diese als eigenständige Maschinen auf gleicher Hierarchieebene existieren, bestehen zwischen ihnen keine hierarchischen Abhängigkeiten. Tetrapacks als ‚Primary Package', Babymilch und Umverpackung ‚als Secondary Package' sind die Produkte des Beispiels, die nun auch hierarchische Abhängigkeiten beinhalten. Abfüllen und Verpacken sind Prozesse ohne hierarchische Abhängigkeiten. Alle in der Abbildung dargestellten Elemente und deren hierarchische Struktur werden in AutomationML als Teiläste der InstanceHierarchy modelliert, da es sich bei ihnen um Exemplare der Beispielanlage handelt.

Über die hierarchischen Abhängigkeiten hinaus können mit Hilfe der PPR-Connector-Schnittstelle Abhängigkeiten zwischen den Elementkategorien, also zwischen Produkten und Prozessen, Produkten und Ressourcen und Ressourcen und Prozessen modelliert werden. Dies geschieht mit Hilfe von InternalLinks, die die entsprechenden ExternalInterfaces vom Typ PPRConnector miteinander verbinden. Zwei Beispiele solcher Verbindungen in AutomationML sind in

Abbildung 155 gekennzeichnet. In Beispielanlage 1 ist die Umverpackungsmaschine (Secondary packaging machine 1) mit dem Prozess Verpacken (Package 1) verbunden. In Beispielanlage 2 ist der Prozess Abfüllen (Fill 2) mit dem leeren Glas (Empty Jar 1) verbunden.

Die beiden zuvor dargestellten Links sind aber nicht ausreichend für die Modellierung der Beispiele. Die benötigen Links, um die Zusammenhänge zwischen den Elementen zu beschreiben, sind in Abbildung 156 dargestellt. In Beispielanlage 1 sind es 12 Links, die zwischen den Elementen der verschiedenen Kategorien existieren. Beispielanlage 2 benötigt 14 InternalLinks, um die Verbindung der Elemente korrekt wiederzugeben.

Daraus ergeben sich in der CAEX-Modellierung die in Abbildung 157 dargestellten InternalLinks.

Zusätzlich zur Verbindung der Elemente über Kategorien hinweg und der hierarchischen Strukturierung, lässt AutomationML aber auch die Verbindung von Elementen innerhalb einer Kategorie zu. Beispielsweise wird in der AutomationMLInterfaceClassLib dazu eine Schnittstelle vom Typ Order bereit gestellt, die entsprechende Querverbindungen ermöglicht. Mit Hilfe dieser Schnittstelle können beispielsweise Abhängigkeiten zwischen den Ressourcen beschrieben werden. Im Beispiel ist eine Schnittstelle (ExternalInterface) namens Topo vom Typ Order modelliert. In Abbildung 158 zeigen die im Modell enthaltenen Ressourcen an, dass in Beispielanlage 1 die Umverpackungsmaschine im Produktionsablauf erst nach der Abfüllmaschine eingesetzt wird (InternalLink namens FM1_SP1) und dass die Verschlussmaschine in Beispielanlage 2 im Ablauf erst nach der Abfüllmaschine (InternalLink FM2_CM1) zum Einsatz kommt.

Nach dem aufgezeigten Prinzip lässt sich jede Art von Produktionsanlage modellieren. Die Modelle können schnell komplex und unübersichtlich werden, gerade durch die vielen Querverbindungen, repräsentieren dann aber nur die komplexe Realität. Zur Vereinfachung ist es möglich, das Modell nur aus einer bestimmten Sicht zu repräsentieren. Wird beispielsweise aus Sicht der Ressourcen modelliert, so werden nur Verbindungen der Ressourcen zu Produkten und Prozessen abgebildet, nicht aber die Verbindungen zwischen Prozessen und Produkten, da diese aus den beiden anderen Relationstypen (siehe Abbildung 150) rekonstruiert bzw. abgeleitet werden können und damit redundant sind.

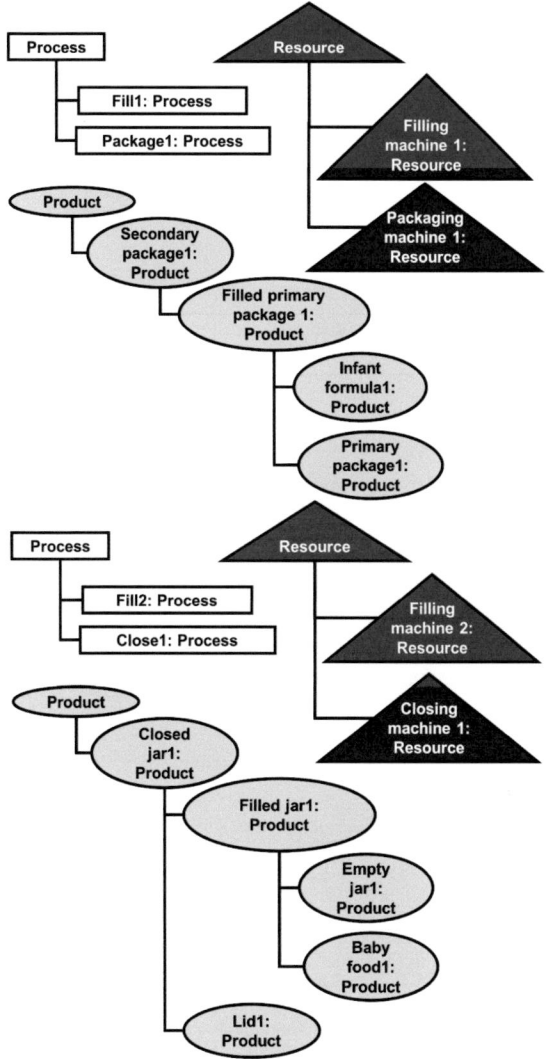

Abbildung 154: Elemente des Anwendungsbeispiels 1 [Schleipen & Drath, 2009] und Anwendungsbeispiels 2 innerhalb der Teilbäume

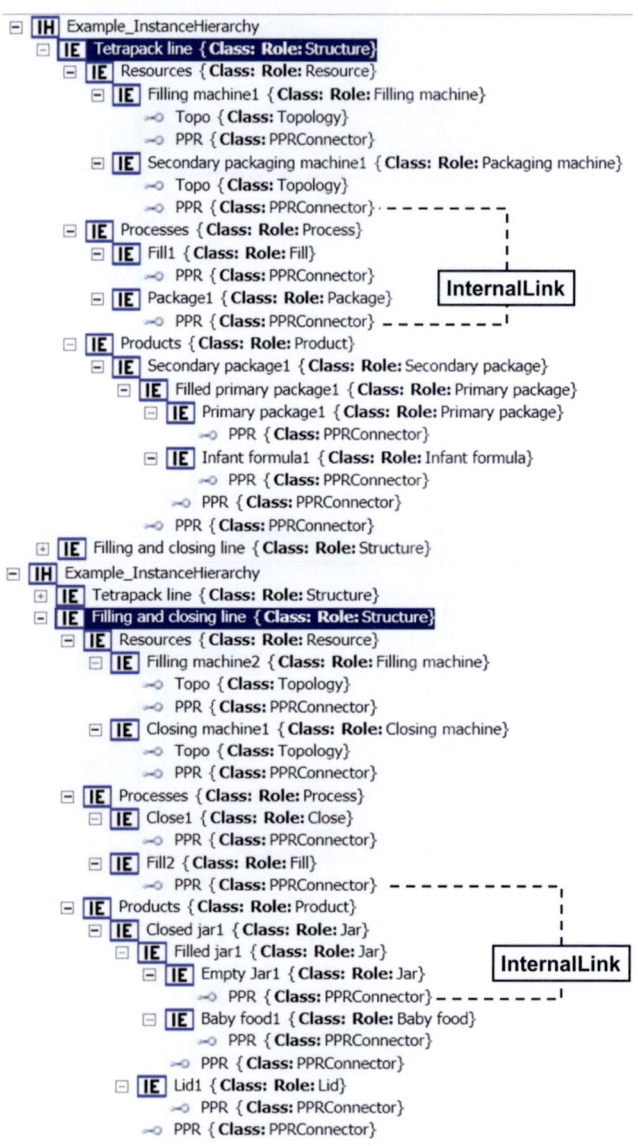

Abbildung 155: InstanceHierarchy der Beispielanlage 1 [Schleipen & Drath, 2009] und Beispielanlage 2 in AutomationML

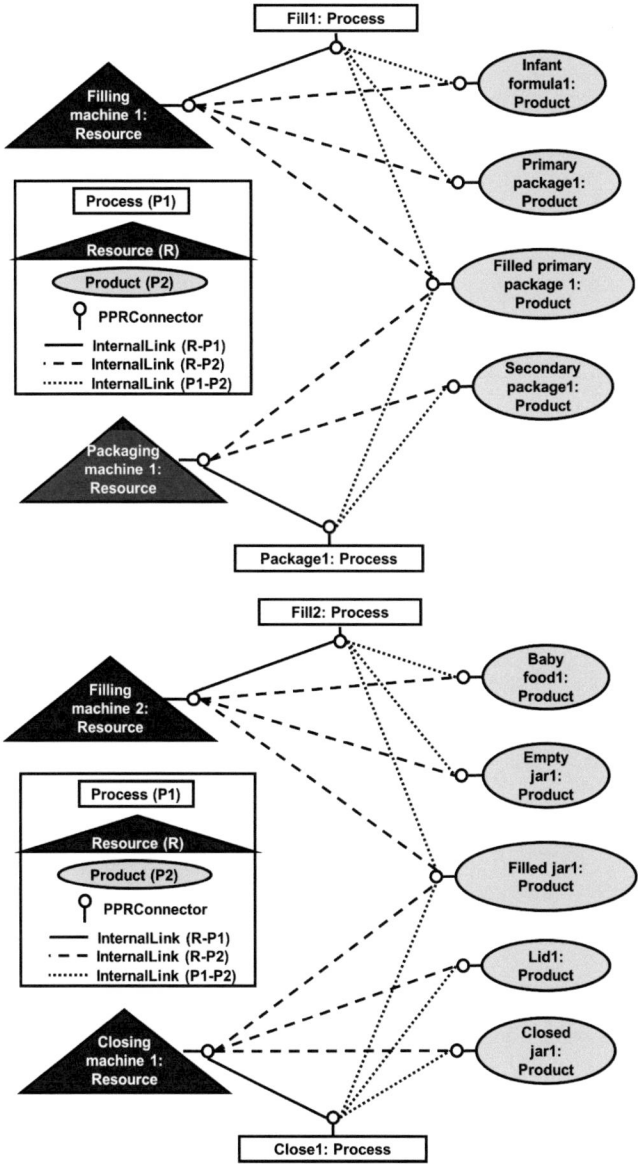

Abbildung 156: Verbindungen innerhalb der Beispielanlage 1 [Schleipen & Drath, 2009] und der Beispielanlage 2

≡ Name	≡ ID	‹› Inter…	‹› InternalLink
1 Tetrapack line	GUID1	⊻ Inter…	▲ InternalLink (12)
2 Filling and closing line	GUID13	⊻ Inter…	▲ InternalLink (14)

InternalLink (12):

	≡ Name	≡ RefPartner SideA	≡ RefPartner SideB
1	FM1_F1	GUID3:PPR	GUID6:PPR
2	FM1_IF1	GUID3:PPR	GUID11:PPR
3	FM1_PP1	GUID3:PPR	GUID10:PPR
4	FM1_FPP1	GUID3:PPR	GUID9:PPR
5	F1_IF1	GUID6:PPR	GUID11:PPR
6	F1_PP1	GUID6:PPR	GUID10:PPR
7	F1_FPP1	GUID6:PPR	GUID9:PPR
8	PM1_P1	GUID4:PPR	GUID7:PPR
9	PM1_FPP1	GUID4:PPR	GUID9:PPR
10	PM1_SP1	GUID4:PPR	GUID12:PPR
11	P1_FPP1	GUID7:PPR	GUID9:PPR
12	P1_SP1	GUID7:PPR	GUID12:PPR

InternalLink (14):

	≡ Name	≡ RefPartner SideA	≡ RefPartner SideB
1	C1_CJ1	GUID18:PPR	GUID21:PPR
2	C1_L1	GUID18:PPR	GUID25:PPR
3	C1_FJ1	GUID18:PPR	GUID22:PPR
4	F2_FJ1	GUID19:PPR	GUID22:PPR
5	F2_BF1	GUID19:PPR	GUID24:PPR
6	F2_EJ1	GUID19:PPR	GUID23:PPR
7	CM1_CJ1	GUID16:PPR	GUID21:PPR
8	CM1_L1	GUID16:PPR	GUID25:PPR
9	CM1_FJ1	GUID16:PPR	GUID22:PPR
10	CM1_C1	GUID16:PPR	GUID18:PPR
11	FM2_FJ1	GUID15:PPR	GUID22:PPR
12	FM2_BF1	GUID15:PPR	GUID24:PPR
13	FM2_EJ1	GUID15:PPR	GUID23:PPR
14	FM2_F2	GUID15:PPR	GUID19:PPR

Abbildung 157: InternalLinks innerhalb der Beispielanlage 1 und der Beispielanlage 2

Ein auf einer Ressource produziertes Produkt während auf dieser Ressource ein
bestimmter Prozess abläuft, wird im Rahmen dieses Prozesses produziert, so
dass es genügt, die Verbindung zwischen dem Produkt und der Ressource und
dem Prozess und der Ressource zu modellieren.

11.2 Benutzer-Assistenz für durchgängigen Datenaustausch

Für einen durchgängigen Datenaustausch und die Unterstützung eines einheitlichen Datenformats sind verschiedene Verarbeitungsschritte nötig, um die Daten von der Datenquelle an die Datensenke übergeben zu können (siehe Abbildung 159). Da es sich häufig um komplex modellierte Sachverhalte handelt, die evtl. nicht alle selbsterklärend oder auch für Ungeübte sofort einsichtig sind, ist eine Unterstützung der Nutzer nötig.

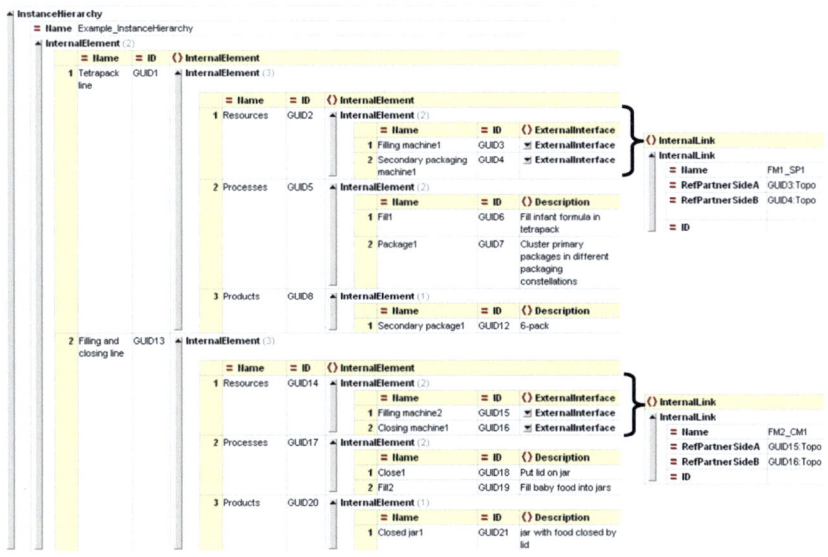

Abbildung 158: Topologie-Verbindungen zwischen Ressourcen

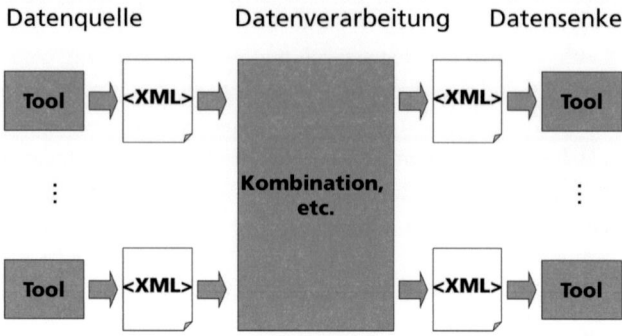

Abbildung 159: Datenverarbeitung bei der Übertragung zwischen Datenquelle und Datensenke

Die Herausforderung für MES besteht meist in der Vereinheitlichung von Daten unterschiedlicher Quellen. Dieses Problem besteht nicht nur für MES und wird daher auch in anderen Bereichen adressiert (siehe [Hundt et al., 2008]). Da AutomationML eine abstrakte Sicht auf das Produktionssystem beschreibt, im Gegensatz zu den normalerweise tool- und disziplinspezifischen Sichten, umfasst es Definitionen für die Verwendung von Syntax und Semantik. Die Terminologie der Anwendungsbereiche wird aber durch AutomationML nicht eingeschränkt. Ebenso werden explizit auch nutzerspezifische Modellierungen zugelassen, die aber immer auf allgemeine Modellierungskomponenten und -elemente zurückgeführt werden können. Um nun die Effizienz von MES bei der Arbeit mit AutomationML als einheitlichem Datenformat zu erhöhen und die heterogenen Datenrepräsentationen in eine homogene und toolunabhängig verwendbare Modellierung zu integrieren, wurden verschiedene Mechanismen in Assistenztools erdacht und umgesetzt (siehe [Schleipen & Okon, 2010]). Dadurch wird die Verwendung des komplexen Datenaustauschformats vereinfacht.

Betrachten wir nun also eine beispielhafte Situation wie sie in Abbildung 160 visualisiert ist. Zu Beginn muss von einem MES-Hersteller oder Systemintegrator geklärt werden, um welche auszutauschenden bzw. zu übertragenden Inhalte es sich handelt. Dabei geht es meist um Domänenwissen, das es zu integrieren gilt (OWLTreePrint). Hier helfen die im Abschnitt 8.1 beschriebenen Hilfsmittel, wie beispielsweise Ontologien. Prinzipiell geht es aber in diesem Schritt darum, ein Verständnis für die domänenspezifischen Daten zu erlangen. Daten aus unterschiedlichen Quellen, wie dies bei MES fast immer der Fall ist, werden dann auf eine einheitliche Ebene ‚gehoben‘ (CAEX-Importer). Der CAEX-Importer hilft dabei, proprietäre XML-Daten in CAEX zu verwandeln. Dabei können diese noch parallel zueinander existieren. Eventuell können manuell Nachbesserungen oder Versionsanpassungen vorgenommen werden (CAEX-Editor, CAEX-Converter). Editoren verstecken einen Teil der komplexen XML-Struktur von CAEX und AutomationML und vereinfachen damit die manuelle Nachbearbeitung der Daten. Konvertierungsmechanismen müssen anwendungs-fallspezifisch implementiert und eingesetzt werden, ihre Implementierung wird aber durch die Basierung auf dem CAEX-XML-Schema und verschiedene AutomationML-Einschränkungen vereinfacht und begünstigt. Um die Informationen nun zusammenzuführen und in ein einheitliches Modell zu integrieren, müssen sie aufeinander abgebildet und fusioniert werden (CAEX-Mapping). Das CAEX-Mapping unterstützt diese Zuordnung auf Basis verschiedener AutomationML-Grundannahmen und -konzepte, ist aber ebenso hilfreich bei der Existenz unterschiedlicher Versionsstände von Modellen, die zusammengeführt werden sollen. Schließlich muss auch bedacht werden, wie die Informationen verfügbar gemacht, kommuniziert und übertragen – kurz: operationalisiert – werden. Hier können beispielsweise Konzepte unter Einsatz von OPC-UA, wie in Abschnitt 7.3 beschrieben, zur Anwendung kommen (OPC-UA-Modeller). Die Konzentration liegt also nicht nur auf den Inhalten, sondern auch auf Möglichkeiten, diese Inhalte Anwendern zugänglich zu machen.

Die Gesamtheit aller entwickelten Mechanismen und zugehörigen software-technischen Implementierungen wird nachfolgend als LTSTools bezeichnet. Sie können als Tools zum Datenmanagement, zur Datenkonvertierung und -fusion betrachtet werden. Hilfreich sind sie beispielsweise im Umfeld der flexiblen Produktion (siehe [Schleipen et al., 2009a]), beim automatisierten Leitsystem-Engineering (siehe [Schleipen et al., 2008a]) oder als Assistenztools für ein interaktives Multi-User-Engineering mit AutomationML (siehe [Schleipen & Schenk, 2011]). Die beschriebenen Tools können von, mit XML-Technologien bewandten, Entwicklern an Hand der beschriebenen Methodik nachimplemen-tiert werden. Sie sind nicht nur für AutomationML einsetzbar, sondern könnten mit wenig Aufwand auch für die Verwendung bei anderen Standard-Datenaustauschformaten erweitert werden. Sie repräsentieren einen Zugang zu AutomationML und helfen dabei, AutomationML auch für Systeme ohne AutomationML-Schnittstelle verfüg- und verwendbar zu machen. Auch wenn sie die Daten möglichst automatisiert be- und verarbeiten, benötigen sie immer den Eingriff eines geschulten Benutzers, da es utopisch ist, alle komplexen und mit domänenspezifischem Wissen behafteten Daten vollautomatisch und sinngerecht zu verarbeiten. Dennoch erleichtern sie die Arbeit der Nutzer. Dies ist wichtig, da die Nutzer in der Lage sein müssen, die Daten zu kontrollieren und zu überblicken. Dabei darf die komplexe Struktur von AutomationML dieses nicht verhindern.

Die Methoden und Tools können nicht nur in einer bestimmten Reihenfolge kombiniert werden, sondern lassen sich flexibel, je nach Anwendungsfall und Umfeld, kombinieren. Ein möglicher Fall soll nun nachfolgend beschrieben werden, um die Methoden und Tools vorzustellen. Er ist in Abbildung 161 dargestellt. Dabei werden domänenspezifische Daten mit der in Abschnitt 8 beschriebenen Methodik aufbereitet. Diese können als proprietäres XML betrachtet werden und werden über den CAEX-Importer in CAEX umgewandelt. Bestehen nun mehrere solcher Beschreibungen, wird mit Hilfe des CAEX-Mappings eine entsprechende Abbildungs- und Fusionsvorschrift erstellt und umgesetzt. Vor oder nach diesem Schritt kann es nötig sein, den CAEX-Converter einzusetzen, um zwischen Informationen in einer Altversion von CAEX und der aktuellen Version zu konvertieren. Nach dem Schritt der Vorverarbeitung und Fusion kann es nötig sein, dem Benutzer die Daten zu präsentieren und ihn verschiedene Nachbesserungen vornehmen zu lassen. Dies geschieht mit Hilfe von CAEX-Editoren, die die komplexen XML-Strukturen so gut wie möglich verstecken. Das so entstandene Modell kann mit der in Abschnitt 7.3 beschriebenen Methodik für Nutzer, in diesem Fall MES-Entwickler oder Anwender, verfügbar gemacht werden. Nachfolgend sollen nun die einzelnen Teilschritte ohne den ersten und letzten Schritt erläutert werden, da diese bereits in den zuvor genannten Abschnitten beschrieben wurden.

Der Import von toolspezifischem XML in CAEX erfolgt mit Hilfe des CAEX-Importers (siehe [Schleipen, 2009b]). So kann implizites Anwenderwissen, das in proprietären XML-Strukturen ‚versteckt' ist, explizit durch neutrale Strukturen in CAEX aufgezeigt werden. Durch die Umwandlung proprietärer XML- in CAEX-Strukturen wird implizit auch Semantik mit eingebracht, da die CAEX-Strukturen Interpretationsmöglichkeiten gestatten.

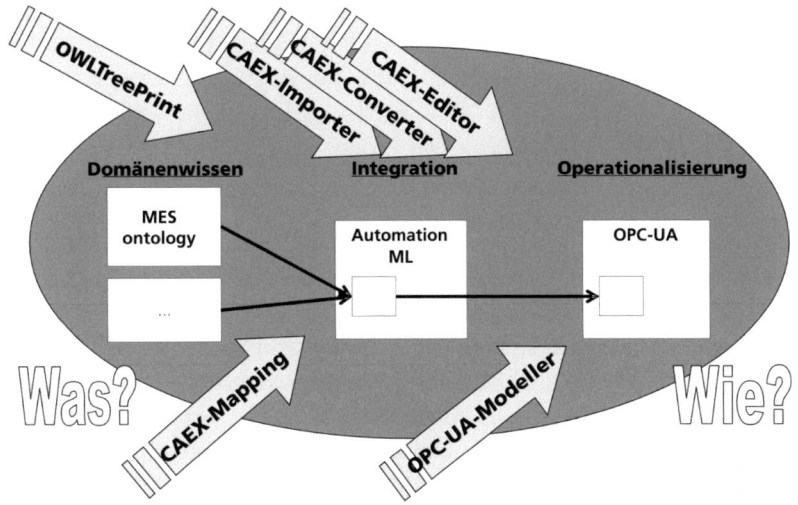

Abbildung 160: Assistenz zur Unterstützung der Integration und durchgängigen Datenverwendung

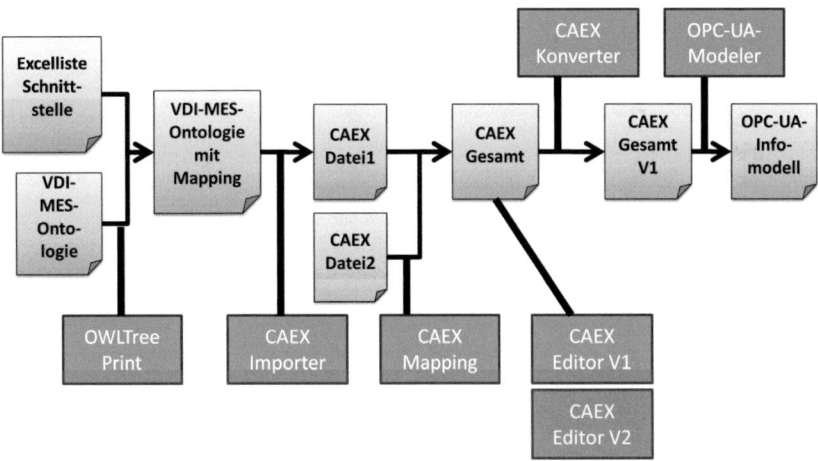

Abbildung 161: Mögliche Anwendungskette der Methoden und Implementierung der LTSTools

Abbildung 162 zeigt die grafische Oberfläche, die als Schnittstelle zum Menschen für den CAEX-Import dient. Zunächst importiert der Nutzer sowohl die Ausgangs-XML-Datei (gekennzeichnet mit 1 in Abbildung 162) als auch das entsprechende zu verwendende XML-Schema (gekennzeichnet mit 2 in Abbildung 162). In dem vorliegenden Fall handelt es sich dabei um das CAEX-Schema, das in einer älteren Version (1.0) und in der aktuellen Version (2.15) zum Einsatz kam. Nun kann der Benutzer spezifische XML-Strukturen zu CAEX-Elementen zuordnen (gekennzeichnet mit 3 in Abbildung 162). Dabei wird er durch eine entsprechende Hilfe unterstützt, die ihm erläutert, was an Semantik hinter den Basiselementen von CAEX steckt. Diese Zuordnung muss er nicht für alle möglichen Elemente machen, sondern nur exemplarisch, da über die XPath-Technologie und die Nutzung des wohldefinierten Aufbaus von XML-Daten automatisch die Zuordnung vervollständigt werden kann (gekennzeichnet mit 4 in Abbildung 162). An dieser Stelle könnten auch adaptive maschinelle Lernverfahren und -mechanismen eingebracht werden. Die so erzeugten Zuordnungen kann der Nutzer visuell überprüfen und die XML-Daten dann in entsprechende ‚Roh'-CAEX-Strukturen transformieren lassen (gekennzeichnet mit 5 in Abbildung 162). Um nun noch zusätzliches Wissen des Nutzers in die CAEX-Daten zu integrieren, können verschiedene CAEX-Bibliothekselemente (gekennzeichnet mit 6 in Abbildung 162), wie beispielsweise CAEX-Rollen, den erzeugten Objekten zugeordnet werden (gekennzeichnet mit 7 in Abbildung 162). So können beispielsweise die AutomationML-Basisrollen eingebunden werden. Nach und nach entsteht so eine CAEX-Beschreibung. Gefundene Zuordnungen müssen nicht mit jeder einzelnen Datei wieder neu angelegt werden, sondern können wiederverwendet werden.

Liegen nun mehrere solcher CAEX-Modelle vor, können diese mit Hilfe einer Mapping-Assistenz fusioniert werden. Es kann sowohl eine der Dateien in die andere überführt werden (Transformation), als auch eine der Dateien in die andere integriert werden (Fusion). Die Methodik funktioniert dabei sowohl für reine CAEX- als auch für AutomationML-Modelle. Hierfür muss eine entsprechende Transformationsvorschrift gefunden werden. Dabei kann es sich nicht nur um die Integration der beiden Modelle handeln, sondern auch die Auflösung redundanter Daten und deren Vereinheitlichung betreffen. Beispielsweise können so automatisch zwei Datenstände vereinigt werden, bei dem in einer der beiden Dateien eine Teilmenge der Daten verändert wurde. Die Abbildungsvorschrift lässt sich dabei persistent speichern und wiederverwenden.

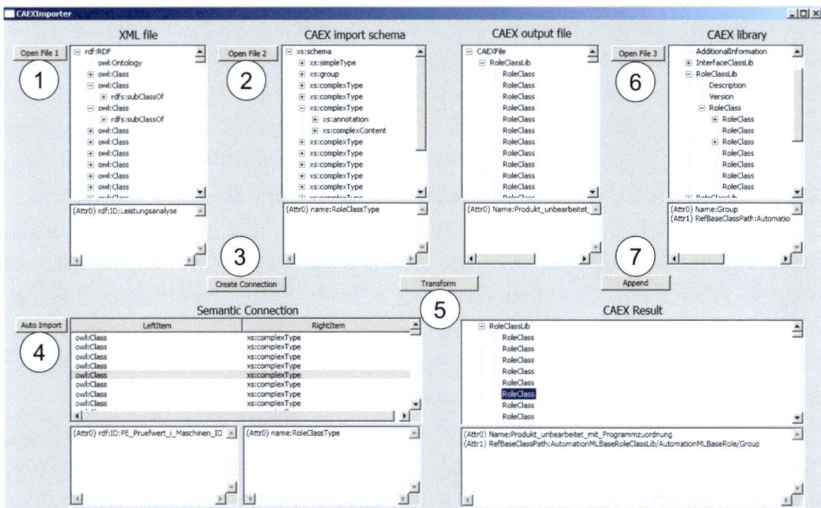

Abbildung 162: Grafische Oberfläche des CAEX-Imports [Schleipen & Okon, 2010]

Ziel ist es, eine wie auch immer geartete Abbildungsvorschrift zwischen den beiden Dateien zu finden (siehe Abbildung 163).

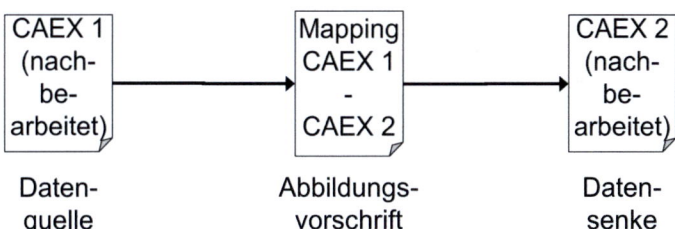

Abbildung 163: Überblick CAEX-Mapping [Schleipen & Okon, 2010]

Das Mapping basiert nicht rein auf dem Auffinden und Bereinigen von Unterschieden, sondern berücksichtigt auch die speziellen Strukturen und Eigenschaften von AutomationML bzw. CAEX. Auch hier existiert wieder eine grafische Oberfläche als Schnittstelle zum Nutzer, die in Abbildung 164 dargestellt ist. Diese kann als Plattform für die Integration verschiedener Mapping-

Mechanismen gesehen werden. Ein vollautomatisches Mapping ohne visuelle Kontrolle des Nutzers führt zu Akzeptanzproblemen, daher wird der Prozess für den Nutzer möglichst transparent gestaltet. Natürlich ist ein ausschließlich manuelles Mapping durch den Nutzer möglich. Zusätzlich kann ein rekursives automatisches Mapping, basierend auf der Namensäquivalenz von Elementen, angewendet werden, das die Daten sowohl fusioniert, als auch transformiert. Ebenso sind durch die unterlagerte mathematische Logik und die daran orientierte Implementierung aber auch leicht neue Mechanismen für ein Mapping an Hand von Graph oder Template Matching oder der Strukturäquivalenz möglich. Auch wissensbasierte Methoden könnten hier zusätzlich eingeführt werden, um den automatischen Anteil des Mappings zu erhöhen und zu verbessern. Hierfür muss der entsprechende Teil der Mappingfunktion angepasst werden.

Vom Ablauf her öffnet der Benutzer die beiden zu vereinigenden Dateien (linke und rechte obere Ecke in Abbildung 164). Diese werden als Bäume dargestellt. Gemappte Elemente werden im unteren Feld dargestellt und können vom Benutzer auch nach der Zuordnung und vor dem endgültigen Ausführen der Operationen nochmals kontrolliert und eventuell wieder entfernt werden. Ebenso werden bereits gemappte Elemente in den Bäumen der Quell- und Zieldatei farblich markiert, um den Benutzer während des Mappingprozesses von dieser Aufgabe zu entlasten. Bei Auswahl eines gefundenen Mappings im unteren Bereich werden die entsprechenden Elemente in den Sichtbereich des Nutzers platziert und zusätzlich hervorgehoben. Der Nutzer kann für ein manuelles Mapping die beiden zu verbindenden Elemente in den Baumstrukturen auswählen und mit Hilfe des Buttons Map verbinden. Detailinformationen zu den aktuell gewählten Elementen im Baum erscheinen automatisch in den unterhalb der Baum-Fenster liegenden Detailfenstern, um dem Nutzer das Mapping durch alle im Modell enthaltenen Informationen zu erleichtern. Zuordnungen können nur zwischen Elementen gleichen Typs erstellt werden, da ansonsten die Bedeutung der Elemente während des Mappings verfälscht würde. Ebenso können erst Elemente ab der Hierarchieebene zwei gemappt werden, da ein Mapping auf Root-Knoten-Ebene keine Information beinhaltet, da es auf Grund der XML-Definition nur zwei Root-Knoten gibt, die laut CAEX-Schema immer CAEXFile lauten müssen.

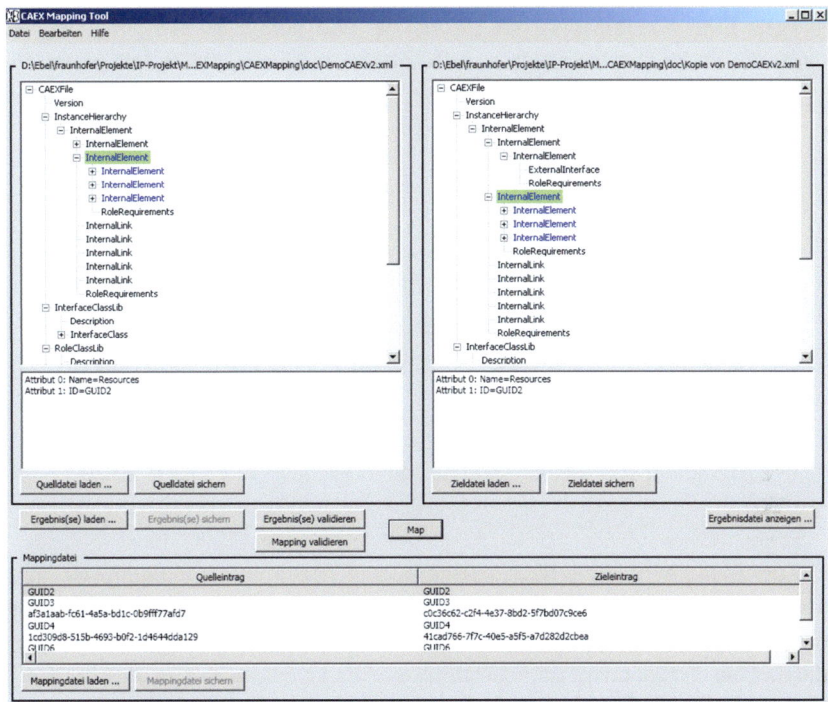

Abbildung 164: CAEX Mapping Tool [Schleipen & Okon, 2010]

Der verwendete Mappingalgorithmus kann als Vereinigung F aller Mapping-funktionen f (siehe Abbildung 165) beschrieben werden. Dabei definiert F das Mapping zwischen Quelle Q und Ziel Z mit dem Ziel des Ergebnisses E. Quelle, Ziel und Ergebnis bestehen dabei aus einer Menge an Knoten K, Quelle und Ziel, und damit auch das Ergebnis, sind vom Typ CAEX.

Das Ergebnis E enthält das Mapping der Knoten von der Quelle auf das Ziel, das an Hand der in Abbildung 166 enthaltenen Mappingfunktion realisiert werden kann. Diese Funktion bezieht sich nur auf den automatischen Abgleich auf Grund von Namensgleichheit. Voraussetzung ist wie beim manuellen Mapping, dass die Elemente, die gemappt werden sollen, vom gleichen Typ sind (gleicher XML-Tag-Name). Der Nutzer wählt als zu mappende Elemente die Startpunkte des Mappingalgorithmus, das Mapping wird rekursiv auf den Kindknoten fortgesetzt. Eine Kombination aus manuellem und automatischem Mapping ist durch die Vorgabe verschiedener Start-Knoten aus Quelle und Ziel möglich.

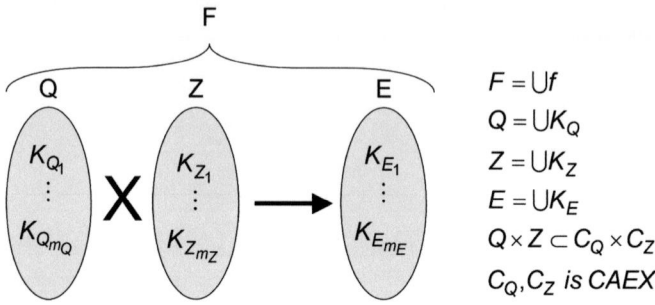

Abbildung 165: Mapping-Algorithmus [Schleipen & Okon, 2010]

Bei der Mappingfunktion kann zwischen zwei Typen von Mappingoperationen unterschieden werden: Fusionen und Transformationen. Bei einer Fusion werden Elemente komplett im Ergebnis neu hinzugefügt. Eine Transformation beinhaltet die Veränderung der Knotenwerte. Alle Operationen sind in Abbildung 166 beschrieben. Wird ein Element durch die Zuordnung des Benutzers vom Quell- zum Zielknoten umbenannt, wird der alte Name im Ziel durch den neuen aus der Quelle ersetzt. Dies erfolgt nicht nur beim Knoten selbst, sondern im gesamten Ergebnisraum und findet bei Knoten und Attributen Anwendung. So wird sichergestellt, dass die neu erzeugte Datei auch semantisch korrekt bleibt. Entsprechen die Namen der Knoten einander, erfolgt der Abstieg auf die nächste Hierarchiebene (der Unterbaum wird rekursiv durchsucht). Der Name des Elternknotens wird beibehalten. Ist der Unterknoten der Quelle nicht namensgleich den Unterknoten im Ziel, wird er neu in das Ergebnis übernommen. Unterknoten, die nur im Ziel enthalten sind, werden beibehalten.

Definiert man

$$N_n := \{i \in N, 1 \leq i \leq n\}$$

so ist die Beschreibung einer CAEX Datei gegeben durch

$$K := \{K_1, \ldots, K_m, A_1, \ldots, A_n\} \text{ mit } K_i \text{ ist Knoten (Subknoten); } i \in N_m$$

A_j ist Attribut; $A_j = (x_j, y_j); j \in N_n, x_j = $ Attributname, $y_j = $ Attributwert

Das Ergebnis besteht aus einem Knotenmapping von der Quelle zum Ziel, das beschrieben werden kann durch

$$f : Q \times Z \rightarrow E \text{ mit } f(K_Q, K_Z) =: K_E$$

mit

$$K_Q = \left\{ K_{Q_1}, \ldots, K_{Q_{m_Q}}, A_{Q_1}, \ldots, A_{Q_{n_Q}} \right\}$$
$$K_Z = \left\{ K_{Z_1}, \ldots, K_{Z_{m_Z}}, A_{Z_1}, \ldots, A_{Z_{n_Z}} \right\}$$

und

$$K_E = \left\{ K_{E_1}, \ldots, K_{E_{m_E}}, A_{E_1}, \ldots, A_{E_{n_E}} \right\}$$

mit

$$K_{E_i} := \begin{cases} f\left(K_{Q_i}, K_{Z_j}\right), \text{ falls } \left(\text{Name}\left(K_{Q_i}\right) = \text{Name}\left(K_{Z_j}\right) \wedge \text{Typ}\left(K_{Q_i}\right) = \text{Typ}\left(K_{Z_j}\right)\right) \\ \qquad \text{für ein } (i,j) \in N_{m_Q} \times N_{m_Z} \\ K_{Q_i}, \text{ falls } \left(\text{Name}\left(K_{Q_i}\right) \notin \left\{\text{Name}\left(K_{Z_j}\right) \middle| j \in N_{m_Z}\right\} \vee \text{Typ}\left(K_{Q_i}\right) \notin \left\{\text{Typ}\left(K_{Z_j}\right) \middle| j \in N_{m_Z}\right\}\right) \\ \qquad \text{für ein } i \in N_{m_Q} \\ K_{Z_i}, \text{ falls } \left(\text{Name}\left(K_{Z_i}\right) \notin \left\{\text{Name}\left(K_{Q_j}\right) \middle| j \in N_{m_Q}\right\} \vee \text{Typ}\left(K_{Z_j}\right) \notin \left\{\text{Typ}\left(K_{Q_j}\right) \middle| j \in N_{m_Q}\right\}\right) \\ \qquad \text{für ein } i \in N_{m_Z} \end{cases}$$

(Rekursion)

für $i \in N_{m_E}$

und

$$A_{E_i} := \begin{cases} \left(x_{Z_i}, y_{Z_i}\right), \text{ falls } \left(x_{Z_i} = \text{ID}\right) \text{für ein } i \in N_{n_Z} \\ \left(x_{Z_i}, y_{Q_j}\right), \text{ falls } \left(x_{Z_i} = x_{Q_j}\right) \wedge \left(x_{Z_i} \neq \text{ID}\right) \text{für ein } (j,i) \in N_{n_Q} \times N_{n_Z} \\ \left(x_{Q_i}, y_{Q_i}\right), \text{ falls } x_{Q_i} \notin \left\{x_{Z_j} \middle| j \in N_{m_Q}\right\} \wedge \left(x_{Q_i} \neq \text{ID}\right) \text{ für ein } i \in N_{n_Q} \\ \left(x_{Z_i}, y_{Z_i}\right), \text{ falls } x_{Z_i} \notin \left\{x_{Q_j} \middle| j \in N_{n_Z}\right\} \wedge \left(x_{Z_i} \neq \text{ID}\right) \text{ für ein } i \in N_{n_Z} \end{cases}$$

(Trafo / Fusion)

für $i \in N_{n_E}$

Abbildung 166: CAEX-Mapping-Funktion [Schleipen & Okon, 2010]

Transformationen erfolgen auf Attributebene. Dabei werden in der Mapping-funktion verschiedene Fälle unterschieden. Im ersten der aufgeführten Fälle bleibt der Zielwert unverändert, wenn der Attributname ‚ID' ist und der Quell-wert wird zum Zielwert, wenn der Attributname nicht ‚ID' ist. Bei einer erfolg-ten Transformation werden entsprechende Referenzen aufgelöst und der neue Wert der Referenz in der Quelle wird allen alten Referenzwerten im Ziel zuge-ordnet. Attribute gleichen Namens erhalten neue Werte. Eine Fusion erfolgt ebenfalls auf Attributebene. Attribute, die noch nicht vorhanden sind, werden hinzugefügt. Das Quellattribut wird dem Ergebnis hinzugefügt, wenn es nicht im Ziel enthalten ist. Das Zielattribut bleibt erhalten, wenn es nicht in der Quel-le vorhanden ist. Daher ist die Anzahl der Knoten im Ergebnis niemals kleiner als die Anzahl der Knoten im Ziel.

Der Nutzer ist die wichtigste Person im Umfeld der Assistenzfunktionen und -tools. Daher soll er nach einem definierten und erfolgten Mapping das Ergeb-nis-CAEX-Modell mit entsprechenden Editoren kontrollieren und gegebenen-falls nachbearbeiten können. Ein solcher Schritt ist für eine effiziente Toolkette nicht nötig, kann aber zur Akzeptanz der Nutzer beitragen und für Fehlerbesei-tigungsmaßnahmen hilfreich sein. Da es sich bei CAEX um XML handelt, kann dies mit Hilfe von gängigen XML-Editoren oder sogar einfachen Texteditoren erfolgen. Komfortabler ist es aber mit speziell für den Anwendungsfall entwic-kelten und darauf abgestimmten Editoren, bei denen so wenig Fachwissen wie möglich benötigt wird. Die meisten Nutzer sind gut ausgebildete Ingenieure, die die Zusammenhänge der Modelle verstehen und erfassen können. Ihnen fehlt aber der tiefe XML-Hintergrund. Daher bieten die speziellen Editoren eine intuitive Sicht auf die CAEX-Daten und spezielle Navigationsstrategien auf den CAEX-Daten an.

Das verwendete XML-Format soll also mehr in den Hintergrund rücken. Sie dienen folglich auch dazu, den Nutzer näher an die entwickelten Ergebnisse und das Datenformat heranzuführen. Über die Möglichkeit bereits bestehende Mo-delle zu betrachten und zu verändern, können mit Hilfe solcher Editoren auch komplett neue Modelle erzeugt werden. Ein Beispiel für einen solchen Editor ist der vom AutomationML e.V. zur Verfügung gestellte AutomationML-Editor. Dieser bietet über die Editierfunktion für CAEX auch Unterstützung für COL-LADA und PLCOpenXML. Für die Verwendung von CAEX im Rahmen dieser Arbeit wurden aber darüber hinaus zwei weitere Editoren entwickelt. Da zu Beginn der Arbeit die Version 1.0 des CAEX-Formats aktuell war und in diesem große CAEX-Modelle entwickelt wurden, wurde hierfür ein CAEX-Editor (der CAEX-Editor 1) entwickelt. Dieser bietet über die Editiermöglichkeiten hinaus auch zusätzliche Erläuterungen zur Verwendung des Formats in Form eines Hilfesystems an. Für den aktuellen Stand von CAEX (Version 2.15), der auch die aktuelle AutomationML-Version 2.0 zu Grunde liegt, wurde darüber hinaus ein weiterer Editor (CAEX-Editor 2) entwickelt, der auf die Bedürfnisse und Besonderheiten der aktuellen Version von CAEX abgestimmt ist. Während der CAEX-Importer und das CAEX-Mapping-Tool jeweils mit beiden Versionen des CAEX-Formats funktionieren, wurden die Editoren speziell auf die jeweilige Version abgestimmt. Sie verstecken die XML-spezifische Syntax und versuchen, die in den Modellen enthaltenen Strukturen möglichst übersichtlich darzustellen. Relationen, die Verbindungen zwischen den Elementen innerhalb eines CAEX-Modells herstellen, werden innerhalb der Editoren durch Navigationsstrategien aufgelöst und Nutzer damit unterstützt, diese visuell zu verfolgen. Bei beiden Editoren werden nur solche bestehenden CAEX-Modelle akzeptiert und können weiterverarbeitet werden, die den jeweiligen Schemata entsprechen. Dadurch kann gewährleistet werden, dass durch definierte Änderungsmöglichkeiten nur schema-konforme Daten entstehen und verarbeitet werden.

Im CAEX-Editor 1 wird die Dreiteilung in Ressourcen, Produkte und Prozesse, die in Abschnitt 11.1 erläutert wurde, vorausgesetzt. Änderungsmöglichkeiten beschränken sich auf das Ändern bestehender Attribute und das Löschen bestehender Objekte. Die Funktion zur Erstellung neuer Objekte ist bisher nicht implementiert. Alle durch den Editor erzeugbaren Veränderungen sind daher schema-konform. Bei der Implementierung wurde speziell darauf geachtet, dass auch bei der Verarbeitung großer Dateien der Nutzer nicht durch lange Einlesedauern oder Aktualisierungspausen beeinträchtigt wird.

Abbildung 167 zeigt den CAEX-Editor 1. Auf der linken Seite finden sich Navigationselemente, die den Sprung auf die verschiedenen Reiter in der Mitte des Editors zulassen, sowie die die Symbolik erläuternde Legende. In der Mitte befinden sich auf vier Reiter verteilt die Fenster für die Darstellung der CAEX-Grundstrukturen (Instanzhierarchie, Typen- und Strukturdefinitionen, Rollen und Schnittstellen). Die hierarchischen XML-Strukturen werden mit Hilfe von Bäumen repräsentiert. Um die Strukturen auf einen Blick erfassen zu können, wurden für die unterschiedlichen Elemente spezielle Icons entwickelt, die die Elemente im Baum entsprechend kennzeichnen. Dabei werden in den Bäumen nicht nur die Tags der jeweiligen XML-Elemente dargestellt, sondern kennzeichnende Informationen, wie beispielsweise die Namensattribute der Elemente. Rein organisatorische Elemente in den CAEX-Modellen werden ausgegraut, um den Benutzer nicht mit unnötigen Informationen zu überlasten. Zur Navigation können die Cursortasten der Tastatur oder das spezielle Navigationselement im unteren Teil des Editors genutzt werden. Finden sich Referenzen im aktuellen Element, kann von dem jeweiligen Element direkt zum referenzierten Element im Baum gesprungen werden. Im unteren Teil des Editors finden sich die Attribute des im oberen Teil selektierten Elements. Über das Menü im oberen Teil des Fensters, kann die Hilfe aufgerufen werden, die den Nutzern eine Einführung in das Format und dessen Elemente bietet.

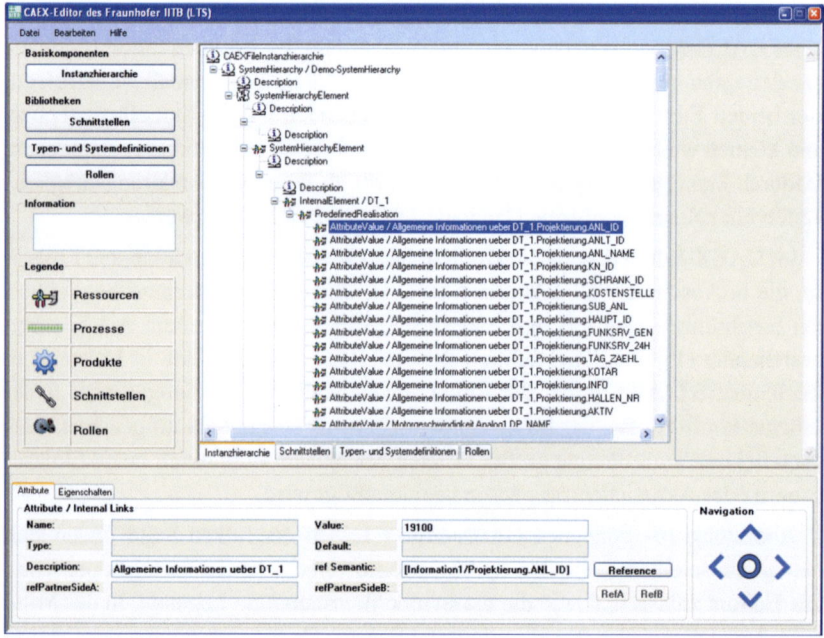

Abbildung 167: CAEX-Editor für die Version 1.0 von CAEX [Schleipen & Okon, 2010]

Zur Evaluierung des CAEX-Editors 1 wurde ein Fragebogen erstellt, der in Abbildung 168 dargestellt ist. Dieser wurde sowohl von fachfremden Beispielnutzern, als auch mit dem Format vertrauten Entwicklern ausgefüllt und ausgewertet. Befragt wurden insgesamt 16 Personen innerhalb eines Zeitraums von einer Woche.

Fragebogen zur Evaluierung des CAEX-Editors

Liebe Mitarbeiterinnen und Mitarbeiter!

Bitte füllen Sie den Fragebogen schnellstmöglich aus und beantworten Sie wenn möglich alle aufgeführten Fragen, auch die Angaben zu Ihrer Person. Ihre Angaben werden auf jeden Fall anonymisiert ausgewertet.

Vielen Dank für Ihre Mitarbeit, Ihr Engagement und Ihre Zeit!

Alter:

20-30 ☐   31-40 ☐   41-50 ☐   51-älter ☐

Geschlecht:

Männlich: ☐   weiblich: ☐

Wie sind Ihre Erfahrungen mit Microsoft Windows Anwendungen?
(Mehrere Antwortmöglickkeiten)

Anwender im privaten Bereich: ☐   Keine Erfahrungen: ☐

Anwender im beruflichen Umfeld: ☐   Entwickler: ☐

Wie sind Ihre Erfahrungen mit dem CAEX-Format?

Keine Erfahrungen: ☐   geringe Erfahrungen: ☐   gut bekannt: ☐

	sehr zufrieden		zufrieden		un- zufrieden
Bedienbarkeit des gesamten Editors	☐	☐	☐	☐	☐
Möglichkeiten der Navigation innerhalb der Baumstruktur	☐	☐	☐	☐	☐
Zuordnung der Elemente	☐	☐	☐	☐	☐
Ladedauer eines CAEX-Dokuments	☐	☐	☐	☐	☐
Einfache Handhabbarkeit	☐	☐	☐	☐	☐
Intuitive Bedienbarkeit	☐	☐	☐	☐	☐
Unterstützung des Benutzers	☐	☐	☐	☐	☐
Eingängige Anordnung der Elemente	☐	☐	☐	☐	☐
Ansprechende Gestaltung	☐	☐	☐	☐	☐

Abbildung 168: Fragebogen zum CAEX-Editor für die CAEX Version 1.0
[Vollmer, 2008]

Durchschnittliche Gesamtergebnisse beider Benutzergruppen zu dieser Evaluierung finden sich in Tabelle 9. Die Ergebnisse liegen, da die Test-Nutzer positiv oder neutral gegenüber dem Editor eingestellt waren, im Bereich zwischen ‚sehr zufrieden' und ‚zufrieden', der Gesamtdurchschnittswert aller Bewertungskriterien liegt bei 2,27. Erfahrene Anwender bewerteten den Editor dabei im Durchschnitt mit 2,14, während unerfahrene Anwender im Durchschnitt 2,47 vergaben. Dies zeigt, dass erfahrene Anwender die Reduktion der Komplexität durch den Editor eher zu schätzen wissen und erfassen als mit dem Format gänzlich unerfahrene Nutzer.

	sehr zufrieden		zufrieden		un- zufrieden
Bedienbarkeit des gesamten Editors	☐	☐	☒ (2,56)	☐	☐
Möglichkeiten der Navigation innerhalb der Baumstruktur	☐	☒ (2,06)	☐	☐	☐
Zuordnung der Elemente	☐	☒ (2,09)	☐	☐	☐
Ladedauer eines CAEX-Dokuments	☒ (1,44)	☐	☐	☐	☐
Einfache Handhabbarkeit	☐	☒ (2,13)	☐	☐	☐
Intuitive Bedienbarkeit	☐	☐ (2,44)	☐	☐	☐
Unterstützung des Benutzers	☐	☐	☒ (3,06)	☐	☐
Eingängige Anordnung der Elemente	☐	☐	☒ (2,63)	☐	☐
Ansprechende Gestaltung	☐	☒ (2,44)	☐	☐	☐

Tabelle 9: Durchschnittliches Ergebnis der Evaluierung des CAEX-Editors für die CAEX-Version 1.0 [Vollmer, 2008]

Basierend auf den Erkenntnissen des CAEX-Editors für das CAEX-XML-Schema in der Version 1.0 (CAEX-Editor 1), wurde für die CAEX-Version 2.1 ein Editor (CAEX-Editor 2) von Grund auf neu entwickelt (siehe [Schleipen & Okon, 2010]). Die Verarbeitungslogik für das Modell ist dabei komplett getrennt von der Oberfläche. Die Oberfläche basiert auf der Windows Presentation Foundation, wohingegen für die Verarbeitungslogik eine eigens für die Verarbeitung von CAEX entwickelte DLL eingesetzt wird. Im CAEX-Editor 2 werden alle CAEX-Schema-konformen Daten akzeptiert und können verarbeitet werden. Änderungs- und Editiermöglichkeiten des zweiten Editors beschränken sich nicht auf Werteänderung und Entfernen von Elementen, sondern umfassen den vollen Umfang inklusive der Erstellung neuer Elemente und Links. Dabei werden nur die Elemente vorgeschlagen, die laut Schema an der entsprechenden Stelle erzeugt werden können. So wird verhindert, dass der Nutzer nicht konforme Daten erzeugen kann. Um die Strukturen auf einen Blick erfassen zu können, wurden für die unterschiedlichen Elemente spezielle Icons entwickelt, die die Elemente im Baum entsprechend kennzeichnen. Die CAEX-Daten werden mit Hilfe eines Baums repräsentiert. Dabei wird zwischen Haupt- und Detailelementen unterschieden. Für einen kurzen Überblick genügen die Hauptelemente. Sie werden daher in der obersten Ansicht visualisiert, Detailsichten müssen aktiv vom Benutzer aufgerufen werden. Detailsichten sind analog zur Hauptsicht aufgebaut und visualisieren die zuvor versteckten Elemente und Attribute. Zusätzlich zur Haupt- und den Detailsichten (links im Bild) existiert für die InternalLinks eine spezielle Link-Sicht (rechts im Bild), die die Veränderung und Erstellung der InternalLinks ermöglicht. Um verschiedene Nutzergruppen zu berücksichtigen, bietet der Editor die Möglichkeit verschiedene Detailebenen auszuwählen.

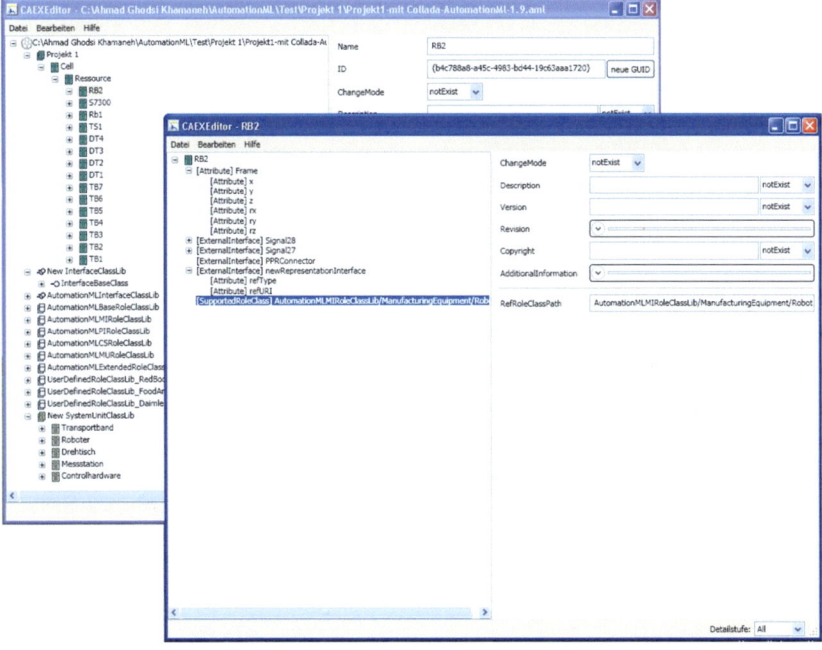

Abbildung 169: CAEX-Editor für die CAEX-Version 2.1 [Henssen, 2010]

Wie bereits erwähnt, entkoppelt der CAEX-Editor die grafische Oberfläche von der Verarbeitungslogik. Die Verarbeitungslogik basiert auf der CAEX-DLL. Diese Bibliothek bietet ähnlich einer API spezielle Unterstützung für Entwickler zur Integration von CAEX-Verarbeitungslogik in nutzerspezifische Tools. Die DLL kapselt alle Methoden und die damit verbundene Logik zur Verarbeitung und Speicherung von CAEX. Ebenso wie der Editor unterscheidet die CAEX-DLL zwischen Haupt- und Detailelementen und ermöglicht den programmatischen Zugang zu CAEX-Daten. Während der Verarbeitung von CAEX mit Hilfe der DLL wird zu jedem Zeitpunkt sichergestellt, dass die Daten Schema-konform sind. So können auch ohne das Bewusstsein und die Kenntniss von CAEX, Schnittstellen für CAEX bzw. AutomationML implementiert werden. Das spart Entwicklungszeit und reduziert den Aufwand der Implementierung entsprechender Klassen, Attribute und Methoden.

Das Problem der Rückwärtskompatibilität ist in allen IT-Systemen präsent. Wie zuvor erwähnt, war zu Beginn der Arbeit die Version 1.0 des CAEX-Standards aktuell. Aktuell ist die Version 2.15. Da aber bis zur Existenz und Untersützung der Version 2.15 verschiedene große Modelle entstanden sind, wurde zur Unterstützung bestehender Daten ein CAEX-Konverter (siehe [Gehrlein, 2010]) zur bidirektionalen Konvertierung zwischen beiden Versionen entwickelt. Dazu mussten die Unterschiede zwischen beiden Formatversionen herausgearbeitet und sukzessive implementiert werden.

11.3 Modell-/Modellierungsqualität

AutomationML stellt als objektorientiertes, toolneutrales Datenaustauschformat eine Modellierungssprache bzw. ein Modell dar, das die Möglichkeit bietet, Szenen im Produktionsumfeld zu diskreten Zeitpunkten zu modellieren. AutomationML-Beispiele und AutomationML-Daten modellieren dabei einen abgeschlossenen Ausschnitt der Welt, entsprechend der Modelltheorie in der formalen Logik. Diese stellt einen Zusammenhang zwischen der formalen Syntax und dessen Semantik mit Hilfe der Interpretation durch ein axiomatisches System her. Modelle werden also mit vertret- und verwaltbarem Aufwand in Raum und Zeit definiert (siehe [Tarski, 1954]). AutomationML schränkt die Welt der Modellierung auf die Produktionsumgebung ein und lässt nur die Modellierung einer bestimmten Szene zu einem bestimmten Zeitpunkt zu. Die in AutomationML beschriebenen Informationen enthalten viel implizites Wissen, basierend auf der Expertise und den Erfahrungen des modellierenden Ingenieurs (siehe [Drath, 2008]). Daher versucht AutomationML dieses Wissen möglichst adäquat zu repräsentieren (siehe [Drath et al., 2010]).

AutomationML ist dabei ebenso wie die in Abschnitt 2.1 erläuterte Semiotik dreigeteilt. Zum einen existieren die standardisierten XML-Schemata des Formats und definieren die Syntax. Dies wird auch als Meta-Information bezeichnet, da so zusätzliche Informationen über die beschriebenen Daten eingebracht werden. Zum anderen werden auf Basis textueller Spezifikationen zum AutomationML-Standard semantische Erläuterungen eingefügt. Diese basieren zum Teil auf der Verwendung und Anwendung der impliziten Semantik der in der Syntax definierten Elemente. Schließlich wird die Pragmatik in der Modellierung selbst integriert, da das Wissen des Modellierers implizit in die Umsetzung der Modellierung einfließt.

Die Verbreitung, Anwendung und Verwendung eines Standard-Datenaustauschformats hängt entscheidend mit der Komplexität des Formats zusammen. Modellierte Sachverhalte beinhalten viel implizites Wissen. Ein zu allgemeines Format hindert die Nutzer daran, modellierte Sachverhalte korrekt zu interpretieren. Ein zu speziell definiertes Format kann die Interpretation komplex und schwierig gestalten. Die ‚goldene Mitte' muss angestrebt werden: eine spezifische und eindeutige Definition kombiniert mit Konformitätstestmechanismen. Setzen zwei oder mehr Tools ein- und dasselbe Datenformat ein, müssen Mechanismen zur Prüfung der Konformität existieren (siehe Abbildung 170). Meist prüfen die Tools selbst, ob die bei Ihnen ankommenden Daten korrekt sind und von ihnen akzeptiert werden können.

Die Modell- und Modellierungsqualität spielt also eine entscheidenede Rolle (siehe [Schleipen, 2010b]). Das Modell muss zum einen die zu modellierenden Sachverhalte möglichst präzise abbilden (Korrektheit), zum anderen dürfen innerhalb des Modells keine Widersprüche existieren (Konsistenz) und das Modell muss in sich vollständig spezifiziert sein (Vollständigkeit). All diese Eigenschaften beziehen sich auf das verwendete Modell, also CAEX bzw. AutomationML. Das Format gewährleistet diese zum einen auf Grund der Verwendung von XML, zum anderen auf Grund der Spezifikationen im Rahmen des XML-Schemas und der zusätzlichen textuellen Einschränkungen. Die Modellierung muss aber ebenso von hoher Qualität und zum Modell konform sein. Dies bedeutet, dass sie den im Modell festgelegten Regeln folgen und die Forderungen des Modells erfüllen muss (Konsistenz). Wird nur eine der Regeln verletzt, ist die Modellierung inkonsistent und damit nicht mehr konform zum Modell. Genau hier liegt aber auch die Schwierigkeit. Um eine hohe Qualität und Fehlerfreiheit der Modellierungen zu gewährleisten, müssen die Konsistenzregeln geeignet definiert werden. Hierzu wird eine geeignete Form bzw. ein geeigneter Formalismus benötigt. Konformität bezieht sich dabei nicht nur auf die syntaktische Konformität, wie beispielsweise die Verwendung der korrekten Modellierungselemente, die mit Hilfe einer Prüfung gegen das XML-Schema realisiert werden kann. Darüber hinaus geht es um erweiterte syntaktische und semantische Konformität, die hauptsächlich in den textuellen Spezifikationen von AutomationML enthalten ist.

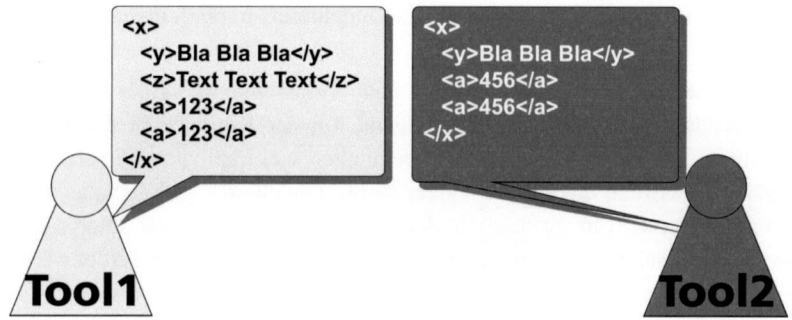

Abbildung 170: AutomationML® Syntax Test

Die Konformität kann beispielsweise an Hand vordefinierter Testfälle von einer zentralen Testinstanz geprüft werden. Eine andere Möglichkeit ist der Test der Konformität in sogenannten Interoperabilitäts-Workshops, bei denen die Daten und Schnittstellen bidirektional getestet werden können. Eine vollständige, aber selten genutzte, Konformitätstest-Möglichkeit ist die automatisierte Verifikation, basierend auf formalen Modellen und Regeln. Die Problematik hierbei ist das Auffinden eines solchen formalen Modells. Meist läuft die Spezifikation solcher Datenformate ohne Hinblick auf die nachfolgende Verifikation bzw. Konformitätsprüfung ab. Daher sind die Spezifikationen nicht formal genug beschrieben. Die Spezifikation ist also der Flaschenhals in einer solchen Anwendung und deren Qualität ausschlaggebend. Die Leistungsfähigkeit vorhandener Verifikationssysteme ist gut, die Verifikation aber nur auf Basis der Spezifikation möglich. Beispiele solcher Ansätze mittels formaler Verifikation

finden sich in [Cengic, 2010] und [Ljungkrantz, 2010]. Generell hat eine Formalisierung den Vorteil, dass alles klar definiert ist und Mißverständnisse auf
Grund von Mehrdeutigkeiten verhindert werden. Ist ein Aspekt formalisiert, ist
die Formalisierung meist kürzer als die Orginalbeschreibung und leichter zu
verstehen.

Andere Standards, wie beispielsweise AUTOSAR (siehe [AUTOSAR, 2011]
und [Park et al., 2009]), sowie STEP (siehe [STEP, 2011] und [ISO 10303-3]),
definieren entsprechende Mechanismen für Konformitätstests auf Basis formaler Verifikationsmechanismen. Auch die IEC 61850 benötigt einen entsprechenden Konformitätstest (siehe [Wolters & Brand, 2011]). Extrem wichtig bei
solchen Tests ist die Ausführung und Protokollierung durch eine neutrale Instanz.

Eine Möglichkeit zur Formalisierung solcher Regeln stellt die Verwendung
von OCL dar. OCL basiert auf der Prädikatenlogik. Diese ist ein wichtiges
Werkzeug zur Verifikation von Programmen, kann aber ebenso zum Test von
Einschränkungen auf Modellen verwendet werden. OCL-Constraints können in
ausführbaren Code umgewandelt und mit Hilfe von bestehenden Tools gegen
Modell und Modellierung (Modellinstanz) geprüft werden.

11.3.1 Konformität zu AutomationML

Die korrekte Verwendung des Datenaustauschformats AutomationML ist wie
bereits beschrieben für die erfolgreiche Anwendung unumgänglich. Ein Konzept für eine Methode zum Konformitätstest von AutomationML mittels formaler Verifikation wurde in [Schleipen, 2010b] vorgestellt. AutomationML besteht, wie in Abbildung 171 dargestellt, zum einen aus den XML-Schemata der
zugehörigen Standards, zum anderen aus verschiedenen textuellen Spezifikati-
onsteilen, die Einschränkungen und Anwendungsvorschriften für die Verwendung der Standards. Zur Prüfung der Konformität wurden die unterschiedlichen
Aspekte von AutomationML betrachtet und ein Konzept entwickelt und umgesetzt, dass sowohl die korrekte Verwendung der Syntax, als auch der Semantik
prüft. Dabei wurde versucht, einen möglichst großen Anteil des Tests zu auto-
matisieren. Die Verifikationsgenauigkeit ist dabei vorgegeben bzw. eingeschränkt durch die Genauigkeit der textuellen Spezifikation. Je mehr eindeutige
Einschränkungen in den textuellen Spezifikationen vorgegeben sind, desto genauer können diese abgebildet und formalisiert werden. Umgesetzt wurde das

Konzept für den Part 1 der AutomationML-Spezifikation, der als New Work Item Proposal bei der IEC akzeptiert ist.

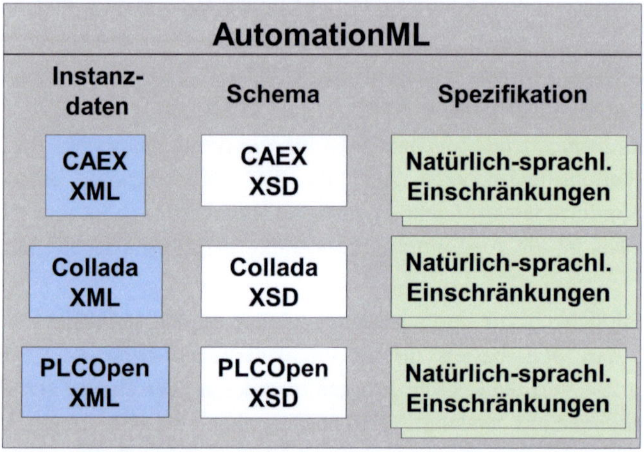

Abbildung 171: Bestandteile des AutomationML Standards [Schleipen, 2010b]

Zur Verifikation der Syntax von AutomationML ist eine strukturelle Induktion nötig. Die strukturellen Vorgaben von AutomationML sind in den XML-Schemata der zugehörigen Standards (CAEX, COLLADA, PLCOpenXML) beschrieben. Daher kann eine Verifikation der Syntax durch den Test gegen das jeweilige XML-Schema vorgenommen werden (siehe Abbildung 172). Dies ist in der Praxis gängig und kann mit verschiedenen XML-Editoren oder auch direkt programmtechnisch umgesetzt werden, wie es im vorliegenden Fall realisiert wurde. Da eine inkorrekte Syntax auch zu einer fehlerhaften Semantik führen würde, ist dies der erste Schritt im Test der Konformität von AutomationML-Modellierungen.

Schwieriger verhält es sich mit dem Test der erweiterten Syntax und vor allem der Semantik, die in den textuellen Spezifikationen zum AutomationML-Standard durch natürlichsprachliche Einschränkungen definiert sind. Diese natürlichsprachlichen Einschränkungen und Anwendungsvorschriften sind nicht in den Schemadefinitionen enthalten, da sie sich nicht nur auf die Metamodelle beziehen, sondern gerade auf Instanz- bzw. Modellierungsebene der Daten Regeln definieren.

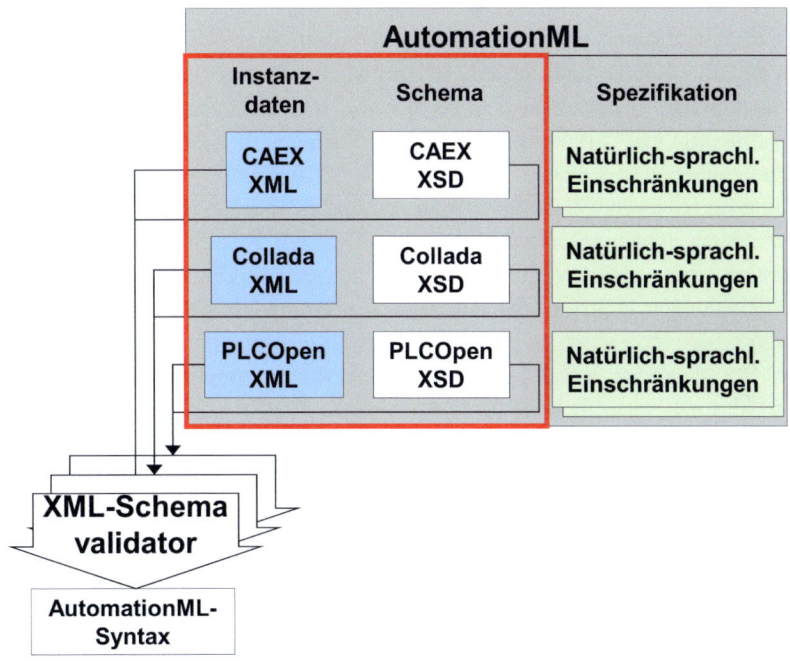

Abbildung 172: Konformität zur AutomationML Syntax [Schleipen, 2010b]

Ein Beispiel für eine Regel auf Instanzebene ist die Einschränkung, dass nutzerdefinierte Rollen von Rollen der Standard-Rollenbibliotheken direkt oder indirekt abgeleitet sein müssen. Da die Standard-Rollenbibliotheken bereits auf Instanzebene der Daten und nicht im Schema von CAEX definiert sind, kann auch diese Regel nur auf Instanzebene geprüft werden. Ein weiteres Beispiel sind Relationen zwischen Elementen in einem AutomationML-Modell. Diese Referenzen werden durch Adressierungen innerhalb der Modellierung als String angegeben. Für eine erweiterte syntaktische und semantische Korrektheit ist es aber notwendig, dass das referenzierte Element tatsächlich im Modell existiert. Auch dies muss auf Instanzebene getestet werden. Obwohl Part 1 der AutomationML-Spezifikation bereits in einer ‚Norm-konformen' Formulierung in Englisch vorliegt, sind in der Spezifikation selbst keine formalen Einschränkungen vorhanden, sondern natürlichsprachliche Texte definiert, die formalisiert werden müssen. Dies erschwert die Umsetzung eines solchen Konformitätstests. Die Regeln, die sich aus der natürlichsprachlichen Spezifikation ableiten lassen, müssen also erst manuell formalisiert und können danach gegen entsprechende Modellierungen getestet werden. Dazu wurde die natürlichsprachliche textuelle Spezifikation des Part 1 des AutomationML-Standards analysiert und eine geeignete technische Lösung für die formale Verifikation gesucht. Dabei muss immer im Hinterkopf behalten werden, dass auch eine formale Verifikation der erweiterten Syntax und Semantik, wie sie in den textuellen Spezifikationen definiert ist, nicht verhindert, dass Nutzer sinnfreie AutomationML-Modellierungen erstellen, die aus Sicht der Pragmatik (des Anwendungsumfelds) keinen Sinn ergeben. Da die zu entwickelnden Regeln und Einschränkungen sich nicht nur auf die Schemaebene beziehen, greifen ‚normale' XML-Mechanismen wie XSL oder XML Schematron Regeln nicht. Daher wurde bei der Erstellung eines entsprechenden Konzepts auf existierende Ansätze im Bereich von UML zurückgegriffen. Einschränkende und ergänzende Regeln auf UML-Modellen können mit Hilfe von OCL (siehe Abschnitt 2.4, sowie [Warmer & Clarke, 2008]) formuliert und formalisiert werden. OCL wurde ursprünglich von der OMG (Object Management Group) als Teil der UML-Spezifikationen definiert (siehe [Larman, 2004]). OCL-Regeln können auf den Typen (Elemente des CAEX-Schemas) oder Instanzen (einer Schemakonformen CAEX-Modellierung) definiert werden. Durch eine Umsetzung der XML-Schemata und der XML-Instanzen in UML-Modelle können die OCL-Regeln (sogenannte Constraints) auf die entsprechenden Daten angewendet werden. Dieses Vorgehen ist in Abbildung 173 dargestellt und wurde als Konzept in [Schleipen, 2010b] vorgestellt. Da OCL eine textbasierte Sprache ist, können die Regeln bzw. Constraints in einem herkömmlichen Texteditor erstellt werden. Darüber hinaus bieten aber spezielle Umgebungen für diesen Zweck eine spezielle Unterstützung an und eignen sich deutlich besser. Ein Beispiel ist das Dresden OCL Toolkit, das im Rahmen dieser Arbeit verwendet wurde. Informationen hierzu finden sich in [Wilke et al., 2010].

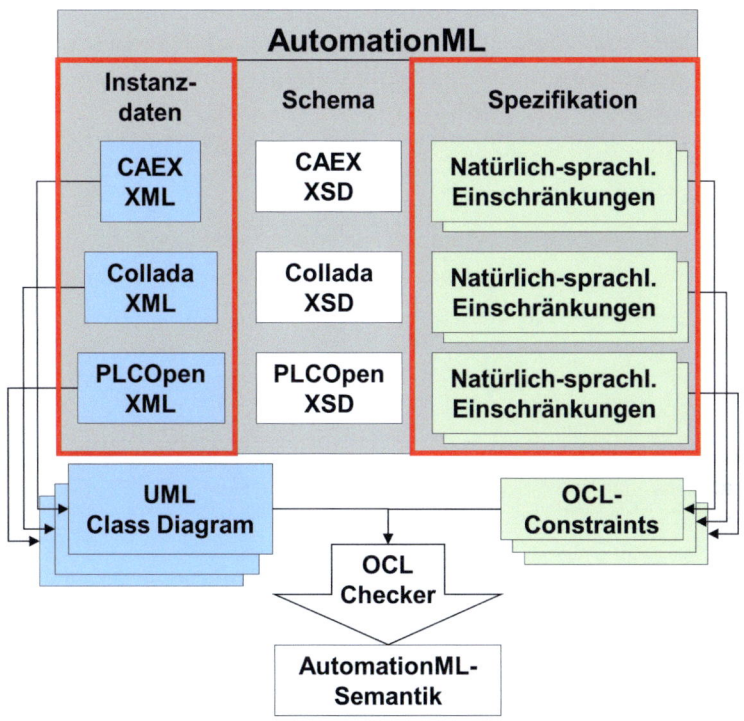

Abbildung 173: Konformität zur AutomationML Semantik [Schleipen, 2010b]

(1) Der erweiterte Syntax- und Semantiktest wurde in verschiedenen Schritten entwickelt. Im Schritt eins ging es darum, das CAEX-Schema und die AutomationML-Standardbibliotheken in entsprechende UML-Klassendiagramme umzuwandeln. Da XML eine typisierte Sprache ist, lassen sich XML-Schemata und Modelle mit entsprechenden Tools relativ einfach in UML-Klassendiagramme umwandeln. Das CAEX-XML-Schema als UML-Diagramm ist in Abbildung 174 zu sehen. Auf Grund der eingeschränkten Größe sind zwar die Namen der Einzelelemente nicht lesbar, man sieht aber, dass gerade die Ableitungsbeziehungen zwischen Elementen im XML-Schema Vererbungen im UML-Klassendiagramm definieren. Eben diese Beziehungen vereinfachen die Definition von Regeln auf bestimmten Kontexten. So müssen allgemeingültige

Sachverhalte nicht auf jedem Elementtyp eingeschränkt werden, sondern es genügt, diese Einschränkung auf dem Basistyp (CAEXElement) des XML-Schemas zu definieren.

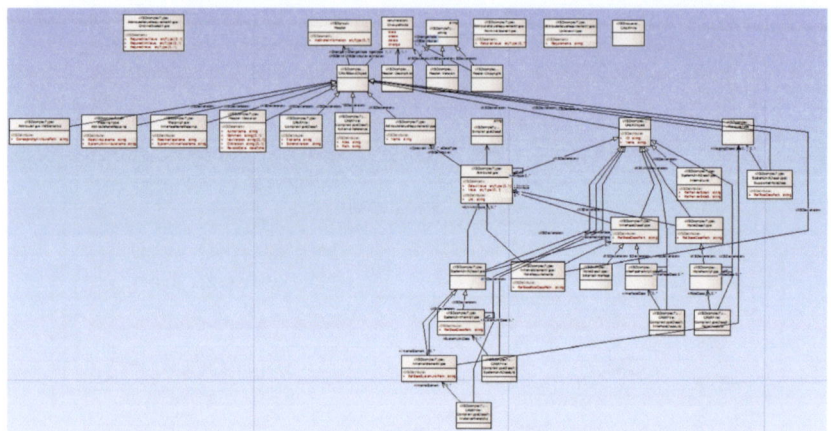

Abbildung 174: AutomationML CAEX-XML-Schema als UML-Klassendiagramm (grobe Übersicht)

(2) Im zweiten Schritt wurden zum Test der Realisierbarkeit des Konzepts verschiedene Beispielregeln formuliert. Da diese Regeln aus dem Part 1 der Spezifikation entnommen wurden, beziehen sie sich auf Elemente aus dem CAEX-Teil von AutomationML. Eines dieser Beispiele ist in Abbildung 175 dargestellt. In der AutomationML-Spezifikation ist folgender Sachverhalt definiert: „All AutomationML object instances shall be identified by their CAEX tag "ID". This identifier shall be a GUID." Für die Einhaltung dieser Regel muss also geprüft werden, ob es sich beim Inhalt des Tags ID um eine GUID[16] handelt. GUIDs haben das folgende Format: {XXXXXXXX-XXXX-XXXX-XXXX-XXXXXXXXXXXX}, wobei jedes X für eine Hexadezimal-Ziffer steht. Ein Beispiel einer validen GUID ist {936DA01F-9ABD-4D9D-80C7-02AF85C822A8}. Dies wird mit Hilfe der in Abbildung 175 enthaltenen OCL-Constraint geprüft, die im Kontext von InternalElements für jedes Element mit

---

[16] Microsoft Implementierung der UUID

einem Attribut ID ausgeführt werden soll und den Invarianten-Namen GUID trägt.

```
 test_ocl.ocl   caex_aml.ocl ⊠

 package CAEXClassModelV2Xxx|

 -- CAEX must include AutomationMLVersion
 context CAEXFileType
 inv Version:
 self.includes(AdditionalInformation) and
 self.AdditionalInformation.Name ='AutomationMLVersion' and
 self.AutomationMLVersion='2.0'

 context InternalElement
 inv GUID:
 self.allInstances()->forall(self.includes(ID)) and
 self.allInstances()->forall(self.size(ID)=38) and
 self.allInstances()->forall(self.ID.substring(0,1)='{') and
 self.allInstances()->forall(
     self.ID.substring(1,1)='0' or
     self.ID.substring(1,1)='1' or self.ID.substring(1,1)='2' or
     self.ID.substring(1,1)='3' or self.ID.substring(1,1)='4' or
     self.ID.substring(1,1)='5' or self.ID.substring(1,1)='6' or
     self.ID.substring(1,1)='7' or self.ID.substring(1,1)='8' or
     self.ID.substring(1,1)='9' or self.ID.substring(1,1)='A' or
     self.ID.substring(1,1)='B' or self.ID.substring(1,1)='C' or
     self.ID.substring(1,1)='D' or self.ID.substring(1,1)='E' or
     self.ID.substring(1,1)='F')) and
 ...
 self.allInstances()->forall(self.ID.substring(5,1)='-') and
 ...
 self.allInstances()->forall(self.ID.substring(37,1)='}')

 endpackage
```

Abbildung 175: AutomationML Beispiel-Constraint in OCL

(3) In Schritt drei wurde getestet, wie sich zuvor definierte OCL-Regeln gegen UML mit Hilfe von ausführbarem Code, beispielsweise in Java, validieren lassen. Hierfür wurde das Dresden OCL Toolkit in der Version V2.0 (Prebuild 20100714, siehe Abbildung 176) ausgewählt, da es nativ eine Unterstützung für den Import von Java-Klassen, XML-Modellen und -Instanzen mitbringt. Im

ModelBrowser wird das importierte Modell dargestellt und kann visuell kontrolliert werden; im ModelInstanceBrowser kann die importierte Modellinstanz betrachtet werden. Zusätzlich bietet das Toolkit, wie bereits erwähnt, die Möglichkeit, OCL-Constraints (gespeichert in Text-Dateien mit der Dateiendung .ocl) mit integriertem Syntax-Highlighting zu erstellen.

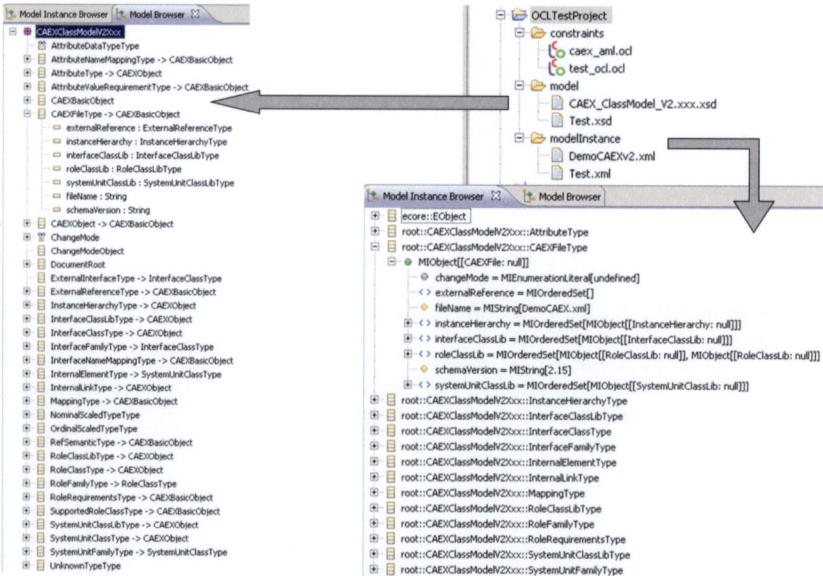

Abbildung 176: AutomationML® semantic check (im Überblick)

Auf Grund von Fehlern beim Import des CAEX-Schemas in das Toolkit, die dazu führten, dass nicht das komplette Modell importiert werden konnte, wurde allerdings der Weg der Transformation des XML-Schemas in Java-Klassen unter Verwendung von JAXB (Java Architecture for XML Binding API, siehe [McLaughlin, 2002]) gegangen. JAXB ist eine Java-Programmierschnittstelle, die es ermöglicht, XML-Daten in Java-Klassen umzuwandeln, um besser mit den XML-Daten arbeiten zu können (siehe [Michaelis, 2006]). Der Weg der Validierung ist in Abbildung 177 dargestellt.

Das Dresden OCL Toolkit bietet nach dem Import des Modells, der Modellinstanz und der entsprechenden Constraints im Projektbaum die Möglichkeit, die Constraints gegen Modell und Instanz zu prüfen, und gibt die Ergebnisse der Prüfung detailliert aus.

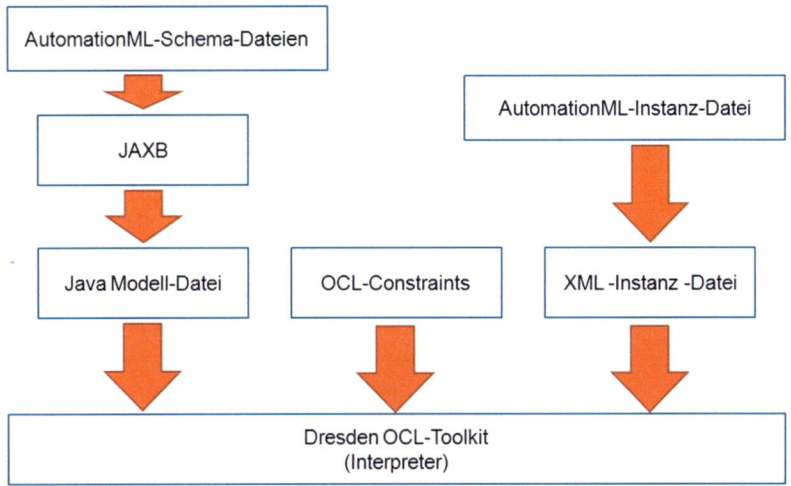

Abbildung 177: Vorgehen zur Validierung von OCL-Constraints gegen AutomationML-Schema- und Instanz-Daten mit Hilfe des OCL-Toolkits [Mavraganis, 2010]

Zusätzlich zur Integration und Verwendung des Toolkits innerhalb der Eclipse-Umgebung existiert eine Standalone-Version, die für die Verwendung und Integration in eigene Anwendungen genutzt werden kann.

(4) In Schritt vier wurde der Part 1 der AutomationML-Spezifikation im Detail analysiert. Dabei wurden informative Teile der Spezifikation ignoriert und nur einschränkende Sachverhalte herausgefiltert. Die Ergebnisse der Analyse führten zu einer Tabelle, die alle gefundenen Regeln umfasste. Dabei handelt es sich um über 50 Regeln, die aus dem Text extrahiert werden konnten. Beispiele hierfür finden sich nachfolgend, die Nummerierung beinhaltet den Hinweis, ob es sich um eine mandatorische (m) oder optionale (o) Regel handelt, sowie eine fortlaufende Nummer:

1. m04 - Every AutomationML standard library and every user defined library shall define its version number utilizing the CAEX element 'Version'.

2. m05 - Same libraries of different versions are forbidden to be stored in the same AutomationML document.

(5) Dies führte logischerweise zu Schritt fünf, bei dem die gefundenen Regeln automatisch verarbeitet und in OCL-Constraints umgewandelt werden sollten. Da aber trotz norm-konformem Englisch die Spezifikation nicht formal genug geschrieben wurde und weder eine Schlüsselwortsuche, noch andere automatische Verarbeitungs-Mechanismen realisierbar waren, wurden die Regeln statt einer automatischen Generierung aus den Texten manuell erstellt. Probleme bereitete bei der Verarbeitung beispielsweise die verwendete Terminologie, die kontextabhängig war. Als einfaches Beispiel wäre hier der Begriff Intervall zu nennen, der ohne zusätzliche Einschränkungen wie ein Anfang und ein Ende oder alternativ eine Länge, sowie die Angabe, ob das Intervall offen oder geschlossen ist, nicht eindeutig definiert ist. Die Eindeutigkeit der formulierten Einschränkungen musste durch einen mit AutomationML vertrauten Anwender erzeugt werden.

Die so erstellten Regeln variieren von sehr kurzen und einfachen bis hin zu komplexen und ineinander verschachtelten Regeln. Die Komplexität ist dabei nicht immer abhängig von der Komplexität des Sachverhalts, der modelliert wird, sondern kommt beispielsweise auch durch die Beschaffenheit von OCL zustande. Ein Beispiel einer kurzen Regel ist in Abbildung 178 dargestellt. Sie überprüft, ob jede Bibliothek ihre Versionsnummer mit Hilfe des CAEX-Attributes Version festlegt.

Abbildung 179 zeigt eine komplexere Regel, die überprüft, ob alle Attribute und ExternalInterfaces eines InternalElements mit der Rolle ‚Facet' auch im übergeordneten InternalElement enthalten sind.

Die Umsetzung mancher Einschränkungen in OCL-Regeln ist nicht möglich. Dabei handelt es sich insbesonders um Probleme auf Grund fehlender Schleifen oder Rekursionen in OCL, die wegen der hierarchischen Struktur von CAEX auftreten könnten. Ebenso ist die Navigation innerhalb der Baumstruktur der CAEX-Daten schwierig zu realisieren. Weiterhin ist die Eigenschaft von AutomationML problematisch, dass aus CAEX heraus externe Datenformate referenziert werden. Um diese Formate prüfen zu können, müssten diese ebenfalls komplett geprüft werden. Dies bereitet vor allem bei der Tatsache ein Problem, dass alle zu einer AutomationML-Beschreibung gehörenden Dateien von der gleichen AutomationML-Version sein müssen. Diese Sachverhalte wurden daher aus den OCL-Beschreibungen ausgelagert und werden parallel programmtechnisch abgeprüft. Nur die Kombination aus den formalisierten Regeln und den programmtechnischen Prüfmechanismen garantiert eine laut Spezifikation beschriebene Fehlerfreiheit der Daten.

```
package CAEX
 context CAEXFileType
 inv:
 self.roleClassLib->
      forAll(lib1|lib1->notEmpty() implies lib1.version->notEmpty())
 and
 self.interfaceClassLib->
      forAll(lib1|lib1->notEmpty() implies lib1.version->notEmpty())
 and
 self.systemUnitClassLib->
      forAll(lib1|lib1->notEmpty() implies lib1.version->notEmpty())
 endpackage
```

Abbildung 178: Einfache OCL-Regel [Gehrlein, 2011]

(6) In Schritt sechs wurden die gefundenen Regeln unterschieden nach mandatorischen Regeln, die Fehler im Konformitätstest verursachen und optionalen Regeln, die nur zu Warnungen führen, die Spezifikation aber nicht explizit verletzen. Die Prüfung wird also in zwei Schritten ausgeführt.

(7) Schritt sieben beinhaltete die Evaluierung und Korrektur der Regeln an Hand von vorhandenen AutomationML-Modellen und Beispielen, die explizit verfälscht wurden, um die Korrektheit der Prüfung zu testen.

```
package CAEX
context InternalElementType
inv:

-- Test ob Attribute (Name und Wert) gleich
self.internalElement->select(supportedRoleClass->
exists(refRoleClassPath.substring(1,55) =
'AutomationMLBaseRoleClassLib/AutomationMLBaseRole/Facet'))
->asBag()->forAll(IE | IE->notEmpty() implies
        IE.attribute->forAll(at | at->notEmpty() implies
                self.attribute->select(name = at.name)->forAll(at2 | at2->notEmpty() implies
                (at2.name = at.name) and (at2.value = at.value))))
and
-- Test ob InterfaceNamen gleich
self.internalElement->select(supportedRoleClass
->exists(refRoleClassPath.substring(1,55) =
'AutomationMLBaseRoleClassLib/AutomationMLBaseRole/Facet'))
->asBag()->forAll(IE2 | IE2->notEmpty() implies
        IE2.externalInterface->forAll(ei2 | ei2->notEmpty() implies
                self.externalInterface->select(name = ei2.name)->notEmpty()))
and
-- Test ob Interface Attribute (Name und Wert) gleich
self.internalElement->select(supportedRoleClass
->exists(refRoleClassPath.substring(1,55) =
'AutomationMLBaseRoleClassLib/AutomationMLBaseRole/Facet'))
->asBag()->forAll(IE2 | IE2->notEmpty() implies
        IE2.externalInterface->forAll(ei2 | ei2->notEmpty() implies
                ei2.attribute->forAll(atEI2 | atEI2->notEmpty() implies
                        self.externalInterface->select(name = ei2.name)
                        ->forAll(ei1 | ei1->notEmpty() implies
                                ei1.attribute->select(name = atEI2.name and value = atEI2.value)
                                ->notEmpty()))))
endpackage
```

Abbildung 179: Komplexere OCL-Regel [Gehrlein, 2011]

11.3.2 Formale Beschreibung von Veränderungen in AutomationML-Modellen

Modelle in AutomationML bilden immer einen diskreten Sachverhalt ab – eine Situation zu einem bestimmten Zeitpunkt. Gerade für Änderungen in der Produktion ist es für MES aber essenziell, die veränderten Sachverhalte zu erfassen. Im AutomationML e.V. werden aktuell Mechanismen zur Beschreibung von Änderungen im Format selbst angedacht. Bis diese aber zur Normierung kommen, muss eine Lösung für die Detektion und Beschreibung von Änderungen gefunden werden, damit Modellierungen von zwei verschiedenen Zeitpunkten verglichen und die vorgenommenen Änderungen nachvollzogen und angepasst werden können.

Ein ähnliches Problem stellt sich in der Situationsanalyse beispielsweise bei Videoüberwachungssystemen. Eine Methode zur Unterstützung der Situationserkennung und -beurteilung ist das Situationskalkül, ein Formalismus basierend auf der Prädikatenlogik, um dynamische Sachverhalte zu repräsentieren. Es wird häufig auch im Bereich der Robotik eingesetzt und dient dort beispielsweise zur Aktionsplanung. Im Situationskalkül existieren drei Arten von Individuen: Objekte o, Aktionen a und Situationen s. Eine Situation zum Zeitpunkt t wird mit s_t bezeichnet. Möchte man nun beschreiben, mit Hilfe der Ausführung welcher Aktionen man von einer Situation zum Zeitpunkt t zu einer Situation zum Zeitpunkt t+1 kommt, so wird dies wie folgt beschrieben: $s_{t+1} = do(a, s_t)$. Dies bedeutet, dass in einer Situation s_t die Folge von Aktionen a ausgeführt werden müssen, um zur Situation s_{t+1} zu gelangen. Die Situation s_t, sowie s_{t+1} können im vorliegenden Fall als AutomationML-Modellierungen betrachtet werden. Durch die Angabe der Folge von Aktionen a = a_1, ...a_n, die ausgeführt werden müssen, weiss der jeweilige Betrachter der Daten, was sich von einem zum nächsten Zeitpunkt verändert hat. Die Ausführung der Aktionen erfolgt dabei sequenziell. s_{t+1} kann also beschrieben werden durch $s_{t+1} = do(a_n, do(a_{n-1}, do(...,do(a_1, s_t)...)$.

Um dies korrekt beschreiben zu können, müssen in den AutomationML-Modellen die Objekte identifiziert und bestimmte Aktionen festgelegt werden, die ausgeführt werden können. Objekte des Modells sind im Normalfall die InternalElements bzw. die SystemUnitClasses. Um ein Beispiel einer solchen Formulierung von Veränderungen zu nennen, wird nochmals das Beispiel aus Abschnitt 10.1 herangezogen, bei dem die Flüssigkeitsabfüllanlage WISARA-Lab von zwei auf drei Tanks erweitert wird. Mögliche Objekttypen sind also zum Beispiel Tank oder Ventil. Konkrete Objektinstanzen des Modells sind zum Beispiel ein $tank_1$. Mögliche Aktionen sind Operationen wie montiere(x) und verbinde(x), die die Montage und signaltechnische Kopplung neuer Komponenten abbilden. Für den Umbau der Situation s_0 in der die Anlage zwei Abfülltanks hat, auf die Situation s_1, in der sie drei Tanks besitzt, werden also die Aktionen montiere($tank_1$) und verbinde ($tank_1$,sps_1) ausgeführt. Die Aktionen können durch entsprechende parametrisierbare XML-Fragmente repräsentiert werden, die die Veränderung auch an Hand des Modells beschreiben und durchführbar machen.

12. Abschlussbemerkungen

12.1 Zusammenfassung

MES sind in der heutigen Zeit in ihrer natürlichen Umgebung, der Produktion, häufig von Veränderungen betroffen. Diesen optimal zu begegnen wird mehr und mehr zum Erfolgsfaktor. Die Adaptivität von MES im Lebenszyklus einer Produktionsanlage ist gefragt. Zusätzlich agieren MES als Datendrehscheibe innerhalb der Architektur der industriellen Automatisierung. Sie besitzen eine Vielzahl an Schnittstellen zu verschiedenen anderen Systemen in diesem Umfeld. Daher müssen sie möglichst gut und nahtlos mit diesen Systemen zusammenarbeiten. Die Interoperabilität von MES ist hier gefragt. Da nicht allein nur der Datenaustausch zum Erfolg führt, muss auch die semantische Interoperabilität von MES erreicht werden, damit MES die ihnen zur Verfügung gestellten Informationen verstehen und optimal nutzen können. Durch diese beiden Faktoren werden MES der Zukunft geprägt. Hauptaspekte dabei sind das Engineering und der Datenaustausch. Dabei spielt die Standardisierung eine ebenso große Rolle wie Assistenzmechanismen oder eine frühe Kopplung von Planung und Betrieb (siehe [Schleipen et al., 2011c]).

Die Adaptivität und die semantische Interoperabilität von MES, die in dieser Arbeit betrachtet und angestrebt werden, sind aber nicht mit einer einzigen Methode realisier- bzw. erreichbar. Das komplexe Problem muss in verschiedene Teilprobleme zerlegt und auf verschiedenen Ebenen bearbeitet werden. Hierfür wurde ein entsprechendes umfassendes Gesamtkonzept vorgestellt. Dabei wird zum einen betrachtet, welche Inhalte wichtig sind (Was?). Zum anderen muss aber ebenso beachtet werden, auf welche Art und Weise und über welchen Kommunikationskanal diese Inhalte übermittelt werden (Wie?). Zusätzlich ist es elementar, den Menschen in diesem Umfeld als wichtigen Faktor mit einzubeziehen und entsprechende Schnittstellen zu gestalten. Darüber hinaus – und dies ist nicht nur für den Bereich MES wichtig – spielen, da es sich um auszutauschende Daten handelt, das Datenformat, dessen Anwendung und Verwendung, die Qualität des Modells und der Modellierung, sowie dynamische Aspekte der Veränderung eine gewichtige Rolle. Zur Lösung der einzelnen Teilprobleme wurden verschiedene Ansätze, teilweise aus anderen Bereichen, vorgeschlagen, übertragen und angewendet.

Abschnitt 1 führt in die Thematik ein und erläutert die Ausgangssituation, sowie die Problemstellung im Detail. Daraus abgeleitet wird die Zielsetzung der Arbeit.

In Abschnitt 2 werden Methoden und Werkzeuge für die Adaptivität und semantische Interoperabilität detailliert beschrieben.

Abschnitt 3 ordnet die Arbeiten zur semantischen Interoperabilität in die Architektur der industriellen Automatisierung, sowie zur Adaptivität in den Lebenszyklus von Produktionsanlagen ein. Darüber hinaus wird das praktische Umfeld erläutert, an Hand dessen entsprechende Evaluierungen der entwickelten Ergebnisse vorgenommen wurden.

Der Stand der Forschung und Technik mit verwandten Arbeiten wurde in die verschiedenen Aspekte gegliedert und ist in Abschnitt 4 aufgeführt. Hierbei werden gängige Industriesysteme und -tools, deren Gestaltung, sowie Standards und Datenaustauschformate im Umfeld von MES, ebenso beschrieben wie Ansätze zum durchgängigen und teilautomatisierten Engineering, zur Digitalen Fabrik oder zur Kommunikation und dem Datenaustauschprozess.

Abschnitt 5 fasst die Schwerpunkte der Arbeit zusammen und erläutert die Gliederung.

In Abschnitt 6 werden das Modell und die Architektur für die Adaptivität und semantische Interoperabilität erläutert. Entsprechende Teilaspekte, die zur Gesamtlösung beitragen, werden in den darauffolgenden Abschnitten im Detail vorgestellt. Dies sind:

1. Vertikale Interoperabilität (Abschnitt 7): Im Bereich der vertikalen Interoperabilität von MES wurden Plug&Work-Mechanismen entwickelt und umgesetzt, die die automatisierte Projektierung von Leitsystemen bzw. die dadurch mögliche Kopplung von Leit- und Steuerungsebene unterstützen. Über die physikalische Kommunikation hinaus wurde OPC-UA für die Online-Kommunikation von Daten zwischen Steuerungs- und Leitebene vorgeschlagen und durch entsprechende Unterstützung bei der Erstellung von Informationsmodellen vorbereitet.

2. Horizontale Interoperabilität (Abschnitt 8): Um MES horizontal zu integrieren, wurde an Hand von Vorgehensweisen zur Schnittstellendefinition mit Ontologien ein gemeinsames Verständnis geschaffen und im VDI eine domänenspezifische Ontologie an Hand dieser Vorgehensweise entwickelt. Auch die Abbildung der MES-Ontologie auf beste-

hende Schnittstellen wurde bearbeitet und durch Benutzerassistenz vereinfacht.

3. Interoperabilität entlang des Lebenszyklus (Abschnitt 9): Um auch die Interoperabilität entlang des Lebenszyklus und während des Digitalen Fabrikbetriebs zu gewährleisten, wurde ein Vorgehen zur virtuellen Leittechnik-Inbetriebnahme aus den Anforderungen abgeleitet und evaluiert. Auch hier ergeben sich für die Ebene der MES spezielle Einschränkungen, aber auch Möglichkeiten.

4. Mensch-Maschine-Schnittstellen für interoperable MES (Abschnitt 10): Um die Durchgängigkeit nicht nur an Hand der Daten zu vollziehen, sondern auch die beteiligten Personen zusammen zu bringen und den Menschen bei der Integration zu berücksichtigen, wurde auch die Interaktion im Engineering mit speziellen Konzepten für Multi-User Engineering und im Betrieb betrachtet. Hierfür wurden beispielsweise Benutzerschnittstellen für die Erstellung von Prozessführungsbildern und die Generierung der Prozessführungsbilder inklusive verschiedener Sichten, um komplexe Sachverhalte darstellen zu können, realisiert. Auch dynamische Produkt- und Prozessdaten für die Visualisierung wurden untersucht.

5. Datenformat und -modelle für die Interoperabilität (Abschnitt 11): Im Bereich der Datenformate wurde speziell an der Entwicklung des XML-basierten Datenaustauschformats AutomationML und der Anwendung von CAEX im Rahmen von AutomationML gearbeitet. Hierbei wurden spezielle Konzepte für MES entwickelt. In diesem Zusammenhang entstanden verschiedene Assistenztools wie Importer, Konverter und Editoren, aber auch Mappingmechanismen zur Abbildung von verschiedenen Modellierungen aufeinander. Um die Modellierungsqualität bei der Anwendung von AutomationML sicher zu stellen, wurde ein Konformitätstest für AutomationML mittels formaler Logik auf Basis von OCL erarbeitet und umgesetzt.

Zur Evaluierung der einzelnen entwickelten Mechanismen und Umsetzungen wurden verschiedene Beispielmodelle von Anlagen herangezogen und in den einzelnen Abschnitten beschrieben. So weit möglich, wurden grafische Abbildungen der Beispielanlagen in den vorangegangenen Abschnitten bereit gestellt und diese erläutert. Diese finden sich in konsolidierter Form nochmals im Anhang A. Zum Teil wurden die verwendeten Anlagen als Referenz- und Testfälle herangezogen und andere Anlagen als Evaluierungsbeispiele für die entsprechenden Mechanismen verwendet, um eine Neutralität und Unabhängigkeit von entsprechenden Referenzdaten zu gewährleisten.

Mögliche Vorteile durch die Anwendung der entwickelten Methoden und Architektur sind:

- Entlastung der Projektierer, Verminderung des Engineeringaufwands (Kostenreduktion),

- Gemeinsame Begriffswelt und Verständnis der Beteiligten,

- Einheitliche bzw. geregelte Datenstrukturierung,

- Strukturierte und reproduzierbareVorgehensweise in den einzelnen Schritten,

- Qualitätssicherung und -verbesserungen: Reproduzierbarkeit der Ergebnisse/ Reduktion von Fehlern.

Um das Gewicht für die industrielle Umsetzung abschätzen zu können, wird nun eine Beispielrechnung für mögliche Einsparungen bei Anwendung der Lösungsvorschläge vorgestellt. Dies geschieht am Beispiel des Leitsystems ProVis.Agent. Ein gängiger Kostenumfang für ein solches Leitsystem (basierend auf Erfahrungswerten) beträgt ca. 500.000 €. Der Aufwand für Anlagen-, EA- und Bildprojektierung der Leittechnik durch einen erfahrenen Projektierer beträgt für ProVis.Agent pro SPS ca. 2 Tage. In marktüblichen Produktionsumgebungen sind mehrere hundert SPSen an ein solches System angeschlossen, die überwacht werden sollen. Daher wird für die vorliegende Abschätzung ein Umfang von 250 an das System angeschlossene SPSen angenommen. Diese resultieren daher in einem Gesamtprojektierungsaufwand von 500 Tagen. Der Kostenpunkt für einen erfahrenen Projektierer beträgt im Industrieumfeld ca. 500 € pro Tag. So ergibt sich ein Gesamtaufwand für die Projektierung von 250.000 €. Dieser Betrag kommt zusätzlich zu den Investitionskosten für ein solches Leitsystem hinzu. Der Gesamtinvestitionsaufwand des Leitsystems im vorliegenden Beispiel beträgt also 750.000€. An Hand dieser einfachen Rechnung sieht man bereits, wie essentiell eine Einsparung in diesem Bereich ist. Durch entsprechende durchgängige Datenverwendung, intelligente Mechanismen und die Umsetzung der Gesamtlösung können nach Einschätzung von [Schleipen et al., 2008b] bis zu 80% des manuellen Aufwands für das Leitsystem-Engineering und die zugehörige Bilderstellung eingespart werden. Der manuelle Aufwand wird durch die Automatisierung aufwändiger und wiederkehrender Aufgaben erreicht, indem vorliegende Daten weiterverwendet und – verarbeitet werden. Diese 80% des Aufwands wären im vorliegenden Beispiel ca. 200.000 €. Damit sinkt der Gesamtinvesititionsaufwand auf 550.000€, reduziert sich also um ca. 25%.

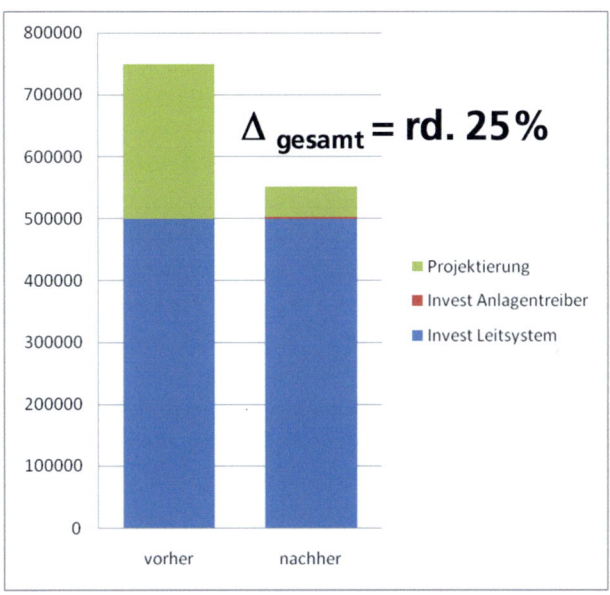

Abbildung 180: Geschätzter Nutzen der automatischen Projektierung und Interoperabiltität von MES am Beispiel Leitsystem [Schleipen et al., 2008b]

12.2 Ausblick

Eine Idee kann nur gedeihen, wenn sich ihr Umfeld für sie begeistert! Die vorliegende Arbeit beschreibt zwar technische Möglichkeiten für die Adaptivität und semantische Interoperabilität von MES und berücksichtigt den wichtigsten Faktor zur erfolgreichen Umsetzung, den Menschen, stellt ihn aber nicht in den Mittelpunkt. Dieser muss mit geeigneten Assistenz- aber auch Interaktionsmechanismen noch viel stärker unterstützt und eingebunden werden, da er das wichtigste Kapital, das Erfahrungswissen, mit sich bringt. Darüber hinaus wird in vielen der Teilaspekte der Sachverhalt der Anlagenum- statt -neuplanung angestrebt. Eine Umplanung mit einem vorhandenen Altdatenbestand kommt in der Praxis aber immer häufiger vor.

Eine der NATO Stufe 3 entsprechende Interoperabilität (semantische Interoperabilität) kann mit Hilfe des entwickelten und umgesetzten Gesamtkonzepts erreicht werden. Dies bedeutet, dass MES nahtlos semantisch integriert sind, alle beteiligten Partner miteinander Informationen austauschen und diese interpretieren können, somit ein gemeinsames Verständnis vorherrscht. Eine der NATO Stufe 4 entsprechende Interoperabilität (pragmatische Interoperabilität), die Systeme beinhaltet, die nahtlos über Domänengrenzen hinweg in einer universellen Zugriffsumgebung zusammenarbeiten und Wissen austauschen, ist mit der Umsetzung der Lösungsvorschläge und Methoden bei weitem noch nicht erreicht. Hier ‚schlummert‘ neben der stärkeren Berücksichtigung des Menschen und dem speziellen Sachverhalt der Umplanung bestehender Anlagen enormes Potenzial. Darüber hinaus können die einzelnen Teillösungen weiterentwickelt und erweitert werden.

Ein Aspekt, der im Rahmen der Arbeit nur marginal betrachtet wurde, ist die rechtliche Auswirkung. Dieser wurde zwar bei der Entwicklung der Teillösungen nicht völlig unberücksichtigt gelassen, dennoch fehlt die explizite Betrachtung und Abstimmung der Lösungen, beispielsweise auf die Felder der vertragsrechtlichen Problematik, der Produkthaftung, der Gerätesicherheit und des Arbeitsrechts. Der Schwerpunkt dieser Betrachtung läge bei juristischem Sachverstand.

Auch automatisierte Verarbeitungen im Bereich der Semantik und Begriffe wurden im Rahmen der Arbeit ausgeklammert. Diese können aber eventuell zu vielversprechenden Veränderungen führen. Vertreter dieses großen Themenkomplexes sind ein intelligentes Textmining oder auch visuelle Analyse-Methoden (engl. Visual Analytics). Mit Hilfe eines intelligenten Textminings können aus vorhandenen Daten Informationen extrahiert werden, um diese zu verwerten. Ein Beispiel für visuelle Analyse-Methoden sind Word-Clouds. Diese könnten beispielsweise bei der Analyse großer Datenmengen den Benutzer dabei unterstützen, thematische Häufungen oder wichtige Begriffe zu erkennen. Aus beispielhaften Texten generierte Word-Clouds finden sich zur Veranschaulichung in Abbildung 181. Häufungen bestimmter Wörter in Datenbeständen werden hier vergrößert dargestellt. So kann ein Benutzer sehr schnell wichtige Begrifflichkeiten in großen Datenmengen herausfiltern und Zusam-

menhänge zwischen diesen erkennen. Gerade nutzer-unterstützte Methoden
können hier vielversprechende Ergebnisse bringen.

Abbildung 181: Beispiele von Word-Clouds als Analysemethode

Da die Arbeit zwar einen theoretischen Hintergrund besitzt, sich aber durch die
Thematik stark an der Praxis orientiert und auf diese ausgerichtet ist, muss für
die Zukunft die Realisierung in großen Industrieanlagen in der Praxis angestrebt
werden.

A. Beispiel- und Referenzanlagen

Zur Überprüfung der für die einzelnen Teilprobleme entwickelten Lösungen, wurden unterschiedliche Anwendungsbeispiele erdacht, modelliert und/oder umgesetzt. Diese wurden in den jeweiligen Abschnitten vorgestellt, um die Ergebnisse zu visualisieren. Dennoch soll dieser Abschnitt dazu dienen, sie im Überblick gesammelt darzustellen.

Abbildung 182 zeigt eine einfache und ausgedachte Fördertechnik-Anlage. Die zugehörige Leittechnik-Visualisierung ist in Abbildung 183 dargestellt. Die Anlage besteht aus einem einführenden und einem ausführenden Förderband. Zwischen ihnen werden über einen Drehtisch die entsprechenden Produkte auf eine Teststation gefördert, die nach einer Prüfung fehlerhafte Teile ausschleust oder Gutteile wieder zum Drehtisch zurückfördert. Gesteuert wird die Anlage über eine SPS.

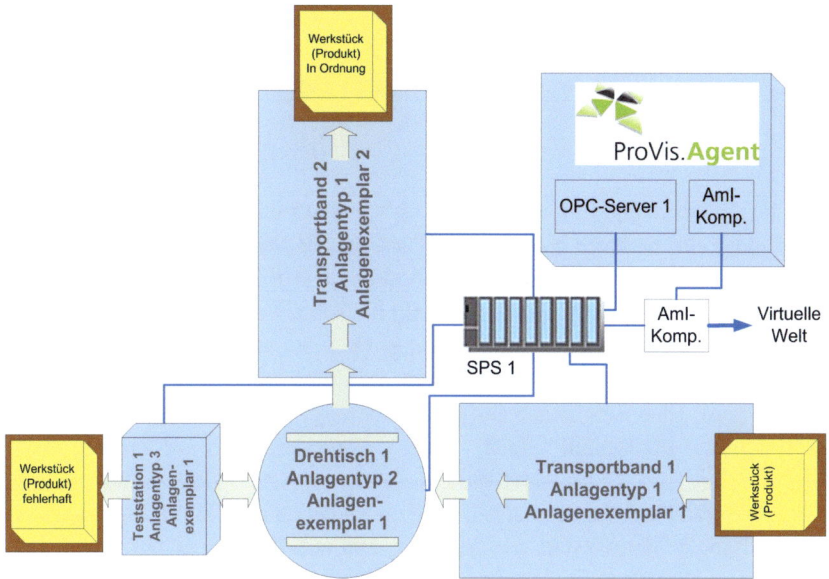

Abbildung 182: Anwendungsbeispiel 1 [Ebel et al., 2007]

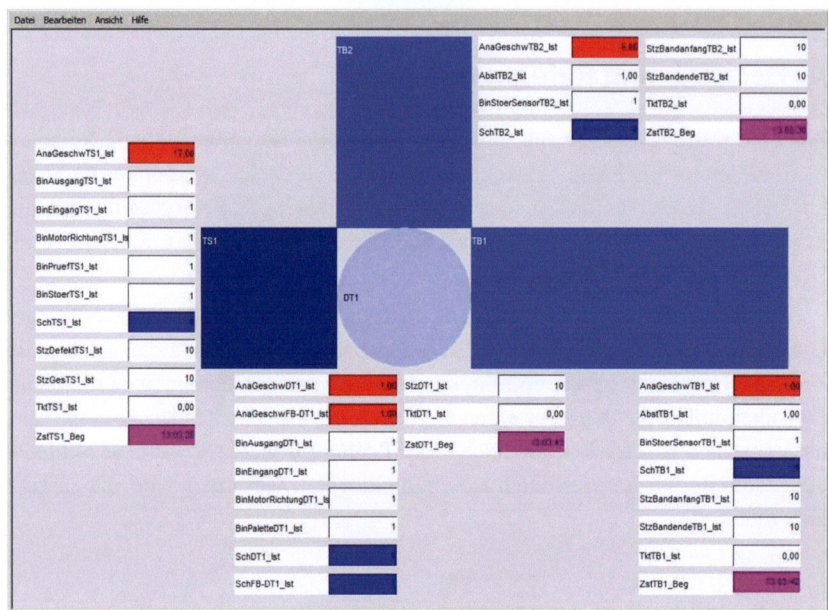

Abbildung 183: Anwendungsbeispiel 1 als Leittechnik-Visualisierung
[Schleipen, 2010a]

Das in in Abbildung 184 dargestellte Anlagenbeispiel erweitert die erste Beispielanlage um mehrere gleichartige Elemente. Es beinhaltet sechs Transportbänder, vier Drehtische und eine Teststation. Die Produkte werden über die
Transportbänder und Drehtische in einem Kreislauf transportiert. Eine Teststation (in der linken Hälfte der Darstellung) prüft sie auf ihre Qualität. Defekte
Produkte werden ausgeschleust, Gutteile werden wieder in den Kreislauf zu-
rückgespeist. Eine SPS steuert die gesamte Anlage. In Abbildung 185 ist es als
gerendertes 3D-Modell (aus einer entsprechenden AutomationML-
Modellierung mit COLLADA-Referenzierungen) visualisiert. Dieses enthält
zusätzlich zwei Roboter, die in den übrigen Modellen auf Grund der Komplexität nicht abgebildet wurden. In Abbildung 186 und Abbildung 187 ist die Beispielanlage als DELMIA Automation-Modell abgebildet. Abbildung 188 zeigt
sie als WinMOD-Modell. In der Leitsystem-Projektierung von ProVis.Agent

kann sie wie in Abbildung 189 dargestellt werden und Abbildung 190 zeigt die zugehörige Leitsystem-Visualisierung in ProVis.Visu.

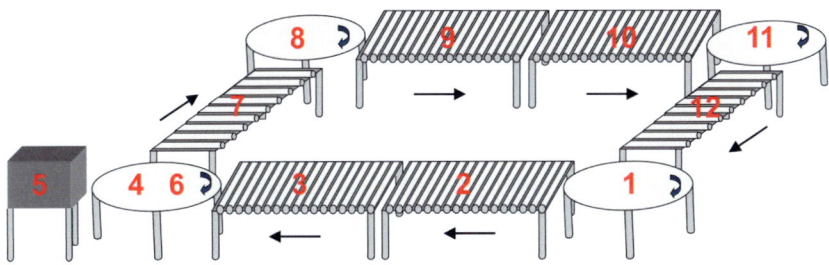

Abbildung 184: Anwendungsbeispiel 2 [Schleipen & Sauer, 2010]

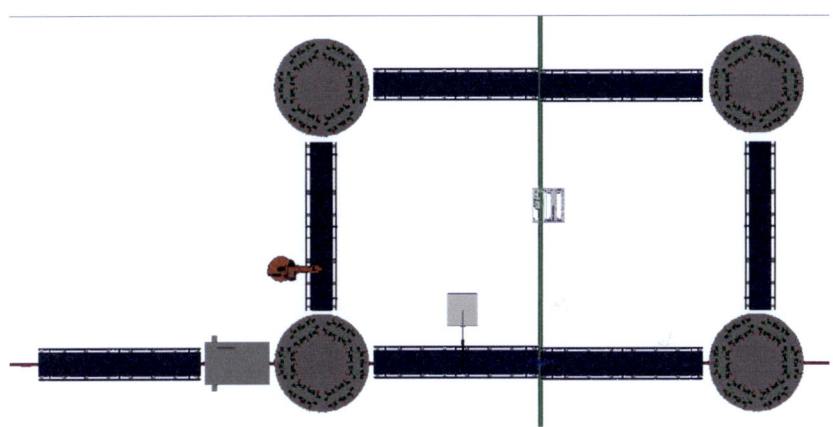

Abbildung 185: Anwendungsbeispiel 2 als gerendertes 3D-Modell

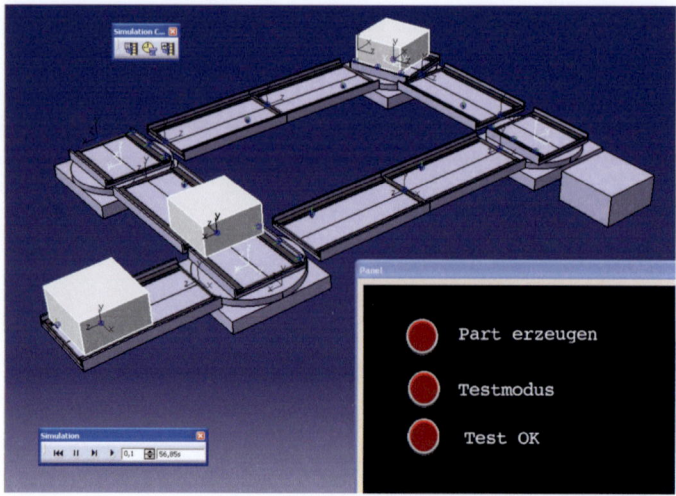

Abbildung 186: Anwendungsbeispiel 2 als Delmia Automation-Modell
[Schleipen et al., 2008c]

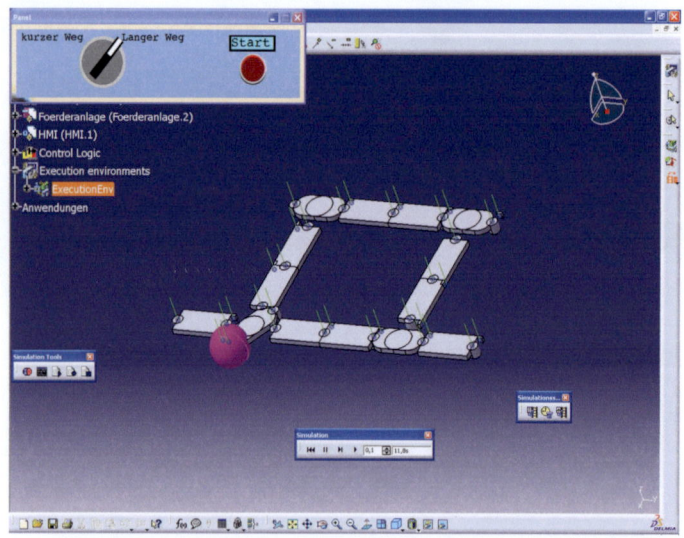

Abbildung 187: Anwendungsbeispiel 2 als Delmia Automation-Modell
[Schleipen & Sauer, 2010]

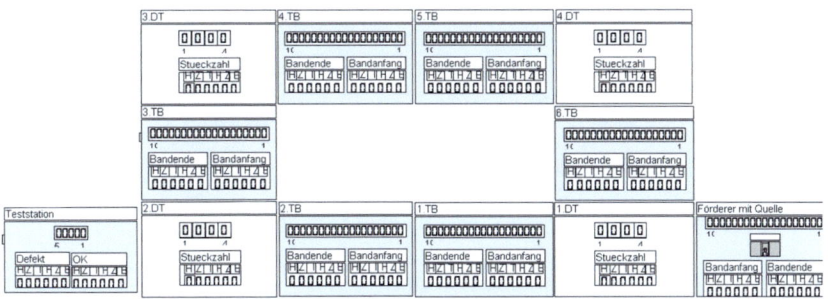

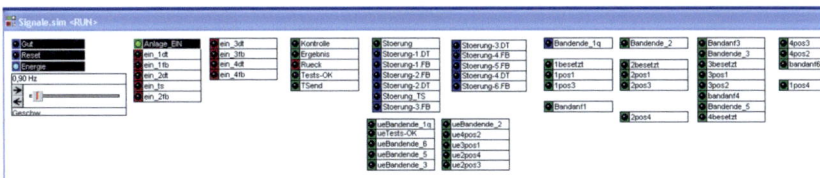

Abbildung 188: Anwendungsbeispiel 2 als WinMOD-Modell [Schleipen & Sauer, 2010]

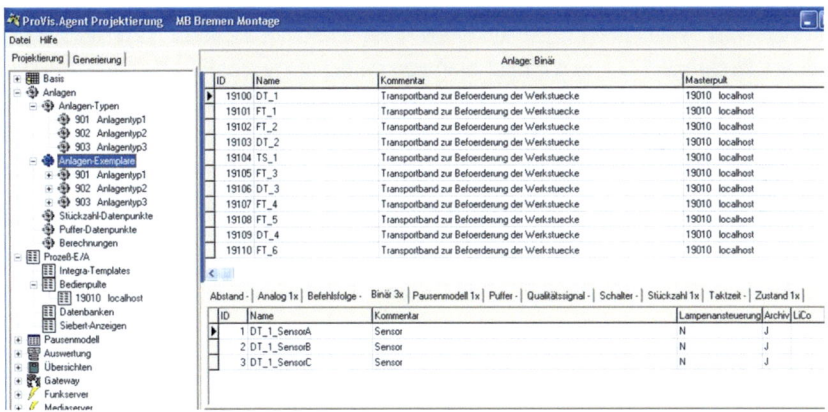

Abbildung 189: Anwendungsbeispiel 2 in der ProVis-Projektierung [Schleipen & Sauer, 2010]

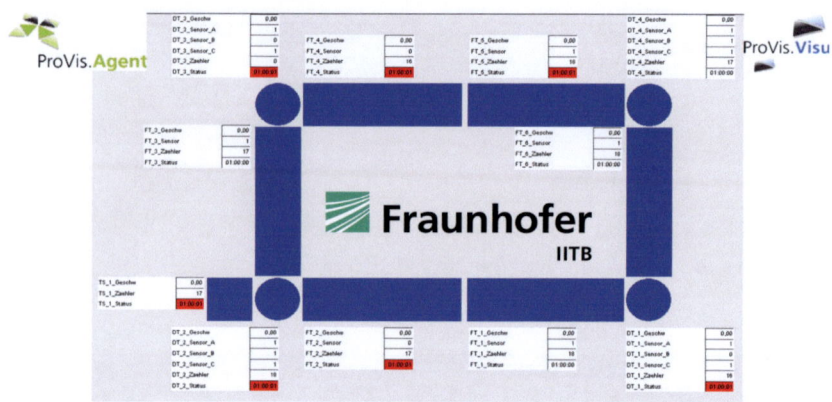

Abbildung 190: Anwendungsbeispiel 2 als Leittechnik-Visualisierung
[Schleipen, 2010a]

Außerdem wurde ein hierarchisches Beispiel für die Nutzung im Layoutmanager entwickelt. Dieses ist in Abbildung 191 dargestellt. Auf oberster Hierarchieebene enthält dieses Beispiel zwei Anlagenaggregate TA1 und TA2. Diese bestehen aus mehreren Anlagenexemplaren. In der zweiten Hierarchieebene besteht das Anlagenaggregat TA1 aus zwei Transportbändern TB1 und TB2, einem Drehtisch DT1 und einem weiteren Anlagenaggregat TA3. Zum Anlagenaggregat TA2 gehören zwei Transportbänder TB3 und TB4 und ein Drehtisch DT2. Auf der dritten und untersten Hierarchieebene besteht TA3 aus einem Drehtisch DT3, einer Teststation TS1 und einem Transportband TB5. In der Leittechnik präsentiert sich dieses Beispiel wie in Abbildung 192 dargestellt.

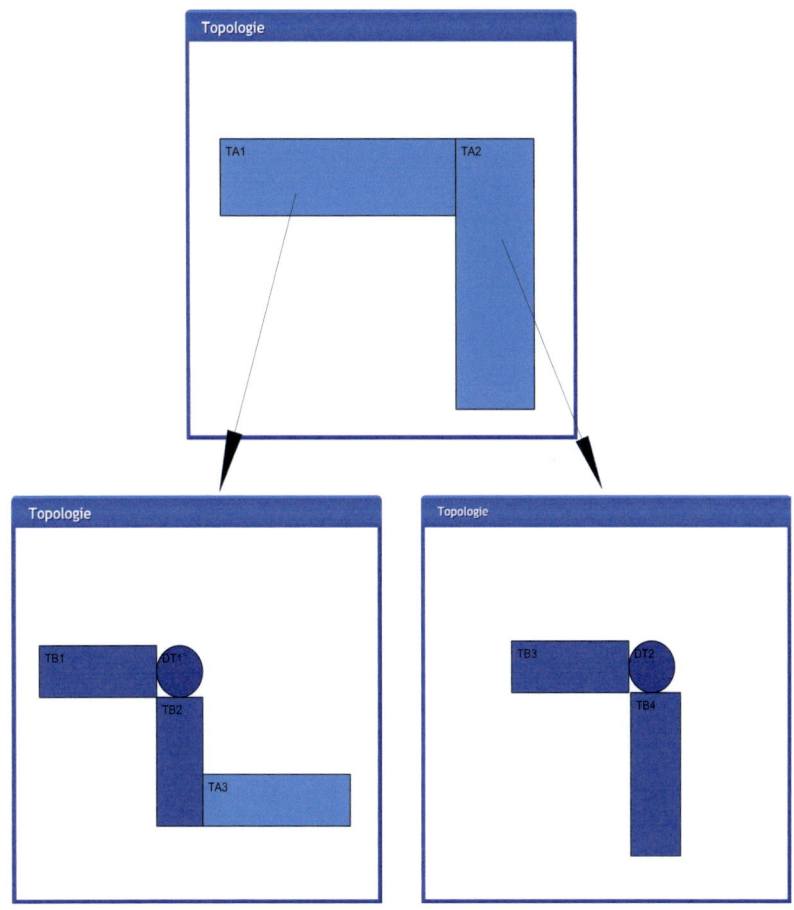

Abbildung 191: Hierarchisiertes Anwendungsbeispiel (schematisch) [Schleipen et al., 2008b]

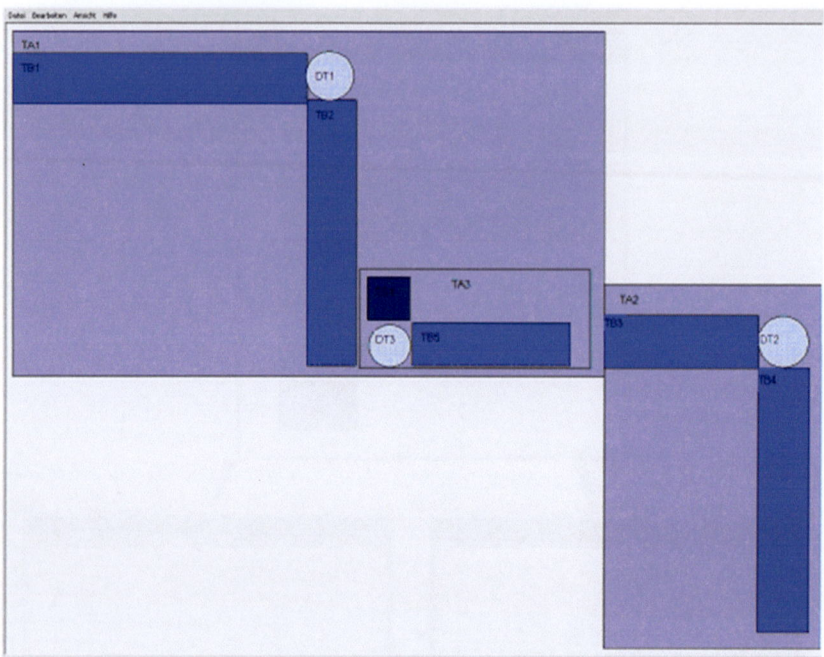

Abbildung 192: Hierarchisiertes Anwendungsbeispiel in der Leittechnik-
Visualisierung [Schleipen et al., 2008b]

Für die Modellierung und Verarbeitung nicht nur von Ressourcen, sondern auch
Prozessen und Produkten, wurde das Anwendungsbeispiel 1 um Prozesse und
Produkte erweitert. Abbildung 193 zeigt den dabei erdachten Prozess schema-
tisch auf. In der erweiterten Leittechnik-Visualisierung sieht die Anlage wie in
Abbildung 194 dargestellt aus. Abbildung 195 zeigt grafisch, welche Ressour-
cen, Prozesse und Produkte dort zusammenwirken. Beispielsweise führt die
Ressource Drehtisch den Prozess Drehen aus und fördert so die Karossen in
zwei mögliche Richtungen.

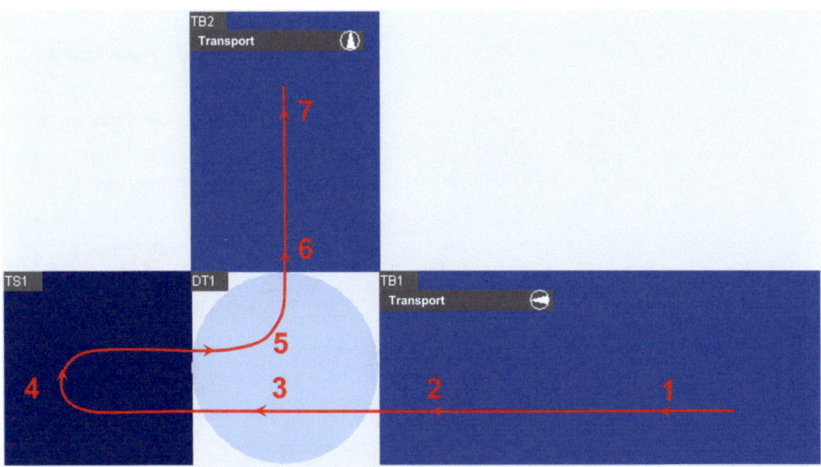

Abbildung 193: Grundbild des Anwendungsbeispiels für Ressourcen, Produkte und Prozesse [Schleipen, 2009a]

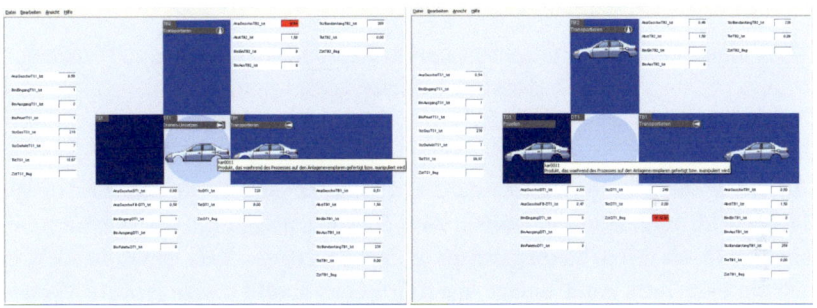

Abbildung 194: Anwendungsbeispiel für Ressourcen, Produkte und Prozesse in der Leittechnik-Visualisierung [Schleipen, 2009a]

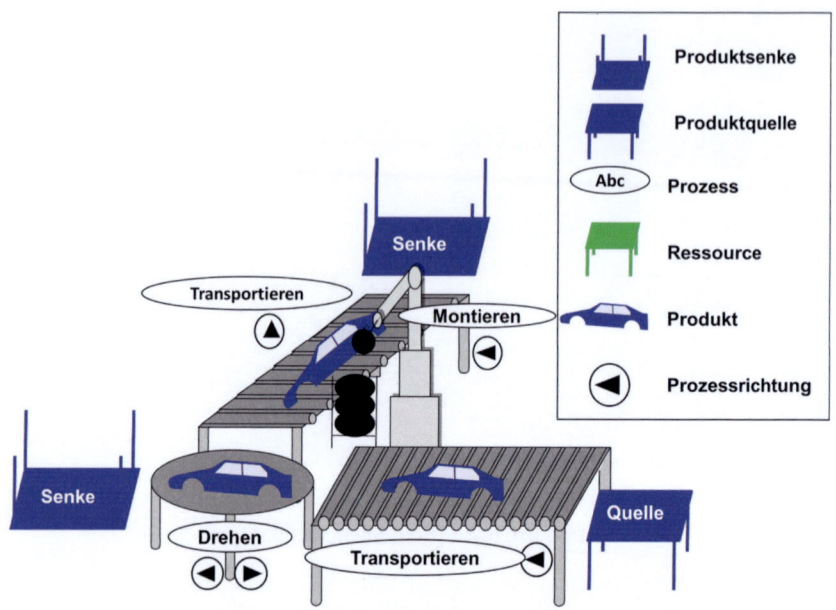

Abbildung 195: Anwendungsbeispiel für Ressourcen, Produkte und Prozesse
[Drath & Schleipen, 2010]

Um die Modellierung mit Ressourcen, Prozessen und Produkten durch reale
Beispiele zu verdeutlichen, wurden zwei Beispielanlagen aus der Nahrungsmittelindustrie als Modellierungsbeispiele herangezogen. Zum einen handelt es
sich um eine Tetra-Abfüllanlage, die Tetrapacks abfüllt und in größere Versan-
deinheiten verpackt (siehe Abbildung 196). Zum anderen handelt es sich um
eine Glas-Abfüllanlage, in der Babygläschen mit Nahrung befüllt und ver-
schlossen werden (siehe Abbildung 197). Produkte sind dabei beispielsweise
die Babymilch oder der Babybrei, ebenso wie die Tetrapacks und die Gläschen.

Abbildung 196: Tetra-Abfüllanlage in der Produktionshalle der Flüssigabfüllung [Bildquelle Humana Milchindustrie GmbH]

Abbildung 197: Glas-Abfüllanlage für Babynahrung [Bildquelle Nestlé
Deutschland AG]

Um in einem Ausschnitt des größeren Beispiels für Ressourcen, Produkte und Prozesse die Modellierung mit OPC-UA zu evaluieren, wurde ein sehr einfaches Beispiel mit nur zwei Transportbändern (TB1 und TB2), sowie einem Drehtisch (DT1) modelliert, die aber neben den Verbindungen zwischen den Ressourcen und dem darauf bearbeiteten Produkt (CAR), auch Verbindungen zwischen den Ressourcen enthält. Für dieses Beispiel war die Typisierung der Elemente wichtig (Transportbänder sind beide vom gleichen Typ abgeleitet), sowie die Beziehungen der Elemente untereinander. Die Transportbänder besitzen ein Beispielattribut ‚Länge'. Der Drehtisch besitzt zwei Variablen ‚Diameter' und ‚Drehzeit pro 90°'. Das Auto hat drei Variablen ‚Serienummer', ‚Breite' und ‚Länge'. So umfasst dieses sehr einfache Beispiel beinahe alle möglichen Elemente eines OPC-UA-Adressraummodells.

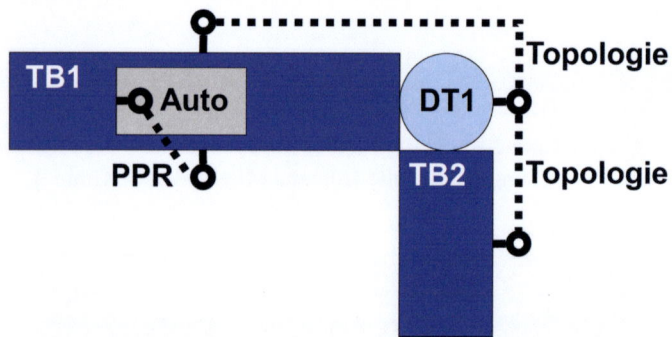

Abbildung 198: Anwendungsbeispiel mit Ressourcen, Produkten, Prozessen, sowie Topologie [Schleipen et al., 2010a]

Im Rahmen einer Kooperation mit der Daimler AG (siehe Abbildung 199) wurde eine Beispiellinie betrachtet, die in Abstimmung mit Experten aus den rohbaubezogenen Fachbereichen der Daimler AG definiert wurde. Auch hier kommen wieder Förderkomponenten zum Einsatz. Die Beispiellinie unterscheidet sich in der Komplexität jedoch von den restlichen Beispielen, dadurch dass sie komplexe Schweißzellen, sowie Pufferzonen und zwei unterschiedliche Produktvarianten beinhaltet, die sich beispielsweise durch Form, Häufigkeit und benötigter Taktzeit zum Fügen unterscheiden (siehe [Bär et al., 2008]). In die Beispiellinie wurden leittechnikspezifische Zusatzinformationen hinein modelliert, wie beispielsweise Geschwindigkeiten oder Signalbezeichnungen der Sensorik. In der Leittechnik sieht die Linie wie in Abbildung 200 dargestellt aus.

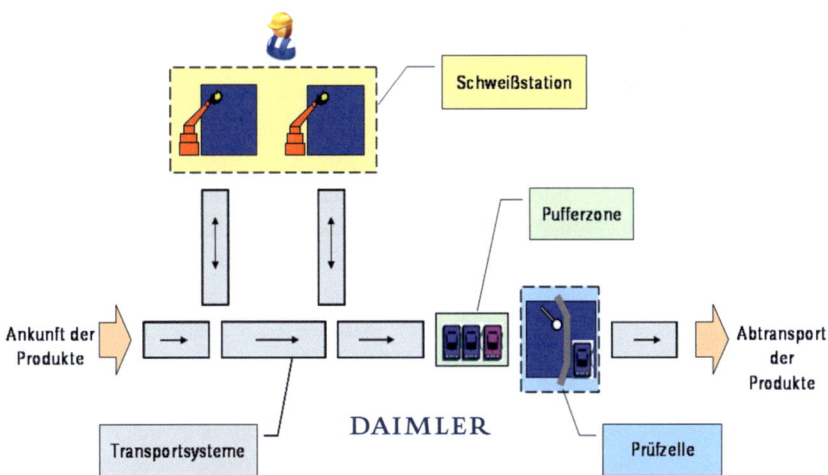

Abbildung 199: Schematische Darstellung der gewählten Beispiellinie [Bär et al., 2008]

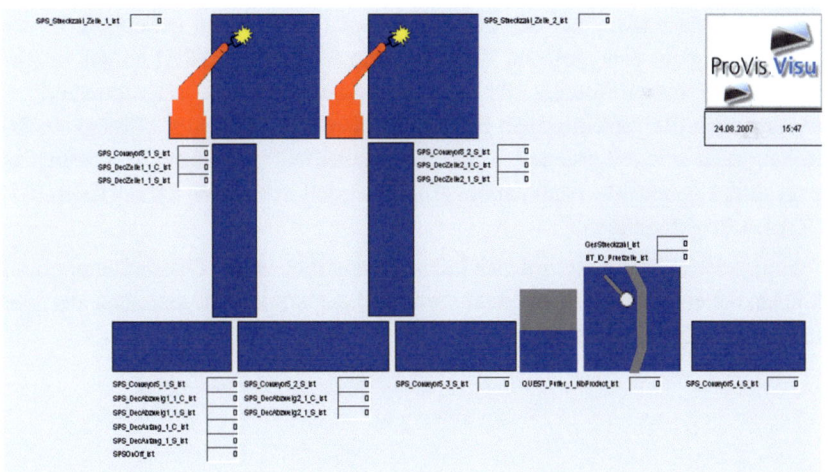

Abbildung 200: Schematische Darstellung der gewählten Beispiellinie [Bär et al., 2008]

Um auch mit realen Komponenten und Signalen arbeiten zu können, wurde im Rahmen dieser Arbeit das WISARALab (WISARA = Wandlungsfähige Informationsarchitektur für die Automatisierungstechnik, siehe Abbildung 201) konzipiert und beauftragt. Es handelt sich um eine Demonstrationsanlage zur Flüssigkeitsabfüllung von Festo Didactic mit Unterstützung von Adiro als Competence Center PA. Sie beinhaltet zahlreiche Sensoren und Aktoren speziell für Manufacturing Execution Systeme (MES) beispielsweise für das Thema Energiemonitoring und Energieverbrauchsoptimierung zur Effizienzsteigerung. Anforderungen, die im Vorfeld identifiziert wurden, waren die Übersichtlichkeit, Modularität, Messeeignung, Umbaumöglichkeiten, Transportierbarkeit und visuelle Eingängigkeit für Betrachter. Die Anlage besteht aus einem Förderband, drei Portioniermodulen, einem Vorratstank, sowie verschiedenenen Aktorik (Motor Förderband, Ventile Tanks) und Sensorik (Lichtschranke, Füllstandsmesser) Komponenten (siehe Abbildung 202). Aufgaben, die mit dem WISARALab erfüllt werden können, sind die RGB-Mischung von Flüssigkeiten, um bestimmte Farbtöne zu erzeugen, die Getränkemischung mit Bestandteilen aus den drei Tanks, sowie einfache Abfüll- und Transportierprozesse. Abbildung 203 zeigt eine der mit dem WISARALab möglichen Varianten: Ein Umbau auf einen, zwei oder drei Abfülltanks. Andererseits ist als Variante im Verhalten auch ein anderes Mischungsverhältnis mit Hilfe der drei Portioniertanks möglich. Neben der SPS-Programmierung, wurde das WISARALab auch an verschiedene Systeme, wie das Leitsystem ProVis.Agent gekoppelt. In der Leittechnik sieht eine einfache Visualisierung für das WISARALab wie in Abbildung 204 aus. Abbildung 205 zeigt es in AutomationML. In AutomationML werden auch die verschiedenen Funktionalitäten wie Transport, Flüssigkeitsabfüllung oder ein zeitgesteuertes Mischen modelliert. Abbildung 206 zeigt das zugehörige gerenderte AutomationML-3D-Modell mit eigens entworfenen 3D-COLLADA-Modellen.

Einige Beispielanlagen aus der Industrie unterliegen der Geheimhaltung und können daher an dieser Stelle nicht veröffentlicht werden. Sie stammen aus dem fertigungstechnischen Bereich.

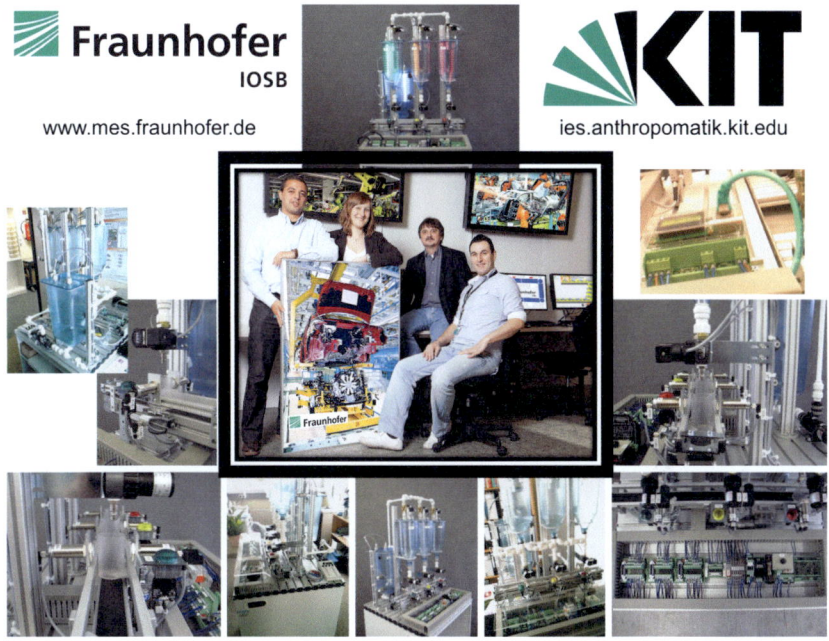

Abbildung 201:WISARALab

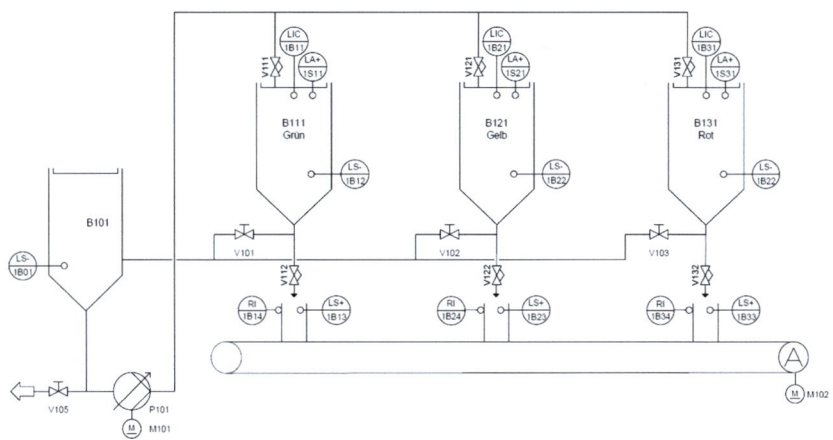

Abbildung 202:WISARALab als R&I-Fließbild [Schleipen & Schenk, 2011]

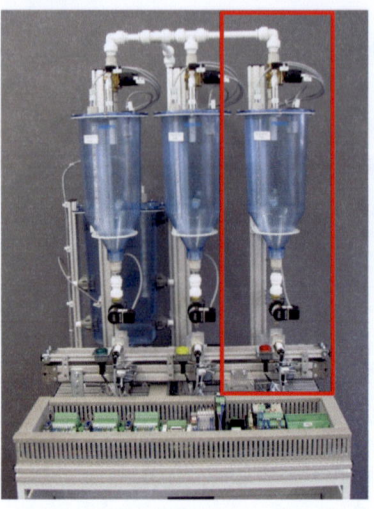

Abbildung 203:WISARALab mit möglicher Änderung (Tank 3) [Schleipen & Schenk, 2011]

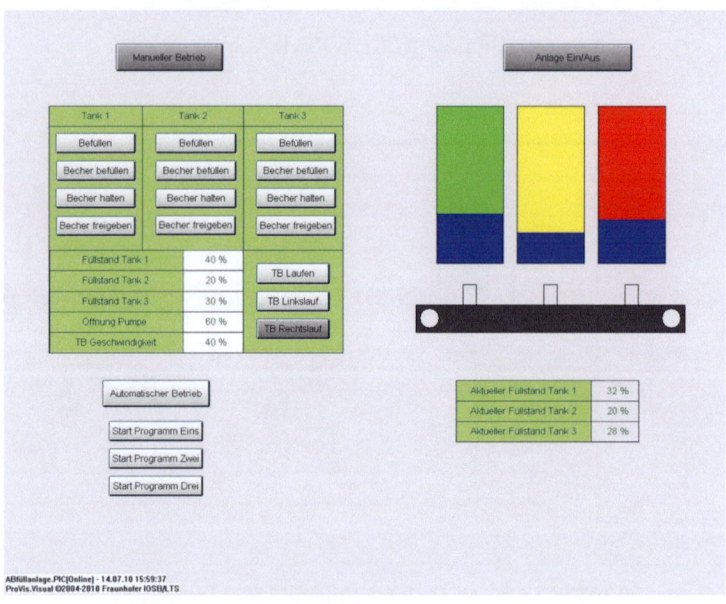

Abbildung 204: Leittechnik-Visualisierung für das WISARALab

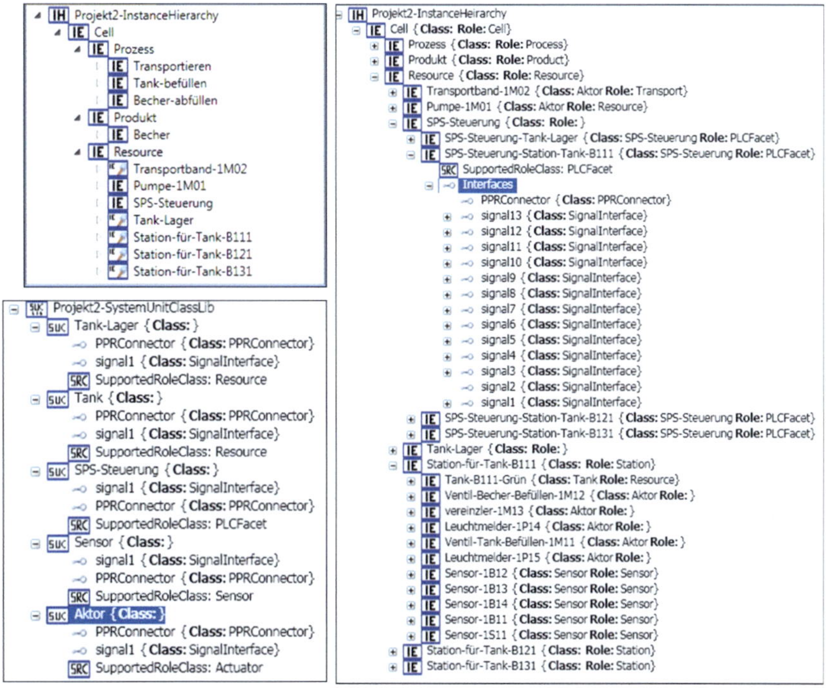

```
▲ IH  Projekt2-InstanceHierarchy          ▲ IH  Projekt2-InstanceHierarchy
  ▲ IE  Cell                                 IE  Cell { Class: Role: Cell}
    ▲ IE  Prozess                              IE  Prozess { Class: Role: Process}
         IE  Transportieren                    IE  Produkt { Class: Role: Product}
         IE  Tank-befüllen                      IE  Resource { Class: Role: Resource}
         IE  Becher-abfüllen                       IE  Transportband-1M02 { Class: Aktor Role: Transport}
    ▲ IE  Produkt                                 IE  Pumpe-1M01 { Class: Aktor Role: Resource}
         IE  Becher                              IE  SPS-Steuerung { Class: Role: }
    ▲ IE  Resource                                  IE  SPS-Steuerung-Tank-Lager { Class: SPS-Steuerung Role: PLCFacet}
         IE  Transportband-1M02                     IE  SPS-Steuerung-Station-Tank-B111 { Class: SPS-Steuerung Role: PLCFacet}
         IE  Pumpe-1M01                                  SRC  SupportedRoleClass: PLCFacet
         IE  SPS-Steuerung                               ⊘ Interfaces
         IE  Tank-Lager                                     ⊸ PPRConnector { Class: PPRConnector}
         IE  Station-für-Tank-B111                          ⊸ signal13 { Class: SignalInterface}
         IE  Station-für-Tank-B121                          ⊸ signal12 { Class: SignalInterface}
         IE  Station-für-Tank-B131                          ⊸ signal11 { Class: SignalInterface}
                                                            ⊸ signal10 { Class: SignalInterface}
⊟ SUC  Projekt2-SystemUnitClassLib                          ⊸ signal9 { Class: SignalInterface}
  ⊟ SUC  Tank-Lager { Class: }                               ⊸ signal8 { Class: SignalInterface}
       ⊸ PPRConnector { Class: PPRConnector}                ⊸ signal7 { Class: SignalInterface}
       ⊸ signal1 { Class: SignalInterface}                  ⊸ signal6 { Class: SignalInterface}
       SRC  SupportedRoleClass: Resource                    ⊸ signal5 { Class: SignalInterface}
  ⊟ SUC  Tank { Class: }                                    ⊸ signal4 { Class: SignalInterface}
       ⊸ PPRConnector { Class: PPRConnector}                ⊸ signal3 { Class: SignalInterface}
       ⊸ signal1 { Class: SignalInterface}                  ⊸ signal2 { Class: SignalInterface}
       SRC  SupportedRoleClass: Resource                    ⊸ signal1 { Class: SignalInterface}
  ⊟ SUC  SPS-Steuerung { Class: }                        IE  SPS-Steuerung-Station-Tank-B121 { Class: SPS-Steuerung Role: PLCFacet}
       ⊸ signal1 { Class: SignalInterface}               IE  SPS-Steuerung-Station-Tank-B131 { Class: SPS-Steuerung Role: PLCFacet}
       ⊸ PPRConnector { Class: PPRConnector}           IE  Tank-Lager { Class: Role: }
       SRC  SupportedRoleClass: PLCFacet               IE  Station-für-Tank-B111 { Class: Role: Station}
  ⊟ SUC  Sensor { Class: }                                IE  Tank-B111-Grün { Class: Tank Role: Resource}
       ⊸ signal1 { Class: SignalInterface}               IE  Ventil-Becher-Befüllen-1M12 { Class: Aktor Role: }
       ⊸ PPRConnector { Class: PPRConnector}             IE  vereinzler-1M13 { Class: Aktor Role: }
       SRC  SupportedRoleClass: Sensor                   IE  Ventil-Tank-Befüllen-1M11 { Class: Aktor Role: }
  ⊟ SUC  Aktor { Class: }                                 IE  Leuchtmelder-1P15 { Class: Aktor Role: }
       ⊸ PPRConnector { Class: PPRConnector}             IE  Sensor-1B12 { Class: Sensor Role: Sensor}
       ⊸ signal1 { Class: SignalInterface}               IE  Sensor-1B13 { Class: Sensor Role: Sensor}
       SRC  SupportedRoleClass: Actuator                 IE  Sensor-1B14 { Class: Sensor Role: Sensor}
                                                          IE  Sensor-1B11 { Class: Sensor Role: Sensor}
                                                          IE  Sensor-1S11 { Class: Sensor Role: Sensor}
                                                        IE  Station-für-Tank-B121 { Class: Role: Station}
                                                        IE  Station-für-Tank-B131 { Class: Role: Station}
```

Abbildung 205:WISARALab in AutomationML

Abbildung 206:WISARALab als 3D-Modell

B. Eigene Veröffentlichungen (chronologisch)

1. Olaf Sauer, Miriam Ebel: Plug-and-work von Produktionsanlagen und übergeordneter Software. Aktuelle Trends in der Softwareforschung, Tagungsband zum do it.software-forschungstag 2007. Heidelberg, dpunkt.verlag, 2007.

2. O. Sauer, M. Ebel: Engineering of production monitoring & control systems. In: Scharff, Peter (Hrsg.); Technische Universität / Fakultät für Informatik und Automatisierung: Computer science meets automation: Vol. I : 52. IWK ; proceedings ; 10. - 13. September 2007. Ilmenau: Univ.-Verl., 2007, S. 237-244.

3. Olaf Sauer, Miriam Ebel: Plug-and-work von Produktionsanlagen und übergeordneter Software. 37. Jahrestagung der Gesellschaft für Informatik e.V. (GI), Bremen: INFORMATIK 2007 - Informatik trifft Logistik. 24.-27. September 2007, GI Proceedings 110, Band 2.

4. Miriam Ebel: Automatisiertes Leitsystem-Engineering mittels CAEX. In: visIT 2/2007, S. 10-11.

5. Miriam Ebel, Michael Okon, Michael Baumann: „ProduFlexil": Flexible Produktion mit SOA-Architektur und Plug-and-Work-Mechanismus. Tagungsband zum Stuttgarter Softwaretechnik Forum (Science meets business), S. 65-74, 20.-23. November 2007.

6. O. Sauer, M. Ebel: Automatische Projektierung von Produktionsanlagen im übergeordneten Leitsystem. In: PPS Management 12 (2007) 4, S. 24-27, 2007

7. Miriam Ebel: Leitsystem-Engineering der Zukunft. Fraunhofer IITB-Jahresbericht 2007, S. 44-45, April, 2008.

8. Miriam Ebel, Rainer Drath, Olaf Sauer: Automatische Projektierung eines Produktionsleitsystem mit Hilfe des Standarddatenaustauschformats CAEX. Oldenburg Industrieverlag, atp – Automatisierungstechnische Praxis (50) 5.2008, S. 40-47, 2008.

9. Thomas Bär, Sven Mandel, Olaf Sauer, Miriam Ebel: Durchgängiges Datenmanagement durch plug-and-work zur virtuellen Linieninbetriebnahme. In: Sauer, Olaf u.a.; Fraunhofer-Institut für Informations- und Datenverarbei-

tung (IITB), Karlsruhe: Karlsruher Leittechnisches Kolloquium 2008 : [28. -
29. Mai 2008]. Stuttgart: Fraunhofer IRB Verl., 2008, S. 105-122.

10. Andreas Schertl, Dr. Ulrich Löwen, Prof. Alexander Fay, Dr. Rainer Drath,
Georg Gutermuth, Matthias Mühlhause, Miriam Ebel: Systematische Beur-
teilung und Verbesserung des Engineerings von automatisierten Anlagen.
Automatisierungskongress 2008, 3.-4.6.08, Baden-Baden, 2008.

11. Miriam Schleipen, Rainer Drath, Olaf Sauer: The system-independent data
exchange format CAEX for supporting an automatic configuration of a production monitoring and control system. IEEE International Symposium on
Industrial Electronics – ISIE 2008, pp. 1786-1791, Cambridge, Great Britain, June 30 to July 2, 2008.

12. Miriam Schleipen, Klaus Schick: Self-configuring visualization of a production monitoring and control system. CIRP International Conference on Intelligent Computation in Manufacturing Engineering - CIRP ICME '08, Naples,
Italy, ISBN 978-88-900948-7-3, 23.-25. Juli, 2008.

13. Miriam Schleipen: OPC UA supporting the automated engineering of production monitoring and control systems. Proceedings of 13th IEEE International Conference on Emerging Technologies and Factory Automation
ETFA, 15.-18.9.2008, Hamburg, Germany, S. 640-647, 2008.

14. Miriam Schleipen, Klaus Schick; Olaf Sauer: Layoutmanager für automatisch erstellte Prozessführungsbilder mit Hilfe von Daten aus der Digitalen
Fabrik. In: Rabe, Markus (Hrsg.); Arbeitsgemeinschaft Simulation (ASIM) /
Fachgruppe Simulation in Produktion und Logistik:Advances in simulation
for production and logistics applications. Stuttgart: Fraunhofer IRB Verl., S.
397-406, 2008.

15. Miriam Schleipen, Michael Baumann, Michael Okon, Martin Neukäufer,
Christian Fedrowitz, Martin Feike, Natalia Popova, Markus Nick, Sören
Schneickert, Martin Wessner: Veränderungen im Konzeptions- und Konstruktionsprozess durch modular aufgebaute Anlagen mittels Ambient Intelligence-Technologien. Stuttgarter Softwaretechnik Forum (Science meets
business), 25.-28. November 2008, S.57-67.

16. Alexander Fay, Miriam Schleipen, Mathias Mühlhause: Wie kann man den
Engineering-Prozess systematisch verbessern? atp – Automatisierungstechnische Praxis 1-2.2009, S.80-85, 2009.

17. Miriam Schleipen, Michael Okon, Michael Baumann, Martin Neukaeufer, Christian Fedrowitz, Martin Feike, Nataliya Popova, Markus Nick, Soeren Schneickert, Martin Wessner: Design and engineering processes in highly adaptive plants with ambient intelligence techniques. Proceedings of 42nd CIRP Conference on Manufacturing Systems, 3.-5.6.09, Grenoble.

18. Miriam Schleipen, Rainer Drath: Three-View-Concept for modeling process or manufacturing plants with AutomationML. 13th IEEE International Conference on Emerging Technologies and Factory Automation (ETFA). 22.-25.9.2009, Palma de Mallorca, Spain.

19. Miriam Schleipen, Olaf Sauer: Usage of dynamic product and process information in a production monitoring and control system by means of CAEX and OPC UA. Proceedings of 3rd International Conference on Changeable, Agile, Reconfigurable and Virtual Production, S. 662-671, 2009.

20. Miriam Schleipen: XML-basierte Produkt- und Prozessdaten für die Leittechnik-Projektierung. In: Software-intensive verteilte Echtzeitsysteme Echtzeit 2009. Fachtagung des GI/GMA-Fachausschusses Echtzeitsysteme (real-time) Boppard, 19. und 20. November 2009. Reihe: Informatik aktuell. Halang, Wolfgang A.; Holleczek, Peter (Hrsg.). 2010, VIII, S.89-98, ISBN: 978-3-642-04782-4.

21. Miriam Schleipen, Olaf Sauer: Flexibility and interoperability face Manufacturing Execution Systems (MES). Proceedings of 3rd International Swedish Production Symposium (SPS), Day 2 Book, pp.139-146, 2.-3.12.2009, Gothenburg.

22. Miriam Schleipen, Olaf Sauer, Lisa Braun, Kamran Shakerian, Nicole Frieß: Production monitoring and control systems within the Digital factory. 6th International CIRP-Sponsored Conference on Digital Enterprise Technology (DET 09), Hong Kong, 14.-16. Dezember 2009. Huang, G. (Hrsg.): DET 09 Proceedings, AISC 66, pp.711-724, Springer-Verlag Berlin Heidelberg, ISBN 978-3-642-10429-9, 2009.

23. Schneickert, S., Wessner, M., Baumann, M., Okon, M., Schleipen, M., Neukäufer, M., Feike, M., Popova, N.: Flexible Anbindung von Produktionsanlagenmodulen durch Adaptivität und Selbstkonfiguration. Abschlussbericht, Verbundprojekt PRODUFLEXIL. Förderkennzeichen BMBF 01ISF17A-D (2009), Fraunhofer Publica, Germany, Research Report, Electronic Publication.

24. Rainer Drath, Miriam Schleipen: Grundarchitektur: das Objektmodell. Datenaustausch in der Anlagenplanung mit AutomationML. Rainer Drath (Hrsg.), S. 45-94, ISBN 978-3-642-04673-5, Springer-Verlag Heidelberg Dordrecht London New York, 2010.http://www.springer.com/computer/information+systems/book/978-3-642-04673-5

25. Rainer Drath, Dirk Weidemann, Steffen Lips, Lorenz Hundt, Arndt Lüder, Miriam Schleipen: Praktische Anwendung. Datenaustausch in der Anlagenplanung mit AutomationML. Rainer Drath (Hrsg.), S. 221-305, ISBN 978-3-642-04673-5, Springer-Verlag Heidelberg Dordrecht London New York, 2010. http://www.springer.com/computer/information+systems/ book/978-3-642-04673-5.

26. Miriam Schleipen: Semantic interoperability of MES. Technischer Bericht IES-2009-04. In: Beyerer, J.; Huber, M. (Hrsg.): Proceedings of the 2009 Joint Workshop of Fraunhofer IOSB and Institute for Anthropomatics, Vision and Fusion Laboratory, KIT Scientific Publishing, 2009. ´

27. Miriam Schleipen, Thomas Bader: A concept for interactive assistant systems for multi-user engineering based on AutomationML. Proceedings of CAPE Conference 2010, Edinburgh, 13.-14.4.2010, Paper 014.

28. Miriam Schleipen: Automated production monitoring and control system engineering by combining a standardized data format (CAEX) with standardized communication (OPC UA). Javier Silvestre (edit.), Factory Automation, 978-953-307-024-7, in-tech, pp.501-522. Accessible at: http://sciyo.com/articles/show/title/automated-production-monitoring-and-control-system-engineering-by-combining-a-standardized-data-form. 2010.

29. Miriam Schleipen, Olaf Sauer, Jing Wang: Semantic integration by means of a graphical OPC Unified Architecture (OPC UA) information model designer for Manufacturing Execution Systems. In: Sihn/Kuhlang (Ed.), Sustainable Production and Logistics in Global Networks. 43rd CIRP International Conference on Manufacturing Systems, 26-28 May 2010, Vienna. ISBN 978-3-7083-0686-5, Neuer Wissenschaftlicher Verlag GmbH NfG KG, pp. 633-640, 2010.

30. Miriam Schleipen, Olaf Sauer: Virtuelle Leittechnik-Inbetriebnahme mit Delmia und WinMOD. Leittechnik – Realer Partner in der Virtuellen Welt.

In: Tagungsband zum 3. Karlsruher Leittechnischen Kolloquium. Fraunhofer IRB Verlag, Stuttgart, 9.-10.06.2010, Karlsruhe.

31. Miriam Schleipen, Olaf Sauer, Lidmilla Fuskova: MES-Ontologie - Semantische Schnittstelle zwischen Maschine und MES. Automation 2010, Baden-Baden.

32. Miriam Schleipen, Olaf Sauer, Christoph Ammermann: Die Anwendung der Digitalen Fabrik im laufenden Fabrikbetrieb. Automation 2010, Baden-Baden.

33. Miriam Schleipen, Olaf Sauer, Lidmilla Fuskova: Logical interface between MES and machine - semantic integration by means of ontologies. In Proceedings of: CIRP ICME '10 - 7th CIRP International Conference on INTELLIGENT COMPUTATION IN MANUFACTURING ENGINEERING. Innovative and Cognitive Production Technology and Systems. 23 - 25 June 2010, Capri (Gulf of Naples), Italy.

34. Miriam Schleipen, Michael Okon: The CAEX Tool Suite - user assistance for the use of standardized plant engineering data exchange. Proceedings of 14th IEEE International Conference on Emerging Technologies and Factory Automation ETFA, 13.-16.09.2010, Bilbao, Spain, 2010.

35. Miriam Schleipen: A concept for conformance testing of AutomationML models by means of formal proof using OCL. Proceedings of 14th IEEE International Conference on Emerging Technologies and Factory Automation ETFA, 13.-16.09.2010, Bilbao, Spain, 2010.

36. Olaf Sauer, Miriam Schleipen, Christoph Ammermann: Digitaler Fabrikbetrieb - Virtual Manufacturing. In: Gert Zülch, Patricia Stock (Hrsg.); Integrationsaspekte der Simulation: Technik, Organisation und Personal. Karlsruhe, KIT Scientific Publishing 2010, 978-3-86644-558-1, S.559-566

37. Miriam Schleipen: Interoperability of process visualization as interface between humans and the production monitoring & control system. Technical Report 2010. In: Beyerer, J.; Huber, M. (Hrsg.): Proceedings of the 2010 Joint Workshop of Fraunhofer IOSB and Institute for Anthropomatics, Vision and Fusion Laboratory, KIT Scientific Publishing, 2010.

38. Miriam Schleipen:„Was guckst du?" – Automatische Generierung von Leitsystem-Visualisierung. visIT Automatisierung 01-2011, http://www.iosb.fraunhofer.de/servlet/is/ 36645/, S.8-9, 2011.

39. Miriam Schleipen, Dr. Michael Okon, Dr. Jiaqiu Wei, Thomas Hövelmeyer: Automatisierte Erstellung von Prozessführungsbildern für die Leittechnik. Productivity Management 16 Ausgabe 2011 (2), GITO Verlag, S. 23-25, 2011.

40. Miriam Schleipen, Michael Okon, Tanja Enzmann, Jiaqiu Wei: IDA – Interoperable, semantische Datenfusion zur automatisierten Bereitstellung von sichtenbasierten Prozessführungsbildern. Tagungsband zum Kongress Automation 2011, 28.-29.6.2011, Baden-Baden, 2011.

41. Miriam Schleipen, Ansgar Münnemann, Olaf Sauer: Interoperabilität von Manufacturing Execution Systems (MES) - Durchgängige Kommunikation in unterschiedlichen Dimensionen der Informationstechnik in produzierenden Unternehmen. at-Automatisierungstechnik, Jahrgang 59 (2011) Heft 7, DOI 10.1524/auto.2011.0936, S. 413-424, 2011.

42. Miriam Schleipen, Manfred Schenk: Intelligent environment for mechatronic, cross-discipline plant engineering. Accepted paper to: IEEE International Conference on Emerging Technologies and Factory Automation ETFA, September, 2011.

C. Betreute studentische Arbeiten und Hilfskräfte

C.1 Studentische Arbeiten

1. Kevin Künzel: Ein Layoutmanager für die automatische Generierung von Prozessbildern in ProVis.Visu, Diplomarbeit, Universität Karlsruhe (TH), März 2008.

2. Dimitri Krutik: Generierung einer dynamischen Visualisierung von Produkten, Prozessen und Ressourcen für ProVis.Visu®, Diplomarbeit, FH Karlsruhe, Mai 2008.

3. Stefan Vollmer: CAEX-Editor für das automatische Leitsystem-Engineering, Diplomarbeit, Universität Karlsruhe (TH), Oktober 2008.

4. Yanjun Zhang: Aktueller Stand bei Produktionsleitsystemen, Studienarbeit, Universität Karlsruhe (TH), Februar 2009.

5. Dominik Lütjohann: Analyse von Planungsdaten im Anlagenkonstruktionsprozess, Studienarbeit, Universität Karlsruhe (TH), April 2009.

6. Jing Wang: Integration von CAEX in einen OPC-UA-Server-Adressraum mittels grafischem OPC-UA-Adressraum-Modellierungstool für das automatische Leitsystem-Engineering, Diplomarbeit, Universität Karlsruhe (TH), August 2009.

7. Alexander Gehrlein: Konvertierung, Portierung und Anpassung von CAEX-Informationen verschiedener, Versionen für die Beschreibung von Toolneutralen Anlagenplanungsdaten, Studienarbeit, Karlsruher Institut für Technologie, Juni 2010.

8. Sinan Karaburun: Assistent zur automatischen Leitsystem-Bildgenerierung mit Unterstützung für AutomationML-Geometriedaten, Studienarbeit, Karlsruher Institut für Technologie, Juli 2010.

9. Christos Mavraganis: Conformance-Test-Anwendung für AutomationML, Bachelorarbeit, Hochschule Karlsruhe, Dezember 2010.

10. Robert Henssen: CAEX-Systembeschreibungseditor für das automatische Leitsystem-Engineering, Diplomarbeit, Karlsruher Institut für Technologie, Dezember 2010.

11.Daniel Bachmann: Modellvergleich in der Produktion, Proseminararbeit, Karlsruher Institut für Technologie, Januar 2011.

12.Dirk Gutting: Mensch-Maschine-Interaktion in der Produktion, Proseminararbeit, Karlsruher Institut für Technologie, Januar 2011.

13.Florian Stollberg: Semantische Transformation von COLLADA-Geometrie-in ProVis.Visu-Beschreibungen für die Leittechnik-Visualisierung, Studienarbeit, Karlsruher Institut für Technologie, April 2011.

14.Alexander Gehrlein: Konformität mittels formaler Logik, Diplomarbeit, Karlsruher Institut für Technologie, Mai 2011.

15.Markus Höfler: OPC-UA Client für das Änderungsmanagement einer interdisziplinären Engineering-Umgebung im Anlagenbau, Studienarbeit, Karlsruher Institut für Technologie, tbd.

16.Mathias Freund: OPC-UA-Datenverarbeitung und -kommunikation für ein interaktives Assistenzsystem zur interdisziplinären Produktionsanlagenplanung, Diplomarbeit, Karlsruher Institut für Technologie, tbd.

C.2 Wissenschaftliche Hilfskräfte

1. Ahmad Ghodsi-Khamaneh: AutomationML-Beispiele
2. Amir Jabbar Jalil: Kommunikation AutomationML
3. Farid Oulhadj: DB-Import
4. Gwendal Cavelier: 3D-Modellierung VRML
5. Kamran Shakerian: SPS-Programmierung STEP7
6. Lisa Braun: Simulation WinMOD
7. Luciana Iantorno: 3D-Modellierung COLLADA
8. Mehdi Jiqqir: 3D-Grafikdatenverarbeitung
9. Nicole Friess: Simulation Delmia Automation, Ontologieeditierung, 3D-Modellerstellung
10.Simon Luz: Bewertung Kommunikationsalternativen
11.Tamo Tamdes: Erweiterung Ontologieimplementierung
12.Xiayi Zhang: Ontologieeditierung

D. Abbildungsverzeichnis

E. Tabellenverzeichnis

F. Literaturverzeichnis (alphabetisch)

[21CFRPart11, 2003]

21CFRPart11.com (Website der FDA zum Thema 21 CFR Part 11). http://www.21cfrpart11.com/pages/fda_docs/index.htm, dort zum Download: Guidance for Industry Part 11, Electronic Records; Electronic Signatures – Scope and Application (part11_final_guidanceSep2003.pdf)

[ABB 800xA, 2011a]

ABB: System 800xA. http://www.abb.de/product/seitp334/4f477232ec2b0484c12572b9004 3cb42.aspx, Stand 18.05.2011.

[ABB 800xA, 2011b]

ABB: System 800xA Extended Automation. http://www.abb.de/product/ge/ 9AAC115775.aspx, Stand 18.05.2011.

[ABB 800xA, 2011c]

ABB: System 800xA Broschüre. IndustrialIT System 800xA - Extended Automation - The Power of Integration. http://www05.abb.com/global/scot/scot296.nsf/veritydisplay/ a9454617afea2f02c125776800702dc0/$file/3bus095072_1_en_system_800 xa_extended_automation_-_the_power_of_integration_brochure.pdf, Stand 18.05.2011.

[Abecker et al., 2004]

Andreas Abecker, Markus Bauer, Mark Hefke: MODALE - Modellbasiertes Anlagen-Engineering, kundenorientierte Dienstleistungen für Anlagensteuerung und –kontrolle. Beitrag zum Tagungsband, Forschungsoffensive "Software Engineering 2006", Eröffnungskonferenz 01.-03. Juli 2004, Berlin.

[Abele, et al., 2008]

Abele, E.; Reinhart, G.; Nyhuis, P.: Wandlungsfähige Produktionssysteme - Heute die Industrie von morgen gestalten. Impressum Verlag, Hamburg, 2008.

[ACPLT, 2011]

RWTH Aachen: Lehrstuhl für Prozessleittechnik, http://www.plt.rwth-aachen.de, Stand 25. April 2011.

[Adams et al., 2007a]

Marcus Adams, Wolfgang Kühn, Thomas Stör, Martin Zelm: DIN EN 62264. Die neue Norm zur Interoperabilität von Produktion und Unternehmensführung – Teil 1. atp Automatisierungstechnische Praxis, Vol. (49) 5.2007, S. 52-57, 2007.

[Adams et al., 2007b]

Marcus Adams, Wolfgang Kühn, Thomas Stör, Martin Zelm: DIN EN 62264. Die neue Norm zur Interoperabilität von Produktion und Unternehmensführung – Teil 2. atp – Automatisierungstechnische Praxis (49) 6.2007, S. 58-62, 2007.

[Albrecht, 2003]

H. Albrecht: On Meta-Modeling for Communication in Operational Process Control Engineering. VDI Fortschritt-Bericht, Series 8, Nr. 975, VDI-Verlag, Düsseldorf, 2003.

[Albrecht & Meyer, 2002]

Harald Albrecht, Dirk Meyer: XML in der Automatisierungstechnik – Babylon des Informationsaustausches? at – Automatisierungstechnik 50 (2002) 2, S. 87-96, Oldenburg Verlag, 2002.

[Alonso Garcia & Drath, 2011]

Alexander Alonso Garcia, Rainer Drath: AutomationML verbindet Werkzeuge der Fertigungsplanung – Hintergründe und Ziele. http://www.automationml.org/images/ download/information/automationml_whitepaper.pdf, Stand 01.03.2011.

[Alsmeyer, 2007]

Frank Alsmeyer: Durchgängige Nutzung von Prozessdaten im Lebenszyklus verfahrenstechnischer Anlagen. VDI-Berichte Nr.1980, 2007.

[Amberg et al., 2009]

Amberg, Michael; Holm, Timo; Belkius, Bartosch; Tetzner, Thilo: Benefits of Mechatronic Modeling associated with Plant Lifecycle Phases –A Literature Pre-Study. (Soliman, Khalid, eds.) Proceedings of the 12th International Business Information Management Conference (IBIMA2009), Kuala Lumpur, Malaysia. 4 (2009) ISBN:978-0-9821489-1-4, 2009.

[AmI-Wiki, 2011]

Wikipedia.de :Ambient Intelligence. http://de.wikipedia.org/wiki/ Ambient_Intelligence, Stand 25.April 2011.

[Anderl & Trippner, 2000]

R. Anderl; D. Trippner: STEP STandard for the Exchange of Product Model Data, Eine Einführung in die Entwicklung, Implementierung und industrielle Nutzung der Normenreihe ISO 10303 (STEP). Teubner, ISBN 3-519-06377-8, 2000.

[Antoniou & Harmelen, 2004]

Grigoris Antoniou, Frank van Harmelen: Web Ontology Language: OWL. Steffen Staab, Rudi Studer (Hrsg.) Handbook on Ontologies. Springer Verlag. ISBN 3-540-40834-7, S. 67-92, 2004.

[Arnaud & Barnes, 2006]

Remi Arnaud, Mark C. Barne (Hrsg.): COLLADA: Sailing the Gulf of 3D Digitial Content Creation. A K Peters, Ltd., Wellesley, Massachusetts, USA, 2006.

[Aquimo, 2011]

Aquimo - Adapterbares Modellierungswerkzeug und Qualifizierungsprogramm für den Aufbau firmenspezifischer mechatronischer Engineeringprozesse. http://www.aquimo.org, Stand 11.05.2011.

[Augustin & Eckhardt, 2006]

Martin Augustin, Dieter Eckhardt: Bedienung komplexer Geräte mit der Enhanced Electronic Device Description Language (EDDL). In: atp – Automatisierungstechnische Praxis 48 (2006), H.4, S. 18-23. München, Oldenburg Industrieverlag, 2006.

[Aurich, 2009]

Michael Aurich: Beschaffungstrends in der Automatisierungstechnik. Marktuntersuchung im Rahmen einer Diplomarbeit an der Fachhochschule Münster, Institut für technische Betriebswirtschaft, 2009.

[AUTEG, 2009]

AUTEG: Automatisierter Entwurf für die Gebäudeautomation. Laufzeit von 01.01.2007 bis 30.09.2009.

[AUTOSAR, 2011]

AUTOSAR, http://autosar.org, Stand 31.07.2011.

[AutomationML, 2011]

AutomationML e.V.: AutomationML, http://www.automationml.org, Stand 01.03.2011.

[AVILUS, 2011]

BMBF-Projekt AVILUS - Angewandte virtuelle Technologien im Produkt- und Produktionsmittellebenszyklus, BMBF 01 IM 08 001. Laufzeit von 1. März 2009 bis 28. Februar 2011. www.avilus.de, 2011.

[B2MML]

World Batch Forum: Business to Manufacturing Markup Language (B2MML). https://www.wbf.org/catalog/b2mml.php, Stand 13.03.2011.

[Bader et al., 2008]

T. Bader, A. Meissner, R. Tscherney: Digital Map Table with Fovea-Tablett®: Smart Furniture for Emergency Operation Centers. Proceedings of the 5th International Conference on Information Systems for Crisis Response and Management. 2008.

[Bader et al., 2010]

T. Bader, A. Heck, J. Beyerer: Lift-and-Drop: Crossing Boundaries in a Multi-Display Environment by Airlift. Proceedings of the Working Conference on Advanced Visual Interfaces. S. 139-146, 2010.

[Barr & Feigenbaum, 1980]

Avron Barr, Edward A. Feigenbaum: The Handbook of Artificial Intelligence. California, 1980.

[Bär et al., 2008]

Thomas Bär, Sven Mandel, Olaf Sauer, Miriam Ebel: Durchgängiges Datenmanagement durch plug-and-work zur virtuellen Linieninbetriebnahme. In: Sauer, Olaf u.a.; Fraunhofer-Institut für Informations- und Datenverarbeitung (IITB), Karlsruhe:Karlsruher Leittechnisches Kolloquium 2008 : [28. - 29. Mai 2008].Stuttgart : Fraunhofer IRB Verl., 2008, S. 105-122.

[BatchML]

World Batch Forum: Batch Markup Language (BatchML). https://www.wbf.org/catalog/batchml.php, Stand 13.03.2011.

[Bergert, 2006]

Martin Bergert: Entwicklung eines Konzeptes zur automatisierten SPS-Programmgenerierung und Wirtschaftlichkeitsbewertung einer neuartigen Rohbau-Planungsmethodik. Diplomarbeit Otto-von-Guericke-Universität Magdeburg 2006.

[Bergert & Diedrich, 2008]

Martin Bergert, Christian Diedrich: Durchgängige Verhaltensmodellierung von Betriebsmitteln zur Erzeugung digitaler Simulationsmodelle von Fertigungssystemen. Automation 2008.

[Bergert et al., 2009]

Martin Bergert, Jens Kiefer, Stephan Höme, Christian Fedrowitz: Einsatz der Virtuellen Inbetriebnahme im automobilen Karosserierohbau – Ein Erfahrungsbericht. 9. Magdeburger Maschinenbau-Tage (2009), S. 388-397, 2009.

[Beyerer, 2006]

Jürgen Beyerer: Editorial, visIT 02/2006, Wissensrepräsentation, S. 3, Fraunhofer IITB, http://www.iosb.fraunhofer.de/servlet/is/2369/visIT_02_06.pdf, Stand 07.03.2011.

[Beyerer, 2009]

Jürgen Beyerer: Editorial, Intelligenter Produzieren 2009/3, VDMA Verlag, Frankfurt am Main, 2009.

[Beyerer & Sauer, 2011]

Jürgen Beyerer, Olaf Sauer: Editorial. at-Automatisierungstechnik, Jahrgang 59 (2011) Heft 7, DOI 10.1524/auto.2011.0936, S. 395-396, 2011.

[Biallas, 2010]

Biallas, S.; Frey, G.; Kowalewski, S.; Schlich, B.; Soliman, D.: Formale Verifikation von Sicherheits-Funktionsbausteinen der PLCopen auf Modell- und Code-Ebene. Proceedings of "11th Fachtagung Entwurf komplexer Automatisierungssysteme (EKA 2010)", ISBN 978-3-940961-41-9, pp. 47-54, Magdeburg, May 2010.

[Bildmayer, 2007]

Reiner Bildmayer: Logistischer Leitstand. S. 353-361, GI Jahrestagung (2), 2007.

[Bley & Weyand, 2008]

Bley, H.; Weyand, L.: Modelling Resources for Production Lines based on Process Descriptions. 6th CIRP International Conference on Intelligent Computation in Manufacturing Engineering (ICME'08), pp. 51-54, Naples (Italy), 2008.

[Boulonne et al., 2010]

Boulonne, Adrien; Johansson, Björn; Skoogh, Anders; Aufenanger, Mark: Simulation Data Architecture for Sustainable Development. Proceedings of the 2010 Winter Simulation Conference, 42, S.:3435-3446. ISBN/ISSN: 978-1-4244-9864-2, 2010.

[Braune & Wollschläger, 2007a]

Braune, A.; Wollschlaeger, M.: XML in der Automation: Jedem seine Sprache? Computer&Automation, 9/2007, WEKA Fachzeitschriften-Verlag GmbH Poing, ISSN 1615-8512, S. 32-38.

[Braune & Wollschläger, 2007b]

Braune, A.; Wollschlaeger, M.: XML in der Automation: Von der Planung bis zum Betrieb - ein steiniger Weg. Computer&Automation, 10/2007, WEKA Fachzeitschriften-Verlag GmbH Poing, ISSN 1615-8512, S. 34-38.

[Braune & Wollschläger, 2007c]

Braune, A.; Wollschlaeger, M.: XML in der Automation: XML - Hype oder Segen? Computer&Automation, 8/2007, WEKA Fachzeitschriften-Verlag GmbH Poing, ISSN 1615-8512, S. 22-28.

[Bratukhin & Sauert, 2010]

Aleksey Bratukhin, Thilo Sauter: Bridging the gap between centralized and distributed manufacturing execution planning. In: Proceedings of: IEEE International Conference on Emerging Technologies and Factory Automation, 13.-16. September 2010, Bilbao, Spanien, 2010.

[Brecher et al., 2010]

Brecher, C. Kolster, D. Herfs, W. Pleßow, M. Jensen, S. Plug & Play Geräteintegration für selbstkonfigurierende Visualisierungen flexibler Automatisierungssysteme. In VDI-Berichte 2092, Automation 2010, Kurzfassung: S. 349-352, Langfassung: auf beiliegender CD, VDI Verlag, Düsseldorf. ISBN: 978-3-18-092092-4, 2010.

[Brockhaus, 2000]

Der Brockhaus In fünf Bänden. 9., neu bearbeitete Auflage, F.A. Brockhaus GmbH, Leipzig 2000.

[Brockhaus, 2002]

Der Brockhaus Computer und Informationstechnologie. Mannheim: F.A. Brockhaus 2002. Verlag: © F.A. Brockhaus GmbH, Leipzig – Mannheim.

[Brockhaus, 2005]

Brockhaus - Die Enzyklopädie: in 30 Bänden. 21., neu bearbeitete Auflage. Leipzig, Mannheim: F.A. Brockhaus 2005-07. Unsere Online-Ausgabe enthält aktualisierte Artikel aus der Brockhaus-Redaktion. Verlag: © F.A. Brockhaus GmbH, Leipzig – Mannheim.

[Brown, 2009]

Dan Brown: Das verlorene Symbol. Bastei Lübbe, Auflage: 6, ISBN 978-3785723883, 2009.

[Brügge, 2001]

Bernd Brügge: Vorlesung Einführung in die Informatik II, 3. Entwurf durch Verträge. Sommersemester 2001, TU München, http://www1.in.tum.de/teaching/ss01/Info2/#folien, Stand 07.03.2011.

[Bukva et al., 2009]

Senad Bukva, Udo Enste und Felix Uecker: Selbstkonfiguration und automatisiertes Änderungsmanagement von MES-Systemen. atp- Automatisierungstechnische Praxis 08/2009.

[Burke, 2006a]

Thomas J. Burke: The magic of OPC Unified Architecture. Industrial Ethernet Book, Issue 30:99, Januar 2006.

[Burke, 2006b]

Thomas J. Burke: OPC Foundation – OPC DevCon. OPC DevCon 10.-12.10. 2006, München, 2006.

[Cengic, 2010]

G. Cengic, K. Akesson, "On Formal Analysis of IEC 61499 Applications, Part A: Modeling," IEEE Transactions on Industrial Informatics, vol. 57, no. 2, April 2010.

[CentumVP, 2011a]

Yokogawa: Yokogawa's VigilantPlant Road Map to Operational Excellence. http://www.yokogawa.com/iab/pdf/vigilantplant/iab-arc-roadmaptoopx-en.pdf, ARC White Paper, 2006, Stand 18.05.2011.

[CentumVP, 2011b]

Yokogawa: Centum VP. http://www.yokogawa.com/dcs/centumvp/dcs-vp-index-en.htm, Stand 18.05.2011.

[CentumVP, 2011c]

Yokogawa: CENTUM VP – Eine umfassende Plattform für „Operational Excellence". http://www.yokogawa.com/de/cp/unternehmen/newsevents/presse/de-dokumente/008/PR_CentumVP.pdf, Februar 2008, Stand 18.05.2011.

[Charwat, 1994]
Charwat, H. J. (1994) Lexikon der Mensch-Maschine-Kommunikation, Oldenbourg, 3486226185, München.

[Chen, 2009]
Danfang Chen: Information Management for the Factory Planning Process. Licentiate Thesis in Production Engineering, Stockholm, Sweden, ISBN 978-91-7415-450-4, 2009.

[Chen et al., 2008]
D. Chen, D. Semere, T. Kjellberg, G. Sivard: A concept model for factory layoutdesign. Swedish Production Symposium, Stockholm, 2008.

[COLLADA, 2011]
Khronos: COLLADA 1.5.
http://www.khronos.org/files/COLLADA_schema_1_5, Stand 01.03.2011.

[Cooper, 1995]
Jeffrey Cooper: DOMINANT BATTLESPACE AWARENESS AND FUTURE WARFARE. In: Dominant Battlespace Knowledge, Martin C. Libicki, Stuart E. Johnson (Hrsg.), S. 39-46, 1995.

[Cutting-Decelle, 2007]
A.F. Cutting-Decelle, R.I.M. Young, J.J. Michel, R. Grangel, J. Le Cardinal, J.P. Bourey: ISO 15531 MANDATE: A Product-process-resource based Approach for Managing Modularity in Production Management. Concurrent Engineering 2007, Vol. 15 No.2, pp. 217-235.

[Dahm, 2005]
Markus Dahm: Grundlagen der Mensch-Computer-Interaktion. Pearson Studium, ISBN: 3827371759, 2005.

[Decker et al., 2008]
Stefan Decker, Michel Dumontier, Tim Finin, Ian Horrocks: "An OWL 2 Far?" moderated by Peter F. Patel-Schneider, Research 2: Panel. 7th International Semantic Web Conference (ISWC), 2008.

[Delmia, 2011]

Delmia Automation,
http://www.3ds.com/products/delmia/solutions/automation/overview/,
Stand 10.05.2011.

[Dencker et al., 2007]

Kerstin Dencker, Johan Stahre, Peter Grondahl, Lena Martensson, Thomas
Lundholm, Jessica Bruch, Christer Johansson: Proactive assembly systems-
realizing the potential of human collaboration with automation. IFAC Conference on Cost Effective Automation in Networked Product Development
and Manufacturing, 10.3182/20071002-MX-4-3906.00014, Cost Effective
Automation, Volume# 1 | Part# 1, ISBN: 978-3-902661-32-6, 2007.

[Denkena et al., 2009]

Denkena, B. ; Ammermann, C. ; Charlin, F.: Analyse und Optimierung des
Datenmanagements in variantenreicher Werkstattfertigung. In: Zeitschrift
für wirtschaftlichen Fabrikbetrieb (ZWF) 104 (2009), S. 787–790, 2009.

[Denkena & Ammermann, 2009]

Denkena, B. ; Ammermann, C.: CA-Technologien in der Fertigungs- und
Prozessplanung. In: Zeitschrift für wirtschaftlichen Fabrikbetrieb (ZWF)
104 (2009), S. 300-305, 2009.

[Deisinger, 2010]

Joachim Deisinger: JT optimiert Zusammenarbeit. Interface – Das Magazin
für Product Lifecycle Management. 13. Jahrgang 3-2010. S. 12.-13, 2010.

[DIN EN 1050]

DIN EN 1050: Sicherheit von Maschinen - Leitsätze zur Risikobeurteilung;
Deutsche Fassung EN 1050:1996.

[DIN EN 1070]

DIN EN 1070: Sicherheit von Maschinen; Terminologie; Dreisprachige
Fassung EN 1070:1998.

[DIN EN 954]

DIN EN 954: Sicherheit von Maschinen - Sicherheitsbezogene Teile von
Steuerungen - Teil 1: Allgemeine Gestaltungsleitsätze; Deutsche Fassung
EN 954-1:1996 (1997-03).

[DIN EN ISO 9241]

DIN EN ISO 9241: Ergonomie der Mensch-System-Interaktion. Beuth Verlag, Berlin, 2011.

[DIN EN ISO 9241-11]

DIN EN ISO 9241-11: 1999-01 Ergonomische Anforderungen für Bürotätigkeiten mit Bildschirmgeräten - Teil 11: Anforderungen an die Gebrauchstauglichkeit; Leitsätze (ISO 9241-11:1998); Deutsche Fassung EN ISO 9241-11:1998.

[DIN EN ISO 9241-12]

DIN EN ISO 9241-12:2000-08 Ergonomische Anforderungen für Bürotätigkeit mit Bildschirmgeräten – Teil 12: Informationsdarstellung (ISO 9241-12:1998), Deutsche Fassung EN ISO 9241-12:1998, Beuth, Berlin.

[DIN EN ISO 10628]

DIN EN ISO 10628:2001-03 Fließschemata für verfahrenstechnische Anlagen – Allgemeine Regeln (ISO 10628:1997, Beuth, Berlin.

[DIN 44300]

DIN 44300 Informationsverarbeitung – Begriffe, 1988.

[DIN 6789, 2003]

DIN 6789 Dokumentationssystematik, 1990-2003.

[Dobson & Martinez, 2007]

David Dobson, Robert Martinez: Integrated engineering: Engineering tool integration for process industries. http://www.abb.com/global/gad/gad02077.nsf/lupLongContent/ 737A9276EE6161AEC12572820034FECD#, Stand 23.Mai 2007.

[Dominika et al., 2007a]

Sven Dominika, Frank Schiller, Sebastian Kain: Hybrid commissioning of field bus driven production plants. Proceedings of International Conference on Mechatronics. Kumamoto Japan, 8-10 May 2007.

331

[Dominika et al., 2007b]

Sven Dominka, Frank Schiller, Sebastian Kain: Hybrid Commissioning – Speeding-up Commissioning of Field Bus Driven Production Plants. Proceedings of International Conference on Mechatronics, Kumamoto, Japan, Mai, 2007.

[Drath, 2005]

Rainer Drath: Am Objekt orientiert: XML-basiertes Datenaustauschformat ermöglicht effizientes Leittechnikengineering. In: Chemie-Anlagen + Verfahren 2005, H.5, S. 82-84, ISSN 0009-2800.

[Drath, 2006]

Rainer Drath: Bäumchen wechsle Dich – Tücken beim automatischen Abgleich hierarchischer Objektstrukturen. Softwaretechnik Trends vol. , Band 26, Heft 4, ISSN Fachausschuss Softwaretechnik und Programmiersprachen des FB Softwaretechnik der GI, Siegen, S. 14-19, 2006.

[Drath, 2008]

Rainer Drath: Die Zukunft des Engineering. Herausforderungen an das Engineering von fertigungs- und verfahrenstechnischen Anlagen. In: Tagungsband Karlsruher leittechnisches Kolloquium 2008, S. 33-40, Fraunhofer IRB Verlag, Stuttgart, 2008.

[Drath, 2010]

Rainer Drath (Hrsg.): Datenaustausch in der Anlagenplanung mit AutomationML. ISBN 978-3-642-04673-5, Springer-Verlag Heidelberg Dordrecht London New York, http://www.springer.com/computer/information+systems/book/978-3-642-04673-5, 2010.

[Drath & Fay, 2002]

Rainer Drath, Alexander Fay: Erfahrungen bei der Nutzung einer neutralen XML-Beschreibungsform verfahrenstechnischer Anlagen für den Datenaustausch zwischen dem Process Engineering und dem Control System Engineering. In: VDI-Berichte 1684, Engineering in der Prozessindustrie, GMA Fachtagung, Frankfurt, 2002.

[Drath & Fay, 2003]

R. Drath, A. Fay: Durchgängiges Engineering von der Anlage zum Leitsystem. GMA-Kongress 2003, Baden-Baden, 3.-4. Juni 2003, VDI-Bericht 1756, S. 217-226, 2003.

[Drath & Fedai, 2004a]

Rainer Drath, Murat Fedai: CAEX – ein neutrales Datenaustauschformat für Anlagendaten – Teil 1. In: atp – Automatisierungstechnische Praxis 46 (2004), H.2, S. 52-56. München, Oldenburg Industrieverlag, 2004.

[Drath & Fedai, 2004b]

Rainer Drath, Murat Fedai: CAEX – ein neutrales Datenaustauschformat für Anlagendaten – Teil 2. In: atp – Automatisierungstechnische Praxis 46 (2004), H.3, S. 20-27. München, Oldenburg Industrieverlag, 2004.

[Drath & Garcia, 2007]

Rainer Drath, Alexander Alosno Garcia: AutomationML – Die Motivation. Computer&Automation 10/2007, S. 28-32, WEKA Zeitschriftenverlag, Poing, 2007.

[Drath & Schleipen, 2010]

Rainer Drath, Miriam Schleipen: Grundarchitektur: das Objektmodell. Datenaustausch in der Anlagenplanung mit AutomationML. Rainer Drath (Hrsg.), S. 45-94, ISBN 978-3-642-04673-5, Springer-Verlag Heidelberg Dordrecht London New York, 2010.http://www.springer.com/computer/information+systems/book/978-3-642-04673-5

[Drath et al., 2008]

Rainer Drath, Arndt Lueder, Jörg Peschke, and Lorenz Hundt: AutomationML – the glue for seamless automation engineering. Proceedings of 13th IEEE International Conference on Emerging Technologies and Factory Automation, Hamburg, 2008.

[Drath et al., 2010]

Rainer Drath, Dirk Weidemann, Steffen Lips, Lorenz Hundt, Arndt Lüder, Miriam Schleipen: Praktische Anwendung. Datenaustausch in der Anlagenplanung mit AutomationML. Rainer Drath (Hrsg.), S. 221-305, ISBN 978-3-642-04673-5, Springer-Verlag Heidelberg Dordrecht London New York, 2010. http://www.springer.com/computer/information+systems/book/978-3-642-04673-5.

[Drath et al., 2011]

R. Drath, A. Fay, M. Barth: Interoperabilität von Engineering-Werkzeugen. at-Automatisierungstechnik, Jahrgang 59 (2011), Heft 7, S. 451-460, DOI 10.1524/auto.2011.0938, 2011.

[Dresen, 2010]

Frank Dresen: Der Wissenskreis – Eine Studie zeigt: Manufacturing Execution Systeme bieten den Autobauern enorme Potenziale. automotiveIT 01/2010.

[Drunk, 2011]

G.Drunk: Wie viel Modularität braucht die Montage? Zehn Jahre modulare Plattformen für Montageanlagen, xpertgage.de – Portal für Fabrikautomationortal für Fabrikautomation, http://www.xpertgate.de/magazin/report/Montageanlagen.pdf, Stand 10.05.2011.

[Duden, 2003]

Duden - Deutsches Universalwörterbuch A-Z, 5., überarbeitete Auflage. Mannheim, Leipzig, Wien, Zürich: Dudenverlag 2003. Verlag: © Dudenverlag.

[Duden, 2006]

Duden - Das Synonymwörterbuch. Ein Wörterbuch sinnverwandter Wörter. Mannheim, Leipzig, Wien, Zürich: Dudenverlag 2006.

[Duden, 2007]

Duden Das Große Fremdwörterbuch. 4., aktualisierte Auflage Mannheim, Leipzig, Wien, Zürich: Dudenverlag 2007.

[DXF-Wiki, 2011]

Drawing Interchange Format.
http://de.wikipedia.org/wiki/Drawing_Interchange_Format, Stand 05.05.2011.

[Ebel, 2007a]

Miriam Ebel: Ein CAEX- / OPC-UA-basiertes Engineering-Framework für die ProVis-Production-Suite. Diplomarbeit, Universität Karlsruhe, Juni 2007.

[Ebel, 2007b]

Miriam Ebel: Automatisiertes Leitsystem-Engineering mittels CAEX. In: visIT 2/2007, S. 10-11.

[Ebel, 2008]

Miriam Ebel: Leitsystem-Engineering der Zukunft. Fraunhofer IITB-Jahresbericht 2007, S. 44-45, April 2008.

[Ebel & Beyerer, 2008]

Miriam Ebel, J. Beyerer: Durchgängiges Leitsystem-Engineering. Uni Karlsruhe (TH), Informatikfakultät-Jahresbericht 2007, Februar 2008.

[Ebel et al., 2007]

Miriam Ebel, Michael Okon, Michael Baumann: „ProduFlexil": Flexible Produktion mit SOA-Architektur und Plug-and-Work-Mechanismus. Tagungsband zum Stuttgarter Softwaretechnik Forum (Science meets business), S. 65-74, 20.-23. November 2007.

[Ebel et al., 2008]

Miriam Ebel, Rainer Drath, Olaf Sauer: Automatische Projektierung eines Produktionsleitsystem mit Hilfe des Standarddatenaustauschformats CAEX. Oldenburg Industrieverlag, atp – Automatisierungstechnische Praxis (50) 5.2008, S. 40-47, 2008.

[EDA, 2007]

SEMI E145-0307 Guide for Engineering Data Acquisition (EDA).

[Ehlenspiel et al., 2005]

K. Ehlenspiel, U. Lindemann, A. Kiewertt: Kostengünstig Entwickeln und Konstruieren: Kostenmanagement bei der integrierten Produktentwicklung. Springer-Verlag, Berlin, 2005.

[ElMaraghy, 2009]

ElMaraghy, W.H.: Manufacturing Complexity Management. 3rd International Conference on Changeable, Agile and Virtual Production (CARV 2009), Munich, Germany, October, 2009.

[Enste, 2008]

Udo Enste: Herausstellungsmerkmale von ACPLT/KS und deren Nutzen im industriellen Einsatz. ACPLT-Day RWTH Aachen, Januar 2008.

[Enste, 2009]

Enste, U.: Selbstkonfiguration von Systemen der Betriebsleitebene. Automation 2009, VDI Berichte 2067, VDI-Verlag, Düsseldorf, 2009.)

[Enste & Uecker, 2002]

Udo Enste, Felix Uecker: Standardisiertes Online-Engineering auf Prozess- und Betriebsleitebene. GMA-Tagung 'Engineering in der Prozessindustrie' VDI Bericht 1684, VDI-Verlag, Düsseldorf, S. 51-56, 2002.)

[Enste & Müller, 2007]

Udo Enste, Jochen Müller: Ein Blick hinter die Kulissen bekannter Kommunikationstechnologien. VDI-Berichte Nr. 1980, S. 631-640, 2007.

[Epple, 2003]

Ulrich Epple: Austausch von Anlagenplanungsdaten auf der Grundlage von Metamodellen. In: atp – Automatisierungstechnische Praxis 45 (2003), H.7, S. 2-11. München, Oldenburg Industrieverlag, 2003.

[Essendorfer, 2009]

Barbara Essendorfer: Semantische Interoperabilität mittels Ontologien. 14. Informationstechnisches Kolloquium, Fraunhofer IITB, 14.10.2009.

[Estevez & Marcos, 2008]

Elisabeth Estevez Estevez, Marga Marcos: An approach to use Model Driven Design in Industrial Automation. In: Proceedings of: IEEE International Conference on Emerging Technologies and Factory Automation, 2008.

[Estevez et al., 2010]

E. Estevez, M. Marcos, A, Lüder, L. Hund: PLCopen for achieving interoperability between development phases. In: Proceedings of: IEEE International Conference on Emerging Technologies and Factory Automation, 13.-16. September 2010, Bilbao, Spanien, 2010.

[Eversheim & Schuh, 2000]

Walter Eversheim, Günther Schuh: Produktion und Management. Betriebshütte. 2 Bände, Springer, Berlin, Auflage: 7, ISBN: 978-3540593607, 2000.

[Fasth et al., 2009]

Fasth, Åsa; Lundholm, Thomas; Stahre, Johan; Dencker, Kerstin; Mårtensson, Lena; Bruch, Jessica: Designing proactive assembly systems – Criteria and interaction between Automation, Information, and Competence. Proceedings of the 42nd CIRP conference on manufacturing systems, 2009.

[Fay et al., 2003]

A. Fay, P. Bort, R. Drath: Re-Engineering von Leitsystemen mit textuellen Programmiersprachen. GMA-Kongress 2003, Baden-Baden, 3.-4. Juni 2003, VDI-Bericht 1756, S. 385-393, 2003.

[Fay, 2005]

A. Fay: Engineering in vernetzten, offenen, durchgängigen Systemen. at – Automatisierungstechnik 53 (2005), Heft 4–5, S. 205–210, 2005.

[Fay, 2006]

Alexander Fay:Automatisierung des Prozessleitsystem-Engineerings. In: Proceedings of VDE-Kongress 2006, 23.-25.10.2006, Aachen, 2006.

[Fay, 2008]

A. Fay: Einsatz der VDI-Richtlinie 3682 zur Planung und Visualisierung produktionstechnischer Abläufe. Tagungsband Karlsruher leittechnisches Kolloquium, Karlsruhe, 28.-.29. Mai 2008. ISBN 978-3-8167-7626-2, 2008.

[Fay et al., 2009]

Alexander Fay, Miriam Schleipen, Mathias Mühlhause: Wie kann man den Engineering-Prozess systematisch verbessern? atp – Automatisierungstechnische Praxis 1-2.2009, S. 80-85, 2009.

[FDCML, 2011]

ISO 15745-3: FDCML - Field Device Configuration Markup Language. http://www.fdcml.org/, Stand 10.05.2011.

[FDT, 2011]

FDT Group: FDT – Field Device Tool. http://www.fdt-jig.org/en/home-en.html, Stand 10.05.2011.

[Fedai, 2006]

Murat Fedai: Regelbasierter, semantischer Datenaustausch zwischen Anlagenplanungssystemen auf Basis der XML-Technologie. In: Fortschritt-Berichte VDI, Reihe 10 Informatik/Kommunikation, Nr.771. Düsseldorf, VDI Verlag GmbH, 2006.

[Fedai et al, 2003]

M. Fedai, U. Epple, R. Drath, A. Fay: A Metamodel for generic data exchange between various CAE Systems. In: Proceedings 4th Mathmod Vienna, I. Troch, F. Breitenecker (eds.), Edition 24 of ARGESIM Report, ISBN 3-901608-24-9, pp. 1247-1256, 2003.

[Fedai & Drath, 2005]

M. Fedai, R. Drath: CAEX - a neutral data exchange format for engineering data. In: atp/international 1/2005, Oldenbourg Industrieverlag, S. 43-51, 2005.

[Felleisen et al., 2007]
M. Felleisen, B. Polke, A. Ulrich, T. Leber, A. Fay, U. Enste: Werkzeugunterstützte Erstellung formalisierter Prozessbeschreibungen. VDI-Berichte Nr. 1980, S. 119-125, 2007.

[Fichter et al., 2009]
Michael Fichter, Michael Klein, Andreas Schmidt: Transformation of Products between Various Versions oft he Rule World of a Product Configurator. IEA-AIE 2009, Tainan, Taiwan, June 24-27, 2009.

[Föderal, 2011]
BMBF-Projekt Föderal. http://www.foederal.de/, Stand 11.05.2011.

[Freyberger, 2002]
Franz Freyberger: Leittechnik. Pflaum, 2002.

[Frost & Sullivan, 2004]
Frost & Sullivan: Studie „World Manufacturing Execution Systems Markets", Juli 2004.

[Gehrlein, 2010]
Alexander Gehrlein: Konvertierung, Portierung und Anpassung von CAEX-Informationen verschiedener, Versionen für die Beschreibung von Toolneutralen Anlagenplanungsdaten, Studienarbeit, Karlsruher Institut für Technologie, Juni 2010.

[Gehrlein, 2011]
Alexander Gehrlein: Konformität mittels formaler Logik, Diplomarbeit, Karlsruher Institut für Technologie, Mai 2011.

[Geisler, 2006]
Jürgen Geisler: Leistung des Menschen am Bildschirmarbeitsplatz. Das Kurzzeitgedächtnis als Schranke menschlicher Belastbarkeit in der Konkurrenz von Arbeitsaufgabe und Systembedienung. Karlsruhe: Universitätsverlag Karlsruhe, III, 205 S., Zugl.: Karlsruhe, Univ., Diss., Karlsruher Schriften zur Anthropomatik, 1, ISBN: 3-86644-070-7, 2006.

[GEM, 2007]

SEMI E30-0307 GEM (Generic Model for Communications and Control of Manufacturing Equipment)

[GI-Ontologie, 2011]

Gesellschaft für Informatik: Informatiklexikon, Ontologie(n), http://www.gi.de/no_cache/service/informatiklexikon/informatiklexikon-detailansicht/meldung/ontologien-57/, Stand 07.03.2011.

[Gohr & Drath, 2007]

Katharina Gohr, Rainer Drath: Automatischer Datenaustausch von Prozess-leittechnik-Funktionen mit CAEX. In: atp – Automatisierungstechnische Praxis 49 (2007), H.5, S.31-38. München, Oldenburg Industrieverlag, 2007.

[Google Sketchup, 2011]

Google: Goolge SketchUp. http://sketchup.google.com/intl/de/, Stand 01.03.2011.

[Gödert, 2010a]

Winfried Gödert: Semantische Wissensrepräsentation und Interoperabilität – Teil 1: Interoperabilität als Weg zur Wissensexploration. Informations-wissenschaft&Praxis 61 (2010) 1, S. 5-18, 2010.

[Gödert, 2010b]

Winfried Gödert: Semantische Wissensrepräsentation und Interoperabilität – Teil 2: Ein formales Modell semantischer Interoperabilität. Informations-wissenschaft&Praxis 61 (2010) 1, S. 19-28, 2010.

[Gottwald, 1989]

Siegrief Gottwald: Mehrwertige Logik: eine Einführung in Theorie und Anwendungen. Akademie-Verlag, Berlin, ISBN: 3-05-000765-6, 1989.

[Görz, 2000]

Günther Görz: Einführung in die Künstliche Intelligenz. Oldenbourg R. Verlag GmbH; Auflage: 2. A, ISBN: 978-3486243673, 2000.

[Gössling & Wollschläger, 2008]

Gössling, A.; Wollschlaeger, M.: On Working with the Concept of Integration Ontologies. ETFA 2008 - 13th IEEE International Conference on Emerging Technologies and Factory Automation, 15.-18.09.2008, Hamburg, 2008.

[GraphPic, 2011]

Gefasoft: GraphPic. http://www.gefasoft-muenchen.de/index.php?id=62, Stand 18.05.2011.

[Gräser et al., 2011]

Graeser, Olaf; Kumar, Barath; Moriz, Natalia; Maier, Alexander; Niggemann, Oliver: AutomationML as a Basis for Offline- and Realtime-Simulation. 8th International Conference on Informatics in Control, Automation and Robotics (ICINCO), Noordwijkerhout, The Netherlands, July, 2011.

[Grauer et al., 2009]

M. Grauer, D. Metz, S.S. Karadgi, W. Schäfer, J.W. Reichwald: Towards an IT-Framework for Digital Enterprise Integration. In: G.Huang et al. (Eds.), DET 2009 Proceedings, AISC 66, pp.1467-1482, 2009.

[Großmann & Bender, 2007]

Daniel Großmann, Klaus Bender: Future Device Integration. VDI-Berichte Nr.1980, S. 49-61, 2007.

[Gruber, 1993]

T. R. Gruber: A translation approach to portable ontologies. Knowledge Acquisition, 5(2):199-220, 1993.

[Güttel et al., 2008]

K. Güttel, P. Weber, A. Fay: Automatic generation of PLC code beyond the nominal sequence. In: Tagungsband der 13. Tagung "IEEE International Conference on Emerging Technologies and Factory Automation" (ETFA), Hamburg, 15.-18. September 2008. ISBN 1-4244-1506-3, 2008.

[Güttel et al., 2009]

K. Güttel, A. König, A. Fay, P.Weber: Konzept zur Generierung von Steuerungscode unter Verwendung wissensbasierter Methoden in der Fertigungs-
automatisierung. In: Tagungsband "Automation 2009", S. 309-312, Baden-
Baden, 16.-17. Juni 2009, ISBN: 978-3-18-092067-2, 2009.

[Gutenschwager, 2003]

Gutenschwager, K.: Neue Potentiale der Logistiksimulation. A&D KOM-
PENDIUM 2003, S. 56-58, 2003.

[Gwinner, 2002]

Robert Gwinner: Durchgängiges Informations-Management bei der Betriebsführung, von der Prozess-Planung bis zum Anlagen-Rückbau. Fakultät
Energietechnik der Universität Stuttgart, 2002.

[Hadlich et al., 2008]

Thomas Hadlich, Mathias Mühlhause, Christian Diedrich: Discovery and
integration of information in a heterogeneous environment. Proceedings of
13th IEEE International Conference on Emerging Technologies and Factory
Automation, Hamburg, 2008.

[Haußner et al., 2009]

Siemens Haußner: Carolin Haußner, Jürgen Eleger, Aelision Köhlein: Wie
viel Dezentralisierung darf's denn sein – eine Stunde aus der Intralogistik,
Automation 2009.

[Heinrich et al., 2005]

Berthold Heinrich (Hrsg.), Bernhard Berling, Werner Thrun, Wolfgang
Vogt: Kaspers/Küfner Messen-Steuern-Regeln, Elemente der Automatisierungstechnik, Vieweg Verlag, ISBN: 978-3-8348-0006-0, 2005.

[Hennig et al., 2010a]

Stefan Hennig, Annerose Braune, Evelina Koycheva: Towards a model dri-
ven Approach for development of Visualization Applications in Industrial
Automation. In: Proceedings of: IEEE International Conference on
Emerging Technologies and Factory Automation, 13.-16. September 2010,
Bilbao, Spanien, 2010.

[Hennig et al., 2010b]

Hennig, St.; Koycheva, E.; Braune, A.: Domänenspezifische Sprachen und ihre Bedeutung für die modellgetriebene Softwareentwicklung in der Automatisierung. Automation 2010, Baden-Baden, Germany.

[Henssen, 2010]

Robert Henssen: CAEX-Systembeschreibungseditor für das automatische Leitsystem-Engineering, Diplomarbeit, Karlsruher Institut für Technologie, Dezember 2010.

[Hirzle, 2007]

Anton Hirzle (Daimler Chrysler AG): AutomationML™ Pressekonferenz Hannover Messe. http://www.automationml.org, 17. April 2007.

[HMI-Wiki, 2011]

Wikipedia.org: Human machine interface. http://en.wikipedia.org/wiki/Human_machine_ interface, Stand 22. April 2011.

[Hoare, 1969]

Charles Antony Richard Hoare: An axiomatic basis for computer programming. Communications of the ACM, 12(10): 576–585, 1969.

[Hodek & Flörchinger, 2009]

Stefan Hodek, Florian Flörchinger: An Approach for Modular Production from Mechanics to Decentralized Control, Realized in the SmartFactoryKL. IEEE Conference on Emerging Technologies and Factory Automation (ETFA-2009), September 22-25, Mallorca, Spain, IEEE, 2009.

[Holm et al., 2010]

Holm, Timo; Belkius, Bartosch; Tetzner, Thilo: Nutzen integrierter, gewerkübergreifender Modellierung industrieller Anlagen - Ergebnisse einer qualitativen Studie. (VDI-Wissenforum, eds.) Tagungsband der AUTOMATION 2010. 389-392 (2010) ISBN:978-3-18-092092-4, 2010.

[HSU-HH, 2011]

Helmut-Schmidt-Universität, Universität der Bundeswehr Hamburg: Professur für Automatisierungstechnik, Institut für Automatisierungstechnik, Fakultät für Maschinenbau. http://www.hsu-hh.de/aut/, Stand 25. April 2011.

[Hube, 2005]

Gerhard Hube: Beitrag zur Beschreibung und Analyse von Wissensarbeit; IPA-IAO Forschung und Praxis Nr. 422; Institut für Arbeitswissenschaft und Technologiemanagement (IAT); ISBN 3-936947-65-1; Jost Jetter Verlag; Heimsheim; 2005.

[Hummel, 2009]

Britta Hummel: Description Logic for Scene Understanding at the Example of Urban Road Intersections. Dissertation, Universitätsverlag Karlsruhe, http://digbib.ubka.uni-karlsruhe.de/volltexte/1000015554, 2009.

[Hundt et al., 2008]

L. Hundt, R. Drath, A. Lüder, J. Peschke, "Seamless automation engineering with AutomationML," In: International Conference on Concurrent Enterprising : ICE 2008, Nottingham : Centre for Concurrent Enterprising, Univ. of Nottingham, ISBN 978-0-85358-244-1, S. 685-692, 2008.

[Hundt et al., 2009]

Hundt, Lorenz; Lüder, Arndt; Barth, Hannes: Anforderungen an das Engineering durch die Verwendung von mechatronischen Einheiten und AutomationML. In: SPS IPC Drives, 2009, Nürnberg: Elektrische Automatisierung - Systeme und Komponenten . - Berlin [u.a.] : VDE-Verl., ISBN 978-3-8007-3184-8, S. 341-349, 2009.

[Hundt et al., 2010]

Lorenz Hundt, Arndt Lüder, Elisabeth Estévez Estévez: Engineering of manufacturing systems within engineering networks. In: Proceedings of: IEEE International Conference on Emerging Technologies and Factory Automation, 13.-16. September 2010, Bilbao, Spanien, 2010.

[IEEE IOP, 2011]
IEEE Glossary: Interoperability,
http://www.ieee.org/education_careers/education/standards/
standards_glossary.html#sect9, Stand 09.03.2011.

[IEC61131-3]
IEC 61131-3 - Ed. 2.0: Programmable controllers - Part 3: Programming languages. http://www.iec-normen.de/shop/product.php?artikelnr=210408, Januar 2003.

[IEC61512-1]
IEC 61512-1 ed1.0: Batch control - Part 1: Models and terminology, 1997-08-26.

[IEC61512-2]
IEC 61512-2 ed1.0: Batch control - Part 2: Data structures and guidelines for languages, 2001-11-15.

[IEC61512-3]
IEC 61512-3 ed1.0: Batch control - Part 3: General and site recipe models and representation, 2008-07-08.

[IEC61512-4]
IEC 61512-4 ed1.0: Batch control - Part 4: Batch production records, 2009-10-13.

[IEC 61804, 2008]
IEC 61804: EDDL - Electronic Device Description Language.
http://www.iec-normen.de/shop/product.php?artikelnr=211051, 2008.

[IEC61804, 2006]
IEC 61804-2: Function blocks (FB) for process control – Part 2: Specification of FB concept and Electronic Device Description Language (EDDL). http://www.iec-normen.de/shop/product.php?artikelnr=213023, September 2006.

[IEC62264-1]
IEC 62264-1: Enterprise-control system integration – Part 1: Models and terminology, 2003-03.

[IEC62264-2]

IEC 62264-2: Enterprise-control system integration – Part 2: Object model attributes, 2004-07.

[IEC62264-3]

IEC 62264-3: Enterprise-control system integration – Part 3: Activity models of manufacturing operations management, 2007-06.

[IEC62424]

IEC 62424 - Ed. 1.0 - englisch: Representation of process control engineering - Requests in P&I diagrams and data exchange between P&ID tools and PCE-CAE tools, 2008-08, text English.
http://www.iec-normen.de/shop/product.php?artikelnr=214841, August 2008.

[IEC62541]

IEC 62541: OPC Unified Architecture.

[iFIX, 2011]

GE Fanuc: Proficy HMI/SCADA - iFIX.
http://www.gefanuc.com/products/3311, Stand 18.05.2011.

[ISA88]

ISA: ISA 88 Batch Control. http://www.isa.org/-
MSTemplate.cfm?MicrositeID=275&CommitteeID=4737, Stand 13.03.2011.

[ISA88-1]

ANSI/ISA-88.01-1995 Batch Control Part 1: Models and terminology.

[ISA88-2]

ANSI/ISA-88.00.02-2001 Batch Control Part 2: Data structures and guidelines for languages.

[ISA88-3]

ANSI/ISA-88.00.03-2003 Batch Control Part 3: General and site recipe models and representation.

[ISA88-4]

ANSI/ISA-88.00.04-2006 Batch Control Part 4: Batch Production Records.

[ISA 88TR]

ISA-TR88.00.02-2008 Machine and Unit States: An Implementation Example of ISA-88, 2008.

[ISA95-1]

ANSI/ISA-95.00.01-2000, Enterprise-Control System Integration Part 1: Models and Terminology.

[ISA95-2]

ANSI/ISA-95.00.02-2001, Enterprise-Control System Integration Part 2: Object Model Attributes.

[ISA95-3]

ANSI/ISA-95.00.03-2005, Enterprise-Control System Integration, Part 3: Models of Manufacturing Operations Management.

[ISA95-4]

ISA-95.04 Object models and attributes for Manufacturing Operations Management, in Entwicklung.

[ISA95-5]

ANSI/ISA-95.00.05-2007 Enterprise-Control System Integration, Part 5 Business to manufacturing transactions.

[ISO 10303]

ISO 10303:STEP: Standard for the Exchange of Product model data. http://www.tc184-sc4.org/titles/STEP_Titles.htm, Stand 13.03.2011.

[ISO 10303-3]

ISO10303 STEP: Standard for the Exchange of Product model data, Parts 3x, Conformance testing methodology and framework.

[IUM-Wiki, 2011]

Wikipedia.de: Integrierte Unternehmensmodellierung. http://de.wikipedia.org/wiki/Integrierte_Unternehmensmodellierung, Stand 22. April 2011.

[Jasperneite, 2010]

Jasperneite, Jürgen: Durchgängiger flexibler Datenaustausch zwischen Feldebene und MES. In: Karlsruher Leittechnisches Kolloquium 2010 (KLK2010) Karlsruhe, Juni, 2010.

[Johannsen, 1993]

Gunnar Johannsen: Mensch-Maschine-Systeme. Springer-Verlag. 1993. ISBN: 3-540-56152-8.

[John et al., 2007]

D. John, U. Topp, Y. Lin, A. Fay: Durchgängiges Gerätebeschreibungsmodell für den gesamten Lebenszyklus - Konzept und Umsetzung mit OPC UA. Automatisierungstechnische Praxis, Heft 7/2007, S. 45-51.

[Jovane et al., 2009]

F. Jovane, E. Westkämper, D. Williams (Hrsg.): The ManuFuture Road – Towards Competitive and Sustainable High-Adding-Value Manufacturing, Springer Verlag, Berlin Heidelberg, 2009.

[Kain & Schiller, 2009]

Kain S; Schiller F. (2009) "Supporting the Operation Phase of Manufacturing Systems by Synchronous and Forward Simulation", in proceedings of 3rd International Conference on Changeable, Agile, Reconfigurable and Virtual Production (CARV 2009), 5-7 October 2009. Munich, Germany. ISBN 978-3-8316-0933-8.

[Kain et al., 2008]

S. Kain; F. Schiller; S. Dominka, "Reuse of Models in the Lifecycle of Production Plants, Using HiL Simulation Models for Diagnosis", IEEE International Symposium on Industrial Electronics – ISIE 2008, Paper CF-015261, Cambridge, June 30 - July 2, 2008.

[Kather & Voigt, 2008]

Axel Kather und Tobias Voigt: Vertikale Integration von Getränkeabfüllanlagen auf Basis standardisierter Schnittstellen. PPS Management 13 (2008), S. 40-43, 2008.

[Katzenbach & Steiert, 2011]

Alfred Katzenbach, Hans-Peter Steiert: Engineering-IT in der Automobilindustrie – Wege in die Zukunft. Informatik Spektrum, Informatik in der Automobilindustrie, S. 7-19, Band 34, Heft 1, Februar 2011.

[Katzke & Vogel-Heuser, 2008]

Uwe Katzke, Birgit Vogel-Heuser: Konzept und Anwendung der UML-PA für den Softwareentwurf verteilter Automatisierungssysteme. In: Jumar, U. et al. (Hrsg.): Tagungsband EKA 2008 - Entwurf komplexer Automatisierungssysteme, Magdeburg, 2008.

[Katzke et al., 2004]

Uwe Katzke, Birgit Vogel-Heuser, Katja Fischer: Analysis and state of the art of modules in industrial automation. atp International 01/2004, Oldenburg Industrieverlag, München, 2004.

[Kegel, 2010]

Gunther Kegel: Neue Informationsarchitektur in der industriellen Automatisierung. In: Sauer, O.; Beyerer, J. (Hrsg.): Karlsruher Leittechnisches Kolloquium 2010, Stuttgart: Fraunhofer Verlag, S. 3-15, 2010.

[Kerndlmaier & Schlögl, 2006]

Michael Kerndlmaier, Wolfgang Schlögl: Durchgängiger Einsatz von Standard MES-Lösungen – Konfiguration des Leitsystems mit Daten der Digitalen Fabrik. 1. Karlsruher Leittechnisches Kolloquium, Mai 2006.

[Kiefer, 2007]

Jens Kiefer: Mechatronikorientierte Planung automatisierter Fertigungszellen im Bereich Karosserierohbau. Dissertation zur Erlangung des Grades des Doktors der Ingenieurwissenschaften der Naturwissenschaftlich-Technischen Fakultät III - Chemie, Pharmazie, Bio- und Werkstoffwissenschaften -der Universität des Saarlandes, 2007.

[Kiefer et al., 2009]

J. Kiefer, M. Prieur, G. Schmidgall, T. Bär: Digital Planning and Validation of Highly Flexible Manufacturing Systems in the Automotive Body Shop. Proceedings of CIRP MS 2009, Grenoble, 3 -5 June, 2009.

[Kinkel, 2006]

Steffen Kinkel: Anforderungen an die Fertigungstechnik von morgen : Wie verändern sich Variantenzahlen, Losgrößen, Materialeinsatz, Genauigkeitsanforderungen und Produktlebenszyklen tatsächlich. Fraunhofer ISI, Karlsruhe, 2006.

[Kirmas, 2007]

Michael Kirmas: Anwenderbericht zur Nutzung von typischen Funktionsbausteinen (Typicals) bei der Erstellung von leittechnischer Software. VDI-Berichte Nr. 1980, S. 783-790, 2007.

[Kjellberg et al., 2009]

T. Kjellberg, A. von Euler-Chelpin, M. Hedlind, M. Lundgren, G. Sivard, D. Chen: The machine tool model - A core part of the digital factory[Article]/ CIRP ANNALS, Manufacturing Technology. Boston: Elsevier,2009.Vol.58/1, 2009.

[Kleene, 2002]

Stephen Cole Kleene: Mathematical Logic. Dover Publications; Reprint edition (December 18, 2002), ISBN: 978-0486425337, 2002.

[Kletti, 2006]

Jürgen Kletti (Hrsg.): MES Manufacturing Execution System. Moderne Informationstechnologie zur Prozessfähigkeit der Wertschöpfung. Springer Verlag, Berlin Heidelberg, ISBN 978-3-540-28010-1, 2006.

[Kletti, 2007a]

Jürgen Kletti (Hrsg.): Manufacturing Execution System - MES. Springer Verlag, Berlin Heidelberg, ISBN 978-3-540-49743-1, 2007.

[Kletti, 2007b]

Jürgen Kletti (Hrsg.): Konzeption und Einführung von MES-Systemen. Zielorientierte Einführungsstrategie mit Wirtschaftlichkeitsbetrachtungen, Fallbeispielen und Checklisten. Springer Verlag Berlin, ISBN 978-3-540-34309-7, 2007.

[Kletti, 2010]

Jürgen Kletti: MES-Futurologie – Die europäische Antwort auf die Globalisierung. MES Wissen Kompakt 2010, S. 10-12, 2010.

[Kraußer et al., 2010]

Tina Kraußer, Stefan Schmitz, Liyong Yu: Regelbasierte Vollständigkeits-
überprüfung von Automatisierungslösungen. In VDI-Berichte 2092, Automation 2010: Leading through Automation, Kurzfassung: S. 55–58, Langfassung: auf beiliegender CD, Düsseldorf. VDI Verlag, 2010.

[Kresken & Baumann, 2006]

Thomas Kresken, Michael Baumen: Selbst ist der Auftrag .- Selbstorgani-
sierende Verfahren zur Produktionssteuerung, ZWF Jahrgang 101 (2006) 5,
Produktionsorganisation, S.269-272.

[Kuhlenkötter et al., 2010]

Kuhlenkötter, B.; Hypki, A.; Miegel, V.; Schyja, A.: Konzept und Struktur
zur Umsetzung eines AutomationML-Importers für ein Robotersimulations-
system, in: Automation 2010, Baden-Baden, VDI-Verlag, 2010.

[Kußmaul, 2010]

Alfrid Kußmaul: Standards brauchen eine gemeinsame Sprache. MES Wissen Kompakt 2010, S 32-34, 2010.

[Larman, 2004]

Craig Larman, Applying UML and Patterns: An Introduction to Object-
Oriented Analysis and Design and Iterative Development, Prentice Hall,
ISBN 978-0131489066, 2004.

[Leuchter, 2006]

Sandro Leuchter: Entwicklungsprozess von Ontologien, visIT 02/2006,
Wissensrepräsentation, S. 6-7, Fraunhofer IITB,
http://www.iosb.fraunhofer.de/servlet/is/2369/visIT_02_06.pdf,
Stand 07.03.2011.

[Leuchter & Schönbein, 2006]

Sandro Leuchter, Rainer Schönbein: Die Verwendung von Architectural
Frameworks als Vorgehensmodell für die System-of-Systems-Entwicklung.
In: C. Hochberger, R. Liskowsky (Hrsg.), INFORMATIK 2006. Informatik
für Menschen. Beiträge der 36. Jahrestagung der Gesellschaft für Informa-
tik e.V. (GI), Band 1, S. 669-675. Bonn: Gesellschaft für Informatik (LNI;
P-93), 2006.

[Ljungkrantz, 2010]

O. Ljungkrantz, K. Akesson, M. Fabian, Chengyin Yuan, "Formal Specification and Verification of Industrial Control Logic Components", IEEE Transactions on Automation Science and Engineering, Issue 3, pp. 538 – 548, 10.1109/TASE.2009.2031095, 2010.

[Logik-Wiki, 2011]

Wikipedia.de: Logik, http://de.wikipedia.org/wiki/Logik, Stand 07.03.2011.

[Lopez et al., 2008]

F. Lopez, E. Irisarry, E. Estevez, M. Marcos: Graphical representation of Factory Automation Markup Language. Proceedings of 13th IEEE International Conference on Emerging Technologies and Factory Automation, Hamburg, 2008.

[Löwen et al., 2005]

Ulrich Löwen, Rüdiger Bertsch, Birthe Böhm, Simone Prummer , Thilo Tetzner: Systematisierung des Engineerings von Industrieanlagen. In: atp – Automatisierungstechnische Praxis 47 (2005), H. 4, S. 54-61. München, Oldenburg Industrieverlag, 2005.

[Lucke et al., 2009]

Dominik Lucke, Carmen Constantinescu, Engelbert Westkämper: Context data model, the backbone of a smart factory. Serge Tichkiewitch (ed.): Sustainable Development of Manufacturing Systems: Proceedings of the 42nd CIRP Conference on Manufacturing Systems, Grenoble, France, June 3-5 2009.

[Lüder, 2008]

Arndt Lüder: Untersuchungen von Anwendbarkeit, Vor- und Nachteilen einer durchgängigen agentenbasierten Steuerungsarchitektur im Rahmen des PABADIS'PROMISE Projektes. Vortrag zum Expertenforum „Agenten in der Automatisierungstechnik, 2008.

[Lüder et al., 2010a]

Arndt Lüder, Lorenz Hundt, Matthias Foehr, Thomas Wagner, Jorgos-Johannes Zaddach, Timo Holm: Manufacturing System Engineering with Mechatronical Units. In: Proceedings of: IEEE International Conference on Emerging Technologies and Factory Automation, 13.-16. September 2010, Bilbao, Spanien, ISBN: 978-1-4244-6848-5, 2010.

[Lüder et al., 2010b]

Arndt Lüder, Lorenz Hundt, Andreas Keibel: Description of manufacturing processes using AutomationML. Proceedings of: IEEE International Conference on Emerging Technologies and Factory Automation, 13.-16. September 2010, Bilbao, Spanien, ISBN: 978-1-4244-6848-5, 2010.

[Lukman et al., 2010]

Tomaz Lukman, Giovanni Godena, Jeff Gray, Stanko Strmncnik: Model-driven engineering of industrial process control applications. In: Proceedings of: IEEE International Conference on Emerging Technologies and Factory Automation, 13.-16. September 2010, Bilbao, Spanien, 2010.

[Maga et al., 2009]

C. Maga, N.Jazdi, T. Ehben, T. Tetzner: Domain Engineering- Mehr Systematik im industriellen Lösungsgeschäft. Automation, Baden-Baden, 2009.

[Maga et al., 2010]

C.Maga, N.Jazdi, T.Ehben, T.Tetzner: Erfahrungen aus der Evaluierung eines Engineering Ansatzes für das industrielle Lösungsgeschäft. Automation, Baden-Baden, 2010.

[Mahnke et al., 2009]

Wolfgang Mahnke, Stefan-Helmut Leitner, Matthias Damm: OPC Unified Architecture. Springer Verlag, ISBN: 978-3540688983, 2009.

[Mandel et al., 2008a]

S. Mandel, A. Fay, T. Bär: Proaktive Anlaufabsicherung von Produktionsanlagen auf Linienebene. In: ifak - Institut für Automation und Kommunikation e.V. Magdeburg (Hrsg.): Entwurf komplexer Automatisierungssysteme "EKA 2008", 2008.

[Mandel et al., 2008b]

Sven Mandel, Thomas Bär, Alexander Fay: Concept for Proactive Ramp-Up Validation of Body-in-White Lines. Proceedings of 13th IEEE International Conference on Emerging Technologies and Factory Automation, Hamburg, 2008.

[Manthey, 2009]

Arne Manthey: SAP Plant Connectivity – Anbindung der Maschinen- und Automatisierungsebene. Fachtag Produktion, 24.09.2009.

[MANUFUTURE, 2004]

European Commission. MANUFUTURE – a vision for 2020; Assuring the future of manufacturing in Europe; Luxembourg: Office for Official Publications of the European Communities. 2004 – 20 pp. ISBN 92-894-8322-9.

[MANUFUTURE, 2006]

MANUFUTURE Germany: Management Summary. Strategic Research Agenda MANUFUTURE Germany, 2006.

[Marcos et al., 2010]

Marga Marcos, Elisabeth Estevez, Nagore Iriondo, Dario Orive: Analysis and Validation of IEC 61131-3 Applications using a MDE Approach. In: Proceedings of: IEEE International Conference on Emerging Technologies and Factory Automation, 13.-16. September 2010, Bilbao, Spanien, 2010.

[Maropoulos & Ceglarek, 2010]

Paul Maropoulos, D. Ceglarek: Design Verification and Validation in Product Lifecycle. CIRP Annals Manufacturing Technology, 59 (2), pp. 740-759, 2010.

[Martinsen & Larsson, 2010]

K. Martinsen, C.E. Larsson: Human centred Requirements Management for Adaptive Intelligent Manufacturing Systems. CIRP ICME '10 - 7th CIRP International Conference on Intelligent Computation in Manufacturing Engineering – Innovative and Cognitive Production Technology and Systems, 2010.

[Maul & Zeller, 2008]

Christine Maul und Martin Zeller: Unterschiede und Gemeinsamkeiten von Leitsystemen in kontinuierlicher und diskreter Fertigung. atp 9.2008, S. 36-40, 2008.

[Mavraganis, 2010]

Christos Mavraganis: Conformance-Test-Anwendung für AutomationML, Bachelorarbeit, Hochschule Karlsruhe, Dezember 2010.

[Mayr, 2006]

Gerald Mayr: IEC PAS 62424 – Darstellung von Aufgaben der PLT und Datenaustausch zu Engineeringsystemen. In: Proceedings of VDE-Kongress 2006, 23.-25.10.2006. Aachen, 2006.

[Mayr & Drath, 2007]

Gerald Mayr, Rainer Drath: IEC PAS 62424 – Grafische Darstellung PLT-Aufgaben und Datenaustausch zu Engineering-Systemen – Eine Norm für den interdisziplinären Austausch von Planungsdaten über Gewerkegrenzen der Verfahrens- und Leittechnikplanung. In: atp – Automatisierungstechnische Praxis 49 (2007), H.5, S. 22-29. München, Oldenburg Industrieverlag, 2007.

[McLaughlin, 2002]

Brett McLaughlin, Java and XML Data Binding, O'Reilly Media, ISBN 978-0596002787, 2002.

[Meier et al., 2010]

Matthias Meier, Joachim Seidelmann, Istcan Mezgar: ManuCloud: The Next-Generation Manufacturing as a Service Environment. ERCIM News 83. October 2010.

[Meinberg & Topolewski, 1995]

Uwe Meinberg, Frank Topolewski:Lexikon der Fertigungsleittechnik. Begriffe, Erläuterungen, Beispiele. Springer Verlag, Berlin, 1995.

[Meixner & Thiels, 2011]

Gerrit Meixner, Nancy Thiels: MMI – der Gestaltungs-Aspekt. Elektro-niknet: Automation, http://www.elektroniknet.de/automation/technik-know-how/steuerungsebene/article/485/0/MMI__der_Gestaltungs-Aspekt/, Stand 10.05.2011.

[Mersch et al., 2010]

Henning Mersch, Markus Schluetter, Ulrich Epple: Classifying Services for the Automation Environment. In: Proceedings of: IEEE International Conference on Emerging Technologies and Factory Automation, 13.-16. September 2010, Bilbao, Spanien, 2010.

[Mertens & Epple, 2007]

Martin Mertens, Ulrich Epple: Online Plant Asset Management auf Basis eines Merkmal-verarbeitenden Strukturmodells. VDI-Berichte 1980, S. 467-479, GMA Kongress 2007.

[MESA, 2011]

MESA International: Manufacturing Enterprise Solutions Association Internation. http://www.mesa.org/en/, Stand 13.03.2011.

[MESA model, 2011]

MESA: MESA model.
http://www.mesa.org/en/modelstrategicinitiatives/mesamodel.asp, Stand 13.03.2011.

[Mewes, 2007]

Mewes & Partner: WinMOD und Invision, virtuelle Inbetriebnahme (Mewes & Partner. Automotive Rohbau: Virtuelle Inbetriebnahme. WinMOD Report 05.22, 2007.

[Mewes, 2009]

J. Mewes: Virtuelle Inbetriebnahme von Förderanlagen mit Feldbusemulation und Materialflusssimulation am Beispiel einer SKID-Anlage. Proceedings of Automation, Baden-Baden, 2009.

[Mewes, 2011]

Mewes & Partner: WinMod, http://www.mewes-partner.de, Stand 10.05.2011.

[Michaelis, 2006]

Samuel Michaelis, Jaxb 2.0: Ein Programmiertutorial für die Java Architecture for XML Binding, Hanser Fachbuchverlag, 1. Auflage, 2006.

[Michel, 2005]

J.J. Michel: Terminology Extracted from Some Manufacturing and Modelling Related Standards.CEN/ TC 310 N1119R2, 2005.

[Microsoft WPF, 2011]

Microsoft: Windows Presentation Foundation. Introduction to Windows Presentation Foundation. http://www.wpftutorial.net/WPFIntroduction. html, Stand: 15.07.2011.

[Microsoft Silverlight, 2011]

Microsoft Silverlight. http://silverlight.net/default.aspx, Stand 15.07.2011.

[Microsoft Silverlight 3 Tools, 2011]

Microsoft Silverlight 3 Tools:
http://www.microsoft.com/downloads/details.aspx? display-lang=en&FamilyID=9442b0f2-7465-417a-88f3-5e7b5409e9dd,
Stand 15. Juli 2011.

[MIMOSA, 2011]

MIMOSA: An Operations and Maintenance Information Open System Alliance (Machinery Information Management Open System Alliance). http://www.mimosa.org/, Stand 13.3.2011.

[Modale, 2005]

BMBF-Projekt MODALE - Modellbasiertes Anlagen-Engineering, kundenorientierte Dienstleistungen für Anlagensteuerung und –kontrolle. Förderkennzeichen: 01ISC28A - 01ISC28K. Laufzeit von 1. Oktober 2003 bis 30. September 2005.

[Modale, 2007]

MODALE: MODALE. http://www.modale.de/, Stand 25.April 2011.

[Morris, 1938]

Charles Morris: Foundation of the theory of signs. University of Chicago Press, ISBN: 978-0226575773, 1938.

[Moser & Biffl, 2010]

Thomas Moser, Stefan Biffl: Semantic Tool Interoperability for Engineering of Manufacturing Systems. In: Proceedings of: IEEE International Conference on Emerging Technologies and Factory Automation, 13.-16. September 2010, Bilbao, Spanien, 2010.

[Mubarak, 2007]

Hisham Mubarak: Unterstützung der Leitebene durch Selbstmanagement-Funktionalität. VDI-Berichte 1980, S. 195-206, GMA Kongress 2007.

[Mühlhause et al., 2009]

Mühlhause, Mathias; Neumann, Matthias; Diedrich, Christian; Wuwer, Daniel: Modellierung semantischer Beziehungen für unterschiedliche Informationsmodelle im automatisierungstechnischen Umfeld. In: Automation 2009 . - Düsseldorf : VDI-Verl., ISBN 978-3-18-092067-2, S. 237-240; VDI-Berichte; 2067, 2009.

[Mussbach-Winter et al., 2010]

Ute Mussbach-Winter, Thomas Wochinger, Rolf Kipp: Marktspiegel MES. ISBN: 978-3-938102-17-6, 3. Überarbeitete Auflage 2010.

[Münnemann, 2008]

Ansgar Münnemann: MES-Infrastruktur: Technologien und Anforderungen. Vortrag zum ACPLT-Day RWTH Aachen, Januar, 2008.

[Münnemann, 2010a]

Ansgar Münnemann: Wege zur guten Kommunikation – Anforderungen an System- und Kommunikationstechnologien. Namur-Hauptsitzung/Hauptbeitrag. atp edition 1-2/2010, S. 46-53, 2010.

[Münnemann, 2010b]

Ansgar Münnemann: Die Schnittstelle PLS/MES – Erfahrungen und Herausforderungen. VDI-Berichte 2092, AUTOMATION 2010 - Der 11. Branchentreff der Mess-und Automatisierungstechnik, 2010.

[MTConnect, 2011]

MTConnect, http://www.mtconnect.org/, Stand 13.03.2011.

[Nakashima et al., 2009]

Hideyuki Nakashima, Hamid Aghajan, Juan Carlos Augusto (Hrsg.): Handbook of Ambient Intelligence and Smart Environments. Springer, Berlin; Auflage: Ill, ISBN 978-0387938073, 2009.

[Namur, 2011]

Namur: Interessensgemeinschaft Automatisierungstechnik der Prozessindustrie. http://www.namur.de, Stand 13.03.2011.

[NA94, 2003]

Namur: NA94 MES: Funktionen und Lösungsbeispiele der Betriebsleitebene. 19.02.2003, AK 2.4.

[NA110, 2006]

Namur: NA110 Nutzen, Planung und Einsatz von MES. 02.11.2006, AK 2.4.

[NE33, 2003]

Namur: NE33 Anforderungen an Systeme zur Rezeptfahrweise. 17.01.2003, AK2.3.

[NE59, 2002]

Namur: NE59 Funktionen der Betriebsleitebene bei chargenorientierter Produktion. 15.07.2002, AK 2.3.1.

[NE 100, 2007]

Namur: NE 100 - Use of Lists of Properties in Process Control Engineering Workflows. Version 3.1, 02.11.2007.

[Nexus, 2011]

Nexus SFB 627: Umgebungsmodelle für Mobile Kontextbezogene Systeme. http://www.nexus.uni-stuttgart.de/, Stand 10.05.2011.

[NID, 2003]

NATO Interoperability Directive (AC322-SC/2-WG/4 WP(2003)0015-REV2).

[Niemann, 2007]

Karl-Heinz Niemann: EDDL – FDT – TCI: Stand der Integration intelligenter Systemkomponeten in der Prozessleittechnik. VDI-Berichte Nr. 1980, 2007.

[Notheis et al., 2007]

Simon Notheis, Björn Hein, Heinz Wörn: Modellbasierte Erweiterte Realität in der Industrierobotik mittels kostengünstiger Hardwarekomponenten. Virtuelle und Erweiterte Realität - 4. Workshop der GI-Fachgruppe VR/AR (ISBN 978-3-8322-6367-6), S. 169-180, 2007.

[Nyhuis et al., 2008]

Nyhuis, P.; Reinhart, G.; Abele, E. (Hrsg.): Wandlungsfähige Produktionssysteme - Heute die Industrie von morgen gestalten. Verlag PZH, Hannover, ISBN: 978-3-939026-96-9, 2008.

[OCL, 2011]

Object Management Group: Object Constraint Language. http://www.omg.org/technology/documents/modeling_spec_catalog.htm#OCL, Stand 01.03.2011.

[Oemig & Reiher, 2007]

Frank Oemig, Michael Reiher: Semantische Interoperabilität:Optimierung der intersektoralen Kommunikation. Beitrag zu: Telemed-Telematik im Gesundheitswesen, Berlin, 2007.

[OPC-Wiki, 2011]

Wikipedia.de : OLE for Process Control. http://de.wikipedia.org/wiki/OLE_for_Process_Control , Stand 06.03.2011.

[OPCFoundation, 2011]

OPC Foundation. http://www.opcfoundation.org/, Stand 06.03.2011.

[OPC-UA-1, 2009]

OPC Foundation: OPC UA Part 1 – Overview and Concepts 1.01 Specification, 2009-02-09. http://www.opcfoundation.org, 2009.

[OPC-UA-2, 2009]

OPC Foundation: OPC UA Part 2 - Security Model 1.00 Specification, 2009-02-09. http://www.opcfoundation.org, 2009.

[OPC-UA-3, 2009]

OPC Foundation: OPC UA Part 3 - Address Space Model 1.01 Specification, 2009-02-09. http://www.opcfoundation.org, 2009.

[OPC-UA-4, 2009]

OPC Foundation: OPC UA Part 4 - Services 1.01 Specification, 2009-02-09. http://www.opcfoundation.org, 2009.

[OPC-UA-5, 2009]

OPC Foundation: OPC UA Part 5 - Information Model 1.01 Specification, 2009-02-09. http://www.opcfoundation.org, 2009.

[OPC-UA-6, 2009]

OPC Foundation: OPC UA Part 6 - Mappings 1.00 Specification, 2009-02-09. http://www.opcfoundation.org, 2009.

[OPC-UA-7, 2010]

OPC Foundation: OPC UA Part 7 - Profiles 1.01 Specification, 2010-09-30. http://www.opcfoundation.org, 2010.

[OPC-UA-8, 2009]

OPC Foundation: OPC UA Part 8 - Data Access 1.01 Specification, 2009-02-09. http://www.opcfoundation.org, 2009.

[OPC-UA-9, 2010]

OPC Foundation: OPC UA Part 9 - Alarms and Conditions 1.00 Specification, 2010-03-09. http://www.opcfoundation.org, 2010.

[OPC-UA-10, 2010]

OPC Foundation: OPC UA Part 10 - Programs 1.01 Specification, 2010-03-09. http://www.opcfoundation.org, 2010.

[OPC-UA-11, 2010]

OPC Foundation: OPC UA Part 11 - Historical Access 1.01 Specification, 2010-03-09. http://www.opcfoundation.org, 2010.

[OPCUA-Wiki, 2011]

Wikipedia.de: OPC Unified Architecture. http://de.wikipedia.org/wiki/OPC_Unified_Architecture, Stand 06.03.2011.

[Oxford, 1995]

Della Thompson (Hrsg.): The Concise Oxford English Dictionary of Current English. 9th Edition, Oxford University Press, 1995.

[PABADIS, 2004]

EU PABADIS: Plant automation based on distributed systems. Laufzeit von 1.12.2000-31.01.2004.

[PABADIS Promise, 2008]

EU-Projekt PABADIS Promise. Laufzeit von 01.08.2005 bis 31.07.2008.

[PackML, 2011a]

OMAC: PackML. http://www.omac.org/content/packml, Stand 13.03.2011.

[PackML, 2011b]

OMAC Packaging Working Group: PackML - Packaging Machine Language. http://www.omac.org/Packaging, Stand 10.05.2011.

[Park et al., 2009]

Gwangmin Park, Daehyun Ku, Seonghun Lee, Woong-Jae Won, Wooyoung Jung, "Test methods of the AUTOSAR application software components," Proceedings of IEEE conference ICCAS-SICE, ISBN 978-4-907764-34-0 , 2009.

[PCS7, 2011]

Siemens: Simatic PCS7.
https://www.automation.siemens.com/mcms/process-control-systems/de/simatic-pcs-7/Pages/simatic-pcs-7.aspx, Stand 18.05.2011.

[Pech, 2008]

Wolfgang Pech: Manufacturing-Trend Integrierte Prozesse. MES Wissen Kompakt 2008, S. 6-9, 2008.

[Peinsipp-Byma, 2007]

Elisabeth Peinsipp-Byma: Leistungserhöhung durch Assistenz in interaktiven Systemen zur Szenenanalyse. Karlsruhe: Universitätsverlag Karlsruhe, 2007, II, 175 S., Zugl.: Karlsruhe, Univ., Diss., Karlsruher Schriften zur Anthropomatik, 2, ISBN: 978-3-86644-149-1, 2007.

[Persson et al., 2010]

Jacob Persson, Axel Gallois, Anders Björkelund, Love Hafdell, Mathias Haage, Jacek Malek, Klas Nilsson, Pierre Nugues: A Knowledge Integration Framework for Robotics. ISR/ROBOTIK 2010 - ISR 2010 (41st International Symposium on Robotics) and ROBOTIK 2010 (6th German Conference on Robotics), Munich, Germany, 2010.

[Piepenbrock, 2010]

Georg Piepenbrock: Smart Factory – Einsatz von Werkzeugen der Digitalen Fabrik in Planungs- und Produktionsprozessen. Automation. Baden-Baden, 2010.

[PlantScape, 2011]

Honeywell: PlantScape. http://hpsweb.honeywell.com/Cultures/en-US/Products/Systems/ PlantScape/default.htm, Stand 18.05.2011.

[PLCOpenXML, 2011]

PLCopen: PLCOpenXML, http://www.plcopen.org/pages/tc6_xml/, Stand 01.03.2011.

[Plug-and-work, 2011]

Fraunhofer IOSB: Plug-and-work-Konzepte auf Basis von AutomationML. http://www.iosb.fraunhofer.de/servlet/is/8251/, Stand 18.08.2011.

[Polke, 1994]

Martin Polke (Hrsg.): Prozeßleittechnik, Oldenbourg Verlag, 3486225499, München, 1994.

[ProduFlexil, 2011]

Fraunhofer IESE: Verbundprojekt PRODUFLEXIL. http://www.produflexil.de/, Stand 10.05.2011.

[Protégé, 2011]

Stanford Center for Biomedical Informatics Research at the Stanford University School of Medicine: Protégé. http://protege.stanford.edu/, Stand 01.07.2011.

[Rasmussen, 1986]

Rasmussen, J: Information processing and human-machine interaction: an approach to cognitive engineering. New York, N.Y. [u.a.]: North-Holland, 1986.

[Reinhart et al., 2008]

Gunther Reinhart, Thomas Hensel, Georg Wünsch, Markus Martl, Petra Piochacz: Datenintegration zwischen Hardwareplanung und Steuerungsprojektierung. EKA 2008 – Entwurf komplexer Automatisierungssysteme, 2008.

[Remmel & Drumm, 2009]

M. Remmel, O. Drum: Anwendung semantischer Technologie zur Erstellung von Schnittstellen – Semantic Web in der Anlageplanung. Automation 2009, S.171-174, 2009.

[Richards & Ogden, 1974]

Ivor Armstrong Richards, Charles Kay Ogden: Die Bedeutung der Bedeutung : eine Untersuchung über d. Einfluss d. Sprache auf d. Denken u. über d. Wiss. d. Symbolismus = (The meaning of meaning). Suhrkamp, Frankfurt (am Main), Erstausgabe 1923, ISBN 3-518-06389-8, 1974.

[Ricken & Vogel-Heuser, 2009]

Maria Ricken, Birgit Vogel-Heuser: Engineering von Manufacturing Execution Systems. In: SPS/IPC Drives Kongress, Nürnberg, 24.-26.11.2009.

[Ricken & Vogel-Heuser, 2010]

Maria Ricken, Birgit Vogel-Heuser: Modeling of Manufacturing Execution Systems: an interdisciplinary challenge. In: Proceedings of: IEEE International Conference on Emerging Technologies and Factory Automation, 13.-16. September 2010, Bilbao, Spanien, 2010.

[Roßmann et al., 2007]

Roßmann, J.; Stern, O.; Wischnewski, R.: Eine Systematik mit einem darauf abgestimmten Softwarewerkzeug zur durchgängigen virtuellen Inbetriebnahme von Fertigungsanlagen. VDI-Berichte Nr. 1980, 2007.

[Runde, 2008]

Stefan Runde: A Data Exchange Format fort he Engineering of Building Automation Systems. Proceedings of 13th IEEE International Conference on Emerging Technologies and Factory Automation, Hamburg, 2008.

[Runde et al., 2009a]

Stefan Runde, Knut Güttel, Alexander Fay: Transformation von CAEX-Anlagenplanungsdaten in OWL – Eine Anwendung von Technologien des Semantic Web. Tagungsband Automation 2009, S. 175-178, Baden-Baden, 16.-17. Juni 2009, ISBN: 978-3-18-092067-2.

[Runde et al., 2009b]

S. Runde, H. Dibowski, A. Fay, J. Kabitzsch: Semantic Requirement Ontology for the Engineering of Building Automation. Tagungsband der 14. Tagung "IEEE International Conference on Emerging Technologies and Factory Automation (ETFA), Mallorca, Spain, 22.-26. September, 2009.

[Runde et al., 2010]

S. Runde, A. Fay, S. Böhm: Konvertierung von OWL-Planungsergebnissen nach CAEX. Tagungsband Automation 2010, S. 405-409, 15-16. Juni 2010, Baden-Baden.

[Runde et al., 2011]

S. Runde, A. Fay, S. Schmitz, U. Epple: Wissensbasierte Systeme im Engineering der Automatisierungstechnik. at-Automatisierungstechnik, Jahrgang 59 (2011), Heft 1, S. 42-49, DOI 10.1524/auto.2011.0893, 2011.

[Sauer, 2000]

Olaf Sauer:Prozesskette DMU – parametrische Produktbeschreibung. In: VDI Gesellschaft Produktionstechnik (VDI-ADB): Menschen und Prozesse. VDI-Berichte 1536, Düsseldorf: VDI-Verlag 2000, S. 219–231, 2000.

[Sauer, 2004]

Olaf Sauer: Einfluss der digitalen Fabrik auf die Fabrikplanung. In: wt Werkstattstechnik online, Jahrgang 94 (2004), H.1/2, S. 31-34.

[Sauer, 2004b]

Olaf Sauer: Modern production monitoring in automotive plants. Proceedings of the FISITA World Automotive Congress, May 23-27, Barcelona, 2004.

[Sauer, 2004c]

Olaf Sauer: Entwicklungstrends von MES-Systemen am Beispiel der Automobilindustrie. VDI-Berichte Nr. 1847, S. 149-165, 2004.

[Sauer, 2005a]

Olaf Sauer: Trends bei Manufacturing Execution Systemen (MES) am Beispiel verteilter Echtzeitverarbeitung in der Automobil-Industrie. In: Spath, D.; Haasis, K.; Klumpp, D. (Hrsg.): Aktuelle Trends in der Softwareforschung. Tagungsband zum doIT Kongreß 2005, S. 105-115, 2005.

[Sauer, 2005b]

Olaf Sauer: Trends bei Manufacturing Execution Systemen (MES) am Beispiel der Automobilindustrie. PPS Management 10 (2005) 3, S. 21-24, GITO Verlag, 2005.

[Sauer, 2006]

Olaf Sauer: Integriertes Leit- und Auswertesystem für Rohbau, Lackierung und Montage. In: atp Automatisierungstechnische Praxis, 48 (2006) Heft 10, S. 38-43.

[Sauer, 2007a]

Olaf Sauer: Digitale Fabrik und MES. IT&Production: MES Wissen Kompakt 2007, S. 18-21.

[Sauer, 2007b]

Olaf Sauer: Frühzeitige Inbetriebnahme von Anlagen und überlagerter Software durch Kopplung von Planung und Betrieb. 2. Fachveranstaltung Ramp up Anlaufmanagement in der Automobil-Produktion, 08. -09. Mai 2007, München. Mai, 2007.

[Sauer, 2011]

Olaf Sauer: Produktionsnahe IT-Systeme – Beispiele für Innovationen und Trends. 3. MES-Tagung 2011: MES in der Praxis. http://www.klk2008.de/servlet/is/10165/Handout% 20sr%2006042011.pdf?command=downloadContent&filename=Handout% 20sr%2006042011.pdf, Hannovermesse, 06.04.2011.

[Sauer & Ebel, 2007a]

Olaf Sauer, Miriam Ebel: Plug-and-work von Produktionsanlagen und übergeordneter Software. Aktuelle Trends in der Softwareforschung, Tagungsband zum do it.software-forschungstag 2007. Heidelberg, dpunkt.verlag, 2007.

[Sauer & Ebel, 2007b]

O. Sauer, M. Ebel: Engineering of production monitoring & control systems. In: Scharff, Peter (Hrsg.); Technische Universität/Fakultät für Informatik und Automatisierung: Computer science meets automation: Vol. I : 52. IWK ; proceedings ; 10 - 13 September 2007. Ilmena : Univ.-Verl., 2007, S. 237-244.

[Sauer & Ebel, 2007c]

Olaf Sauer, Miriam Ebel: Plug-and-work von Produktionsanlagen und übergeordneter Software. 37. Jahrestagung der Gesellschaft für Informatik e.V. (GI), Bremen: INFORMATIK 2007 - Informatik trifft Logistik. 24.-27. September 2007, GI Proceedings 110, Band 2.

[Sauer & Ebel, 2007d]

O. Sauer, M. Ebel: Automatische Projektierung von Produktionsanlagen im übergeordneten Leitsystem. In: PPS Management 12 (2007) 4, S. 24-27, 2007.

[Sauer & Jasperneite, 2011]

Sauer, Olaf; Jasperneite, Jürgen: Adaptive information technology in manu-facturing. In: CIRP Conference on Manufacturing Systems Madison in Wisconsin, USA, Juni, 2011.

[Sauer & Sutschet, 2006]

Olaf Sauer, Gerhard Sutschet: ProVis.Agent: ein agentenorientiertes Leit-system – erste Erfahrungen im industriellen Einsatz. VDE-Kongress 2006, Aachen: Innovations for Europe. 23-25. Oktober 2006, Band 2: S. 297-302, 2006.

[Sauer et al., 2010]

Olaf Sauer, Miriam Schleipen, Christoph Ammermann: Digitaler Fabrikbe-trieb - Virtual Manufacturing. In: Gert Zülch, Patricia Stock (Hrsg.); Integr-ationsaspekte der Simulation: Technik, Organisation und Personal. Karls-ruhe, KIT Scientific Publishing 2010, 978-3-86644-558-1, S. 559-566.

[SCADA-Wiki, 2011]

Wikipedia.de: Supervisory Control and Data Acquisition. http://de.wikipedia.org/wiki/Supervisory_Control_and_Data_Acquisition, Stand 22.April 2011.

[Schabacker, 2008]

Michael Schabacker: Inhalte und Auswertung der Initiative. Pressekonfe-renz Halbzeit der Initiative ENGINEERING produktiv!, 22. April 2008.

[Schefe, 1991]

Peter Schefe: Künstliche Intelligenz. Überblick und Grundlagen. Wissen-schaftsverlag Mannheim/Wien/Zürich, ISBN 978-3411152728, 1991.

[Schertl et al., 2008]

Andreas Schertl, Dr. Ulrich Löwen, Prof. Alexander Fay, Dr. Rainer Drath, Georg Gutermuth, Matthias Mühlhause, Miriam Ebel: Systematische Beur-teilung und Verbesserung des Engineerings von automatisierten Anlagen. Automatisierungskongress 2008, 3.-4.6.08, Baden-Baden, 2008.

[Schiller & Seuffert, 2002]

Schiller, E; Seuffert, W.-P.: Digitale Fabrik/Strategie – Bis 2005 realisiert. Automobil-Produktion (2002) April, S. 21–30, 2002.

[Schlange, 2010]

Christian Schlange: Integrierte Struktur- und Layoutplanung unter Nutzung erweiterter virtueller Fabrikmodelle. Clausthal, Tech. Univ., Diss., 2010, ISBN: 978-3-8322-9672-8, Univ.-Prof. Dr.-Ing. Uwe Bracht (Hrsg.), Innovationen der Fabrikplanung und –organisation, Band 23. Shaker Verlag, Aachen, 2010.

[Schleipen, 2008a]

Miriam Schleipen: OPC UA supporting the automated engineering of production monitoring and control systems. Proceedings of 13th IEEE International Conference on Emerging Technologies and Factory Automation ETFA, 15.-18.9.2008, Hamburg, Germany, S. 640-647, 2008.

[Schleipen, 2008b]

Miriam Schleipen: Kommunikation durch Kombination. Reasearch to business 3/2008, KIT.

[Schleipen, 2009a]

Miriam Schleipen: XML-basierte Produkt- und Prozessdaten für die Leittechnik-Projektierung. In: Software-intensive verteilte Echtzeitsysteme Echtzeit 2009. Fachtagung des GI/GMA-Fachausschusses Echtzeitsysteme (real-time) Boppard, 19. und 20. November 2009. Reihe: Informatik aktuell. Halang, Wolfgang A.; Holleczek, Peter (Hrsg.). 2010, VIII, S. 89-98, ISBN: 978-3-642-04782-4.

[Schleipen, 2009b]

Miriam Schleipen: Semantic interoperability of MES. Technischer Bericht IES-2009-04. In: Beyerer, J.; Huber, M. (Hrsg.): Proceedings of the 2009 Joint Workshop of Fraunhofer IOSB and Institute for Anthropomatics, Vision and Fusion Laboratory, KIT Scientific Publishing, 2009.

[Schleipen, 2010a]

Miriam Schleipen: Automated production monitoring and control system engineering by combining a standardized data format (CAEX) with standardized communication (OPC UA). Javier Silvestre (edit.), Factory Automation, 978-953-307-024-7, in-tech, pp.501-522. Accessible at: http://sciyo.com/articles/show/title/automated-production-monitoring-and-control-system-engineering-by-combining-a-standardized-data-form. 2010.

[Schleipen, 2010b]

Miriam Schleipen: A concept for conformance testing of AutomationML models by means of formal proof using OCL. Proceedings of 14th IEEE International Conference on Emerging Technologies and Factory Automation ETFA, 13.-16.09.2010, Bilbao, Spain, 2010.

[Schleipen, 2010c]

Miriam Schleipen: Interoperability of Process Visualization as Interface from Human to Production Monitoring and Control System. Technischer Bericht IES-2010-04. In: Beyerer, J.; Huber, M. (Hrsg.). Proceedings of the 2010 Joint Workshop of Fraunhofer IOSB and Institute for Anthropomatics, Vision and Fusion Laboratory, Karlsruher Schriften zur Anthropomatik, Bd. 7, S. 47-62, KIT Scientific Publishing, 2010.

[Schleipen & Bader, 2010]

Miriam Schleipen, Thomas Bader: A concept for interactive assistant systems for multi-user engineering based on AutomationML. Proceedings of CAPE Conference 2010, Edinburgh, 13.-14.4.2010, Paper 014.

[Schleipen & Drath, 2009]

Miriam Schleipen, Rainer Drath: Three-View-Concept for modeling process or manufacturing plants with AutomationML. 13th IEEE International Conference on Emerging Technologies and Factory Automation (ETFA). 22.-25.9.2009, Palma de Mallorca, Spain.

[Schleipen & Okon, 2010]

Miriam Schleipen, Michael Okon: The CAEX Tool Suite - user assistance for the use of standardized plant engineering data exchange. Proceedings of 14th IEEE International Conference on Emerging Technologies and Factory Automation ETFA, 13.-16.09.2010, Bilbao, Spain, 2010.

[Schleipen & Sauer, 2009a]

Miriam Schleipen, Olaf Sauer: Usage of dynamic product and process information in a production monitoring and control system by means of CAEX and OPC UA. Proceedings of 3rd International Conference on Changeable, Agile, Reconfigurable and Virtual Production, S. 662-671, 2009.

[Schleipen & Sauer, 2009b]

Miriam Schleipen, Olaf Sauer: Flexibility and interoperability face Manufacturing Execution Systems (MES). Proceedings of 3rd International Swedish Production Symposium (SPS), Day 2 Book, pp.139-146, 2.-3.12.2009, Gothenburg.

[Schleipen & Sauer, 2010]

Miriam Schleipen, Olaf Sauer: Virtuelle Leittechnik-Inbetriebnahme mit Delmia und WinMOD. Leittechnik – Realer Partner in der Virtuellen Welt. In: Tagungsband zum 3. Karlsruher Leittechnischen Kolloquium. Fraunhofer IRB Verlag, Stuttgart, 9.-10.06.2010, Karlsruhe.

[Schleipen & Schick, 2008]

Miriam Schleipen, Klaus Schick: Self-configuring visualization of a production monitoring and control system. CIRP International Conference on Intelligent Computation in Manufacturing Engineering - CIRP ICME '08, Naples, Italy, ISBN 978-88-900948-7-3 23 - 25 July 2008.

[Schleipen & Schenk, 2011]

Miriam Schleipen, Manfred Schenk: Intelligent environment for mechatronic, cross-discipline plant engineering. Accepted paper to: IEEE International Conference on Emerging Technologies and Factory Automation ETFA, September, 2011.

[Schleipen et al., 2008a]

Miriam Schleipen, Rainer Drath, Olaf Sauer: The system-independent data exchange format CAEX for supporting an automatic configuration of a production monitoring and control system. IEEE International Symposium on Industrial Electronics – ISIE 2008, p.1786-1791, Cambridge, Great Britain, June 30 to July 2, 2008.

[Schleipen et al., 2008b]

Miriam Schleipen, Klaus Schick; Olaf Sauer: Layoutmanager für automatisch erstellte Prozessführungsbilder mit Hilfe von Daten aus der Digitalen Fabrik. In: Rabe, Markus (Hrsg.); Arbeitsgemeinschaft Simulation (ASIM) / Fachgruppe Simulation in Produktion und Logistik:Advances in simulation for production and logistics applications. Stuttgart: Fraunhofer IRB Verl., 2008, S. 397 - 406.

[Schleipen et al., 2008c]

Miriam Schleipen, Michael Baumann, Michael Okon, Martin Neukäufer, Christian Fedrowitz, Martin Feike, Natalia Popova, Markus Nick, Sören Schneickert, Martin Wessner: Veränderungen im Konzeptions- und Konstruktionsprozess durch modular aufgebaute Anlagen mittels Ambient Intelligence-Technologien. Stuttgarter Softwaretechnik Forum (Science meets business), 25.-28. November 2008, S. 57-67.

[Schleipen et al., 2009a]

Miriam Schleipen, Michael Okon, Michael Baumann, Martin Neukaeufer, Christian Fedrowitz, Martin Feike, Nataliya Popova, Markus Nick, Soeren Schneickert, Martin Wessner: Design and engineering processes in highly adaptive plants with ambient intelligence techniques. Proceedings of 42nd CIRP Conference on Manufacturing Systems, 3.-5.6.09, Grenoble.

[Schleipen et al., 2009b]

Miriam Schleipen, Olaf Sauer, Lisa Braun, Kamran Shakerian, Nicole Frieß: Production monitoring and control systems within the Digital factory. 6th International CIRP-Sponsored Conference on Digital Enterprise Technology (DET 09), Hong Kong, 14.-16. Dezember 2009. Huang, G. (Hrsg.): DET 09 Proceedings, AISC 66, pp.711-724, Springer-Verlag Berlin Heidelberg, ISBN 978-3-642-10429-9, 2009.

[Schleipen et al., 2010a]

Miriam Schleipen, Olaf Sauer, Jing Wang: Semantic integration by means of a graphical OPC Unified Architecture (OPC UA) information model designer for Manufacturing Execution Systems. In: Sihn/Kuhlang (Ed.), Sustainable Production and Logistics in Global Networks. 43rd CIRP International Conference on Manufacturing Systems, 26-28 May 2010, Vienna. ISBN 978-3-7083-0686-5, Neuer Wissenschaftlicher Verlag GmbH NfG KG, pp. 633-640, 2010.

[Schleipen et al., 2010b]

Miriam Schleipen, Olaf Sauer, Lidmilla Fuskova: MES-Ontologie - Semantische Schnittstelle zwischen Maschine und MES. Automation 2010, Baden-Baden.

[Schleipen et al., 2010c]

Miriam Schleipen, Olaf Sauer, Christoph Ammermann: Die Anwendung der Digitalen Fabrik im laufenden Fabrikbetrieb. Automation 2010, Baden-Baden.

[Schleipen et al., 2010d]

Miriam Schleipen, Olaf Sauer, Lidmilla Fuskova: Logical interface between MES and machine - semantic integration by means of ontologies. In Proceedings of: CIRP ICME '10 - 7th CIRP International Conference on IN-TELLIGENT COMPUTATION IN MANUFACTURING ENGINEE-RING. Innovative and Cognitive Production Technology and Systems. 23 - 25 June 2010, Capri (Gulf of Naples), Italy.

[Schleipen et al., 2011a]

Miriam Schleipen, Dr. Michael Okon, Dr. Jiaqiu Wei, Thomas Hövelmeyer: Automatisierte Erstellung von Prozessführungsbildern für die Leittechnik. Productivity Management 16 Ausgabe 2011 (2), GITO Verlag, S. 23-25, 2011.

[Schleipen et al., 2011b]

Miriam Schleipen, Michael Okon, Tanja Enzmann, Jiaqiu Wei: IDA – Interoperable, semantische Datenfusion zur automatisierten Bereitstellung von sichtenbasierten Prozessführungsbildern. Tagungsband zum Kongress Automation 2011, 28.-29.6.2011, Baden-Baden, 2011.

[Schleipen et al., 2011c]

Miriam Schleipen, Ansgar Münnemann, Olaf Sauer: Interoperabilität von Manufacturing Execution Systems (MES) - Durchgängige Kommunikation in unterschiedlichen Dimensionen der Informationstechnik in produzieren-den Unternehmen. at-Automatisierungstechnik, Jahrgang 59 (2011) Heft 7, DOI 10.1524/auto.2011.0936, S. 413-424, 2011.

[Schlögl, 2007]

Wolfgang Schlögl: Einsatz der Digitalen Fabrik von der Anlagenplanung bis in den laufenden Betrieb. VDI-Berichte 1980, GMA Kongress 2007.

[Schlütter et al., 2009]

M. Schlütter, U. Epple und T. Edelmann: Dienstesysteme für die Leittechnik — Ein Einblick. In VDI-Berichte 2067, Automation 2009: Fit for Efficiency, Kurzfassung: S. 21-24, Langfassung: auf beiliegender CD, VDI Verlag, Düsseldorf. ISBN: 978-3-18-092067-2, 2009.

[Schmeck et al., 2010]

Hartmut Schmeck, Christian Müller-Schloer, Emre Cakar, Moez Mnif, Urban Richter: Adaptivity and Self-Organisation in Organic Computing Systems. ACM Transactions on Autonomous and Adaptive Systems (TAAS), 5, (3), Seiten 10:1-10:32, September, 2010.

[Schmidberger et al., 2005]

Till Schmidberger, Alexander Fay, Rainer Drath: Automatisiertes Engineering von Prozessleitsystem-Funktionen. In: atp – Automatisierungstechnische Praxis 47 (2005), H.2, S. 45-51. München, Oldenburg Industrieverlag, 2005.

[Schmidberger et al., 2006]

Till Schmidberger, Alexander Fay, Rainer Drath, Alexander Horch: Von Anlagenstrukturinformationen automatisch zum Asset-Management. In: atp – Automatisierungstechnische Praxis 48 (2006), H.6, S. 54-61. München, Oldenburg Industrieverlag, 2006.

[Schmidtner, 2011]

Robert Schmidtner: Adaptivität und Adaptierbarkeit. http://www.iim.uni-giessen.de/ osinet/paedagog/instrukt/cul/adapint1.htm, Stand 09.03.2011.

[Schmitz & Epple, 2006]

Stefan Schmitz, Ulrich Epple: On rule based automation of automation. Proceedings of 5th Mathmod, I.Troch, F.Breitenecker (eds.) Vienna, February 2006.

[Schmitz & Epple, 2007]

Schmitz S., Epple, U.: Automatisierte Projektierung von HMI-Oberflächen, in VDI-Berichte 1980, S. 127-138, GMA Kongress 2007.

[Schmitz et al., 2005]

Stefan Schmitz, Ansgar Münnemann, Ulrich Epple: Komponentenmodell für den systematischen Entwurf von Prozessführungsfunktionen, in VDI Berichte 1883, GMA Kongress 2005: Automation als interdisziplinäre Herausforderung, S. 817-824, 2005.

[Schmitz et al., 2009]

Schmitz, S., Schlütter M., Epple U.: Automation of Automation - Definition, Components and Challenges. Proceedings of the 14th IEEE International Conference on Emerging Technologies and Factory Automation ETFA, 2009.

[Schneickert et al., 2009]

Schneickert, S., Wessner, M., Baumann, M., Okon, M., Schleipen, M., Neukäufer, M., Feike, M., Popova, N.: Flexible Anbindung von Produktionsanlagenmodulen durch Adaptivität und Selbstkonfiguration. Abschlussbericht, Verbundprojekt PRODUFLEXIL. Förderkennzeichen BMBF 01ISF17A-D (2009), Fraunhofer Publica, Germany, Research Report, Electronic Publication.

[Schnieder, 2010]

Lars Schnieder: Formalisierte Terminologien technischer Systeme und ihrer Zuverlässigkeit. Dissertation, Technische Universität Braunschweig, Institut für Verkehrssicherheit und Automatisierungstechnik, 2010.

[Schob & Altmann, 2008]

Uwe Schob, Sven Altmann: Automatisierte Maschinenmodellbildung aus CAE-Daten. SPS/IPC/Drives, Nürnberg, 2008.

[Schönbein, 2006]

Rainer Schönbein: Wissensrepräsentation mittels Ontologien, visIT 02/2006, Wissensrepräsentation, S. 4-5, Fraunhofer IITB, http://www.iosb.fraunhofer.de/servlet/is/2369/visIT_02_06.pdf, Stand 18.08.2011.

[Schöning, 2000]

Uwe Schöning: Logik für Informatiker. 5. Auflage, Spektrum, Akademie Verlag, Heidelberg, ISBN 3-8274-1005-3, 2000.

[Schreiber, 2007]

Schreiber, W.: Die Top-Themen der deutschen Automobil-Industrie; in: Tagungsband zur MANUFUTURE Germany Konferenz: die strategische Forschungsagenda Deutschland, 12.09.2007, S. 90-94.

[Schumann, 2007]

R. Schumann: Virtuelle Inbetriebnahme – Konzept und Realisierungsansätze. VDI-Berichte Nr. 1980, S. 697-706, 2007.

[Schwarz et al., 2010]

Tobias Schwarz, Holger Oortmann, Harald Reiterer: „Holistic workspace" – The next generation workplace in control room. Automation 2010, VDI-Berichte 2092, VDI Verlag, Düsseldorf, Jun, 2010.

[SECS I, 2007]

SEMI E4-0699 (Reapproved 0307) SECS (SEMI Equipment Communications Standard) I.

[SECS II, 2009]

SEMI E5-0709: SECS (SEMI Equipment Communications Standard) II.

[Shvaiko & Euzenat, 2005]

P. Shvaiko, J. Euzenat: A Survey of Schema-based Matching Approaches. Journal on Data Semantics, 2005.

[Siemens-AD, 2011]

SIEMENS: SIMATIC Automation Designer.
https://www.automation.siemens.com/_de/simatic/automation-designer/produkte/automation_designer.htm, Stand 25. April 2011.

[Siemens S7-300, 2011]

Siemens S7 300:
http://www.automation.siemens.com/simatic/controller/html_00/produkte/simatic-s7-300.htm. Stand 22. Juli 2011.

[Siemens Step7, 2011]

Siemens Step 7: http://www.automation.siemens.com/mcms/simatic-controller-software/en/ Pages/Default.aspx. Stand 22. Juli 2011.

[Siemon, 2001]

Elke Siemon: Über den Entwurf von Benutzungsschnittstellen technischer Anwendungen mit visuellen Spezifikationsmethoden und Werkzeugen. Endbenutzeraspekte Wiederverwendung durch Entwurfsmuster und Komponenten. Dissertation, TU Darmstadt, 2001.

[Simon, 2002]

Patricia Simon: Die Entwicklung eines Modells der Gruppeneffektivität und eines Analyse-Instruments zur Erfassung des Leistungspotentials von Arbeitsgruppen. Verlag Empirische Pädagogik, Landau, ISBN: 3933967627, 2002.

[SOCRADES, 2011]

EU-Projekt SOCRADES. Laufzeit 2006-2009, www.socrades.eu, Stand 10.05.2011.

[Soenen & Olling, 2002]

R. Soenen, G. Olling: Feature Based Product Life-Cycle Modelling: IFIP TC5/WG5.2 & WG5.3 Conference on Feature Modelling and Advanced Design-for-the-Life-Cycle Systems (FEATS 2001), June 12-14, 2001, Valenciennes, France. Springer-Verlag New York, 2002.

[SPS-Wiki, 2011]

Wikipedia.de: Speicherprogrammierbare Steuerung. http://de.wikipedia.org/wiki/Speicher programmierbare_Steuerung, Stand 06.03.2011.

[Spur et al., 1993]

Spur, G.; Mertins, K.; Jochem, R.; Warnecke, H.J.: Integrierte Unternehmensmodellierung Beuth Verlag GmbH Germany, ISBN 3-410-12923-5, 1993.

[Stark et al., 2011]

R. Stark, H. Hayka, J.J. Israel, M. Kim, P. Müller, U. Völlinger: Virtuelle Produktentstehung in der Automobilindustrie. Informatik Spektrum, Informatik in der Automobilindustrie, S. 20-28, Band 34, Heft 1, Februar 2011.

[Steinberg, 2003]

Roland Steinberg: 21 CFR Part 11: Die Chancen erkennen und nutzen. Systemvalidierung für die Pharma- und Lebensmittelindustrie. atp 45 (2003) Heft 12, S. 5-7, 2003.

[STEP, 2011]

STEP conformance checker, http://www.steptools.com/support/stdev_docs/devtools/   devtools-17.html, 2010. ISO10303 : STEP, Parts 3x : Conformance testing methodology and framework.

[Stephan & Floerchinger, 2010]

Stephan, P.; Floerchinger, F.: Das Produkt als Informationsträger - Digitale Produktgedächtnisse als Medium zur Kommunikation in heterogenen Wertschöpfungsketten; Tagungsband VDI Kongeress AUTOMATION 2010, Baden-Baden, Juni 2010.

[Suchhold et al., 2009]

Nico Suchold, Matthias Riedl, Christian Fedrowitz, Günter Mikuta, Christian Diedrich: Mechatronisches Anlagenmodell für die Austaktung von Fertigungszellen. 9.Magdeburger Maschinenbau-Tage, 30.09. -01.10.09, Magdeburg, 2009.

[Sutschet, 2006]

Gerhard Sutschet: Ontologien in der Leittechnik. visIT 2/2006, pp. 8-9, 2006.

[Sutschet, 2001]

Gerhard Sutschet: Störung im Griff. Ein Produktionsassistent für die Automobilfertigung. visIT 2 (2001), No. 2, S. 6-7, 2001.

[Syrbe, 1970]

Max Syrbe: Anthropotechnik, eine Disziplin der Anlagenplanung, Elektrotechnische Zeitschrift, Vol. 91 (1970) 12, No. A, (1970) 692-697, 00137359, 1970.

[Syrbe, 2006]

Max Syrbe: Anthropotechnik / Ergonomie als Basiswissen. Skript zur Vorlesung an der Universität Karlsruhe (TH). 2006.

[Taylor, 2004]

Frederick Winslow Taylor: Die Grundsätze wissenschaftlicher Betriebsführung: The Principles Scientific Management, Vdm Verlag Dr. Müller; Auflage: 1, 978-3936755657, 2004.

[Tarski, 1954]

Alfred Tarski: Contributions to the Theory of Models. In: Koninklijke Nederlands Akademie van Wetenschappen, Proceedings, Ser A 57 (=Indagationes Mathematicae 16) Amsterdam, S. 572-588, 1954.

[Thiel et al., 2008]

Klaus Thiel, Heiko Meyer, Franz Fuchs: MES - Grundlagen der Produktion von morgen. Effektive Wertschöpfung durch die Einführung von Manufacturing Execution Systems. Oldenbourg Industrieverlag, München, ISBN 978-3-8356-3140-3, 2008.

[Thomalla, 2010]

Thomalla, C.:Towards the Digital Factory: Data Re-Use and Fusion.In: CIRP ICME '10 - 7th CIRP International Conference on INTELLIGENT COMPUTATION IN MANUFACTURING ENGINEERING. Innovative and Cognitive Production Technology and Systems. 23 - 25 June 2010, Capri (Gulf of Naples), Italy, 2010.

[Thornhill, 2006]

N. Thornhill: Using process topology in plant-wide control loop performance assessment. Computers & Chemical Engineering, 31, S. 86-99, 2006.

[Thornhill, 2007]

N. Thornhill: Cause and Effect analysis in Chemical Processes Utilizing Plant Connectivity Information, Presented at Advances in Process Control, New York, Sept. 17-18, 2007.

[Timpe et al., 2002]

K.-P. Timpe, T. Jürgensohn, H. Kolrep (Hrsg.): Mensch-Maschine-Systemstechnik - Konzepte, Modellierung, Gestaltung, Evaluation. Symposium Publishing, Düsseldorf, http://www.mms.tu-berlin.de/fileadmin/scripte/mensch-maschine-systemtechnik.pdf, 2002.

[Valnion, 2011]

Bernhard D. Valnion: Ein im Prinzip neu zu besetzender Markt. Economic Engineering 1/2011, S. 96-98, 2011.

[VDI Automation 2020]

VDI/VDE-Geselltschaft Mess- und Automatisierungstechnik: Automation 2020 – Bedeutung und Entwicklung der Automation bis zum Jahr 2020, Thesen und Handlungsfelder, 2009.

[VDI3546, 2001]

VDI/VDE Richtlinie 3546: Konstruktive Gestaltung von Prozeßleitwarten, Teil 1-5, Beuth Verlag, Berlin, 2001.

[VDI3633, 1993]

Verein Deutscher Ingenieure: Richtlinie VDI 3633 Blatt 1 und 5: Simulation von Logistik-, Materialfluß- und Produktionssystemen. Berlin, Beuth Verlag, 1993.

[VDI 3682, 2005]

VDI/VDE 3682: Formalisierte Prozessbeschreibungen.
http://www.beuth.de/langanzeige/VDI-VDE-3682/de/82130100.html, 2005-09.

[VDI/VDE 3695 – Blatt 1]

VDI/VDE-Gesellschaft Mess- und Automatisierungstechnik: VDI/VDE-Richtlinie 3695 Blatt 1, Engineering von Anlagen - Evaluieren und optimieren des Engineerings - Grundlagen und Vorgehensweise. 2010-11, Beuth Verlag, 2010.

[VDI/VDE 3695 – Blatt 2]

VDI/VDE-Gesellschaft Mess- und Automatisierungstechnik: VDI/VDE-Richtlinie 3695 Blatt 2, Engineering von Anlagen - Evaluieren und optimieren des Engineerings - Themenfeld Prozesse. 2010-11, Beuth Verlag, 2010.

[VDI/VDE 3695 – Blatt 3]

VDI/VDE-Gesellschaft Mess- und Automatisierungstechnik: VDI/VDE-Richtlinie 3695 Blatt 3, Engineering von Anlagen - Evaluieren und optimieren des Engineerings - Themenfeld Methoden. 2010-12, Beuth Verlag, 2010.

[VDI/VDE 3695 – Blatt 4]

VDI/VDE-Gesellschaft Mess- und Automatisierungstechnik: VDI/VDE-Richtlinie 3695 Blatt 4, Engineering von Anlagen - Evaluieren und optimieren des Engineerings - Themenfeld Hilfsmittel. 2010-12, Beuth Verlag, 2010.

[VDI 3696, 1996]

VDI 3696, Herstellerneutrale Konfigurierung von Prozeßleitsystemen - Allgemeines zur herstellerneutralen Konfigurierung. VDI/VDE-Gesellschaft Mess- und Automatisierungstechnik, 1996.

[VDI 3699, 2005]

VDI/VDE-Richtlinie 3699, Blatt 1-6: Prozessführung mit Bildschirmen, Beuth Verlag, Berlin, 1997-2005.

[VDI 4499 – Blatt 1]

VDI-Gesellschaft Produktion und Logistik: VDI-Richtlinie 4499 Blatt 1, Digitale Fabrik – Grundlagen. 2008-02, Beuth Verlag, 2008.

[VDI4499 – Blatt 2]

VDI-Gesellschaft Produktion und Logistik: VDI-Richtlinie 4499 Blatt 2, Digitale Fabrik - Digitaler Fabrikbetrieb. Gründruck, 2009-12, Beuth Verlag, 2009.

[VDI5600 – Blatt 1]

VDI/VDE-Gesellschaft Mess- und Automatisierungstechnik: VDI-Richtlinie 5600 Blatt 1, Fertigungsmanagementsysteme. 2007-12, Beuth Verlag, 2007.

[VDI5600 – Blatt 3]

VDI/VDE-Gesellschaft Mess- und Automatisierungstechnik: VDI-Richtlinie 5600 Blatt 3, Fertigungsmanagementsysteme (Manufacturing Execution Systems - MES) - Logische Schnittstellen zur Maschinen- und Anlagensteuerung. Gründruck, 2011-04, Beuth Verlag, 2011.

[VDI 5610 – Blatt 1]

VDI-Gesellschaft Produkt- und Prozessgestaltung: VDI-Richtlinie 5610 Blatt 1, Wissensmanagement im Ingenieurwesen - Grundlagen, Konzepte, Vorgehen, 2009-03, Beuth Verlag, 2009.

[VDMA66412-1]

VDMA-Einheitsblatt 66412-1 : 2009-03 Manufacturing Execution Systems (MES) – Kennzahlen, Beuth Verlag, 2009.

[VDMA66412-2]

VDMA-Einheitsblatt 66412-2 : 2010-11 Manufacturing Execution Systems (MES) – Kennzahlen-Wirkmodell, Beuth Verlag, 2010.

[Virta et al., 2010]

Jouko Virta, Ilkka Seilonen, Antti Tuomi, Kari Koskinen: SOA-based integration for batch process management with OPC-UA and ISA-88/95. In: Proceedings of: IEEE International Conference on Emerging Technologies and Factory Automation, 13.-16. September 2010, Bilbao, Spanien, 2010.

[Vogel-Heuser, 2005]

B. Vogel-Heuser: UML in der Automatisierung. In B. Vogel-Heuser (ed.) Automatisierungstechnik: Engineeringwerkzeuge für Modellierung und Design, page 9-25. Oldenbourg Industrieverlag, 2005.

[Vogel-Heuser, 2006]

Birgit Vogel-Heuser: Effizientes Engineering in der Automatisierungstechnik für den Maschinen- und Anlagenbau. 1. Karlsruhe Leittechnisches Kolloquium, Mai 2006.

[Vogel-Heuser et al., 2009]

Birgit Vogel-Heuser, Gunther Kegel, Klaus Bender, Klaus Wucherer: Global information architecture for industrial automation. atp 1-2.2009, S. 108-115, 2009.

[Voigt & Kather, 2005]

Weihenstephaner Standards für BDE-Systeme - Industrieseminar verdeutlicht die große Akzeptanz in der Branche. Getränkeindustrie 9/2005, S. 158-161, 2005.

[Vollmer, 2008]

Stefan Vollmer: CAEX-Editor für das automatische Leitsystem-Engineering, Diplomarbeit, Universität Karlsruhe (TH), Oktober 2008.

[Volz, 2001]

Raphael Volz: Eine kleine Einführung in Ontologien. Beitrag zum Workshop Begriffliche Formalisierung von Prozessen und Systemen, November 2001.

[W3C-XML, 2011]

W3C: Extensible Markup Language (XML). http://www.w3.org/XML/, Stand 01.03.2011.

[Wagner, 2008]

Thomas Wagner: Agentenunterstütztes Engineering von Automatisierungsanlagen Dissertation Fakultät Informatik, Elektrotechnik und Informationstechnik der Universität Stuttgart, 2008.

[Wagner & Göhner, 2006]

Thomas Wagner, Peter Göhner: Flexible Automatisierungssysteme mit Agenten. VDE-Kongress 2006 - Innovations for Europe - Fachtagungsberichte der ITG/BMBF - GMM - ETG - GMA – DGBMT. 2006.

[Wahlster & Raffler, 2008]

Wolfgang Wahlster, Hartmut Raffler: Forschen für die Internet-Gesellschaft: Trends, Technologien, Anwendungen. Trends und Handlungsempfehlungen 2008 des Feldafinger Kreises, 2008.

[Wang, 2009]

Jing Wang: Integration von CAEX in einen OPC-UA-Server-Adressraum mittels grafischem OPC-UA-Adressraum-Modellierungstool für das automatische Leitsystem-Engineering, Diplomarbeit, Universität Karlsruhe (TH), August 2009.

[Warmer & Kleppe, 2004]

Jos Warmer, Anneke Kleppe: Object Constraint Language2.0. Mitp-Verlag; Auflage: 1, ISBN 978-38266-14453, 2004.

[Warmer & Clarke, 2008]

Jos Warmer, Tony Clarke, Object Modeling with the OCL: The Rationale behind the Object Constraint Language (Lecture Notes in Computer Science), Springer, ISBN 978-3540431695, 2008.

[Weber & Broy, 2009]

Herbert Weber, Manfred Broy: Systemorientiertes Automotive Engineering. Informatik Spektrum 32 3/2009, S. 206-213, Springer Verlag, 2009.

[Weber et al., 2005]

Werner Weber, Jan M. Rabaey, Emile Aarts (Hrsg.): Ambient Intelligence. Springer, Berlin; Auflage: 1, ISBN: 978-3540238676, 2005.

[Weihenstephan, 2011]

TU München – Chair for Food Packaging Technology: Weihenstephan Standards for the Production Data Acquisition in Bottling Plants. http://www.wzw.tum.de/ lvt/englisch/Weihenstephaner_Standards_GB.html, Stand 10.05.2011.

[Weis & Berger, 2002]

Horst Weis, Wolfgang Berger: Automatisierte Projektierung von Leitsystemen. A&D Kompendium 2002, S. 124-125.

[Westkämper, 2009]

E. Westkämper: The Proactive Initiative ManuFuture Roadmap. In: F. Jovane, E. Westkämper, D. Williams (eds.), The ManuFuture Road – Towards Competitive and Sustainable High-Adding-Value Manufacturing, Springer Verlag, Berlin Heidelberg, 2009.

[Westkämper, 2010a]

E. Westkämper: Learning Factory. Keynote to CIRP ICME '10 - 7th CIRP International Conference on Intelligent Computation in Manufacturing Engineering – Innovative and Cognitive Production Technology and Systems, 2010.

[Westkämper, 2010b]

E. Westkämper: Vortrag zur Eröffnung des Jubiläums 75 Jahre IFF, November, 2010.

[Weyand & Bley, 2010]

Weyand, L.; Bley, H.: Automotive Final Assembly Planning and Equipment Reuse. International Conference on Competitive Manufacturing (COMA'10), pp. 343-348, Stellenbosch (South Africa), 2010.

[Wiendahl et al., 2007]

H.-P. Wiendahl, H.A. ElMaraghy, P. Nyhuis, M.F. Zäh, H.-H. Wiendahl, N. Duffie, M. Brieke: Changeable Manufacturing - Classification, Design and Operation. Annals of the CIRP Vol. 56/2/2007, doi:10.1016/j.cirp.2007.10.003, S. 783-809, 2007.

[Wiendahl, 2010]

H.-P. Wiendahl: Should CIRP develop a Production Theory? Keynote paper to CIRP International Conference on Manufacturing Systems, Wien, 2010.

[Wiese, 2005]

Harald Wiese: Produktionstheorie. Mikroökonomik: Eine Einführung in 379 Aufgaben, Springer Verlag Berlin Heidelberg, S. 193-209, 2005.

[Wikipedia, 2011]

Wikipedia: The free Encyclopedia, http://www.wikipedia.org/, Stand 07.03.2011.

[Wilke et al., 2010]

Claas Wilke, Michael Thiele, Christian Wende: Extending Variability for OCL Interpretation. In: Petriu, D. C., Rouquette, N. and Haugen, Ø. (Eds.): Extending Variability for OCL Interpretation Model Driven Engineering Languages and Systems, 13th International Conference, MODELS 2010, Oslo, Norway, Proceedings, Part I. LNCS Series (6394), Springer, Berlin Heidelberg, pp. 361-375, 2010.

[WinCC, 2011]

Siemens: Visualisierungssoftware - SIMATIC HMI Software. http://www.automation.siemens.com/mcms/human-machine-interface/de/visualisierungssoftware/Seiten/Default. aspx, Stand 18.05.2011.

[WinMOD, 2011]

WinMod: http://www.mewes-partner.de. Stand: 28. März 2011.

[Wolf et al., 2007]

Bernard Wolf, Gerald Mofor, Jochen Rode: Use cases and concepts for 3D visualisation in manufacturing. S. 345-352, GI Jahrestagung (2), 2007.

[Wollschläger et al., 2004]

Martin Wollschläger, Mario Thron, René Simon: XML in Control Systems. F3 IEE Open Control Systems – XML in Control Systems. Birmingham, 26.5.2004.

[Wollschläger et al., 2006]

Martin Wollschlaeger, Annerose Braune, St. Hennig: XML-basierte Beschreibungssprachen und deren Sicherheit in der Automation.In: Proceedings of VDE-Kongress 2006, 23.-25.10.2006, Aachen, 2006.

[Wollschläger et al., 2009]

Wollschlaeger, M.; Braune, A.; Runde, S.; Topp, U.; Mühlhause, M.; Drumm, O.; Thomalla, C.; Sabov, A.; Lindemann, L.: Semantische Integration im Lebenszyklus der Automation. Automation 2009. Der Automatisierungskongress in Deutschland : Fit for Efficiency. Düsseldorf: VDI-Verlag, 2009 (VDI-Berichte 2067), S. 167-170. 2009.

[Wollschläger et al., 2010]

M. Wollschlaeger, S. Runde, M. Mühlhause, L. Lindemann, A. Braune: XML in der Automation - Best Practice. Tagungsband Automation 2010, S. 477-480, 15-16. Juni 2010, Baden-Baden.

[Wolters & Brand, 2011]

Joachim Wolters, Klaus-Peter Brand: Sicherheit vor Überraschungen durch neutrale Konformitätstests.
http://www05.abb.com/global/scot/scot221.nsf/veritydisplay/5f819b8aec 9ec50fc1256e600030666f/$File/IEC%2061850%20-%20Sicherheit%20vor%20 Ueberraschungen.pdf. Stand 31.07.2011.

[Wonderware, 2011]
Invesys: Wonderware inTouch.
http://global.wonderware.com/DE/Pages/WonderwareIn TouchHMI.aspx,
Stand 18.5.2011.

[Wörn & Brinkschulte, 2005]
Wörn, Heinz; Brinkschulte, Uwe: Echtzeitsysteme, Springer-Verlag, Berlin
2005.

[Wörn et al., 2000]
Heinz Wörn, Daniel Frey, Jochen Keitel: Digital Factory - Planning and
Running Enterprises of the Future. Proceedings of the 26th Annual Con-
ference of the IEEE Electronics Society IECON-2000, S. 1286-1291, 2000.

[WS, 2005]
Weihenstephaner Standards für die Betriebsdatenerfassung bei Getränkeab-
füll- und Verpackungsanlagen, WS 2005.05, 2005.

[WS-Food, 2010]
Weihenstephaner Standards für die Betriebsdatenerfassung bei Maschinen
der Lebensmittelindustrie, WS-Food, 2010.

[Wunder & Grosche, 2009]
Michael Wunder, Jürgen Grosche: Verteilte Führungsinformationssysteme,
Springer Verlag, Berlin, ISBN 978-3-642-00508-4, 2009.

[X9, 2011a]
PROVICON: VISION X9 Hauptmerkmale. http://download.provicon-
online.de/vision/doc/ ger/VISION_Benefits.pdf, Stand 18.05.2011.

[X9, 2011b]
PROVICON: Vision X9. Dokumentation. http://download.provicon-
online.de/vision/doc/ger/VISION_Dokumentation_EN.pdf, Stand 18.05.2011.

[XML-Wiki, 2011]
Wikipedia.de : XML.
http://de.wikipedia.org/wiki/Extensible_Markup_Language, Stand 01.03.2011.

[XSLT-Wiki, 2011]

Wikipedia.de : XSLT. http://de.wikipedia.org/wiki/XSL_Transformation, Stand 25.April 2011.

[Yim et al., 2006]

Sok Yee Yim, Hari Govind Ananthakumar, Lamia Benabbas, Alexander Horch, Rainer Drath, Nina Thornhill: Using the Process Schematic in Plant-wide Disturbance Analysis. Accepted for ESCAPE-16 & PSE-2006, July 10-14, Garmisch-Partenkirchen, Germany. 2006.

[Young et al., 2007]

R.I.M. Young, A. G. Gunendran, A A.F. Cutting-Decelle, M. Gruninger: Manufacturing knowledge sharing in PLM: a progression towards the use of heavy weight ontologies. International Journal of Production Research, Vol. 45, No. 7, 1 April 2007, 1505–1519.

[ZVEI, 2010]

ZVEI: MES - Branchenspezifische Anforderungen und herstellerneutrale Beschreibung von Lösungen.
https://www.zvei.org/fileadmin/user_upload/Fachverbaende/Automation/ Publikation/ZVEI__MES_BROSCHUERE_WEB.pdf, ISBN 978-3-00-031362-2, 2010.

[Zenon, 2011]

COPADATA GmbH: Zenon. http://www.copadata.com/de/ger/produkte-und-loesungen. html, Stand 18.05.2011.

Karlsruher Schriftenreihe zur Anthropomatik
(ISSN 1863-6489)

Herausgeber: Prof. Dr.-Ing. Jürgen Beyerer

Die Bände sind unter www.ksp.kit.edu als PDF frei verfügbar
oder als Druckausgabe bestellbar.